黄金趋势追踪交易

刘小铭　著

地震出版社

图书在版编目（CIP）数据

黄金趋势追踪交易/刘小铭著．—北京：地震出版社，2012.1
ISBN 978-7-5028-3920-8

Ⅰ.①黄…　Ⅱ.①刘…　Ⅲ.①黄金市场—投资—基本知识
Ⅳ.①F830.94

中国版本图书馆 CIP 数据核字（2011）第 190686 号

地震版　XM2385

黄金趋势追踪交易
刘小铭　著
责任编辑：黄如声
责任校对：孔景宽

出版发行：地震出版社
北京民族学院南路 9 号　　邮编：100081
发行部：68423031　68467993　　传真：88421706
门市部：68467991　　传真：68467991
总编室：68462709　68423029　　传真：68455221
证券图书事业部：68426052　68470332
网址：http：//www.dzpress.com.cn
E-mail：zqbj68426052@163.com
经销：全国各地新华书店
印刷：廊坊市华北石油华星印务有限公司

版（印）次：2012 年 1 月第一版　2012 年 1 月第一次印刷
开本：787×1092　1/16
字数：414 千字
印张：20
书号：ISBN 978-7-5028-3920-8/F（4591）
定价：48.00 元

前　言

随着国内投资市场的进一步开放和逐步完善，我国居民不再满足于简单的几种投资方式。一份针对北京和上海两大城市的投资市场调查结果显示，尽管当前国内投资渠道较以往有所增多，资本市场已得到较大发展，但居民选择的投资理财品种依然比较单一，超半数家庭仅有一种理财方式，其投资理财目的大多是为了资产保值升值，也有一大部分投资与理财是为了养老和教育。随着居民生活收入的逐步增长，越来越多的居民不再仅仅关注存款、股票、基金、房地产、国债和保险这几类投资方式，我国投资市场迫切需要更多的投资渠道和投资产品。

古往今来作为财富象征的黄金，几千年来在全球永远散发着无穷魅力，这一“没有国界的货币”的价值不随着历史的变迁、权利的变更和货币的更换而丧失其炫目的光环。在经济周期循环越来越快、经济危机爆发愈加频繁的大环境下，许多投资者纷纷转投黄金，作为一种全球范围的投资产品，黄金投资愈加受到深陷股市泥潭的我国投资者的偏爱。目前黄金这一新兴投资品种正成为一个热门话题。可以预见，黄金投资有望成为理财投资新热点。

2007年金融危机全面爆发之后，市场认可度较高的保值避险工具——黄金成为极少数真正令投资者实现资产保全的投资品种之一。随着美国区域性银行危机全面扩散至全球性金融危机，大量的资金为了规避风险将资金转移至黄金市场，黄金的供不应求促使金价不断创出新高。对于我国投资者来讲，银行存款收益率为负、股市汇市波动风险加大的时候，作为四大金融市场（货币、资本、外汇和黄金）之一的黄金投资受到更多居民的高度关注。

相对于成熟的国际市场，我国黄金投资还处于起步阶段，交易量仅占全国全部金融产品0.2%左右的份额，就我国的人口规模和经济环境而言，黄金外汇市场完全能成为我国未来金融市场的重要角色。

与我国其他金融投资产品不太一致的是，黄金价格的波动深受全球经济的影响。全球汇率波动、股市震荡、全球宏观经济的变化和黄金供求因素的影响都会导致部分经验不足、风险意识较低的投资者出现亏损。本书仅从中小投资者角度出发，简单介绍黄金市场之余，重点介绍黄金市场的投资方法，使得一些中小投资者对黄金交易有更深刻的理解。

由于时间仓促，写作时难免有疏漏之处，希望读者批评指正。此外，本书在写作过程中，得到了顺势投资的廖小东、泓澍恒泰国际投资的王艾青的大力支持，在此表示感谢。

目 录

第一章 黄金的价值

第二章 黄金市场

第三章 趋势交易中的技术分析系统与指标

第四章　风险控制

第五章 进出场信号

第六章 交易系统、交易心理和交易计划

第七章 影响金价的因素

第八章　黄金市场与其他金融市场相关性

第一章　黄金的价值

最后的卫兵，紧急需要时的储备金

黄金是一种具有商品、金融和货币三重属性的特殊品种，不仅用于储备和投资，同时还是首饰、通讯、航天、电子、医疗等行业的重要原材料。尽管现在已经不再是世界货币，但仍然在各国国际储备、个人投资组合及规避市场风险措施中占有重要一席。除了黄金现货市场，其他涉及黄金的衍生产品市场（期货、远期和期权市场）也逐步成熟，这些衍生品市场为投资者提供更多投资渠道乃至避险方法。

伟大的经济学家凯恩斯指出："黄金在我们制度中具有重要作用，它作为最后的卫兵和紧急需要时的储备金，还没有任何其他东西可以取代它。"黄金不像其他金属多以化合物形式存在于自然界中，除了极少数化学元素会和黄金生成化合物外，在常态下黄金多以自然金形态产出。黄金的稀有性和稳定性使得黄金成为自古以来最受青睐的储藏财富的品种。黄金代表着财富、永恒、权势和神圣，它曾被古埃及形容为"可以触摸的太阳"。全球各种文明在不同时代都赋予黄金最重要职能——价值之王，具有重要保值和避险作用。作为硬通货的黄金是保障金融秩序的最后的王牌，全球发达国家和一些发展中国家均将黄金储备作为外汇储备的重要组成部分，以此来维持本国经济稳定。表1—1是黄金储备排名前15位的国家和地区，图1—1是全球主要国家黄金储备数据。

20世纪70年代中期以后，频繁发生的经济危机和地缘政治危机使黄金重要保值避险功能逐渐受到重视，其金融投资功能也清晰明朗化。无论是对官方还是对机构或个人投资者来讲，黄金越来越重要，对于官方来讲，黄金是重要的储备资产、规避汇率风险和应对危机的重要保障。即使在全球性经济危机时期，主要发达工业国家更是轻易不动用自己的黄金储备。对于投资者而言，黄金则是对抗通胀、恐慌和战争，以及获取投资收益的一种较特殊的金融工具。

表 1－1　黄金储备排名前 15 位的国家和地区（2010 年 6 月数据）

排序	国家及地区（组织）	数量（吨）	黄金占外汇储备（%）
1	美国	8133.5	72.80%
2	德国	3406.8	68.10%
3	国际货币基金组织	2966.8	
4	意大利	2451.8	67.00%
5	法国	2435.4	65.60%
6	中国	1054.1	1.60%
7	瑞士	1040.1	24.10%
8	日本	765.1	2.80%
9	俄罗斯	668.6	5.50%
10	荷兰	612.5	55.20%
11	印度	557.7	7.50%
12	欧央行	501.4	27.10%
13	中国台湾	423.6	4.30%
14	葡萄牙	382.5	82.20%
15	委内瑞拉	363.9	47.60%

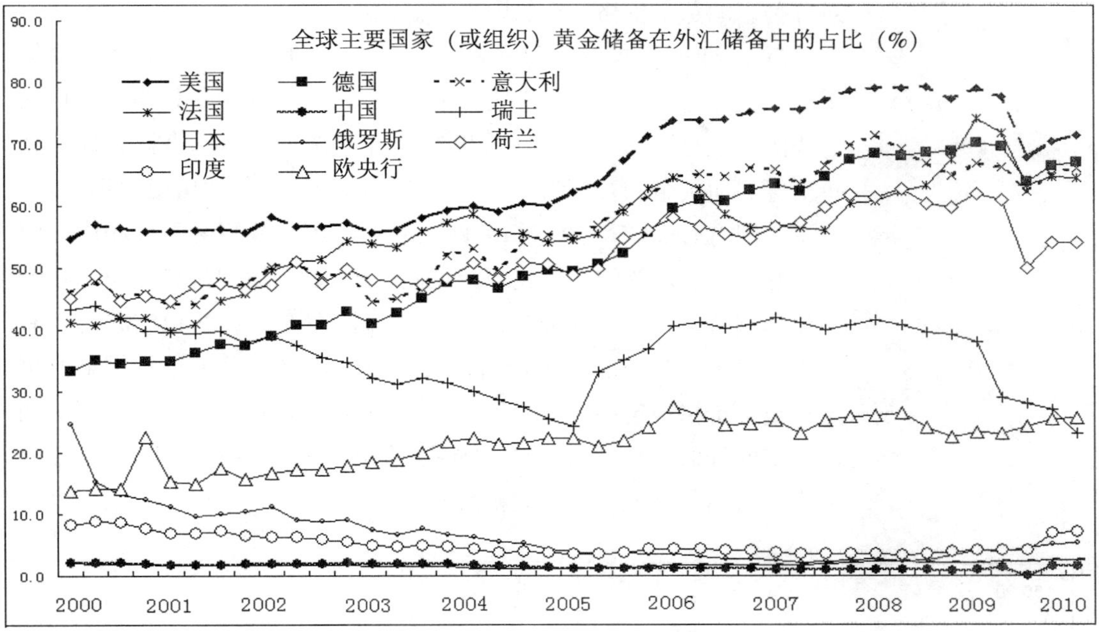

图1—1　全球主要国家（或组织）黄金储备数据

黄金的保值作用

作为古老的金融产品之一的黄金，如果不考虑价格波动产生的收益，黄金本身仅仅是一种保值产品，持有黄金实物并不会像证券一样产生股利或利息。也就是说，没有价格上涨带来的收益，黄金的回报率极低。黄金的价值完全取决于市场的判断，被动式的黄金价格波动让投资者在追求收益最大化的投资组合时往往将黄金排在股票、房地产、能源，甚至排在艺术品之后，造成这一结果的主要原因就是金价受到更多因素的影响。

鉴于黄金兼具多重属性，黄金价格波动不仅受供求关系的影响，也对经济形势和地缘政治因素较为敏感，同时与相关金融市场的联动性都会造成黄金价格的暴涨暴跌，其中最为重要的影响因素就是黄金供求、美元汇率、全球/区域政局稳定、通胀预期和人为投机诸多因素都可能导致黄金市场出现价格扭曲现象。在后面的章节中会对各种影响黄金价格变动的因素进行深度分析。

近 25 年的数据统计显示，黄金的长期价格走势与黄金计价货币——美元走势有 85%的反相关性，见图 1－2 黄金价格与美元指数走势图。就是说，美元升值就导致金价下跌，美元贬值就会推动金价上升。而黄金和被称为“黑金”的原油价格的长期历史数据显示，二者之间有着 82.5%的正相关性，尽管二者涨跌幅度不大相同，但二者涨跌节奏却是惊人地相似，见图 1－3 黄金原油价格走势。在金本位体制阶段，黄金和原油之间比率保持在 6 左右的稳定状态，有官方负责维持黄金的固定价格，当时黄金价格不是由市场供求所决定，黄金价格稳定在 35 美元/盎司，石油价格也处于 5～7 美元/桶的稳定的较低水平。而金本位体系的崩溃打破了这一固定化的格局，黄金和石油价格比率开始大幅波动。

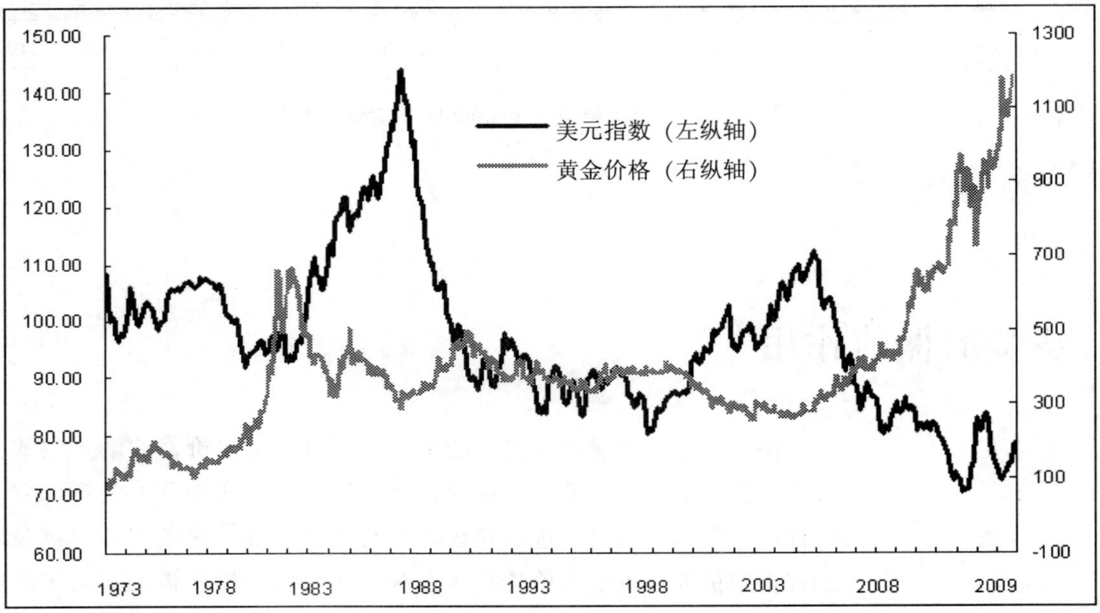

图 1－2　黄金价格与美元指数走势图

谈及黄金价格的波动不得不关注美元和石油之间的内在联系，而美元和石油价格的变动又必须了解全球经济，尤其是金本位崩溃后占据世界经济霸权地位的美国经济活动。本章节试图从美国产业结构调整和美元国际流动的角度分析美元汇率和原油价格的变化。现将 20 世纪 70 年代至今约 40 年时间全球经济格局的变化分成四个阶段。

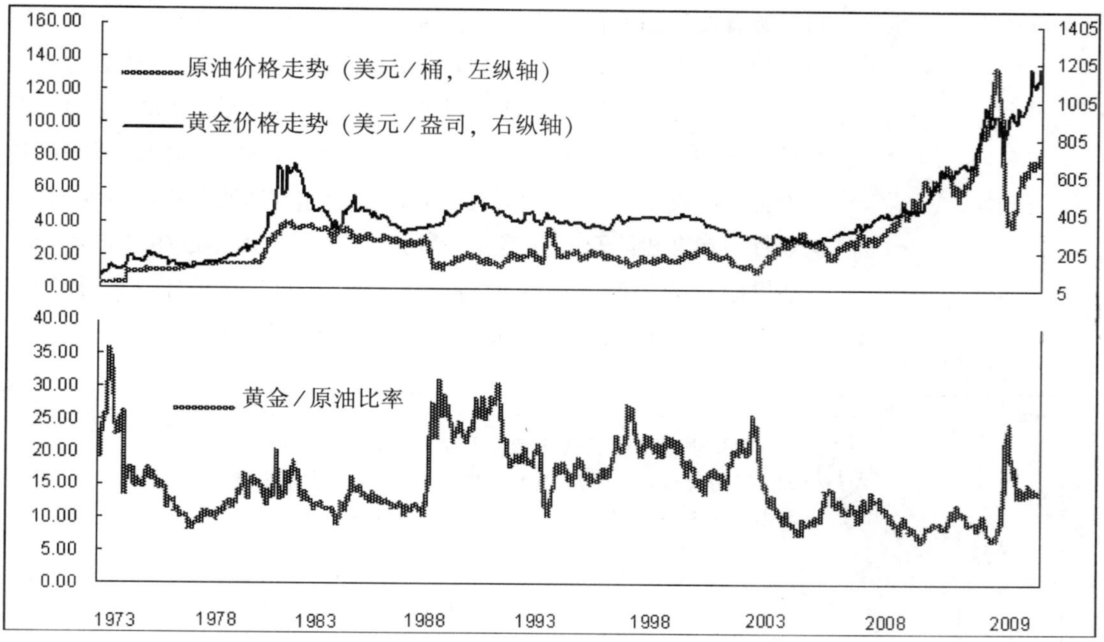

图 1—3　黄金和原油价格走势图

第一阶段——20 世纪 70 年代的通胀阶段，也是美国开始产业调整的诱因。20 世纪 70 年代初，全球整体制造业，尤其是对原油高度依赖的重工业产能过剩，占美国经济主导行业的重工业的竞争力日渐被德国、日本、法国和意大利削弱。而两次石油危机引发的石油价格巨幅飙升，重工业产能过剩和高成本低利润都将全球经济拖入滞涨泥潭。

1973 年 10 月，第四次中东战争爆发。石油输出国组织（OPEC）采取对发达国家的石油禁运措施，以此来抗议欧美对以色列的支持，国际油价从战争爆发前的 3 美元/桶急升到第二年 3 月份的 12 美元/桶，形成第一次石油危机。受石油价格上涨导致的投资衰退、消费下降和通胀上升，世界经济步入滞涨，美国在越战期间再次开始主动的美元贬值。1974 年和 1975 年，美国通胀率分别达 10.9%和 9.1%。与此同时，作为对抗通胀的黄金需求急剧上升，金价从 1972 年底的 65 美元/盎司涨至 1974 年 12 月份收盘价 193 美元/盎司，黄金价格随着通胀的回落下行至 1976 年 8 月份收盘价 104.38 美元/盎司。

1979 年的伊朗革命爆发和 1980 年 9 月的两伊战争导致第二次油价暴涨，从 1978 年的约 13 美元/桶升至 1980 年的近 32 美元/桶。

期间所有发达国家再次陷入经济滞涨。1979 年和 1980 年，美国通胀率分为 11.3%和 13.5%，是战后半个多世纪以来较为罕见的高通胀。由于前苏联入侵阿富汗，以及原油价格的大涨，1980 年初黄金市场再次创下当时历史最高点 875 美元/盎司，此时美国的通胀已达到历史最高点 14.6%。随后几个月内金价随着通胀的下降开始回落，至 8 月中旬金价降至 605 美元/盎司。但 9 月的两伊战争让市场担忧石油供应出现中断，黄金价格再次上涨至 711 美元/盎司。1979～1980 年是有史以来黄金波动最大的一段时间（图 1—4）。

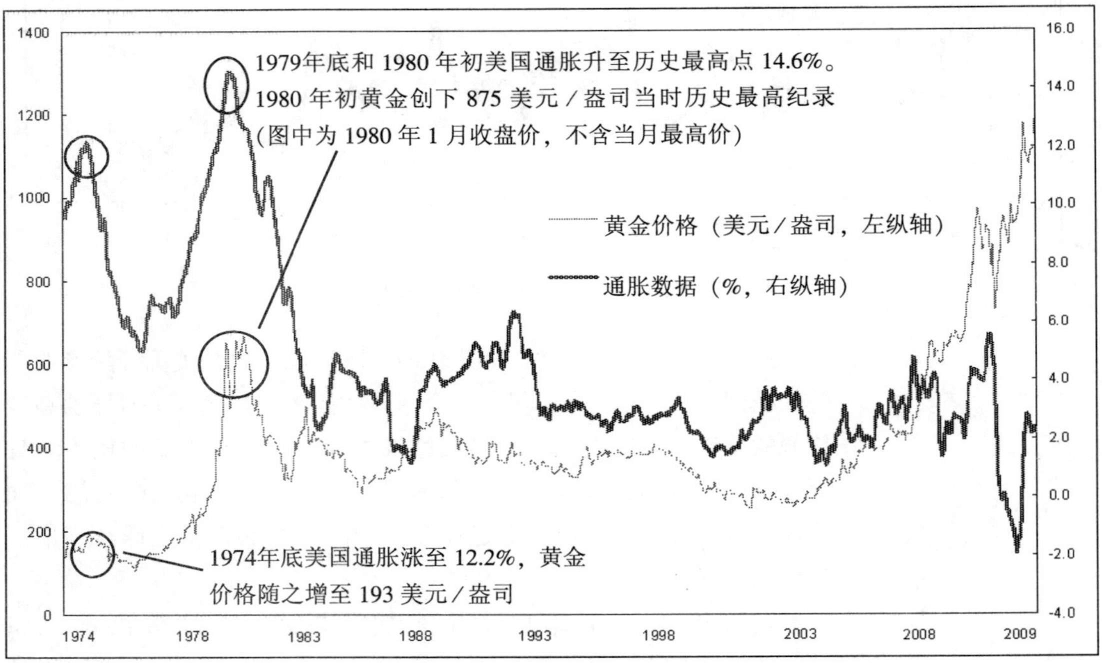

图 1—4　黄金价格走势与通胀的关联性

20 世纪 70 年代的经济危机使美国深刻地认识到，如果继续保持传统的产业结构格局，那美国的世界霸主地位将被后起的日本和德国赶超。对此美国主动地开始进行新一轮产业结构调整。在 20 世纪 80 年代，美国的产业结构调整确定以服务业为新兴产业结构的经济增长点，将制造业等传统行业移至其他国家和地区。

第二阶段——20 世纪 80 年代的金价走低阶段，也是美国经济开始调整的初始阶段。1981 年起，美国经济连续保持增长，美元的坚挺使得世界通胀急剧下降，黄金和石油价格也双双下跌。黄金价格

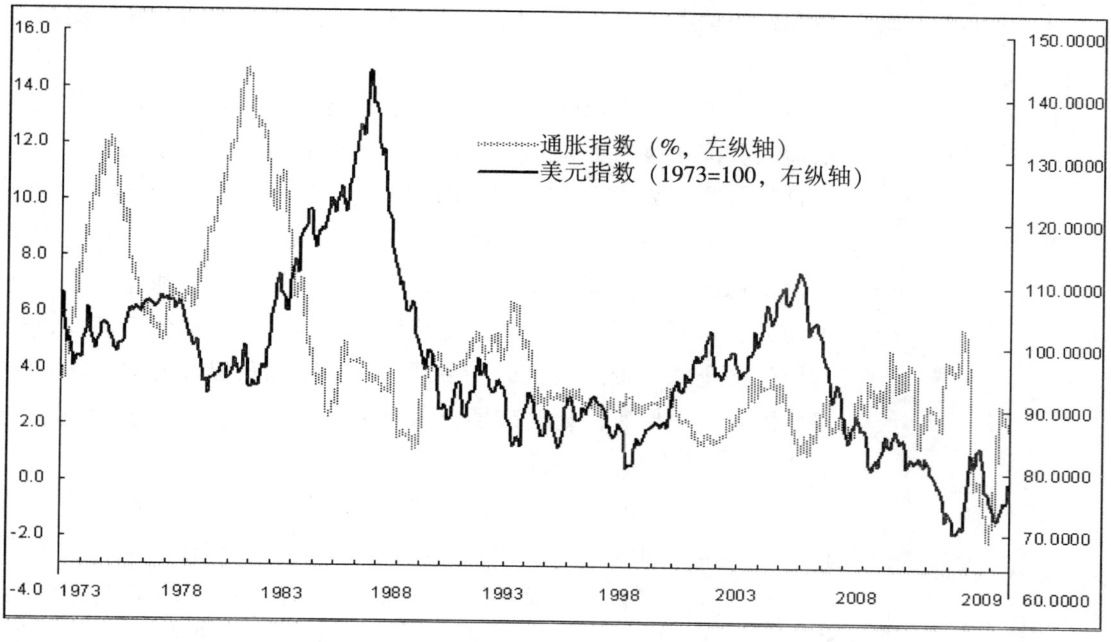

图 1—5　美元指数与美国通胀指数走势图

从 1980 年最高点 875 美元/盎司跌至 1983 年的 400 美元/盎司，原油价格也相应下跌 50%以上。期间的区域性的冲突并没有刺激金价上涨。1983 年黄金价格一直保持在较低价格区间内波动，其主要原因有三：首先，美元升值，促使投资者抛售黄金换成可以取得高息收益的美元；其次，高通胀受到控制，投资者缺乏储金保值的意向；第三，投资者对全球区域性政局动荡不再像前两年那样敏感恐慌。随后的 6 年里，黄金市场保持大幅区间震荡，期间黄金市场上升的原因是美元贬值、亚洲“五小龙”经济繁荣、投机及资本市场下跌加大黄金需求；期间黄金市场下跌的原因为美元升值、原油价格平稳、央行抛售黄金、通胀较低、资本市场上升和过多的市场供应。

美国经济结构在 20 世纪 80 年代开始过渡期的调整，美国采取压缩制造业、淘汰内部过剩产业，将劳动密集型产业和技术含量较低的制造业移到发展中国家，并通过对制造业上游的技术、品牌和资金的控制，以及技术创新和产品多样化来指导控制市场。并将从第二产业中流出的资金转投第三产业，以信息、金融和咨询为主的知识型服务业替代传统行业成为美国经济支柱产业。

为了减少因产业调整而产生的日益扩大的贸易赤字，美国对竞争弱势的行业采取新贸易保护主义，并且通过知识密集型产品打压劳动密集型产品的手段，以及控制制造业上游产业的措施，提高美国产品的国际竞争力。此外，美国还动用利率和汇率调控手法将通过贸易渠道流出美国的资金通过金融渠道再次流入美国，而美元再次流入美国导致的美元升值使美国出口产品的国际竞争力下降。针对这种危险，美国采取逼迫即将赶超美国经济的竞争对手日元升值。

第三阶段——20 世纪 90 年代低通胀、强势美元阶段，也是美国经济结构调整标志性阶段。进入 20 世纪 90 年代，全球经济步入新的纪元，东西方两大政治集团冷战格局解体后，全球各国都在忙于应对经济全球化带来的机遇和挑战。经济全球化纵深发展、区域经济集团化进程加速、金融市场自由化和经济结构转变是上世纪末最后 10 年的世界经济代表特征。

而冷战体制的破灭，对美国这唯一的超级大国失去约束力，美国在世界范围内输出自己的政治制度、价值观念和社会文化发展模式。在这 10 年中，因俄罗斯经济陷入低谷，其石油消耗下降近 50%，加上中欧、东欧国家的经济困境导致的石油消耗严重下挫，这是构成全球石油价格保持低位的主要原因。因而这 10 年对于欧美发达国家和经济体，特别是对美国经济增长而言，具有极其重要意义，经济增长强势并没有导致通胀的上升。而这期间美元强势也是对抗通胀的重要手段。

在 20 世纪 90 年代，美国经济强劲增长，失业率也从 1993 年开始稳步下降，因强势美元也遏制通胀的产生，在 1999 年消费品通胀数据创下 34 年最小值，这被经济学家称为“新经济”。而以 IT 信息产业革命为代表的经济转型是美国历史上最长的一次经济增长的主要动力。而在欧元区和亚洲也出现“新经济”的曙光。此时，美国经济呈现出科技化和金融化的特点，通过科技创新和金融创新将美国从衰退中彻底解救出来。美国通过近 20 年的产业结构调整实现了对全球经济的再度控制。多年经济滞涨之后，源于美国的新经济浪潮在 20 世纪 90 年代席卷全球。由 11 个成员国组成的欧元区在 1999 年经济增长超过 3%，失业率也降至 10%以下。尽管东南亚在 1997 年 6 月至 1998 年年底历经一年半的经济危机，在摆脱危机后也开始引进美国的行之有效的新经济模式，这大大推动了亚洲经济的可持续发展。

克林顿执政时期的 1993～2000 年间，是美国过去 30 年以来最好的经济记录。这克林顿执政的 8 年促进经济增长的主要因素是走低的能源价格、良好的经济政策，如削减预算赤字。此外美国20世纪90年代经济强势也是20世纪中期开始的长期结构性调整（经济全球化、解除管制、竞争性自由市场以及技术创新）的必然结果。而1990～1993年的经济衰退，1997～1998年的亚洲经济危机，并没有改变美国实体经济和虚拟经济相互影响、相互强化的循环体系。

在这个阶段，黄金的保值功能受到忽视，没有利息的黄金价格仅仅处于短幅震荡态势。尽管1990年8～9月的股市暴跌对金融市场造成动荡，但并未影响美国股市长期向上的势头，随着股市行情不断创出新高、经济复苏、通胀回落，以及美元的强势，市场对未来经济形势愈加乐观。投资者已经忘记20世纪80年代的痛苦。随着实体经济和虚拟经济的不断循环相互强化作用，大量外部资金流入美国，这段时期实体经济和虚拟经济的良性循环使美国市场的投资回报率远远大于投资黄金，追求收益最大化的投资者大举将资金撤出黄金市场，导致在克林顿时代黄金价格持续下跌。实践证明，美元强势和经济稳定会削弱黄金作为保值和储备资产的地位。黄金的经济意义也处在历史的最低点。而央行过多地抛售黄金也促成了1999年9月底欧洲《央行售金协定（Central Bank Gold Agreement，CBGA)》的制定，其避免无节制地抛售打垮黄金市场的同时也打压着央行的黄金储备价值（图1—4)。

第四阶段——2000年至今的美元贬值阶段，也是美国经济结构调整成型阶段，更是实体经济与虚拟经济脱离的阶段。在20世纪最后一年中，随着强势美元和股市的过热，以及美联储紧缩货币政策，投资者担忧情绪开始上升。数据研究结果显示，强势美元与国际资本流入息息相关，美元坚挺使得国际投资者乐于将资金投入美国市场，外部资金流入有助于美元保持强势，强势美元又吸引更多资金投资于美国。一旦出现资金逆向回流，都将对美元和美国虚拟经济造成负面影响。

美国IT泡沫破灭、安然事件及环球电讯事件开始改变国际市场对美国虚拟经济的看法。微软反垄断法诉讼和解未果为诱因，1999年下半年上市的诸多高科技股在6个月后解冻的规定巧遇报税季节引发的市场震荡调整，再加上高盛首席分析师科恩减持高科技股的评论，2000年3月中旬开始正常市场回调，但2001年的“9·11”恐怖袭击事件导致道琼斯指数首日开盘下跌684.81点，创下历史记录。“9·11”事件使道指共下跌14.3%。2002年安然事件引发市场对上市公司的信任危机及其蝴蝶效应导致美国股市连续3个多月的持续下跌。这三次股市下跌直到2003年3月才企稳反弹，这次危机导致道指跌幅高达38.7%。而全球其他发达国家股市跟随美国股市几乎同步下跌。例如日本股市在这期间共下挫62.59%。除了IT泡沫破灭、“9·11”事件和安然事件对美国股市的影响，美国经济增长的可持续性和实体经济经营问题问题也使投资者对美国虚拟经济产生了质疑。

通常情况下，经济危机是因通胀引发的消费需求受阻影响到企业的经营，而此次经济危机却是企业供给增速超过消费需求增速，从而导致库存的大量积压。从图1—4中可以看出这阶段的经济衰退并未伴随通胀，反而是通缩。简单地讲，就是美国依靠20世纪90年代那套以强势美元和强势实体经济维持虚拟经济持续膨胀的模式最终在产能过剩和库存积压的冲击下告一段落。

而美国刻意维持虚拟经济增长的目的就是覆盖贸易赤字和财政赤字。“广场协议”的影响消退后，主导美国经济的信息产业并不能改变美国生产资料和生活资料的进口，美国的贸易赤字再次快速攀升。而克林顿时期美国政府在2000年创下2369亿美元财政盈余的记录，但此后小布什时期的政府开支和减税计划促成2003年3742亿美元的庞大赤字，远超过1992年的2900亿美元赤字的历史记录，此后美国财政赤字进一步上升。严重的双赤字意味着持有美元资产愈加危险，全球资金流入美国的趋势开始减缓，从2002年起美元进入贬值周期。

双赤字的不断扩大意味着美国对全球资本净流入需求不断增加。如全球资金供应低于美国虚拟经济需求，将对美国虚拟经济形成下行压力。为了防止全球资金撤离美国，打压美国的虚拟经济，美国急需新的拉动经济增长点。在拉动经济增长的出口、投资和消费三要素中，美国手中仅剩下拉动消费促进经济增长这张最后的王牌。美元汇率的下降并没有减缓贸易赤字上涨速度，反而影响美元的国际购买力。美国股票和债券对全球投资者的吸引力也逐渐下降，而FDI由2000年的3080亿美元锐减至2002年的140亿美元。

克林顿时代美国政府奉行的强势美元政策目的在于保持低通胀和吸引全球资本，而强势美元有利于美国虚拟经济利益却损害美国实体经济利益。21世纪初期美国的经济衰退促使更多企业和跨国公司要求美国财政部采取弱势美元，而美国政府也需要美元贬值应对空前规模的双赤字。此外，作为美国石油和军火财团的政治代理人的布什家族更是将石油列为重要目标。老布什时代的第二次海湾战争就是冲着石油去的，小布什时代借助反恐名义发动对阿富汗和伊拉克战争。尽管战争导致美国财政支出大幅飙升，但与美国白宫有着密切关系的石油和军火财团赚得盆满钵满。与此同时，美国也借机打压在石油国家风生云起的欧元以维持美元作为石油交易媒介的霸主地位。此外，美元贬值、市场操纵和过度投机也是导致原油价格飙升的重要原因。2003 年伊拉克战争爆发后，石油价格曾跌至 25 美元左右，但随后的几年内，石油价格就一直处于上升态势，直至 2008 年 7 月初次贷危机全面爆发并扩散至全球前，创下 147.27 美元/桶的有史以来最高纪录（图 1—5）。

在 1999 年 6 月底至 2000 年 5 月中旬，美联储连续 6 次加息之后，美国经济已经处于经济趋弱边缘。在美国股市泡沫破灭之后，美国经济从以前的高速增长急剧下落，趋近零增长。当时全球生产和需求萎缩，美国劳动生产率持续下降，最令美联储担忧的是资本投资的持续下降，企业预期盈利前景恶化。美国为了刺激投资需求维持美国虚拟经济持续繁荣，为防止经济衰退，为了刺激维持经济强势最重要动力——消费增长，美国政府推出一系列经济刺激计划。美联储在 2001 年 1 月至 2003 年 6 月底 13 次连续降息，将利率从 6.00％降至 1.00％。此后一年至 2004 年 6 月底前一直维持利率在极低的 1.00％水平。在经过近两年的库存消耗之后美国经济开始复苏，在美元大幅贬值、极低的利率、税收下降、较高的开工率、企业盈利增加、个人收入提高和消费者信心恢复，都推动了美国实体经济和虚拟经济的复苏。而促成这一系列良好数据表现的是源于政府短期投资。投资需求下降、未来通胀压力、消费需求动力不足以及双赤字都使美国迫切需要新的经济增长点。为了吸引全球资金维持美国的虚拟经济繁荣，美国将国内消费中占 GDP 比重最大的支柱性产业——房地产行业和金融服务业定为替代信息行业的新经济增长点，而这种经济模式也为 2007 年次贷危机埋下祸根。概括地讲，小布什政府出于其政治目的而采取的税收改革是伤害未来消费为代价刺激当时的资金支出；而美联储的低息政策怂恿民众借贷提前消费，极度宽松的财政政策和极低的利率政策将美国推向下一次经济危机边缘。图 1—6 显示出联邦基金利率与道琼斯指数的关联性。

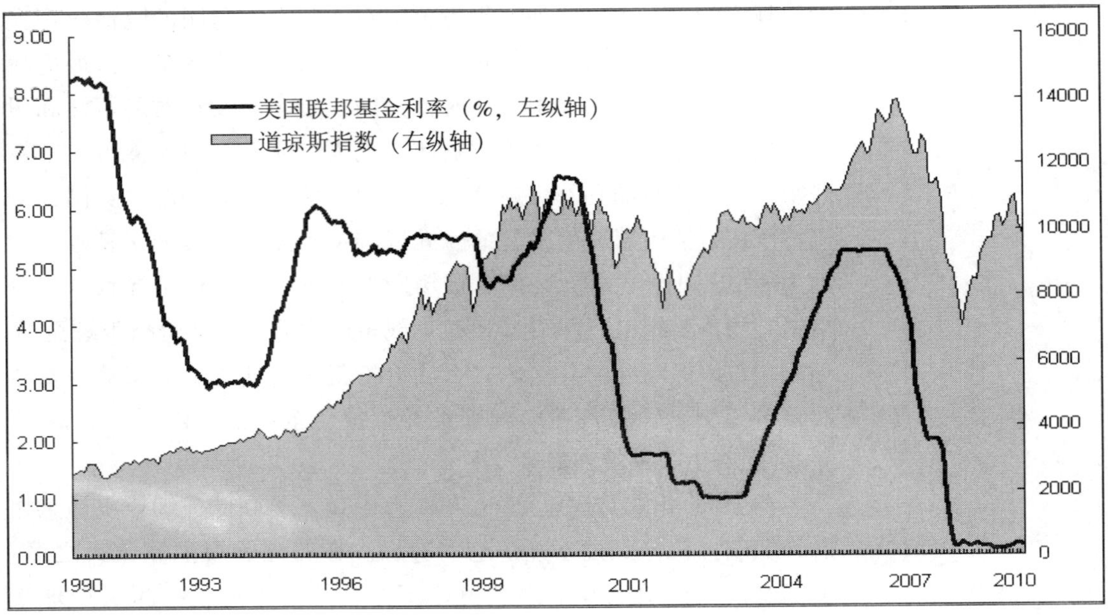

图 1—6　联邦基金利率与道琼斯指数

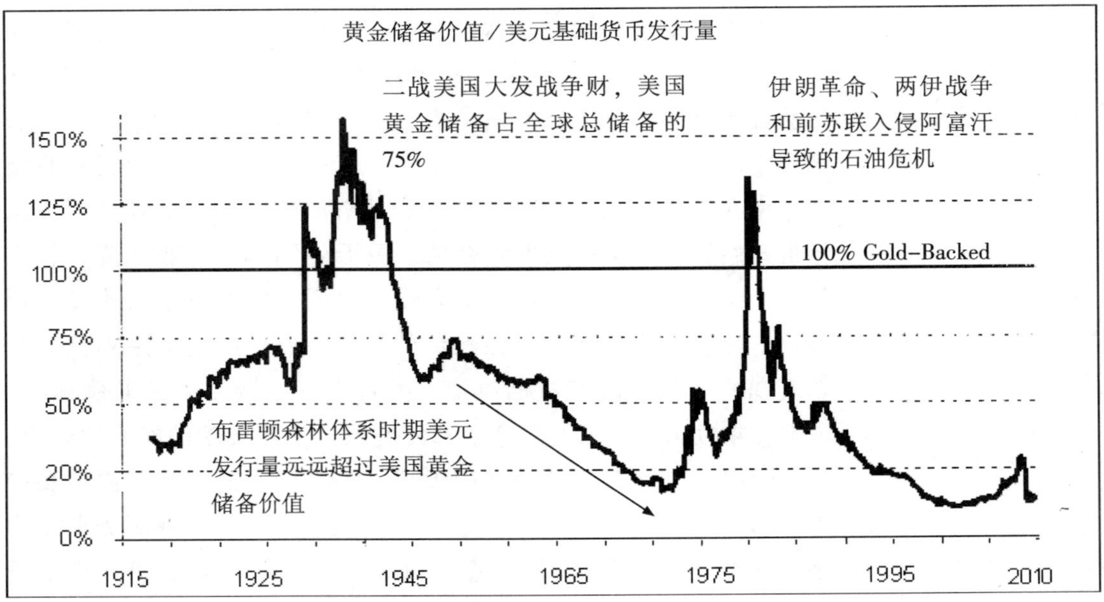

图 1—7　美国黄金储备价值和美国货币发行量比值

美国的扩张性货币政策和极低利率政策降低了借贷成本、减轻了债务压力，这无疑支撑占美国 GDP 比重 70%的个人消费，美国人的购房热情高涨，纷纷涌进房地产领域（图 1—7）。从 2000～2006 年，住

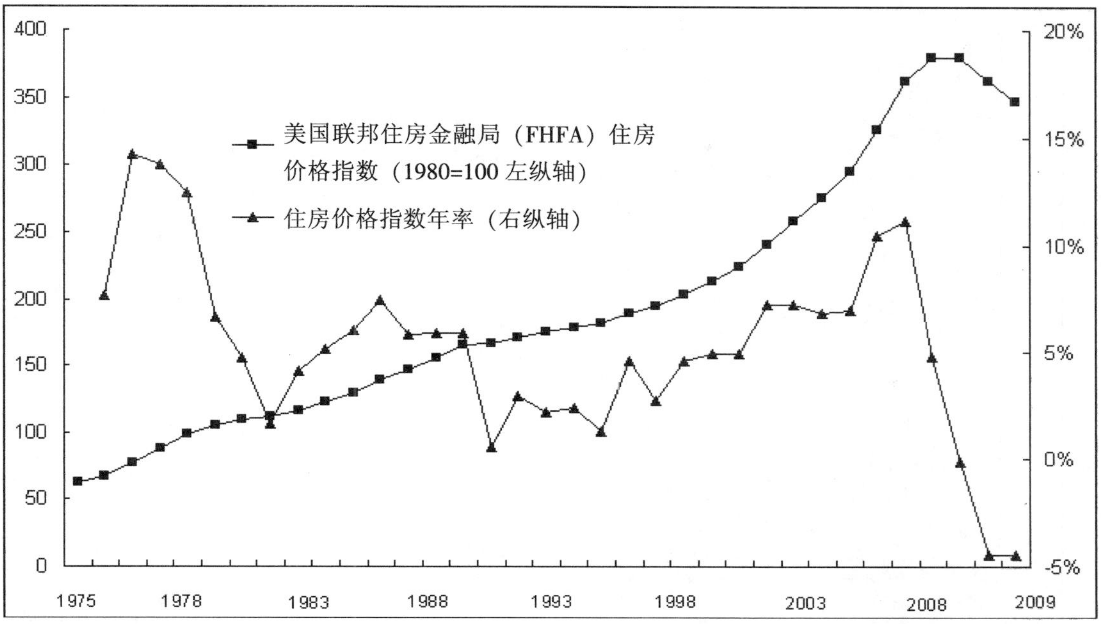

图 1—8　美国房屋价格走势

房价格几乎翻了一倍，在 2005 年 40%的房屋市场交易并非是用于居住而是投机。基于对房价持续上涨的预期，美国住房抵押贷款银行不断降低贷款门槛，向信用等级较低的高风险借款者提供住房贷款，甚至包括非法移民。于 1994 年次贷总额仅为 350 亿美元（约占发放贷款总额 5%），而在 2006 年次贷为 6000 亿美元，在住房抵押贷款总额中占比超过 20%，整个住房抵押贷款衍生品市场的基础产品就聚集较大风险，见图 1—8 美国房屋价格走势。而抵押贷款银行在金融创新的引导下把巨额的次贷经过金融工程技术加工转换成各种证券卖给投资者，迅速回笼资金，而不必等到贷款到期。这些衍生品的高收益吸引来自全球的投资者。据美国官方调查，美国总额为 1.5 万亿美元的次贷，经过证券化包装衍生出近 2 万亿美元的住房抵押贷款支持债券（MBS），又衍生出数十万亿美元的信贷违约掉期（CDS），见图 1—9 次贷抵押贷款占总抵押贷款比例。本来这些衍生品可以起到分散风险、提高资金流动的作用，但追逐利益的投机将虚拟经济与实体经济距离越拉越远。至危机爆发前，1.5 万亿美元的次贷衍生出十几倍乃至几十倍的金融产品，虚拟经济已经严重脱离实体经济的支撑。随着虚拟经济过度繁荣，在全球范围内的资本市场、商品市场、外汇市场和房地产市场中都出现热钱的影子，为了控制经济过热、避免恶性通胀，

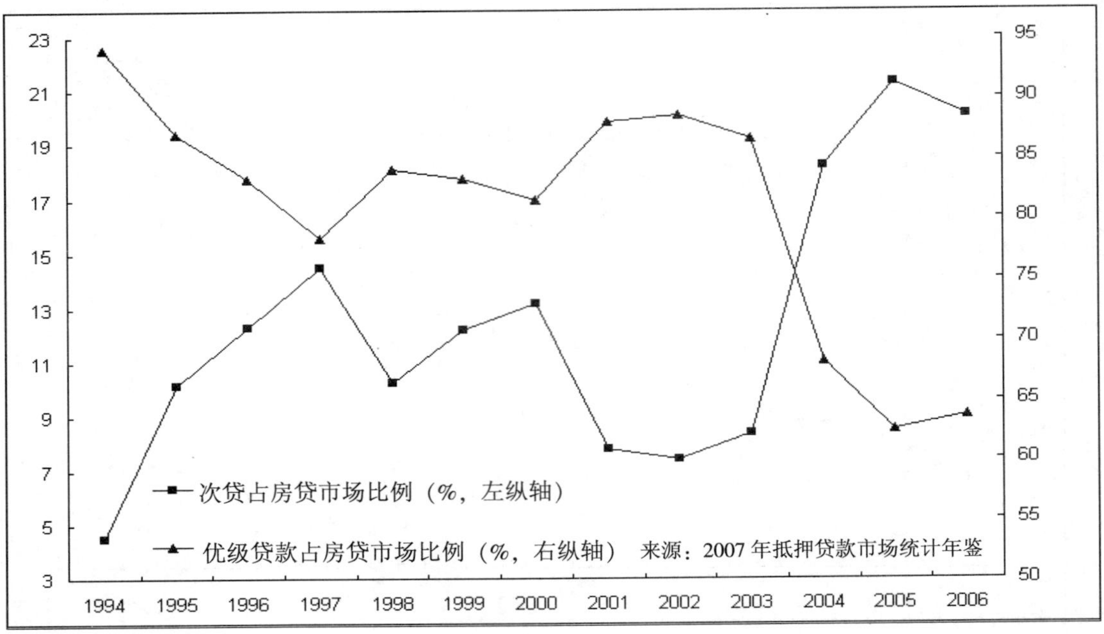

图 1—9　次级抵押贷款占总抵押贷款比例

美联储在 2004 年 6 月底起两年内连续加息 17 次，将利率由 1.0％升至 5.25％。随着美联储调整利率，美国住房价格从 2006 年的峰值开始下跌。急剧上升的次贷还款利率和房价下挫导致贷款拖欠率和止赎率大幅上升，见图1—10次贷止赎比率。美国多家贷款银行出现危机，作为房地产市场和金融市场的媒介——抵押贷款银行坏账风险不断加大，信贷萎缩不但刺破房地产市场泡沫，也导致了美国的投资和消费市场萎缩，进而造成经济增长下滑。自 2007 年 3 月起市场不断传出涉及次贷市场的负面消息，多家银行开始出现破产风险，信贷危机向银行危机转化。尽管美联储和美国政府短时间内出台有史以来最大规模的救市行动也无法避免美国金融市场泡沫的破灭。此前因流动性过剩而泛滥的全球投机资本开始大规模撤离美国华尔街。为了确保财力和购买力，投机资金以空前规模进入能源、食品、国债和外汇市场。掀起另一番投机高潮。在信贷危机和银行危机还在美国范围内部肆虐时，市场已经预期对金融市场过度依赖的美国经济开始陷入衰退，而能源、粮食价格的上涨将美国推入通胀泥潭。因此这段时间强势美元遭到市场的大举抛售，直至 2008 年第三季度爆发的雷曼兄弟因次贷破产案和冰岛国家破产引发全球性信贷危机，出于恐慌心理，金融机构无视各国央行联合向银行业注入巨额资金稳定市场的措施，投资者短期内大

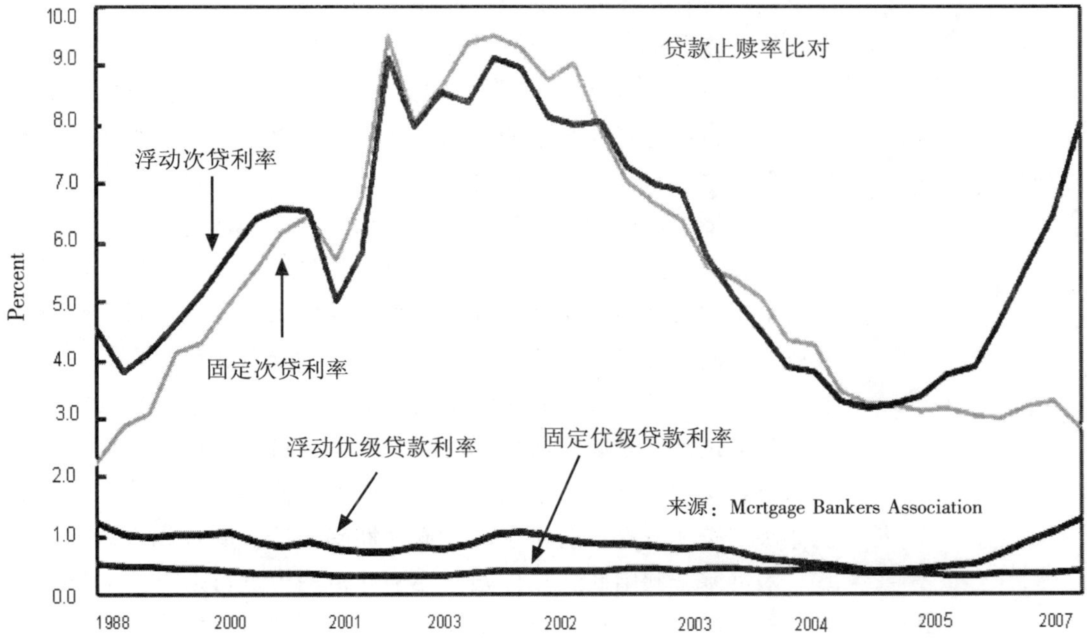

图 1—10　次贷止赎比率

规模的去杠杆化和资金回流美元和日元，这完全是出于对其他国家未来经济前景的悲观看法。全球大规模资金异常流动导致全球金融市场一片混乱，除了美国国债市场表现最好之外，全球股市、商品市场和外汇市场都出现大幅下跌。在羊群效应作用下，对通货紧缩的担忧使黄金也遭到大规模抛售，当时黄金保值价值被混乱市场所忽略，现金主义至上是全球各国投资者共同采取的防御型策略。随着美国向银行系统注入越来越多的流动性，美联储将利率降至接近零的有史以来最低点，以及美国的债务货币化（量化宽松）开始在 2008 年 10 底引发市场对全球未来超级通货膨胀的担忧，这时投资资金再次想起黄金的重要性，还处于通缩周期中的 2008 年 11 月初，与其他金融市场跌跌不休的态势相反，黄金避险保值特性同美元一起担当起金融避险港的职能，与以往历史走势相背离的是，黄金与美元走势的反相关性暂时被打破，黄金价格在将近 20 个月内从 680.90 美元/盎司一直涨到 1265.15 美元/盎司（2011 年的 9 月纽约黄金见到 1900 美元/盎司）。从图1—7中可以看出，尽管黄金价格创下历史最高纪录，但美国黄金储备价值跟美元货币发行量比值并未创下新的峰值，原因就是美元发行量增长远远超过黄金价格上涨幅度。在美元、日元和黄金这三种避险金融工具中市场更倾向持有较多的日元和黄金，美元短期国债需求强劲也继续将推动美元汇率上行。

另外自2000年起，曾是日本主妇的“渡边太太”投资模式的套息交易日益受到对冲基金的青睐，在历经多次危机后，尤其是亚洲经济危机之后，全球各国对对冲基金的监管逐渐完善，并共同加强对短期跨境资本流动的监管。加之全球金融市场动荡，都对对冲基金造成很大冲击。对冲基金已不能明目张胆地短期投机某个市场或冲击某个国家经济。这种形势为套息交易提供了机遇。因为套息交易资金去向和规模难以确定，对冲基金通过套息交易在不同市场部署的资金来源及资金所有者均受到掩护。目前对套息交易的监管和正规化管理尚处于起始阶段，对冲基金完全可以通过套息交易摆脱政府监管实现自己利润最大化意图。成本极低的日元贷款和较大的息差吸引全球投资者向银行借入流动性趋于泛滥的日元投资国际市场，对冲基金利用低息杠杆融资在全球范围内进行全方位的投机活动。在美国房市危机、导致全球性通胀的商品市场牛市、非美货币大幅升值，以及全球金融动荡等一系列金融风波中，都可以发现套息投机资金的影子。而宽松货币政策下的流动性泛滥导致的金融市场泡沫随着各种规避和转移风险的金融衍生产品的出现，更多金融机构的套息交易头寸和高风险金融产品头寸大大增加，从而使资产泡沫继续膨胀，开始对资产价值产生增值效应，并一再持续出现自我强化效应。随着全球经济的增长，低通胀低利率开始向高通胀高利率发展，当资本市场泡沫无法再持续下去达到极限破灭之时，轻微的下跌就会引发清偿贷款，并加剧资产泡沫的破灭。2008年爆发的美国次贷危机是全球股市下跌的导火索，而日元套息交易平仓引发的资本逆向流动却是全球性股市灾难的根源。随着信贷危机的爆发，此前非理性繁荣的金融市场开始进入洗牌阶段。以往盛行的全球性杠杆融资投资策略正在走向终结。从雷曼破产案起，“去杠杆化”开始全面席卷全球金融市场。这一过程将会持续很久并伴随资产的大幅贬值。之前低息货币套息交易导致的资产市场泡沫的一一破灭，从房屋市场破灭到抵押担保债券市场，然后像瘟疫一般扩散至股市和商品市场，基于经济衰退导致的严重通缩的预期，连黄金市场也不能幸免，当时黄金市场的大幅波动也使金融市场最后的“乐土”也一度失去其保护作用。

通过对20世纪70年代至今近40年时间的经济基本面与黄金价

格走势的研究可以清晰地看出，排除交易获利外，收益率几乎为负的黄金市场不仅仅受通胀或通缩因素驱动，而且还受资本市场回报率因素驱动。资本市场与黄金价格走势呈较强的负相关性。当长期股市回报率较低时，也就是股市熊市阶段，用于投资用途的黄金需求量增大，而用于投资的黄金需求仅占黄金总需求19%，从而导致黄金市场牛市走向；反之，就不是黄金投资的乐土了。可以肯定地说，黄金在短期走势中表现不错，但从长远的角度来看，黄金表现未必有上乘表现，甚至都不能战胜通胀。

马克思说过“货币天然不是金银，而金银天然就是货币”，黄金集多种属性为一身的特殊性也决定了黄金市场作为国际金融市场四大支柱（证券、商品、黄金和外汇）之一的特殊性的存在。受通胀或通缩因素影响时，市场关注的是黄金的保值功能；资本市场不景气时，投资者关注的是黄金的金融功能；当金融危机或战争爆发时，投资者关注的是黄金的避险功能。

黄金的避险价值

作为世界经济发展的基本趋势，经济一体化不断促进贸易、金融、技术及人才的合理配置，从而推动全球生产力的快速发展。经济一体化包含经济全球化和经济区域化。随着经济一体化这两个组成部分进程的不断推进，世界各国或经济体之间在贸易、投资和金融领域的联系的广度和深度也愈加增强。但值得注意的是，经济全球化是经济一体化的高级阶段，但由于经济全球化涉及范围太广，世界各国和各区域的经济发展状况、政治体制和风俗文化的差异性使得经济全球化还无法达到完美境界，这种经济的不均衡性伴随着经济全球化和区域化的发展而显现出更大的影响力。在近20年全球经济一体化进程中，发达国家与发展中国家之间、超主权与主权国家之间的不均衡和不平等现象正是在以美国为代表的国际垄断资本主义国家制订的不公正不合理的国际经济秩序中发展起来的。全球发达国家凭借其强大的经济实力、先进的科学技术乃至军事实力主导国际规则的制订。经济全球化成为国家垄断资本主义从其他弱势国家和地区谋求利益和转嫁危机的重要工具。对于这些国家而言，经济全球化会导致弱势国家的经济政策和金融制度选择空间处于持续压缩状态，这些国家对金融危机和经济危机的宏观调控能力将大打折扣。

在经济全球化的背景下，国际商品市场和国际金融资本市场的发展均需要各国采取相应金融制度相配合。内外部经济环境的变动是推动金融制度改革的最大动力。从近几十年各国金融制度改革实例来看，金融自由化改革并不仅仅是经济增长的一个原因，也是经济发展乃至外部国际因素影响的必然结果。金融自由化和金融管制是否处于均衡状态是维护金融稳定和保障经济安全的重要因素。但事实上，为了促进国际贸易一体化的发展，各国在金融领域逐步放松管制以适应经济活动需求。随着各国境内资本市场的不断开放，对资本的国际流动的管制日益宽松。全球金融市场的资本流量大增，国际性金融衍生品开发层出不穷。据国际货币基金组织数据显示，在 2005 年全球跨境资本流动达到历史最高纪录 6 万亿美元，见图 1—11全球资本流量总额。全球金融市场一体化程度甚至超过商品市场的一体化。随着全球金融市场规模的不断扩大，在金融资本流动的便利不断促进生产和贸易发展的同时，也导致全球金融风险的不断加大。相对于经济一体化进程的不断加快，国际金融监管及国家金融管制并没有相应得到加强。也就是说，在现有国际金融体制未出现突破性改革假设下，随着贸易自由化、投资自由化和金融自由化的不断深化，金融危机将更加频繁地对全球经济发展的广度和深度造成严重负面影响。

黄金作为一种特殊的金融产品，具有商品、货币和金融多重属性，也是大型资产配置中重要一类资产。黄金对宏观经济政策、利率政策、货币政策、通胀、地缘政治风险和市场结构等这些系统性风险因素较为敏感。在全球金融市场一体化格局内，发达国家对金融自由化的放任自流，世界经济有可能在不远的将来再次面临风暴的冲击。而这些风险往往会对世界各国金融市场风险溢价水平产生影响。可以简单地认定黄金价格的波动可以映射出全球资本市场风险溢价水平的变化。只有在全球系统性风险暴发的前提下，黄金才充分显现出投资、储备和避险的奇特功能。概括地讲，黄金可以稳定和平衡动荡中的金融市场，在保障经济安全和金融安全中扮演非常重要的角色。

金融市场风险溢价与风险喜好程度密切相关，随着上述各种系

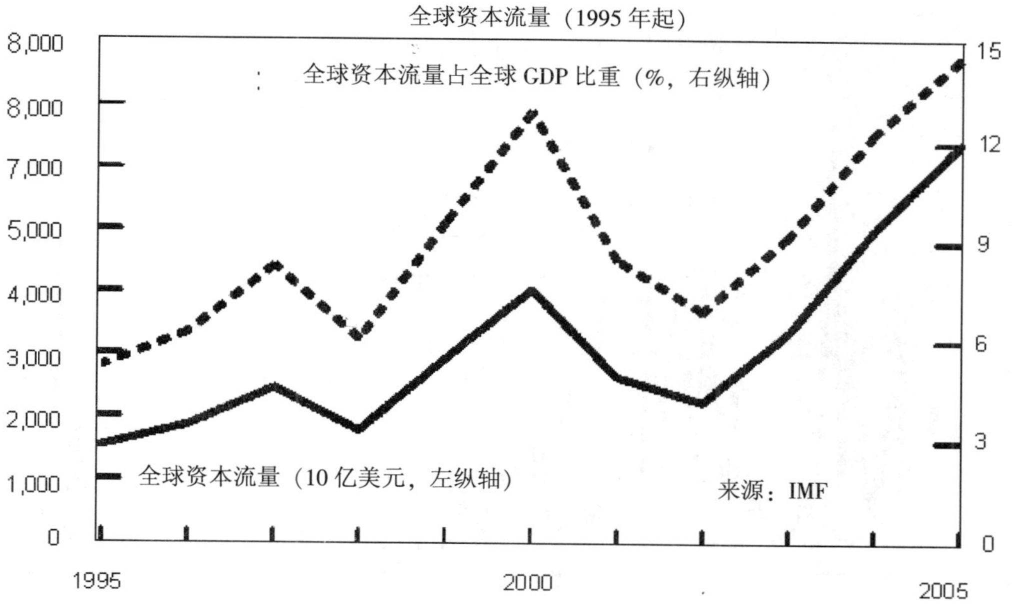

图 1—11　全球资本流量总额

统性风险引发的金融危机或经济危机，都会导致投资市场风险厌恶情绪的上升，避险需求急剧上升。金融市场风险溢价也大幅高涨。作为感知整体经济信贷风险指标的泰德息差（TED－Spread）是衡量市场风险溢价程度有效指标之一。泰德息差是欧洲美元 3 个月伦敦同业拆借利率（LIBOR）与美国 3 月期国债（T－Bill）的息差。市场普遍观点认为美国国债是无风险的，而伦敦拆借利率的涨跌反映商业银行间信贷风险的大小。如果泰德息差扩大，这说明市场风险溢价加大，市场对未来经济形势持悲观态度，对金融市场风险厌恶情绪上涨，投资需求减少，资产市场走低，市场流动性也相应紧缩，银行间违约风险加大，银行系统更倾向于提高信贷门槛或者惜贷并将资金投向具有保值抗风险的资产，市场流动性因银行的惜贷而大幅缩减。泰德息差加大时正是黄金市场牛市和股市熊市阶段；反之，则是说明银行间信贷违约风险减少，基于对未来经济前景的乐观分析，商业银行更乐意降低门槛、扩大信贷额度，因此市场流动性增加，投资者对市场风险喜好情绪上升，资本市场价格被持续推高，泰德息差缩窄时正好与黄金熊市和股市牛市阶段相吻合，见图 1—12 泰德息差。

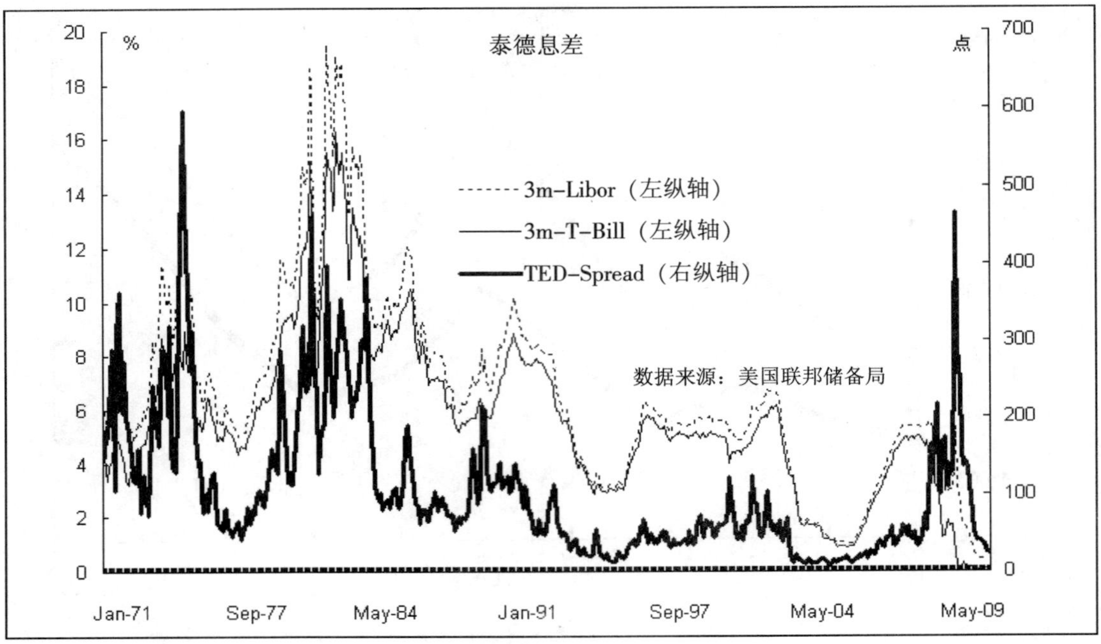

图 1—12　泰德息差（TED—Spread）

此外，美国芝加哥期权交易所（CBOE）在 1993 年推出的市场波动率指数（Volatility Index，简称 VIX）是通过期权市场参与者对美国股指波动程度的预期，来衡量金融市场整体走势的情绪指标。如果该指数走高时，表示市场对股市未来波动更加激烈的担忧；反之，则是市场预期股市未来走势将趋于平缓。从长期角度来看，VIX 指数与美国股市走向呈负相关性，当 VIX 指数飙升时，美国股指处于熊市下跌势头，市场投资者出于对未来风险加大的担忧，倾向采取防御型策略规避市场风险；反之，当 VIX 指数大幅下降时，则是美国股指走势平缓或是处于牛市上升阶段，而投资者出于对市场未来风险减小的预期乐于加大投资力度。概括地讲，VIX 指数不仅是市场对未来股市走势的主流预期的量化指标，也是金融市场主体对未来投资风险的心理反应，市场人士对 VIX 指标的俗称是“投资者心理恐慌指标”。见图 1—13 标普 500 与 VIX 指数。一般来说，当 VIX 指数大于 30 时，市场认为股市将面临更大规模的波动，会导致市场恐慌情绪的上升，投资者侧重于采用避险策略；当 VIX 指数小于 20 时，市场通常会认为股市动荡压力较小，投资者风险喜好情绪上升，会加大投资力度。

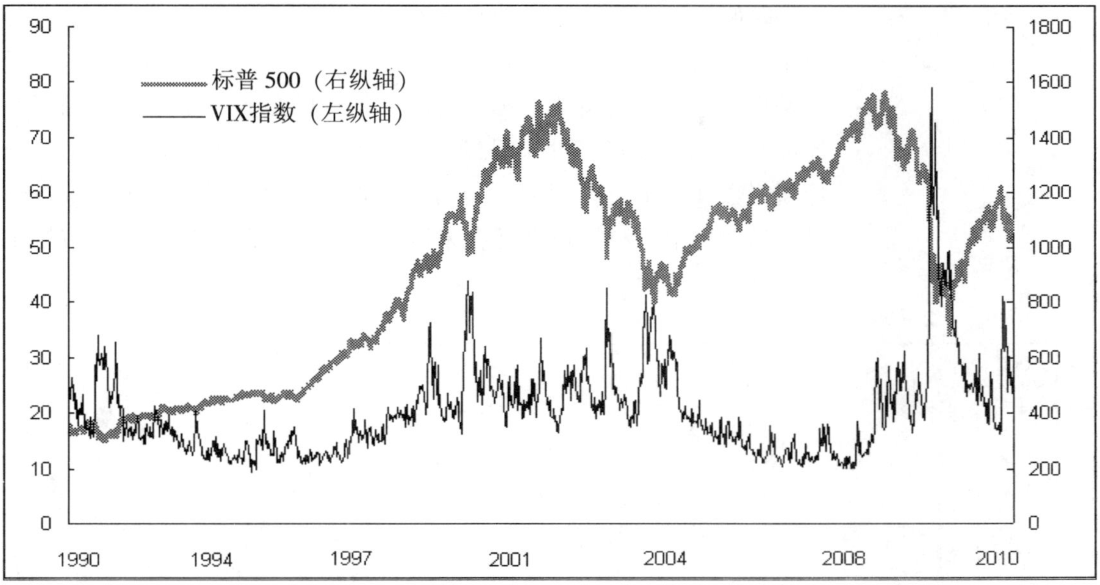

图 1—13　标普 500 与 VIX 指数

自 1825 年英国因生产过剩爆发第一次经济危机以来，至 20 世纪初，差不多每隔 10 年就要发生一次经济危机。进入 20 世纪后，第二次世界大战之前就爆发 5 次经济危机，每隔七八年就要发生一次危机。二战之后全球主要发达资本主义国家又发生数次经济危机，美国发生 8 次经济危机，德国和英国发生 7 次经济危机，法国发生 5 次经济危机。严格地讲，二战后具有全球性影响、造成损失最大的经济/金融危机仅有 1973～1975 年的石油危机、1980～1982 年的全球股灾、1987 年的“黑色星期一”、1990 年储蓄和贷款危机、1997～1998 年的亚洲经济危机、2001～2003 年的 IT 泡沫破灭，以及 2007～2008 年的次贷危机。25 年左右的数据统计结果显示，泰德息差和 VIX 指数在经济危机或影响较大金融危机爆发时都会急剧上涨，1973～1975 年石油危机导致的泰德息差高达 600 点左右，1980～1982 年的股灾也使泰德息差涨至 460 余点，2008 年次贷危机全面爆发后泰德息差也飙升至 460 点左右。由于 VIX 指数是 20 世纪 90 年代推出，从 1990 至今的数据中可以得知，每当美国出现股灾时 VIX 指数都处于 30 以上，1997 年 10 月底至 1998 年前三季度的亚洲金融危机、2001 年的“9・11”恐怖事件和 2008 年 10 月份起的次贷危机都导致 VIX 指数升至 40 之上，尤其是 2008 年 10 月底 VIX 指数创下有史以来最高水平 90 附近。在遭遇经济危机或者金融市场危机的时候，VIX 指数和泰德息差都会相应地大幅飙升。泰德息差是衡量全球银行系统是否相互惜贷、正常运营的指标，VIX 指数衡量的是投资者心理情绪的指标，这两个指标的走高暗示着直接融资市场和间接融资市场都处于恐慌状态。见图 1—14 泰德息差与美国道琼斯指数和图 1—15 泰德息差与黄金走势。每当遇到这种情况，惊弓之鸟般的银行和投资者都会采取避险措施去防范规避金融市场未来不确定性风险。

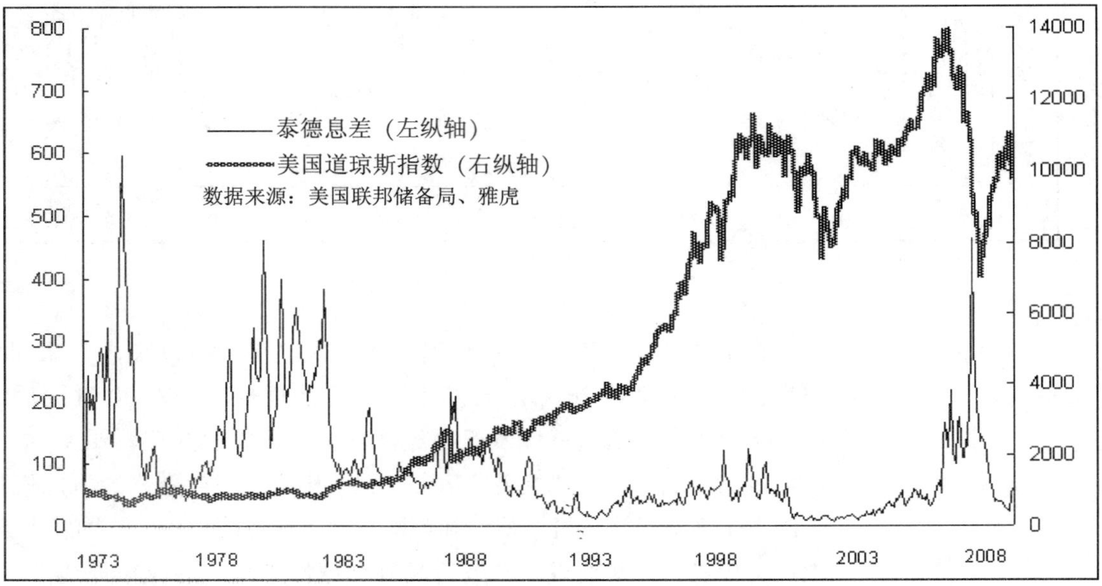

图 1—14　泰德息差与美国道琼斯指数

近 20 年的经济全球化进程中，由于资本市场自由化的流量剧增和流速加快，很容易诱发金融危机和经济危机，一个国家或地区的危机会在短期内产生扩散效应波及周边乃至全球，这就是经济全球化时代的经济繁荣和衰退连锁反应的同步性。

黄金作为一种投资产品，其具有被动性的价格走势曾在历史上具有很强的波动性。一位国外分析师指出，黄金价格的波动性与股票相类似，但回报率却与债券相仿。虽然黄金的收益率低于其他市场，但其价值的稳定性远远高于证券类资产。每当周期性证券市场滑坡时，黄金的稳定性和实物性凸显出黄金的避险价值。而从国际黄金协会提供的报告中可以看出，无论是从长期角度来说，还是短期角度来看，黄金价格的波动性与全球股市、贵金属市场和原油市

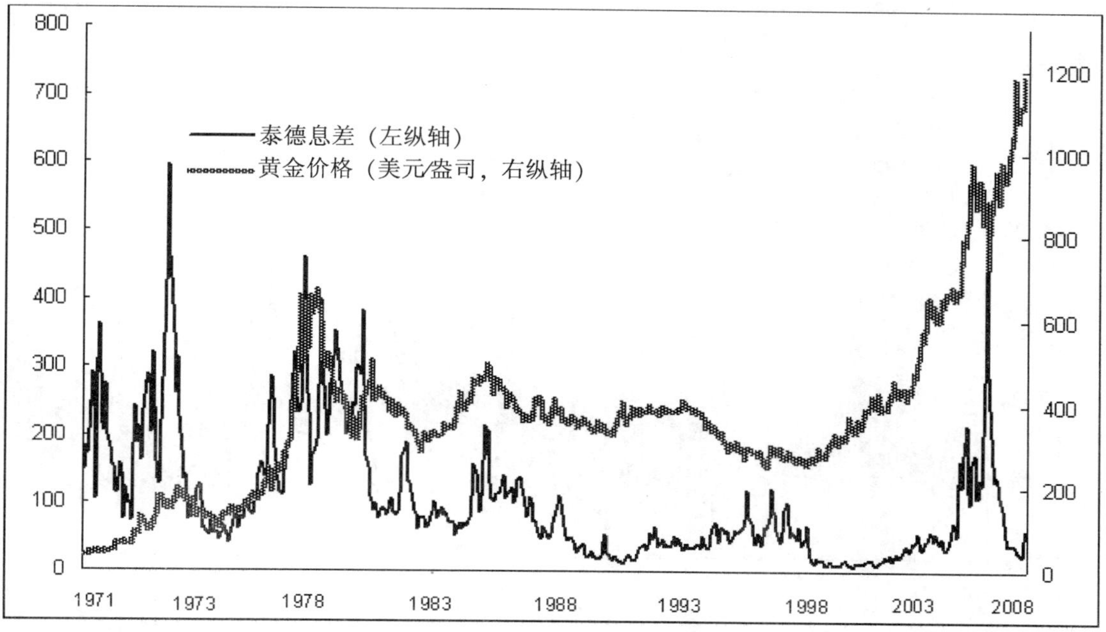

图 1—15 泰德息差与黄金走势

场的波动的相比较的结果就是，在大多数情况下黄金价格的波动率远远小于其他市场。从 20 多年的数据统计分析来看，黄金价格的长期波动率比具有代表性的美国标普 500 指数的波动率低 2.1%，仅为 12.7%。但与其他商品市场的波动率相比，黄金价格 12.7%的长期波动率算是小巫见大巫。黄金价格的波动完全取决于黄金市场的深度和流动性，黄金价格的大幅波动往往都与全球经济的自然属性和社会属性是否受到威胁息息相关。见图 1—16～图 1—19。各种因素造成的投资市场下行风险也会反映在与其他市场变化不同的黄金价格的波动中。比如说 1999 年的《央行售金协定》仅仅会因市场预期在短期内对黄金价格走势造成短期影响，而不可能会对证券市场产生显著影响。相反，经济下行风险、金融市场风险或者不确定性风险对黄金市场的影响完全不同于其他金融市场。诸多难以量化和预测的风险都会使得黄金被赋予最后避险防线的职责。理由很简单，黄金是非信用资产，不会发生信用风险；黄金价值被全世界所接受，可以直接提供流动性；黄金市场的低波动性和波动的相对独立性可以规避市场风险。黄金市场与证券市场、商品市场和外汇市场的相对独立特性正好反映出各国央行、金融机构和个人投资者对投资多样化的需求。

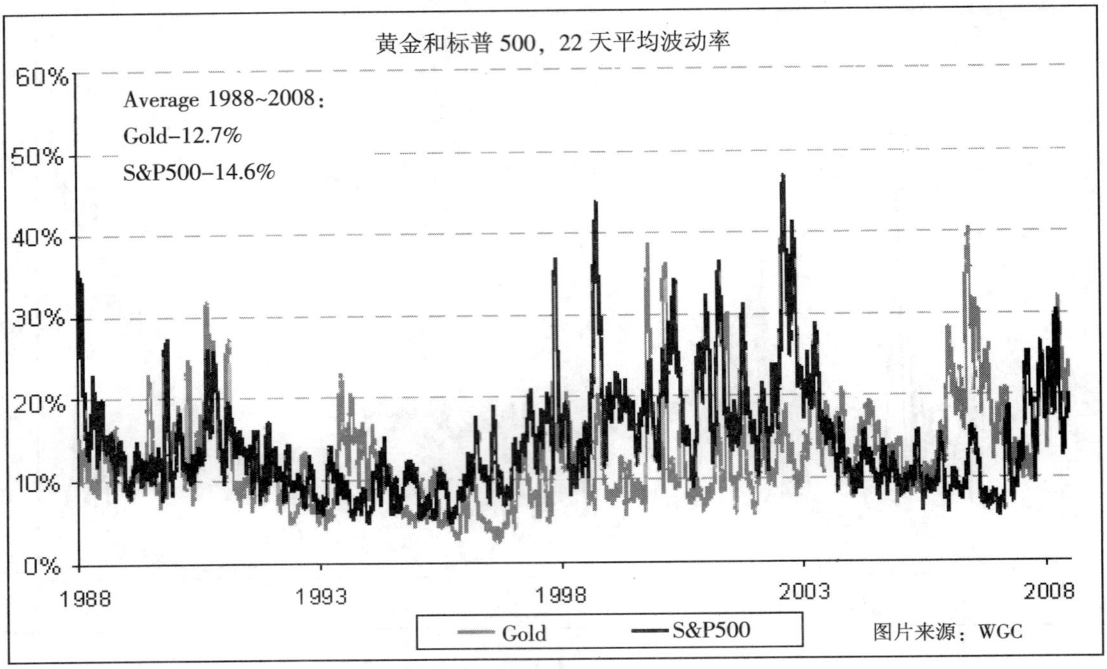

图 1—16　黄金与美国标普 500 波动性

首先，信贷风险是商品经济的特有现象。信贷风险就是银行贷款或债券投资过程中发生的借款者违约，无法按期偿还贷款，从而导致银行、信贷机构或债券投资者出现破产危机的风险。黄金既不是国债、企业债，也不是货币这类的受经济政策影响较大的信用资产，黄金的价值也不会受到通胀侵蚀。其次，无论是来源于金融渠道，还是来源于珠宝行业和工业的源源不断的黄金需求，都会让全球黄金市场的广度和深度不断强化，除了实物黄金外，广泛的黄金投资渠道包括珠宝、黄金期货及期权、黄金交易型基金、黄金权证，以及其他黄金投资结构性产品。黄金极高的抗腐蚀、抗变色能力和极强的稳定性也让其他贵金属的市场需求相形见绌。而其他非信用资产如汽车和房地产之类市场也无法与黄金相媲美。因此黄金市场的广度和深度不会让市场参与者担心黄金投资会出现流动性风险。与其他主流投资工具相比，黄金的流动性特性极具竞争力。最后，在全球市场人士面临股市风险、利率风险、商品风险和汇率风险等市场风险时，黄金市场价格受影响的因素与其他金融市场大不相同。当经济衰退周期来临时，政府和企业的正常运行都面临挑战，证券市场下行风险暴露之际，黄金就是规避经济风险而采取的防御策略中最重要的工具。

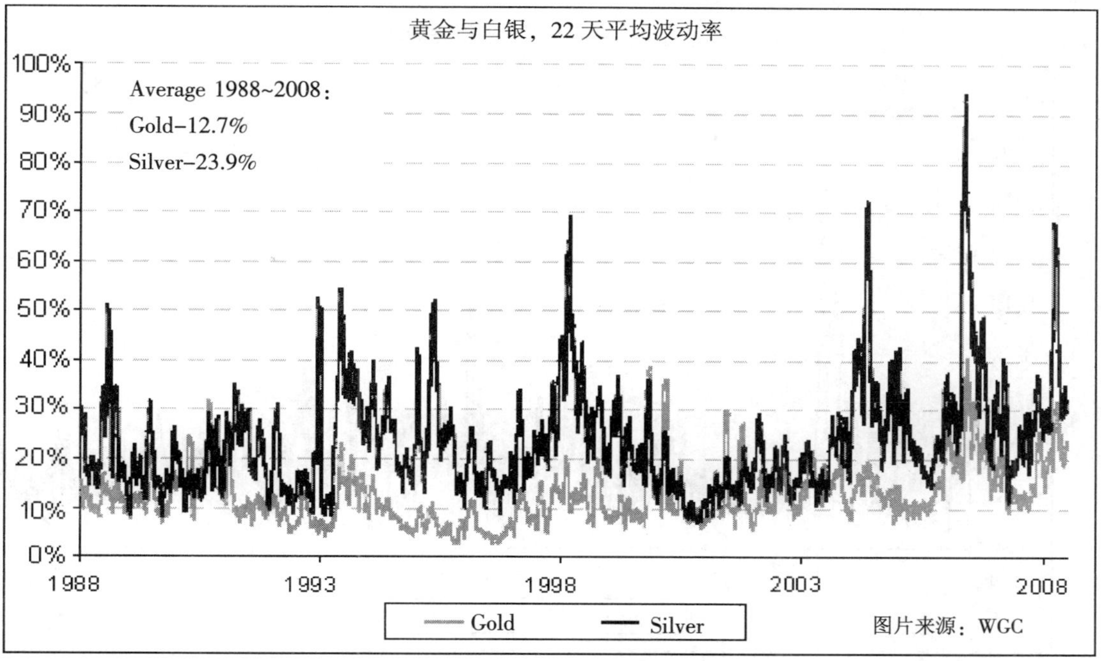

图1—17 黄金与白银波动性

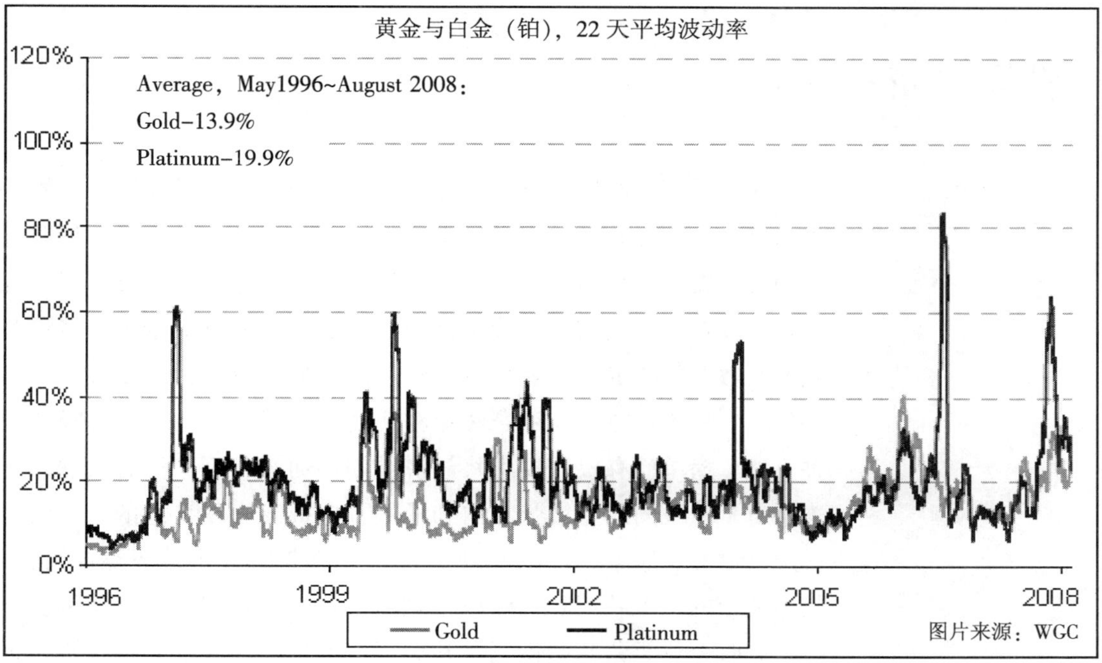

图1—18 黄金与白金波动性

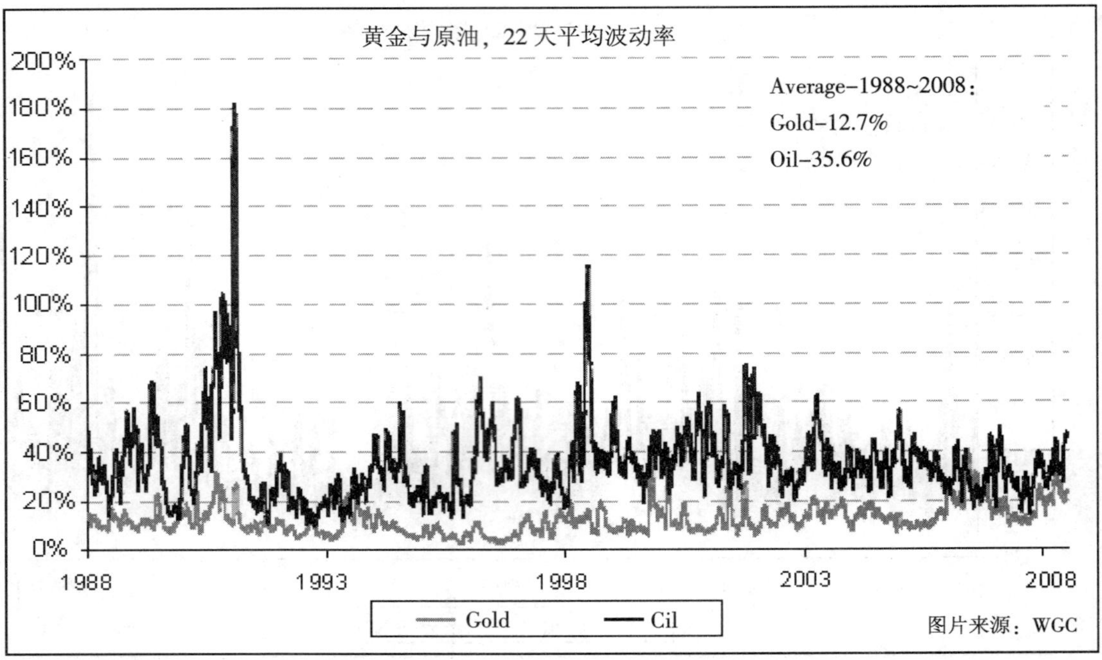

图 1—19　黄金与原油波动性

黄金与资产配置

谈到长期资产配置不能不提及美林投资时钟。美林资产配置小组通过 30 多年的市场数据及理论研究发现，利用经济周期不同阶段的独有的特点，将债券、股票、商品和现金进行灵活的资产组合配置帮助投资者规避市场风险的同时获得收益。通过对全球经济增长和通胀数据的研究，美林投资时钟将经济周期分为四个阶段，即经济复苏、经济过热、经济滞涨和经济衰退。见图 1—20 美林投资时钟。这个简单而有效的模型将经济周期和通胀与资产类轮动联系起来，每个阶段的经济增长方向和通胀方向都与表现良好的某一特定资产（债券、股票、商品和现金）相对应起来。在经济复苏阶段，较为宽松的货币政策和财政政策刺激经济增长，同时通胀还继续下行，此时企业经营开始恢复，利润开始增加，此阶段股票投资是最佳选择；在经济过热阶段，生产增长变缓，通胀开始上升，央行为控制通胀上行风险开始提高利率，此阶段大宗商品是投资最佳选择；

在经济滞涨阶段，经济开始下滑，但通胀继续上升，能源和原材料价格走高已经影响企业正常经营，企业为保证自身利益，只能将通胀转嫁给消费者，通胀预期的上升会促使工资水平上涨，企业利润受到影响。企业被迫采取防御性措施，关闭生产线辞退工人减少投资。央行为防止经济低迷停止升息，此阶段“现金为王”是最佳选择；在经济衰退阶段，消费能力下降、产能过剩和大宗商品价格走低导致通货紧缩，央行开始采取更为宽松的货币政策和财政政策以提振经济，此阶段债券是最佳选择。在通胀阶段和经济衰退阶段都是黄金投资的最佳时机。目前用数量化方法进行最佳资产组合配置已经成为主流，1990 年获得诺贝尔经济学奖的美国经济学家哈里马科维茨（Harry Markowitz）于 1952 年发表的《资产选择》一文中开创现代投资组合理论，以资产组合为基础，配合投资者的风险容忍程度进行资产配置的分析预测，在特定的风险容忍水平下追求投资回报最高，或者在特定的投资收益条件下实现风险最小化，按照不同目的进行最佳的资产配置。随着几十年的研究和实践，使用数量化模型进行多样化降低风险的投资组合管理来满足不同投资者的需求。在不同经济周期、借鉴不同的数据和指标，使用量化模型帮助投资者实现最优的资产配置。见图 1—21 经济周期与通胀。

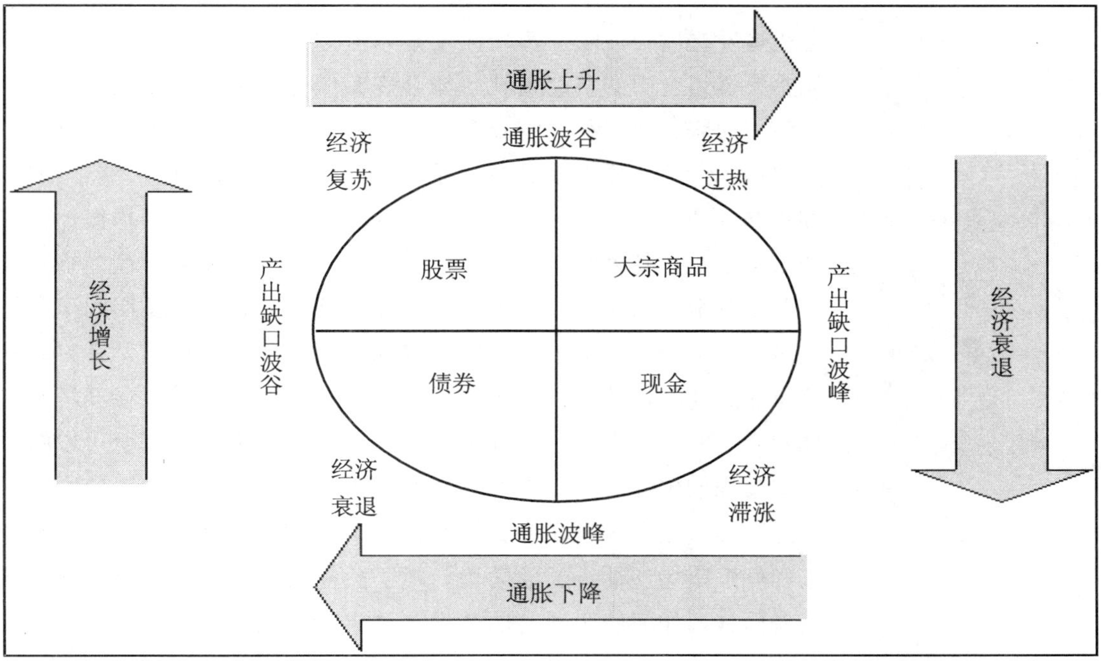

图 1—20　美林投资时钟

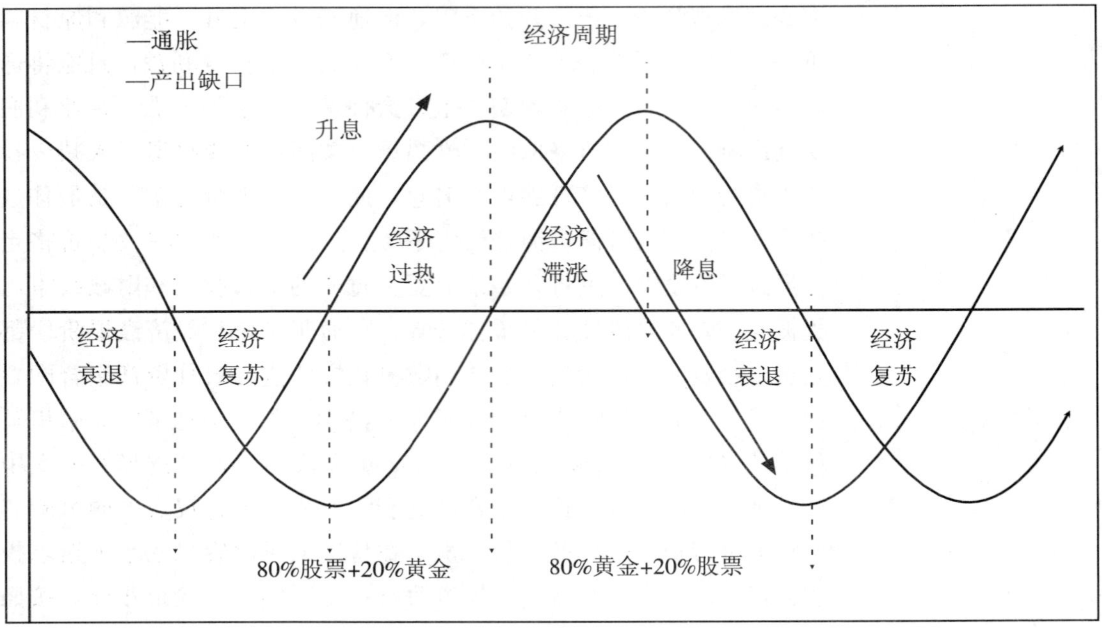

图 1—21　经济周期与通胀

作为战略性投资产品的黄金价格波动与股市、债券市场和商品市场的价格走势相对独立。因为黄金价格驱动因素与其他资产不同，使黄金相关的投资品种成为调控风险的重要工具之一。在本次金融危机爆发之后很多欧美市场人士开始考虑如何根据经济周期的循环调整投资组合中的黄金占比，如今许多优化资金配置比例根据经济繁荣、通胀、通缩和经济衰退周期采取不同的资金配置，也有的干脆忽略不同经济周期及其过渡阶段，就将股票指数基金、美国财政部长期国债、实物黄金和财政部货币市场基金按 25%的均衡比例资产配置来对抗各种相关风险。这种配置的道理很简单，经济增长期时股指基金可以获得充分的回报；在通缩期间，美国长期国债价格会迅速上涨，在经济繁荣期间，美国长期国债表现也非常良好；在严重通胀期间，黄金是对抗货币贬值的最佳金融产品；在经济衰退期间几乎所有资产类别表现欠佳，然而投资货币市场基金可以缓冲资本市场的欠佳表现，在通缩期间货币市场基金表现也不错。与成熟的欧美国家金融市场相比，我国的货币市场、资本市场、黄金市场和外汇市场还处于起始阶段，对于急需资产配置多样化的我国投资者而言，如何使用现有的金融产品进行有效资产配置，将系统性风险造成的损失最小化，并在经济增长期间实现投资收益最大化。

上述的资产配置看似简单，却能保证投资者资金增长的平稳性和安全性，不会过分担忧股市大幅动荡引发的资产贬值。经过这种资产配置的近30年相关数据采样的统计分析结果表明，该资产配置仅在1981年严重经济滞涨时期出现最大损失为4%～6%。除此之外，从1972起的30年时间周期内，无论是在牛市还是在熊市，该策略实现平均每年9%～10%的资产价值增长。

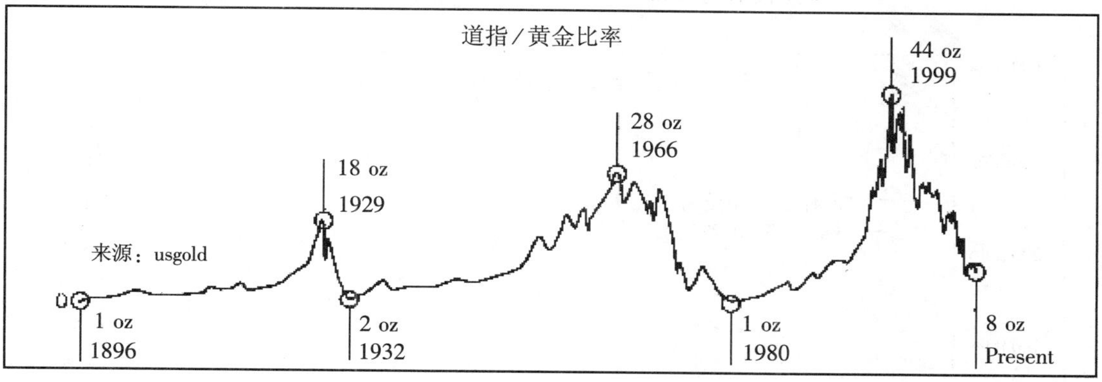

图1—22　道指/黄金比率

此外，用道指/黄金比值来判断经济增长与通胀的关系的同时，也可以将道指/黄金比率用于最简洁的投资组合设计。由于对经济周期和通胀的分析研究涉及过多的宏观经济理论和许多相关数据信息，过于复杂持久的分析研究判断往往会使资产配置滞后于市场走势而错失良机。价值稳定的黄金常常用来衡量货币的购买力，经济学家经常使用道指/黄金比率衡量资产市值和真实资产价值的关系。自1896年以来，美国道指/黄金比率曾创下3次高峰，4个低谷，每次当道指/黄金比率达到峰值后，美国股票市场开始陷入熊市，同时黄金市场开始进入牛市，道指/黄金比率最终还是回归到1～2之间。前美联储主席写道：“在没有金本位的情况下，没有任何办法保障储蓄不被通胀吞噬……政府赤字将变相掠夺民众财富……”在美国21世纪初的IT泡沫破灭后直至2003年美国道指才开始反弹，2003～2007年道指和黄金都处于牛市状态，黄金的上涨幅度要远远超过道指上涨幅度。在本轮危机中全球金融资产价格大幅下挫，而黄金的投资、避险和保值功能受到市场极力推捧连续创下新高。从长期资产配置角度来看，可以仅用两种资产类别（黄金和股票）进行最简单的资产配置，当道指/黄金比率开始上升时就选择股票为主和实物黄金为辅的配置增长型资产组合；反之，当道指/黄金比率开始下挫时就选择实物黄金为主和股票为辅的配置防御型资产组合。如图1—22 所示。用最简洁的方式来维持收益率的稳步上升势头。采用1971～2007 年黄金市场和美国股市历史数据进行统计分析，假如将资金全部用于美国股市投资，近 40 年的累积投资收益为 1490%；假如采取黄金和美国股票各占 50%的权重的资产配置，近 40 年的累计投资收益为 1690%，远高于单纯的美国股票投资收益。

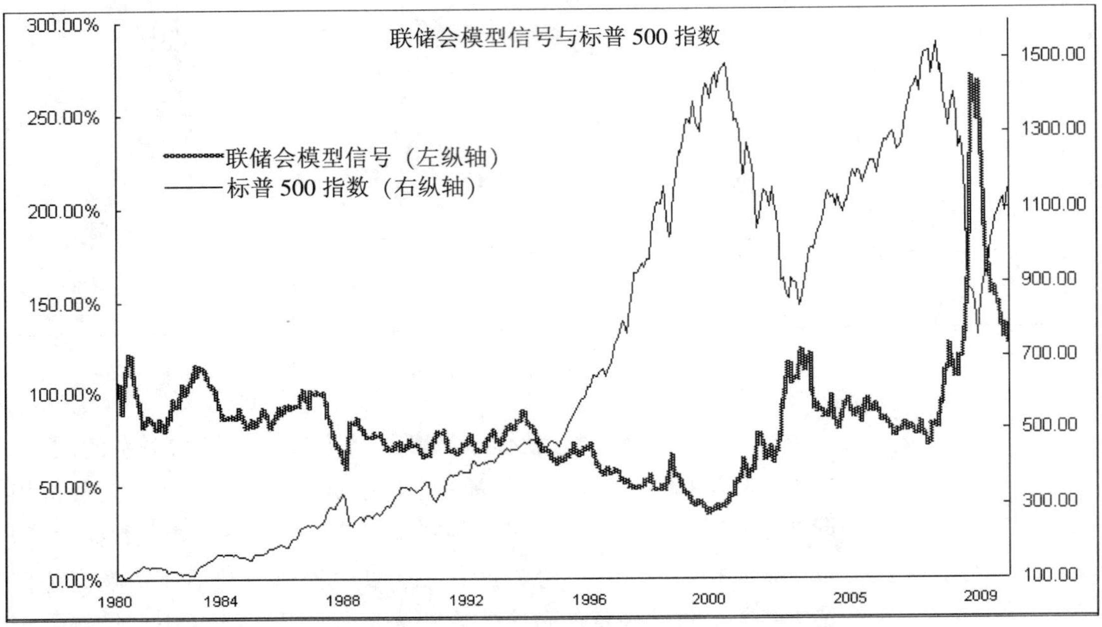

图 1—23　股市崩盘与联储会模型信号

然后，用一个简单的长期证券市场估值模型来说明投资配置中股票和债券的比例大小。由于投资者倾向于大比例配置被低估的股票或债券，股票估值就成为资产配置的首要问题。在很多境外证券分析报告中经常会遇到“联储会模型（Fed Model）”，如图 1—23 所示。该模型假设 10 年期美国国债和标普 500 指数的预期回报率之间的对比。满足均衡的条件就是，10 年期美国国债的殖利率约等于美国标普 500 指数的本益率。如果标普 500 指数的收益率高于 10 年期国债殖利率就说明股票被低估，应该大比例配置股票；反之，如果标普 500 指数的收益率低于 10 年期国债殖利率就以卖出被高估的股票而买入回报较大的国债。如图 1—24 所示。这个模型看似简单，也有很多批判者贬低这个 20 世纪 90 年代中期开始使用的模型，指责该模型即无法预警信贷紧缩，也没有考虑通胀因素对估值的影响。还有人指出，投资者面临选择的金融产品不仅限于股票和国债。这个模型最重要的问题就是股票收益率和国债殖利率没有可比性，原因就是国债是固定收益，而股票的收益率是不确定的，并且派发的股息和国债收益也受到通胀的吞噬。解决这个难题的方法就是将通胀数据与收益率相结合进行比对。虽然联储会模型本身并不是美联储的研究结果，但是值得一提的是，摩根大通（JP Morgan），荷兰国际集团（ING）和英国保诚集团（Prudential），以及其他大型金融机构都在使用该模型。比如荷兰国际集团使用的是与通胀挂钩的债券收益率，但还是以联储会模型中的股票与国债收益率比对为主。事实上，主流的有影响力的投资机构仍旧使用联储会模型来判断投资股票还是债券。

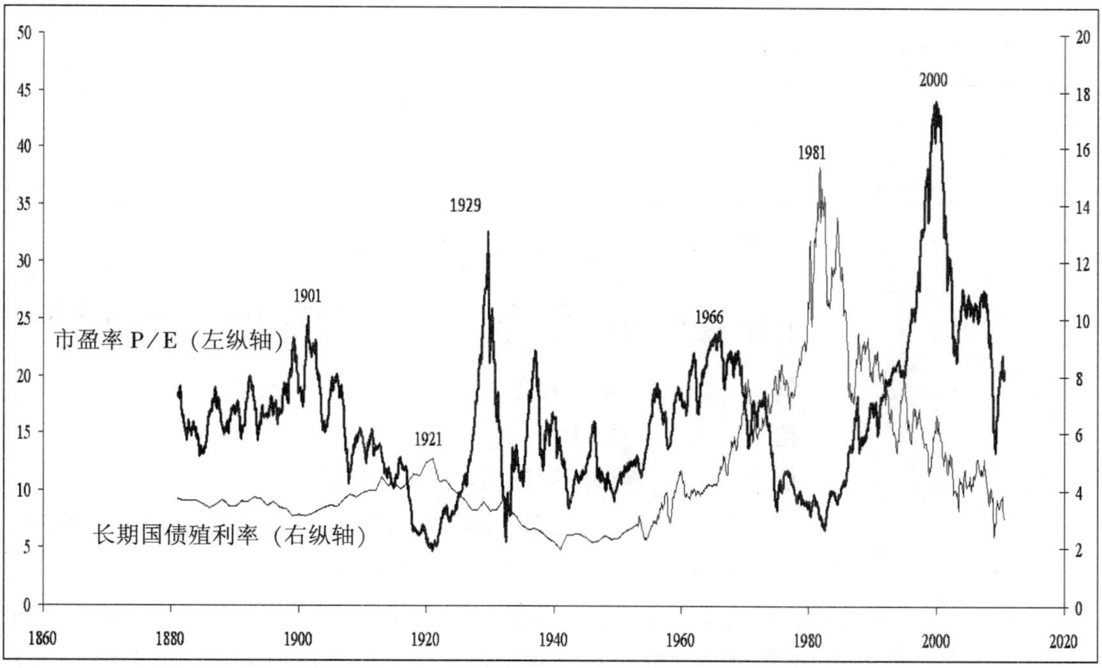

图 1—24　标普 500 指数市盈率与 10 年期国债殖利率

通过一个简单的公式就可以观察联储会模型的信号，如图 1—25 所示。均衡状态下，股票收益率和国债殖利率是近似相等的。在下面 3 个图中的的联储会模型中采用的是标普 500 指数的通胀调整后的本益率，使用的是10年期美国国债殖利率数据。通过长期数据收集统计分析结果显示，可以通过该模型预测和解释资金在股票和债券之间的流动。

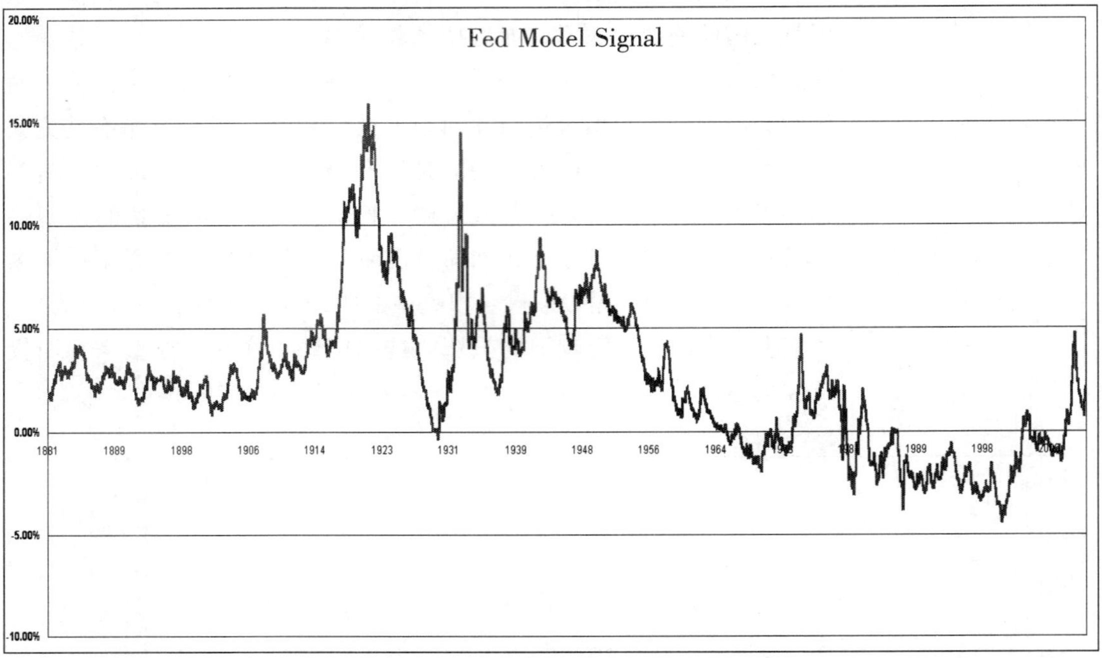

图1—25　联储会模型（Fed Model）长期走势

$$\text{联储会模型信号}=\frac{\text{股票收益率}}{\text{国债殖利率}}=\frac{\text{通胀调整后标普 500 指数的本益率}}{\text{10 年期国债殖利率}}$$

信号＞100％⇒股票被高估，卖出股票买入国债；

信号＝100％⇒均衡状态；

信号＜100％⇒股票被低估，买入股票。

最后，一家位于波士顿的机构投资研究咨询顾问公司（NFA，New Frontier Advisor）推出的资产配置模型中，利用蒙特卡洛模拟、相关性分析、情景模拟、通胀调整、风险回报估算和资产定价模型等金融理论和方法对全球主要金融产品市场，包括美国、发达经济体和发展中国家的证券市场、不动产市场、衍生品市场和大宗商品市场的将近40年时间的风险收益历史数据采样统计结果做出战略性的长期的多样性的资产优化配置。1970年诺贝尔经济学奖获得者威廉夏普提出的传统资产定价模型（CAPM）经过几十年检验发现，该资产优化配置模型的不稳定性好像并不能有效地运用在现实中。所收集的数据出现较小的误差会导致资产配置优化结果的大相径庭，该模型需要绝对准确的数据才能计算出一个可靠的资产配置的有效边界，这在金融市场中几乎是不可能的。该传统模型的不稳定性将资产配置局限在很少资产类别之间进行组合，5 种以上的资产将无法利用这个模型进行可靠的优化组合。该公司推出一种改进型的资产配置模型“重采样有效优化（Resampled Efficiency Optimisation)”解决了传统资产配置模型的一系列难题，其核心方法就是，将大量的不同类别、不同权重的资产优化配置通过蒙特卡洛模拟形成几百条有效边界，再将这些数据进行均值处理，得出的优化配置结论较为稳定可靠。在蒙特卡洛模拟中所采用的数据几乎包含了所有收益和风险预测信息的不确定性，当然误差最大的预测也考虑在内。新的模型模拟了所有可能的各种资产的配置，所有的风险溢价估值、收益预估、各种资产的相关性都被认定为不确定的预测，所以，较小的数据波动只能引起资产优化配置比例的小幅变化。实践经验显示，4%左右的黄金配置就可以提供相当的战略性投资收益。黄金配置的权重依赖于资产配置的风险水平，1%～2%的小权重的黄金配置就可以明显改善低风险资产配置的收益。对于高收益的资产配置而言，黄金较低的长期预期收益起不了多大作用。但是在经济低迷和金融市场动荡时黄金会起到稳定市场的作用，并且会增强激进型战略投资组合的收益。

最近几年越来越多的全球投资基金将黄金纳入其投资组合当中，希望波动较小、走势独立的黄金投资能保证其投资组合的战略规避较大风险。此前大多数基金的投资组合仅包括三种资产——股票、债券和现金，他们相信这样的投资组合已经有足够的多样化，但在 2007 年 8 月初信贷危机爆发之后，全球股市处于大幅震荡态势，投资者拼命设置更有效的资产组合多样化策略以保证其资产价值不受损害。在股市前景不确定性风险加大的时候，将短期替代性的商品投机纳入资产组合当中，2007 年 8 月至 2008 年 7 月初，在全球股市大幅下挫的同时，商品市场，尤其是商品指数期货市场却迎来有史以来最大牛市。这次商品指数大幅飙升不是来自于商品交易和传统的投机交易。商品指数期货的投机头寸增长远远超过商品期货交易头寸。仅在 2008 年头两个月，商品指数投机资金就增加 550 亿美元，这阶段传统供求因素决定商品价格的分析完全不起作用，巨大的收益预期还在吸引追求利润最大化的资金进入商品市场。如果没有市场中巨额资金的投机活动，美国商品研究局（Commodity Research Bureau）推出的大宗商品期货价格指数（CRB 指数）也不会在一年内创下历史最高纪录 614.62 点，原油价格也不会达到 147.25 美元/桶的历史最高点。在 2008 年 9 月美国次贷危机扩散至全球引发全球性信贷危机之前，原油价格的上涨不断推高黄金价格的走高，并在 2008 年 3 月 17 日达到阶段性高点 1033.90 美元/盎司。在 2008 年 8～9 月份，美国“两房危机”和雷曼兄弟破产危机引发恐慌情绪在全球金融体系蔓延，从而导致局限在美国的次贷危机迅速演变成全球性的信贷危机。在过去几年全球投资者曾使用低息杠杆融资进行全球性投资为主的策略遭遇金融风暴时，不顾一切地抛售包括黄金在内的所有资产，采取“现金至上”的“去杠杆化”对策，持有更为保险的美元和日元，或将资金投入美国短期债市规避风险，黄金价格一度跌至 681.70 美元/盎司。

随着货币市场的紧缩和资本市场的崩盘趋势的不断加强，金融市场和实体经济之间的相互传递作用的不断循环将全球宏观经济推向更危险的境地。为了减缓信贷危机向经济危机扩散的速度、避免金融危机对实体经济造成更严重的影响，各国政府联手除了采取宽松的财政政策，也采取更为宽松的货币政策和利率政策，向银行系统注入天文数字的巨额资金，在极度宽松的利率政策刺激经济效果消失殆尽之际，美国和英国甚至采纳日本使用的较为极端的“量化宽松”政策，这些历史上最大规模的救市措施试图激发陷入瘫痪的银行间拆借市场，刺激即将崩溃的资本市场。且不说次贷危机继续向银行破产危机、企业破产危机乃至国家破产危机扩散，仅仅着重谈的是量化宽松在当时是有利于抑制通货紧缩，更大的风险是很有可能会造成未来恶性通胀的后果，央行向经济注入天文数字的流动性，在经济持续疲弱阶段不会带来通胀压力。一旦经济出现复苏，市场流动性的严重过剩会诱发全球恶性通胀的概率将急剧上升。由于央行注入的巨额流动性从银行系统流向社会需要一个前提，就是银行体系对未来预期乐观、信心回升、放贷意愿增强。在对未来经济前景不甚乐观、市场信心尚未恢复的时期，与央行流动性供应有时间滞后效应的通货膨胀尚未露出狰狞面目，但对未来严重通胀的预期持续走强。理由很简单明了，货币极度扩张导致的美元泛滥将造成新一轮的全球泡沫经济。

全球货币发行量仍在不断提速，从较长经济周期来看，资产泡沫和通胀隐忧仍是居民财富和购买力被吞噬的主因。而经济周期的加速循环也促使投资风险继续困扰投资者，各种对未来经济前景的预期都离不开通胀和泡沫经济，越来越多的投资者谋求各种黄金类资产进行投资风险规避。与20世纪80～90年代黄金市场低迷相反的是，在未来黄金占资产配置权重可能会越来越多，很多专家建议在投资组合中配置相当权重的黄金类资产，采取积极主动的风险控制措施应对经济危机、股市崩盘和通胀。在识别经济周期，预见金融风险，及实现有效投资组合方面，上述的那些指标和模型都会有一定的帮助作用。

黄金的历史走势

自远古时代发现黄金以来，其璀璨的魅力一直都是神圣、权利与财富的象征。随着时间的流逝、时代的更替以及经济的发展，黄金历史也经历了四个阶段：专政阶级垄断时期、金本位时期、布雷顿森林体系时期和黄金非货币化时期。

与黄金有关的最古老记录是在5500年前的埃及史料记载的“一份黄金等于两份白银”。埃及在公元前2000年之前就开始开采黄金，并且在公元前8世纪开始铸造含金硬币。最早的金币出现在公元前560～547年吕底亚古国（今天土耳其西北部）的克罗斯国王（Croesus）执政时期，从那时起金币就作为法定货币一直延续至近代。

19世纪前金矿尚未被大面积发现，并且主要是靠人力进行开采，黄金产量极其有限，当时的金矿也都归掌权者独占。古埃及和古罗马都为掠夺黄金发动战争，公元前2000年至公元前1849年的古埃及侵占拥有丰富黄金资源的努比亚，在公元前1525～1465年古埃及从巴勒斯坦和叙利亚掠夺大量黄金。财富的增加才使埃及有能力兴修水利，发展农业，兴建遗留至后世的奢华宫殿。而公元前47年罗马帝国占领古埃及，并掠夺约1950吨的黄金和白银，巨大的财富使罗马帝国实力大增。黄金历史学家格林就说过：“古埃及和古罗马的文明是由黄金培植起来的。”

黄金的稀有性和专有性限制了黄金的大规模自由流通，多为神庙皇室贵族所有。在四大文明古国的出土的丰富的遗迹中都出现黄金首饰和其他宝贵物品。距今最早的黄金首饰来自于位于伊拉克南部的苏美尔文明，但也有新的考古发现，称最早的黄金饰品技术出现在黑海海岸，即今天的保加利亚附近。像金链、合金、铸造的饰品都在古埃及坟墓中被发掘，最著名的就是死于公元前 1352 年的古埃及及新王国第十八代法老图坦卡蒙极其奢华的墓葬，举世闻名的重达 10.23 公斤的黄金面具和重达 110.9 公斤的金棺，以及其他珍贵无比的文物。

据世界黄金协会提供的数据显示，从古至今黄金总开采量约为 158000 吨，其中约 65%是 1950 年之后被开采出来的。黄金产量从 2001 年开始呈下降趋势，主要原因是 20 世纪 90 年代黄金市场低迷导致的勘探预算的缩减和随之下降的新发现的大型金矿数量。自 19 世纪初开始，先后在俄国、美国、澳大利亚和南非以及加拿大发现了丰富的金矿资源，使黄金开采业迅速发展。最有名的就是 19 世纪初期美国开展的西进运动，一批批冒险家向太平洋西岸推进，在 1848 年探险者马歇尔在加利福尼亚发现金矿消息传播出去之前，也有探险者多次发现金矿的记载，但当时移民较少，当地印第安人还不懂得黄金价值，与外界消息往来的闭塞，那些发现并未引起轰动。时至 1848 年，随着移民的不断进入、交通的便利，与外界交往愈加密切，1848 年发现金矿的消息被证实后，1848 年 8 月 19 日美国纽约《先驱报》刊载的加利福尼亚发现金矿消息，这一引起世界震撼的消息迅速形成举世空前的淘金热，包括传教士在内的成千上万的来自北美、欧洲、中国和世界各地的人们都赶向矿区实现自己的淘金梦。1851～1855 年美国的黄金产量几乎占全球总产量的 45%，1848～1851 年，美国金币铸造增加 20 倍，美国一跃成为世界上最大的产金国。加上澳洲金矿和其他国家和地区金矿开采总量计算，仅 19 世纪后半叶，人类开采的黄金数量就超过了过去 5000 年的产量总和。随着全球经济活动往来的愈加频繁，资本主义经济的快速发展迫切需要统一的价值尺度，并用这个价值尺度计量不同国家地区货币计价的商品价格。作为经济活动中价值尺度的载体应该满足三个条件，首先是物理化学性质稳定；其次是产量可以满足大量流通的要求；最后就是产量容易调控，不会引起混乱。在 19 世纪的科技进步和资本主义经济发展状态正好与黄金产量增长相匹配，黄金从专制阶级的宝库流向全球经济活动中，从权利神圣财富的象征转变为平常流通媒介的象征，人类社会开始进入金本位时期。在 18 世纪初期英国首先实行金本位货币，在 1821 年才正式确立金本位制度，随后德国、瑞典、挪威、荷兰、美国、法国、俄国和日本等国家先后实施金本位制度。

从 1880 年直至 1914 年第一次世界大战爆发之前，世界上主要资本主义国家都实行了金本位制度，并且实行的是典型的金本位制度——金币本位制。在金本位制度实行的 100 多年的历史中，国际金本位制度经历了三个发展阶段，即金币本位制、金块本位制和金汇兑本位制。第一次世界大战前的国际货币体系是在资本主义各国间经济往来日益密切，主要资本主义国家普遍采取金币本位制度之后形成的。当时英国是当时世界经济体系中最强经济体，一战爆发前的 30 多年时间里，英国伦敦黄金市场是唯一的国际性市场。当时的国际货币体系实际上是以英镑为中心，以黄金为基础的国际金本位制度。在这个以黄金和英镑为主的国际金本位制度中，黄金是各国最重要的国际储备资产，而英镑则是国际上最主要的清算货币。持有英镑比使用黄金有更多的优越性，由于英国在贸易、海运、金融服务方面的优势，再加上英国经济大国和殖民统治政治强国地位，国际结算中 90%使用英镑。此外，储备英镑可获得利息收益，但储存黄金还要付出保管费用，很多国家央行仅储备英镑而不是黄金。所以，也有经济学家称金币本位制度为英镑汇兑本位制。

实行金币本位制的基础是自由铸造、自由兑换和自由进出口。从金币的质量和数量的角度来看，金币的自由铸造使金币的面值可以与其所含黄金价值保持一致，也使得金币数量自发受到流通需求的调控；金币的自由兑换各种辅币和银行券，可以代表相应数量的黄金进入流通领域，并可以保证币值的稳定而不会引发通胀；黄金的自由进出口可以保证外汇市场的相对稳定，汇率波动由各国铸造金币时消耗黄金实际重量的比率（铸币平价 Mint Par，也称法定平价）和黄金运输费用所决定的黄金输送点来决定，所以在这种汇率制度下，外汇市场波动极小，不会轻易变动。当然，这种固定汇率制度也受到国内货币供求、国际收支、物价水平、实际收入水平和资本流动的影响。事实上英国、美国、法国和德国等主要资本主义国家汇率平价自 1880～1914 年之间一直保持稳定。金本位制度消除了以金银为主的复本位制下的价格混乱和货币流通不稳定的弊病，由于国内货币发行量受央行所拥有黄金储备的约束，从而保证流通中的货币不发生贬值，保持长期物价稳定；也能调节国际收支，还能保证世界市场的统一和外汇市场的相对稳定，促进国际贸易的顺利进行。所以金币本位制在当时是一种比较稳健的国际货币制度。尽管各国央行可以按各国货币平价规定的金价无限制买卖黄金，但黄金市场是受到严格控制的官方市场，黄金市场不会得到自由发展。

金币本位制也有其致命缺点，由于国际金币本位制体系是一个统一性和松散性相结合的国际货币体系，在采用共同的原则和共同的措施构成国际货币体系前提下，各国自行规定其货币在国际金本位货币体系中的职能，而不是在公共的国际组织领导监督下拟订共同的规章下形成的。要提及的是，金币本位制是资本主义经济繁荣的结果。一旦资本主义生产和国际贸易增长与黄金产量增长不均衡，金本位制会影响经济发展。以剥削和垄断为本质的资本主义经济避免不了强国掠夺弱国，随着主要资本主义国家之间利益冲突的激化，破坏国际金币本位体系稳定性的因素也日益增加。首先就是资本主义国家经济发展的不均衡，绝大多数的黄金被少数经济强国所占有，而黄金产量增长的减缓已经使得世界黄金供应不足。至 1913 年全世界大约 6 成的金币集中于各国央行，而市场流通中的多为信用较低的银行券。同时英国、法国、美国、德国和俄国的黄金存量占全球黄金储备的 2/3，其他国家金币流通受到限制，金币本位制的自由铸造和自由流通原则被破坏。其次是 1914～1918 年的第一次世界大战期间，黄金集中在欧洲参战各国央行用于筹措军费采购战略物资，各国禁止黄金出口，政府为对抗急剧上升的政府支出而大量发行无法兑现黄金的银行券，金币本位制实现的必要条件自由兑换和自由进出口遭到破坏。在第一次世界大战中，金币本位制受到严重破坏。

一战结束后的 1924～1928 年，主要资本主义国家的经济先后恢复到大战之前的水平，在这个相对稳定的时期内，各国企图恢复金币本位制以促进经济发展，但金币本位制的基础已不复存在。一战期间各国大肆发行无法自由兑现的银行券，用通胀政策来筹集军费，各国之间通货膨胀的差异难以维持固定汇率。此外，银行券的滥发、物价的普涨、黄金价格的稳定，加上黄金产量的下降，除一战期间大发横财的美国，其他资本主义国家已不可能再实行金币本位制。在这种情况下，那些不能实行金币本位制的国家的汇率极不稳定，一些国家甚至采取货币贬值进行外汇倾销，各国之间只能加强外汇管制并出现森严的贸易壁垒以保护本国利益，所以黄金市场机制受到严重影响，黄金流动性极差，黄金市场发展被严重阻碍。

1922 年在意大利热内亚召开的世界经济与金融会议上，以节约黄金为原则，决定采取金汇兑本位制，大发战争横财的美国继续实行金币本位制，经济严重受损的英国和法国实行金块本位制，其他欧洲国家大多实行金汇兑本位制。金块本位制的本国银行券价值仍与一定量黄金保持等价关系，但国内不流通金币，只发行代表金币的银行券，银行券只能有限制地兑换金块，而银行可以按法定价格无限制地收购金块，从而使本国货币和黄金保持等价关系。金汇兑本位制又称“虚金本位制”，指本国不铸造金币只发行规定含金量的银行券，在国内不能兑换黄金和金币，只允许无限制兑换外汇，再用外汇兑换黄金。本国货币一般与另一个实行金本位制或金块本位制国家发行的货币保持固定汇率，并在后者存放外汇或黄金作为准备金用来维持固定汇率的稳定，从而间接实行了金本位制。国际储备除了黄金之外，英镑、美元和法郎仍占一定比重，但黄金仍是最后的支付手段。这个阶段的国家货币体系仍属于国际金本位货币体系，还具有统一性和松散性的特点，但已不是战前的金本位了。这时期决定各国之间汇率的是各自银行券的黄金平价。

这两种替代性的极不稳定的脆弱的国际货币体系在 1929～1933 年的世界性资本主义经济危机中被彻底摧毁。这次有史以来最严重的危机从美国证券市场崩盘开始，迅速扩散至欧洲，并引发货币信用危机。欧洲大陆各国大批银行因挤兑浪潮而破产倒闭，大批的黄金外流。1931 年 7 月德国政府宣布实行严格外汇管制，禁止黄金交易和出口。1931 年 9 月应该宣布英镑贬值被迫放弃金本位制，以英镑为基础实行金汇兑本位制的国家，如印度、埃及等国不得不放弃金汇兑本位制，随后其他欧美国家都放弃金本位制。1933 年春天欧洲大陆的银行危机传至美国本土，美联储的黄金储备短短一个月内减少 20%，大量银行破产，美国政府被迫连续宣布停止银行券兑现、禁止黄金私自储备和出口、美元贬值 41%和授权美联储大量发行通货。直到 1936 年第三季度，一直在苦苦坚持的法国、瑞士、意大利、荷兰等欧洲国家才先后宣布放弃金本位制。至此，金本位制彻底瓦解并成为历史烟云。实行金本位就决定了在经济萧条时期不能采取扩张性政策，致使萧条的经济难以复苏。金本位制的局限性导致了 1929～1939 年 10 年通货紧缩。

在 20 世纪 30 年代金本位制崩溃后，统一的国际货币体系改为不兑现信用货币制度，被相互对立的英镑集团、美元集团和法郎集团取而代之。在货币集团内部以一种国际货币作为中心，并以该货币作为集团内部国家的储备货币。在集团内部资金流动完全自由，集团内部的汇率变化和货币兑换支付有统一的规定，但是对外的国际支付和结算则进行严格管制。大多用黄金这种国际货币作为结算手段。这种混乱的国际货币关系使国际贸易严重受到阻碍，国际资本流动几乎完全停滞。在资本主义国家刚刚摆脱1929～1933年经济大萧条之后，又爆发了1939～1945年的第二次世界大战。

国际金本位体系的崩溃为各国实行通货膨胀制度大开方便之门，在金本位制度下难以实行的货币贬值为各国政府大肆用来弥补财政赤字，纸币的滥发导致金本位制度下稳定的物价水平受到冲击，通货膨胀不但破坏了货币的信用和货币的国际流通，也使国际贸易和国际收支变的困难重重。并且替代金本位制的不兑现信用货币制度破坏了稳定的固定汇率制度，导致汇率的剧烈波动，影响汇率变化的因素也越来越复杂。

在二战末期同盟国在欧亚战场先后转入全面战略进攻。在二次世界大战中英国经济遭到毁灭性的破坏，1945年英国黄金储备仅剩100万美元，外债高达120亿美元，疲弱的财政收入难以维持英国世界霸主的地位。英国经济学家凯恩斯设想成立一个全球性国际货币联盟替代各国央行的“凯恩斯计划”，因英国的财力枯竭无法通过“凯恩斯计划”实现本国经济霸权梦想。而1941年美国哈佛大学教授、美国财政部首席经济顾问怀特在凯恩斯设想基础上设计了一套完整的建立国际金融体系和世界经济秩序的方案，旨在保证国际汇率的稳定、支持弱国发展经济。1943年4月全称为“联合国外汇稳定方案”的“怀特计划”被推出。在两次世界大战中大发战争财的美国已经成为资本主义世界中最大的债权国，黄金储备最高时占全球黄金储备的75%，工业出口占世界总额的50%以上，外贸占世界贸易总额的1/3，美国已然替代英国成为经济实力最雄厚的国家。美国在战争中显示出来的强大的军事实力，也是维护其政治霸权的雄厚资本。美国的经济实力和政治军事影响力已经可以主导国际金融体系，实现其经济霸权的战略，而政治军事霸权则在前苏联解体后实现。1944年5月美国邀请以凯恩斯为首的筹建联合国的44国经济学家参加在美国新罕布什尔的布雷顿森林召开的国际货币金融会议，决定建立以怀特计划为基础的国际货币基金组织、世界银行和国国际贸易组织。签订了《国际货币基金协定》和《国际复兴开发银行协定》。国际货币基金组合和世界银行完全由美国主导，建立了以美元为国际储备货币和国际贸易结算货币的固定汇率制度，而国际贸易组织推迟至1995年才成立。

布雷顿森林体系实行黄金美元本位制，实际上也可将其称为美元汇兑本位制。美元与黄金挂钩，规定一盎司黄金等于35美元的官方固定比价，而其他各国货币直接或间接与美元挂钩，实行浮动上下限为1%的严格的固定汇率制度。这种双挂钩制度是在美国货币基金组织监督下运转，各国单位货币的固定的黄金价值和美元价值被称为国际货币基金平价（IMF Parity，简称基金平价），各国货币之间的汇率由各国货币的基金平价比值决定。实际上，布雷顿森林体系是一种金汇兑本位制，与战前金汇兑本位制的区别在于：首先，黄金和美元在国际储备中并重，但美元的重要性要超过黄金；其次，美元是国际金融体系中唯一的储备资产，而不存在类似英法美货币集团的多种并重储备资产；然后，布雷顿森林体系禁止私人兑换黄金，只有各国政府可以用美元向美国兑换黄金；最后，战前的金汇兑本位制没有像布雷顿森林体系中的国际货币基金组织那样的统一的中心管理机构。布雷顿森林体系的建立，宣告了美元替代黄金成为世界经济的主角，黄金在流通中和国际储备中的作用都有所下降，但作为最后贮备金的黄金的流动和价格变化继续受到严格的控制。黄金市场机制难以发挥作用，伦敦黄金市场直至1954年才重新开放（图1—26）。

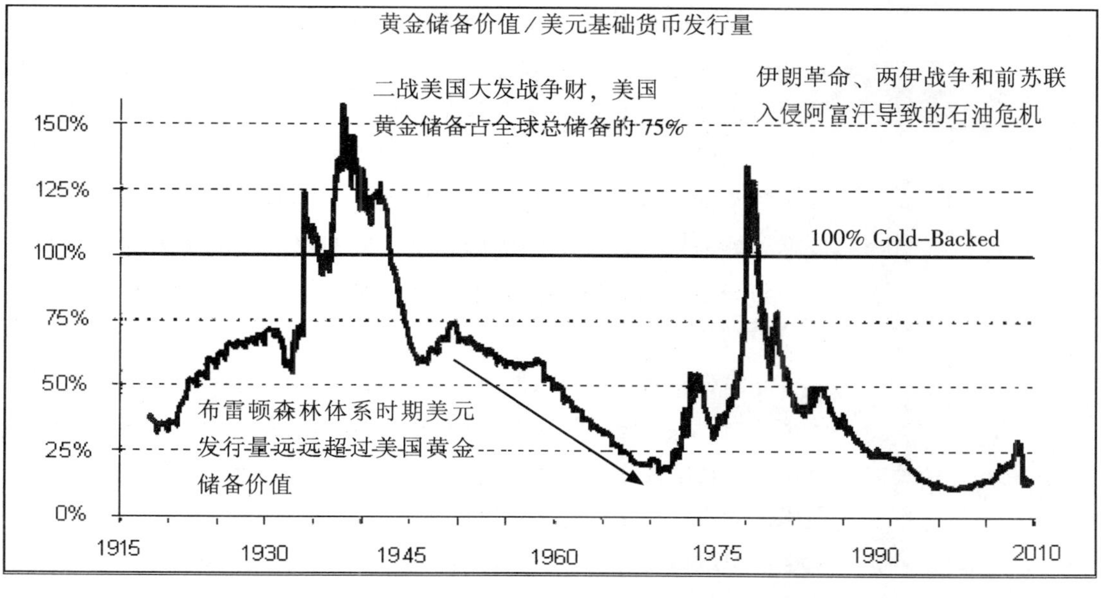

图1—26　布雷顿森林体系时期美国黄金储备价值和美元发行量比值

二战后的新国际金融体系的运转对战后世界经济和国际贸易的发展起到了一定积极促进作用，美元本位制解决了黄金本位制下的黄金供应不足带来的国际清算能力不足和国际储备短缺等问题。战前的英国、法国和美国货币集团对立的混乱的国际货币关系被实行双挂钩的布雷顿森林体系代替，为战后世界经济重建和稳定发展提供了重要保障。新体制下受到严格控制的可调整的盯住汇率制度兼有固定汇率和浮动汇率制度的特点，允许在一国国际收支出现不平衡时可以在外汇市场干预保持汇率的稳定。稳定的汇率非常有利于国际商品贸易和国际资本流动。美国利用其经济、军事和政治的综合实力实行战后国际金融体系过程中，全力维护和实现美国经济霸权地位，美国在布雷顿森林体系中充当着世界中央银行的角色，充分享受美元特权带来的各种优惠条件。在布雷顿森林体系建立之后，美国和前苏联之间的冷战迫使美国采用大规模军事扩张政策维持与前苏联的军事平衡，先后出台杜鲁门主义和马歇尔计划向西方国家提供巨额援助资金帮助西方国家经济迅速复兴，用来保持美国经济霸权地位。与前苏联长期的争霸战使美国背上沉重经济负担，美国最后利用布雷顿森林体系强化美元信用将美元变成国际硬通货，美元具有国际储备、国际清算和干预性工具的多种功能。美国在执行外交政策和管理国内经济时，完全不用考虑其国际收支平衡问题。美国也不愿改变美元汇率，让盟国保持出口优势，美国只须无限制地印刷纸币使盟国获得大量美元，帮助美国减轻经济负担。布雷顿森林体系最终沦为美国争夺其全球霸权，将军事扩张的巨大成本转嫁给盟国的工具。出于政治和战略的需要，西方国家需要美国军事保护抵消前苏联军事威胁，暂时愿意为美国军事扩张导致的国际收支逆差融通资金，而美国也得容忍与同盟国的贸易逆差来促进他们的经济繁荣。只要这种微妙的平衡不被打破，布雷顿森林体系仍可继续维持下去。

布雷顿森林体系是以西方国家急需大量资金发展经济、美国雄厚经济实力、大量国家收支顺差和美国充足黄金储备为前提建立的，该体系的运转需要三个基本条件，首先是美元对外价值的稳定，这要靠美国国际收支持续平衡来维持；其次是美国的黄金储备充足；最后是黄金价格维持在35美元一盎司的官价水平。在20世纪50～60年代，许多政策制定者和经济学家都认识到新国际货币体系的缺陷，有名的就是法国总统戴高乐和美国耶鲁大学经济学家特里芬指出布雷顿森林体系造就的美元特权的不合理性。在1960年特里芬在其《黄金和美元危机》一书中提出的“特里芬悖论”就证明上述应该同时成立的三个基本条件是相互矛盾，不可能同时具备的。在美元保持在官价水平条件下，国际贸易和国际金融的发展需要相应增长的美元国际储备，一方面，美国只有长期保持国际收支逆差才会使美元流向其他国家的国际储备中。然而大量贸易逆差必然会影响美元对外价值稳定，影响美元信用，引起美元兑换黄金危机，而美国的黄金储备不能应付所有美元持有国的兑换，美元只能贬值；另一方面，如果为了保持美元对外价值的稳定，需要的是美国国际收支长期保持平衡状态，就会减少各国国际储备的美元供应，引发国际流动性的不足。事实上，美国从20世纪50年末期起国际收支状况不断恶化，20世纪60年代末期“特里芬悖论”开始发挥效力（图1—27）。

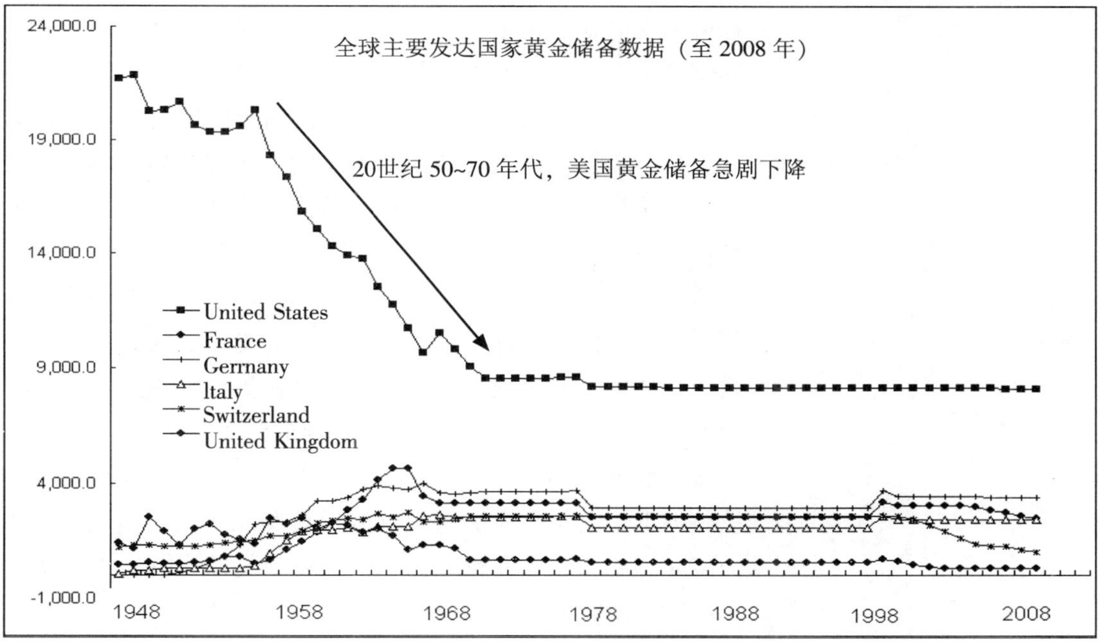

图1—27 全球主要发达国家黄金储备

从20世纪50年代初期美国发动朝鲜战争起至20世纪60年代中期美国扩大越南战争期间，美国国际收支严重恶化，1951～1953年朝鲜战争使美国军费开支上涨幅度为71.7%、95.6%和14.6%。20世纪50年代，美国军费占GDP比重平均保持在10%以上。20世纪60～70年代，美国和前苏联冷战和越南战争使美国军费占GDP

平均比重 8.39%，1962 年军费开支占 GDP 比重为那个时代最高 10.86%，10 多年的越南战争就让美国军费支出达 2500 亿美元。美国财政赤字急剧上升，美元信用受到巨大冲击。越战早期和中期美国主要靠国内融资，也刺激美国经济的增长。但在后期随着美国贸易赤字和财政赤字的不断扩大，美国开始利用同盟国银行为战争融资，随着军费开支负担的不断加重，美国经济也开始下滑，从 1969 年 12 月美国爆发的经济危机持续至 1970 年 11 月才结束。从历史的角度来看，越南战争是美国经济和布雷顿森林体系的滑铁卢战役，在 1973 年布雷顿森林体系彻底崩溃之后，美国从世界最大的债权国沦为最大的债务国。

同时，20 世纪 40 年代在美国一系列援助计划的帮助下，西方国家经济已经恢复，并进入加速发展阶段，出口的大幅上升和国际收支由逆差转为顺差。尤其是前西德、法国和日本已经成为经济强国，全球对这些国家的货币需求不断增长，但布雷顿森林体系仅强调美元的国际储备货币地位，而将其他货币排除在外，这也引起盟国的不满情绪。尤其是法国，曾在三大货币集团占有一席之地的法郎被边缘化之后，不服气的法国在戴高乐要求下，将积累到一定程度美元储备向美国兑换黄金，其他国家也效仿法国用泛滥的廉价的美元换取黄金，在 20 世纪 50～70 年代，美国曾占有世界黄金储备 75% 的黄金大量流失。美元的过度发行和黄金储备的急剧下跌逐渐动摇了布雷顿森林体系赖以维持额度基础，在四次美元危机后，在 1973 年初布雷顿森林体系便土崩瓦解了。随后，世界经济格局结束了美国独霸世界经济的格局开始了多极化的方向的演变。

提及美元危机，必须先了解欧洲美元市场。欧洲美元市场指的是美国境外的不受美国政府法令限制的银行美元存款或美元借贷市场，欧洲美元的清算中心在伦敦。欧洲美元市场的出现得益于美国的马歇尔计划，即官方称呼的欧洲复兴计划。二战后饱受摧残濒临崩溃的欧洲经济难于恢复。欧洲国家的基础设施被严重破坏，与外界的经济联系几近断绝，大多数陷入战争的国家财产消耗殆尽无力修复交通运输设施。工业生产和农业生产的停滞，直至 1947 年欧洲经济也没有出现增长。再加上持续的寒冬、高失业率和饥荒都不断导致欧洲国家的社会动荡。在 1945～1947 年，美国总统杜鲁门在马歇尔计划实施之前就已经向欧洲提供 90 亿美元的欧洲重建资金。但是这些援助忽视了欧洲重建的许多最基本的需求。社会动荡和贫穷为在欧洲反法西斯战场立下功劳的社会主义势力在欧洲迅速发展，亲前苏联的左翼势力和社会主义思想影响很大。在法国和意大利，左翼势力在选举中取得很大成功。法国共产党一度成为议会中第一大党。为了防止前苏联左翼势力的扩展，美国从 1947 年 4 月开始实施“马歇尔计划”帮助欧洲发展经济。在 4 年时间内，美国向西欧国家注入资金、提供技术和设备等合计 130 亿美元的援助。而这些援助资金 80%左右都是用来购买美国产品。美国通过马歇尔计划不但防止左翼势力的进一步扩张，而且让欧洲国家习惯使用美元。20 世纪 50 年代初美国政府冻结中国存放在美国银行的资金，前苏联和东欧国家担心其美元存款也被冻结，将资金转存至欧洲的银行。后来一些美国和其他国家的金融机构和企业出于逃税的目的也将美元资金存在西欧的银行中，这就是欧洲美元最初的由来。1956 年第四季度的英法两国参战的第二次中东战争让美国和前苏联联手逼迫英国和法国撤出埃及，被英法邀请参战的以色列也不得不撤回，期间美国通过停止经济援助、经济制裁、大举抛售英镑逼迫英法停战，英镑因此贬值 15%并导致英镑危机。英国央行开始加强英镑管制，提高贴现率，严禁英国商业银行的英镑融资，英国商业银行只能另谋生路开展美元相关业务。英镑在欧洲市场流动性的减少促使欧洲美元需求大幅增长。此外，美国和前苏联之间的军备竞赛、朝鲜战争和越南战争给美国造成严重经济负担，为了向盟国转嫁其巨额成本，美国也刻意维持对盟国的贸易逆差让大量美元流向欧洲，同时出台各种阳谋措施放任美元外流。1963 年美国针对购买外国证券的美国投资者征收的“利息平衡税”，美国银行和企业为了降低成本不得不将资金转移到欧洲，借款人也不得不到欧洲美元市场筹措资金。1965 年美国实施的《对外信用限制方案》迫使借款人到欧洲美元市场（很多资金来自美国银行的欧洲分行）寻求美元融资。在 20 世纪 60～70 年代，美国个人储蓄存款和企业定期存款利率上限，以及存款准备金率一直受到美国联邦储备局第 Q 条例控制（存款利率管制条款），而欧洲美元市场既无存款上限限制又无存款准备金制度限制，欧洲美国的美元存款利差在 20 世纪 60 年代高达 5%，追逐高收益的资金大量流向欧洲。欧洲美元市场成为世界最重要的国际金融市场之一。极其充裕的资金，无法定储备限制，没有税率制度制约，不受任何法令的限制，可以满足各国政府和企业的融资需求。但这个不受约束的市场流动性极强，会造成国际金融市场的剧烈动荡。

至第四次美元危机爆发时，美国的黄金储备只有102亿美元，而欧洲美元已经积累了678亿美元。借助欧洲美元，昔日的盟国已经有了同美国摊牌重新制订国际货币体系的实力（图1—28）。

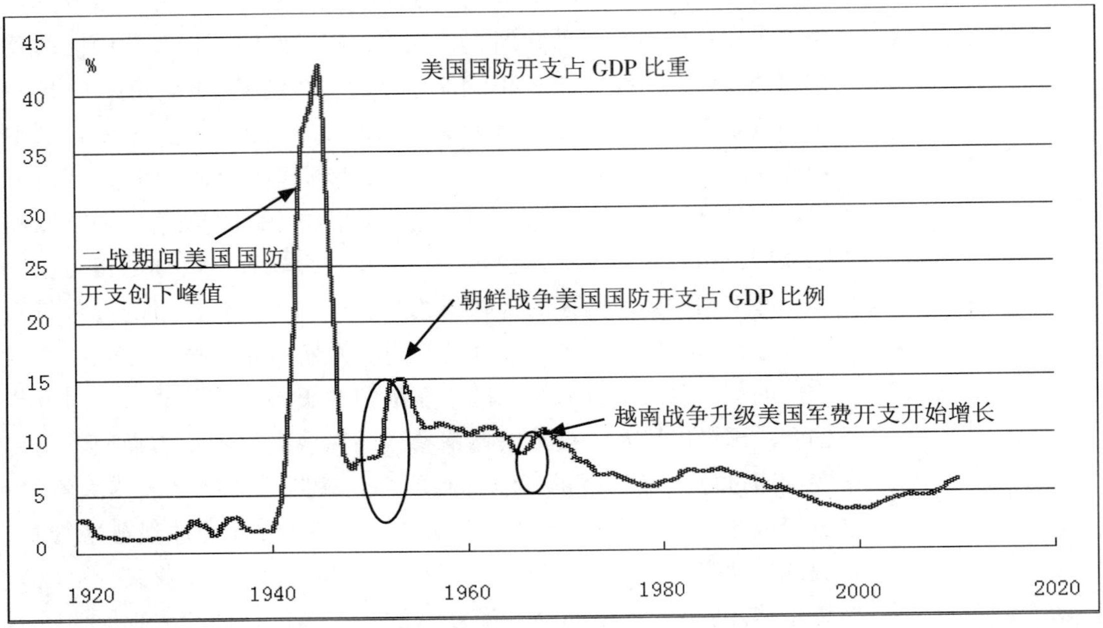

图1—28　美国国防开支占GDP比重

1957年3月起持续13个月的美国经济危机之后的1960年10月，因为美国黄金储备从400多亿美元降至178亿美元，低于美国短期债务（210亿美元），黄金储备不足以偿还债务。这一消息引发国际金融市场上美元兑现黄金的风暴，黄金价格涨至41.5美元一盎司，高出官价20%。为了维护外汇市场和黄金市场的稳定，美国求助英国、法国、前西德、意大利、荷兰、比利时和瑞士7个国家央行在1961年10月建立“黄金总库”，英国央行为总库代理，维持伦敦黄金市场的价格。又联合英国、法国、前西德、荷兰、比利时、卢森堡、加拿大、瑞士和日本组成“十国集团”筹集60亿美元贷款作为美元危机的准备金。另外还与多个国家签署“货币互换协议”，还签署了款项达197.8亿美元的借款协议。这一切虽暂时阻止了抛售美元抢购黄金的风波，但并未阻止美元危机的再次爆发。

1965年2月，美国实施“滚石计划”全面介入越南战争，国际收支更加恶化。1968年3月，美国黄金储备降至121亿美元，短期外债高达 331 亿美元。与上次美元危机同样的原因，引发同样的结果。严重的资不抵债使第二次美元危机爆发，黄金价格涨至 44 美元一盎司，仅仅在半个月内美国黄金储备流失 14 亿美元。而为了打压黄金价格的持续上升，黄金总库从 1967 年 10 月至 1968 年 3 月抛售了价值 34.6 亿美元的黄金，1968 年 3 月 14 日伦敦黄金市场成交量达到 350～400 吨历史记录。黄金总库因过度抛售黄金只能向美国兑换黄金来弥补损失。经美国与黄金总库其他 7 个成员国协商，宣布解散黄金总库，并不再按照 35 美元一盎司的官价向市场供应黄金，黄金市场价格按供需实行自由浮动，而各国央行仍旧按固定金价 35 美元一盎司向美国兑换黄金。市场从此开始实行黄金双价制，私人和官方的黄金交易分开进行。为了改革布雷顿森林体系从 20 世纪 60 年代中期国际货币基金组织就开始酝酿弥补战后国际金融体系缺陷的补偿方案。经过西方国家多年的明争暗斗，终于在 1969 年的年会上正式通过“十国集团”提出的“特别提款权”的储备货币方案，以弥补可能出现的国际流通手段的不足。也就是《国际货币基金协定第一次修正案》。

但是好景不长，1971 年美国发生战后第五次经济危机，美国国内工业生产下降 8%，国际收支逆差高达 220 亿美元。美国的黄金储备降至 102 亿美元，不到美国短期外债 553 亿美元的 20%。出于只维护自身利益的考虑，美国拒绝让美元贬值也不提高黄金价格。美国强行维持长期的“美元特权”让已经实现经济快速发展的同盟国心怀不满，并开始为本国利益向美元特权挑战。1971 年 5 月欧洲市场再次爆发大规模抛售美元，兑换黄金、德国马克和其他欧洲货币的风暴。8 月西欧一些国家央行要大量抛出美元换取黄金的消息传出后，于 8 月 15 日美国总统宣布中止履行外国央行按官价用美元兑换黄金的义务。经过 3 个月的谈判，1971 年 12 月“十国集团”达成《史密森协议》，宣布美元贬值 7.89%，黄金官价从 35 美元一盎司提高至 38 美元，各国货币兑美元汇率波动幅度从汇兑平价的正负 1% 扩大至正负 2.25%。美元与黄金的正式脱钩，布雷顿森林体系两大支柱仅仅剩下美元与其他货币的固定汇率制度。

由于长期的对外军事行动导致美国财政赤字大增，国际收支持续恶化，美元与黄金脱钩都对美元信用造成不可弥补的影响。1973 年 1 月下旬巨额美元在欧洲市场被兑换成马克、日元和黄金。2 月 2 日美国政府被迫宣布美元贬值 10%，黄金官价提高至 42.22 美元一盎司，外汇市场被迫关闭17天。外汇市场重新开放后，美元抛售风潮再次爆发。欧洲国家和其他主要资本主义国家为了摆脱美元危机对本国经济和金融的影响，经协商达成协议，宣布放弃固定汇率制度，实行浮动汇率制度。布雷顿森林体系赖以维持的双挂钩制度均被打破，以黄金和美元本位制的国际货币体系彻底瓦解，而黄金也正式退出国际货币舞台（图1—29）。

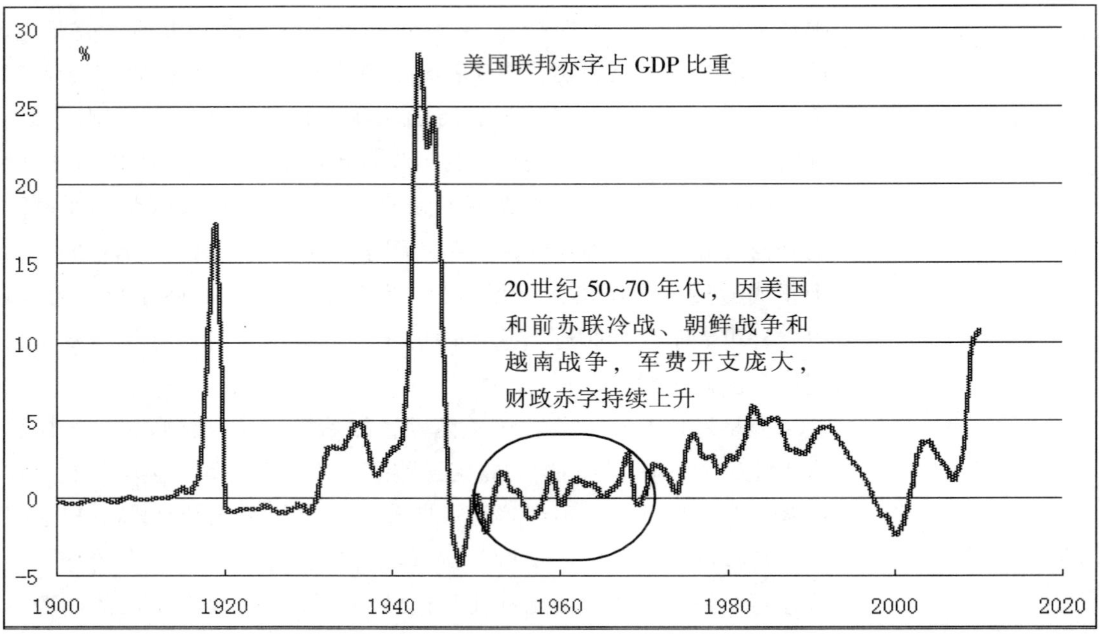

图1—29　美国联邦赤字占GDP比重

1976年1月，国际货币基金组织在牙买加首都金斯顿的国际货币会议上讨论国际货币基金协定有关条款，并签订《牙买加协定》，也就是《国际货币基金协定第二次修正案》，在1978年4月以多数票通过批准该修正案，正式生效。在牙买加货币协定中，实现浮动汇率的合法化，成员国可以自行选择汇率制度，承认固定汇率和浮动汇率并存，各国在汇率制度的选择上具有很强的自由度；删除有关黄金的所有规定，降低黄金在国际货币体系中重要作用，并规定黄金不再是各国货币定值标准，废除黄金官价，可在市场中自由交易黄金；规定特别提款权为主要国家储备资产，可以用于清偿对基金组织的债务，也可以用作借贷等等。在牙买加协定后的国际货币体系中，全球开始进入法币（Fiat Money）体系阶段，黄金的国际货币地位几乎不存在，美元仍处于储备资产的主导位置，但其影响力被德国马克和日元所削弱。

随着世界经济从20世纪70～80年代多极化方向演变，并在20世纪90年代起开始进入经济全球化和区域化阶段，国际黄金非货币化30年的演变，使黄金从国家金库流向商品市场。市场参与者的不断增长，市场流动性的增强，以及交易规模的持续扩大都使黄金在金融市场中占有重要一席之地，仍是各国政府和个人投资者重要储备资产和流通媒介。因为在人们心目中黄金的价值根深蒂固，黄金的非货币化并未让黄金完全丧失其货币功能。尽管不少国家的央行在黄金非货币化时期调整了黄金储备在其国际储备中的比重，许多央行大幅度减持黄金储备的目的多是提高储备资产的流动性和收益性。但在国际储备资产领域中黄金仍旧占据重要位置。欧洲货币体系刚成立时，各成员国必须提交20%的黄金作为欧洲货币基金的储备资产。从第一章的表1—1和图1—1中可以看出，在黄金非货币化阶段，大多数央行并没大规模减持黄金储备，尤其是美国，在图1—27中显示30年的黄金非货币化时期，美国几乎就没有减持黄金储备，8133.5吨的黄金储备依然是全球最大黄金储备国。就连高谈黄金非货币化的国际货币基金组织也保留大部分黄金储备。黄金仍是被世界接受的国际结算准货币。世界各国央行仍保留3.4万吨的黄金储备。在21世纪第一次金融危机之后，以美国为首的发达资本主义国家不动用黄金储备，仅仅通过印刷纸币和扩大债务来刺激经济，纸币不断贬值的风险促使各国央行重新重视黄金的货币功能，并不断增加黄金储备。

随着经济的不断发展，世界经济格局的不断演变，时下的黄金具有商品、金融和货币多重属性。作为金融产品的实物黄金交易额不足总交易额的3%，绝大部分的市场份额是来自黄金相关金融衍生品市场。在黄金非货币化条件下，黄金的流通和黄金配置受到市场机制的更大影响，黄金的货币属性回归至商品属性和金融属性，在规避信用风险、汇率风险、金融风险和通胀风险方面发挥着比黄金作为国际货币更为重要的作用。

第二章　黄金市场

贸易大国得有相应的黄金话语权

21世纪的世界经济将出现一个重大事件，那就是我国将成为全球第一大贸易国，届时我国对贸易融资的强劲需求和外贸产生的巨额收益也将使我国取代英国和美国成为世界的金融中心。如果我国不积极大力发展金融业，一旦贸易与金融出现脱节现象时，作为未来经济巨无霸的我国就不得不借助其他国家的金融市场才能实现我国的巨额过剩资本的国际化。而目前我国发展相对落后的金融业并不能与高度发达的制造业相匹配。国际上成熟的金融市场应具有四大支柱市场，即证券市场、商品市场、黄金市场和外汇市场。与国际著名黄金市场几百年的发展史相比，我国黄金市场的交易模式尚不完善，也不具备独有的特色。从目前现状看，我国已建成较为规范的以场内有形的黄金现货和期货市场，而场外市场交易模式仍需逐步完善。与成熟的国际黄金投资市场相比，我国的黄金市场仍具有相关法律法规滞后、市场管理混乱、市场结构不完善等缺陷。在与同行不断沟通中，大家一致认为，现阶段我国的黄金投资市场现状与20世纪90年代初的我国股票市场状况很相像，也就是说，黄金投资市场还有非常大的发展空间。我国经济发展对融资需求的逐步增强，我国投资市场的不断创新和我国经济在国际市场的影响力将为我国成为世界级金融投资市场打下坚实基础。我国黄金投资市场也会逐步占据我国金融投资市场的主导地位，又能不断增强在国际黄金市场的话语权，从而成为占据国际黄金投资市场的主导地位。

国际黄金市场

国际黄金市场是24小时交易，它分为三个时段：欧洲盘、美洲盘和亚洲盘。目前世界上比较著名有影响的黄金市场主要集中在伦敦、苏黎世、纽约和香港。主要的实物黄金市场是伦敦和苏黎世，其中伦敦金市是最为重要的。

一、伦敦黄金市场

伦敦黄金市场是国际黄金白银场外交易（OTC）的核心，其全球范围内的客户群包括绝大多数拥有黄金储备的央行、黄金生产商、黄金精炼厂、黄金加工制造商和交易商。伦敦黄金市场历史悠久，其发展历史可追溯到300多年前。在18世纪黄金还是货币阶段时期，伦敦就开始主导黄金市场，1804年伦敦取代荷兰阿姆斯特丹成为世界黄金精炼、销售和交易的中心。18世纪早期在俄罗斯乌拉尔山脉特大金矿的发现明显推动黄金产量，和美国加利福尼亚淘金热导致的黄金工业化生产之后，伦敦金市作为全球黄金交易中心的重要性开始上升。大约在1900年南非殖民地世界最大金矿被发现，再加上当时实行的是以英镑为中心的黄金本位制度，黄金产量的大幅上涨更加强化了占据全球经济和世界金融统治地位的伦敦黄金交易中心的重要性。第一次世界大战结束后，1919年伦敦黄金市场正式成立，每天上午和下午的两次黄金定价是由五大金行在位于伦敦市中心的洛希尔公司总部的办公室（“黄金屋”）里制订的。这种以做市商为主的场外交易构成伦敦黄金市场。伦敦做市商的价格一直影响纽约和香港黄金市场的交易。许多国家和地区的黄金价格均以伦敦金价为基准，再根据各自情况上下调整。伦敦金价是许多黄金交易衍生品合约的基准价格。

伦敦黄金市场没有实际交易场所，其交易是通过五大金行为代表的黄金供给方、黄金需求方和投机者的交易联络网来完成的。在国际上声誉显著的五大金行与全球许多金矿和金商有着广泛的联系，并且五大金行也有着各自的扩展至全球的销售渠道。早期伦敦黄金定盘的五大金行为英国洛希尔银行、德意志银行、美国汇丰银行、瑞士信贷第一波斯顿银行和加拿大丰业银行，最新定盘的五大金行是加拿大丰业银行、德意志银行、美国汇丰银行、瑞士联合银行和摩根大通银行。作为贵金属行业组织的伦敦贵金属市场协会（The London Bullion Market Association）提供了黄金市场即期价格、远期价格和期权价格的做市商名单，也包括伦敦金市的结算方和金价定盘成员。根据伦敦贵金属市场协会的做市商成员名单，该名单包括巴克莱国际银行、高盛国际、三井物产贵金属公司、瑞士信贷和法国兴业银行。

由于伦敦垄断了全球最大黄金生产国南非的全部黄金销售，这就决定了全世界大部分黄金均通过伦敦黄金市场进行交易。并且做市商制度根据各自的实力报出买价和卖价，交易形式比较灵活，黄金的质量、重量和交割地点都可以由客户自行选择。伦敦金市的交易是建立在“一对一（principal－to－principal）”交易模式基础之上的，是一个抽象的市场，没有固定交易场所和交易时间，这种模式可以保持较高的灵活性、提高市场交易效率、提供市场流动性，还能转移风险。伦敦的黄金市场是批发市场，一般客户交易的黄金最低成交量为1000盎司。尽管1982年4月，伦敦黄金期货市场成立，但现货黄金交易仍占伦敦黄金市场重要地位。

二、苏黎世黄金市场

在20世纪60年代末期布雷顿森林体系随着美国政府赤字飙升开始进入动荡时期。1967年11月，英镑兑美元被迫贬值14.3%。像南非那样的持有大量英国储备的黄金供应方遭受严重的汇兑损失。既有的贸易平衡机制、汇率制度和黄金储备均受到美元危机的影响摇摇欲坠，伦敦的黄金总库为平息黄金价格飙升的风波大举抛售黄金，最终因过度抛售黄金而被迫解散。伦敦黄金市场受此影响也不得不关闭2周，这次危机使伦敦黄金市场失去南非黄金生产商这个最大的供应方，欧洲的黄金交易中心转移到瑞士的苏黎世。时至今日，来自前苏联和80%的南非黄金运到瑞士，瑞士因此成为世界新增黄金最大集散地。由于瑞士银行的保密性和安全性，瑞士也成为全球最大的私人黄金存储和借贷中心。尽管苏黎世黄金针对的是私人黄金投资者，以小金条和金币的实际交易为主，但其在国际黄金市场的地位仅次于伦敦的网络现货黄金投资市场。

苏黎世黄金市场由瑞士三大银行（瑞士银行、瑞士信贷和瑞士联合银行）负责清算，其监管机构为瑞士国民银行。三大银行不仅可为客户代行交易，而且黄金交易也是这三家银行的主要业务。苏黎世黄金总库建立在瑞士三大银行非正式协商的基础上，不受政府管辖，作为交易商的联合体与清算系统混合体在市场上起中介作用，以民间私人黄金投资交易为基础。苏黎世黄金市场无金价定盘制度，在每个交易日任一特定时间，根据供需状况议定当日交易金价，这一价格为苏黎世黄金官价，是一个现货无形市场。全日金价在此基础上的波动无涨停板限制。

三、纽约黄金市场

1974 年美国法令允许美国居民拥有黄金之后，纽约黄金市场快速发展起来，纽约黄金市场以黄金期货交易为主。主要原因是 1977 年后美元贬值，为了套期保值和投资增值获利，使得黄金期货迅速发展起来。目前纽约商品交易所（COMEX）和芝加哥黄金市场（IMM）是全球最大的黄金期货集散地。纽约黄金市场期货交易数量巨大，有时候纽约黄金期货价格比伦敦和苏黎世黄金市场的定价更有参考价值。纽约黄金期货市场投机活动极其活跃，为控制投机和稳定市场，美国金融部门制订相关的管理条例，严格监督黄金期货交易。其监管机构为美联储、美国财政部和美国商品期货交易委员会。

四、香港黄金市场

在 1974 年，香港政府撤销了对黄金进出口的管制，香港黄金市场发展迅速，由于香港黄金市场在时差上正好可以连贯欧美市场形成欧洲、美洲和亚洲一个完整的 24 小时不间断循环的世界黄金市场。这种优越的地理条件引起伦敦和瑞士金商的注意，欧洲金商来到香港设立分公司，逐渐形成一个类似于伦敦的无形现货黄金市场。香港的黄金市场由香港金银贸易场、香港伦敦金市场和香港黄金期货市场组成。实物黄金在香港金银贸易场交易，无形黄金交易和纸黄金投资由香港伦敦黄金交易所经营，黄金期货交易在香港黄金期货交易所进行。香港黄金市场拥有亚太地区最大的交易规模，大部分交易是投资型金融黄金交易。

香港金银贸易场有固定的交易场地，以华人资金为主，交易方式为公开喊价，现货交易黄金以港元/两定价，主要交易黄金规格为5个司马两为一条的99标准金条。香港金银贸易场完全不受政府干预和监管，香港黄金市场的管理机构是香港金管司和香港证监会。70多年的良好运行，成为深受交易商、黄金饰品商、投资人士和短期投机人士认可的交易所。香港的伦敦金市场以国外资金为主，没有固定交易所，是现货黄金市场，黄金在伦敦交收，在成交后两个交易日在纽约以美元结算。香港黄金期货市场的性质与美国纽约和芝加哥的商品期货交易所的黄金期货性质一样。交投方式正规，制度健全，参照纽约市场（COMEX）的完备的期货规则运行，可弥补金银贸易场的不足。

中国黄金市场

在我国历史上，也同世界其他国家一样，黄金是财富、地位和权力的象征。尽管在我国历史上曾在流通领域中出现大量黄金，但是历史上出现的连续几百年的战乱让黄金之类的高价值财富销声匿迹。黄金在我国的地位虽然同其他国家一样有着非常重要的地位，但由于黄金的稀缺性，黄金难以发挥其货币功能，白银倒成了担当流通货币的主角。到了近代国家实力严重被削弱的后果就是遭受西方列强的侵略和掠夺，除了大量的黄金白银作为战争赔款和贸易支付货款之外，连年的战乱也让黄金白银继续流向境外。到了解放战争时期，国民党政府为了弥补巨额财政赤字滥发纸币后出现超级通胀，国民党政府为了避免经济陷于崩溃，实行所谓的货币改革，使用强制手段让国统区百姓将所持有的黄金白银全部兑换成所谓的“金圆券”，最终强行将民间几乎所有的黄金白银和美元收至国库内。1949年初国民党政府将从民间搜刮来的黄金白银及国库中的黄金白银储备全部用军舰运至台湾。

新中国建立后很长一段时期，我国都面临黄金匮乏的局面，黄金储备的增加只能来源于新生产的黄金。为了尽快建立全国统一的货币制度稳定经济，我国政府只能对黄金实行统购统销的严格管理体制。新增的黄金主要用于国家储备和国际支付，直至1982年9月民间才出现黄金首饰，迈出开发黄金市场的第一步，民间黄金供求断层持续了近30年时间。随着我国经济的市场化改革的开始，在1993年我国政府才开始黄金市场化改革。

2001年4月，时任中国人民银行行长戴相龙宣布取消统购统销的计划管理制度，在上海组建黄金交易所，2002年10月30日，上海黄金交易所开业，为中国的黄金市场正式走向市场化提供了规范运行的平台。上交所建立初期，主要开展最低层面的现货交易，这是黄金市场的最基础阶段。随着市场功能作用的发挥以及市场运行机制的完善，经国务院有关主管部门批准，在2008年1月9日黄金期货在上海期货交易所正式挂牌交易，这就开始了我国黄金市场的第二阶段——商品市场向金融市场的转变。黄金期货的推出，是我国黄金市场化进程中一次历史性飞跃。在国际黄金市场上，95%以上的市场份额都属于衍生品交易，黄金期货是最直接的衍生品交易方式。所以首先发展黄金期货市场，对于完善我国金融市场体系，加强我国在世界黄金市场的话语权和定价权都是意义重大。随着我国黄金市场结构发展的逐步深入，我国黄金市场中还会出现越来越多的黄金衍生品。目前我国黄金市场的发展正是按照计划逐渐从广度和深度上完善金融市场四大支柱之一的黄金市场。

早在2004年9月，现任中国人民银行行长的周小川在伦敦金银市场协会上海年会上发表讲话时就指出，中国黄金市场还应当实现三个转变：一是从商品市场向金融市场的转变；二是从现货市场向期货市场的转变；三是从国内市场向国际市场的转变。这指明当时我国黄金市场还停留在相对封闭的现货商品交易为主的阶段，在2005年以黄金现货为主要交易品种的上交所黄金交易量虽然突破900吨，交易金额首次突破1000亿元人民币。但与世界上最大的伦敦黄金市场相比，上海黄金交易所的交易量不足其1%。但时至2009年，上交所累计成交黄金4711吨，日均成交量达19.3吨，相当于伦敦金银市场的2.73%。挂牌仅两年的黄金期货市场在2009年累计成交3406吨，成交量位居世界第四。而以前初级阶段的黄金交易都是通过金交所在产金企业和用金企之间进行。伴随着我国个人黄金交易市场的逐步开放，从单一的现货黄金交易市场，逐渐出现了黄金现货延期交易市场、期货交易市场、纸黄金交易市场、实物黄金投资市场、正在发展的国内保证金做市商市场，还有边缘化的境外黄金衍生品市场，这种商品属性交易在短短几年内飞速向金融属性交易转变。我国黄金投资品种见表2—1。以后还会逐步成为我国金融市场主导地位，不但会产生黄金投资品种的多样化，未来在我国黄金市场可能会推出黄金远期市场、黄金ETF、黄金期权市场、黄金期货期权市场，黄金借贷市场。还会扩大市场主体的参与度，中国黄金市场的多样化会不断吸引境内外的投资机构加入市场竞争，那就会实现央行行长周小川提出的三个转变。

表2—1 我国黄金投资品种

市场类型	交易品种	保证金	涨跌停板	交易单位	可交割条块	可交割成色割量	最小交割量	交割期	交易所
黄金现货交易市场	Au50g	100%	30%	50克/手	50克	99.99%	50克	成交当日	上海黄金交易所
	Au100g	100%	30%	100克/手	100克	99.99%	100克	成交当日	
	Au99.99	100%	30%	千克/手	1千克	99.99%	1千克	成交当日	
	Au99.95	100%	30%	千克/手	3千克	99.95%	3千克	成交当日	
黄金延期交易	Au（T+5）	10%	5%	千克/手	1千克，3千克	99.95%以上	1千克	成交日后第四个工作日	
	Au（T+D）	10%	7%	千克/手	1千克，3千克	99.95%以上	1千克	交割申请确定日	
	Au（T+N）	10%	5%	千克/手	1千克，3千克	99.95%以上	1千克	Au（T+N1）：单数月份的最后一个交易日	
								Au（T+N2）：双数月份的最后一个交易日	
黄金期货市场	Au	7%	5%	1千克/手	1千克，3千克	99.95%以上	3千克	最后交易日后连续五个工作日	上海期货交易所
纸黄金	/	100%	/	10克/手	/	/	10克	/	银行

第三章　趋势交易中的技术分析系统与指标

我不相信市场预测［彼得·林奇］

在很多教材中将技术指标当做预测方向的工具，但是很多交易员都有很多切身体验，随着时间的推移，预测的准确率并不能随着交易经验和学习时间增长而提高。也许用宏观基本面分析对中长期市场走势预测效果要远远好于技术分析，但问题是利用基本面分析无法决定进出场的位置，而以短期投机为主的交易者利用基本面分析无法制订交易策略，也无法进行资金管理和风险控制。现在"测势"和"定位"成为无论是新手还是老手共同面临的难题。在各种预测信息充斥整个金融市场的今天，如何利用各种技术和理论进行成功的市场预测成为政府、金融机构和个人投资者的研究核心之一。预测不仅仅是交易者也是整个人类最大的梦想。但在金融领域中各种经济理论假说、技术分析派理论、计量经济模型、经济物理学理论乃至星象易经都无法准确预测以复杂性为特征的金融市场。彼得·林奇说过："我不相信市场预测。"无数的交易者试图预测市场，但最聪明的交易者认为预测未来的最好方法就是"顺势而为"。

交易者无法在短期价格波动性更大的金融市场中准确预测价格的走势。利用技术分析制订交易系统的核心就是确定进出场位置，"定位"才是技术分析的精髓所在。如果交易者利用交易法则寻找合理的进出场位置，再加上严格的资金管理和风险控制，完全可以达到长期稳定收益的要求。如果一个交易者分析的方向如何的准确，在不稳定性和不确定性较强的金融杠杆市场中选择不恰当的时机进出场也会出现亏损现象。

黄金趋势交易概述

在前一两章探讨最多的就是黄金历史相关知识，这在全球性的黄金和外汇市场中，研究价格变化的原因无疑是重要的。但是对于大多数以投机为生的投资者而言，更多关注的是价格变化的结果而不是价格变化的原因。在日成交量达到上万亿美元的全天候世界最大的金融市场中，以研究价格变化结果的技术分析占有更大的比重。在市场分析中对黄金市场运行原因的研究属于经济学理论范畴，需要经济、政治、金融、数学、统计和心理等等相关理论知识的长期培训，基本面分析不仅仅需要社会科学和自然科学的理论，更需要完整及时的信息数据的支持，利用各种理论、各种模型来分析预测市场未来动向。然而对投资者来讲，首先，信息严重不对称和较多理论培训都让大多数投资者望而却步；其次，基本面分析得出的金融市场长期走向较为可靠，并具有一定的提前性。但某些时候，市场走势并不服从于基本面分析；最后，长期基本面分析和短期经济数据的解析预测仅仅帮助投资者看清长期市场趋势，而不能提供合理有效的交易建议。在以黄金、高杠杆交易中，市场时机极为重要，如果错失市场时机，即使对市场方向判断正确，仍然可能在交易中蒙受亏损。所以说，在低保证金、高杠杆市场中，市场时机的选择可以说完全是技术性的。

一、趋势交易的理论基础

以技术面为主、基本面为辅的交易方法更适合全球性的黄金外汇市场，在这个“公开、公正、公平”的市场中，价格走势更符合技术分析原理。尽管有很多人抨击技术分析的科学性，但基本面分析和价格走势南辕北辙，市场走势往往从基本面入手找不到什么理由。对于投资者来讲，不以价格变化原因只关注价格变化结果的技术分析是更为简洁、更为灵活、更为有效，能适应各种金融产品，能获得更多利润的最佳途径。在高杠杆的黄金市场中进行的是投机交易而不是长期投资，选择进出场时机是成功交易的关键。在制订交易计划时，首先是研究分析市场趋势，然后是选择合适进场点，是保证收益增长、截止亏损的重要前提。如何选择合理的进出场价位和时机成为技术分析的关键。

作为技术分析鼻祖的道氏理论虽然是针对股市分析而言的，但其大多数理论在黄金市场中具有绝对的实用性和适用性。涉及黄金市场的几个基本原则也是这一部分趋势跟踪交易的指导思想。值得一提的是，在这里这些原则不是用来预测市场未来走势的，而仅仅是反映目前市场趋势，选择合理进出场价位和时机的基础。

1. 价格包容消化一切因素

影响黄金市场价格变化的可预测因素和不可预测因素都直接被价格变化消化吸收掉。影响黄金价格的因素包括美元涨跌、通胀数据、主要发达国家货币政策、经济周期、国际政局不稳和军事冲突、投资市场和黄金供需因素，都直接反映在黄金价格波动当中。即使发生突发性的事件或天灾人祸，黄金价格也会立即做出相应反应。既然没有人可以掌握所有信息，也不能及时找到所有影响价格变化的原因，那就只关注价格变化并根据黄金价格变化选择进出场时机，然后再找出原因也不迟。

2. 市场具有三种趋势

道氏理论把趋势分为三类：主要趋势、次要趋势和短暂趋势。按照道氏理论对趋势的定义，主要趋势（长期趋势）上涨或下跌持续 1 年以上的时间，并具有极强的稳定性和持续性。次要趋势（中期趋势）是主要趋势的重要回撤，与主要趋势反向相反，时间在 1～3 个月左右。而短暂趋势（短期趋势）最多持续 3 周左右，短期趋势的方向就有较大的不确定性。以上三种趋势在所有金融市场都同时存在，相互影响。长中短趋势的确定也是相对的，市场交易者的类型不同，对上述三种趋势的设定也是有区别的。波段交易者（swing trader）与趋势交易者（trend trader）差不多一样，波段交易者只不过关注的是几天的趋势，而不是几周至几个月。对于他们而言，小时图针对的是短期趋势，日图针对的是中期趋势，周图针对的就是长期趋势；对于当日交易者（day trader）来说，一笔交易只会持续几个小时而不是几天，15 分钟图就是短期趋势，1 小时图就在中期趋势，日图就是长期趋势；如果是抢帽客（scalping trader），5 分钟图就是短期趋势，15 分钟图就是中期趋势，1 小时图就成了长期趋势。

3. 大趋势可分为三个阶段

道氏理论将大趋势分成三个阶段：第一阶段为积累阶段，比如熊市末期牛市早期，此时所有市场利空因素被市场包容消化，但市场信心仍未建立，空头思维仍主导市场，一些精明的先知先觉者开始进入市场不断买入。第二阶段是稳定发展阶段。市场环境逐渐好转，市场信心开始恢复，后知后觉的投资者开始进入市场，这一阶段是技术性顺势而为的投资者介入阶段。市场价格开始上扬。第三阶段为结束阶段。市场极为活跃，市场充斥着无数利好消息，不知不觉的大众投资者进入市场，而先知先觉者逐步平仓出局。

一个牛市长期趋势往往需要一年到数年的时间，但一个恐慌性的熊市趋势会在几天至几个月内结束。所以说，大趋势并没有明显的时间限制。

一个长期趋势的积累、发展和结束是一个量变到质变的演变过程。小趋势可以逐渐演变成中期趋势，中期趋势又会逐渐形成长期趋势。有些时候，一个大趋势的三个阶段持续期没有固定标准，有些行情会突然爆发，也会突然结束。对于无杠杆的股票投资者来说，关注的是长期趋势和中期趋势，完全可以忽略相对无序波动的短期趋势。但对杠杆交易市场而言，大多数交易者只能以跟踪短暂趋势为主，在适当时候出现从小行情变成大行情的转变机会，可建立相应的中期趋势头寸。杠杆倍数的放大效应使盈亏也放大相同的倍数，高风险高收益的杠杆交易者首先考虑的是风险的可控性，然后才是获利。短期趋势可以降低亏损风险，减轻较大价格波动给交易者带来的心理压力。

4. 唯有出现明确反转信号，才能判断一轮趋势的结束

这是目前较为广泛使用趋势跟踪交易的主要基础。对于趋势反转信号判断始终都困扰着投资者，如何判断反转信号的真伪是趋势跟踪交易的关键。各种教材中提及的传统的工具，如支撑阻力，价格形态，趋势线和均线，以及这些工具的简洁有效组合都是判断反转信号的不错工具。不像冒险激进的左侧交易法，这个基本规则对于稳健保守为主、信奉现实主义的趋势跟踪交易者（右侧交易）尤

为重要，是一个非常典型的交易风格。

在本书中探讨的更多的是简单的传统的技术分析，并且抛弃所有震荡指标带来的干扰。金融市场的研究已经很复杂繁琐，与其花费大量时间、金钱和精力去研究寻找含有多种法则，不断优化参数，企图抓住所有趋势，可以预测市场的交易系统，不如使用适应性较强的简单化交易方法，甚至只用最简单的K线关注价格变化，这样，交易者就能把注意力集中在唯一可以相信的数字——市场价格上，而不是根据市场条件的变化不断调整那些交易法则，试图避免所有失效情况，追求越来越完美的胜算率。复杂精密的交易系统只会在特定的环境中带来丰厚收益，在不断变化的交易环境中，复杂精密的交易系统的适应性极为可怜，完美的系统只存在于寻找交易“圣杯”者的幻想中。那些繁琐精密的交易系统也许经过内推检验达到稳定的绩效，但却不一定能通过新的外推检验的测试。

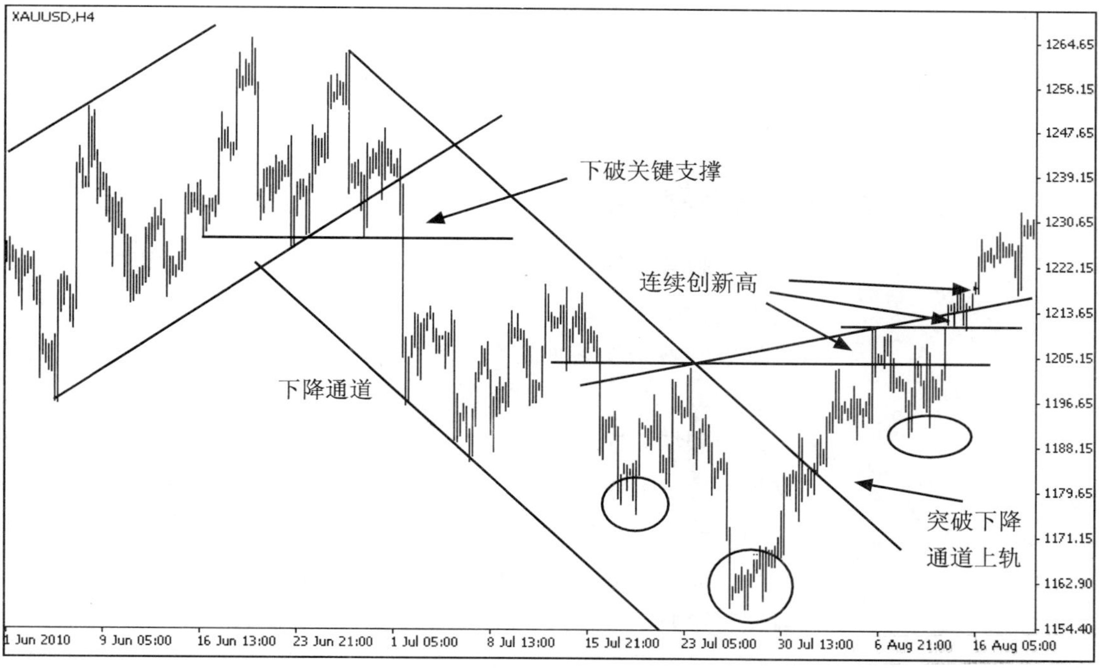

图3—1　4小时图中头肩底形态、阻力线和下降通道

如同交易者研究完黄金所有相关市场的基本面之后，还想对黄金市场进行分析研究一样，那种钻牛角尖似的思维方式，只能让交易者晕头转向。大多数交易者，尤其是短线交易者只要关注包含一

切因素的黄金相关联市场价格变化结果就可以知道黄金市场价格驱动因素了。应该按照14世纪逻辑学家奥卡姆的“奥卡姆剃刀原理”，不要将“价格包含消化一切因素”这个简单原则再次复杂化，放弃价格变化衍生出来的复杂系统，只以原生的价格变化为导向，始终追求高效简洁的方法，简化自己的交易法则。简洁的交易法则并不说明交易策略也是简单的。当交易者根据自己长期经验建立稳定简洁实用的交易系统后，就不能轻易改变，因为那是交易者的交易哲学，他们必须严格遵守那些交易法则，如果改变这些长期经验教训的总结，或者受情绪干扰因素的不良影响，只能导致系统的混乱甚至“系统死亡”。如何在静态的交易法则指示下选择进出场位，如何实行风险管理则是一个不断调整的动态过程。可以认为，交易法则是战略性的、定性和定量的基本原则，确定的是交易方向；交易策略是战术性的，灵活多变的，是限制亏损、产生利润的计划，确定的是进场点、止损点、仓位和出场点。交易策略能证实交易法则的有效性、实用性和稳定性，交易策略又必须依靠交易法则来制订。最后要提及的是，短线趋势交易更适合于欧美市场时段，大多数单边趋势都发生在下午3点左右至午夜12点左右。

二、趋势跟踪交易法概述

对于趋势的确定其实最为简单，甚至连儿童都可以判断出来。大量的实践证明，初学者和老手对于趋势的判断没什么不同，两者区别最大的就是反转的确认、交易方向的选择和交易策略的制订。在这里用最简单的通道线就可以实现对趋势的判断，对于趋势的酝酿、发展和结束这三个阶段甚至也能用通道线判断出来。如果再加上支撑阻力、价格形态和均线等方法，可靠性会进一步升高。

图3—1和图3—2中简单介绍了用三种最基本方法确认趋势反转信号。如果交易者想根据自己的交易法则确认反转和交易方向，制订交易策略，可以自由使用趋势跟踪指标，但一定要保持简洁明了的特点。能用1～3种方法解决问题就不必多用第4种方法画蛇添足。如果交易者觉得4小时图给出的反转信号太迟，让更多的利润白白流走。可以使用更短周期比如1小时图来选择更有利的进场位。

对于时间周期图表的选择，很多交易者都有不同的意见，归根结底时间周期图表的选择跟交易者的交易风格和交易技术是密切相关的。时间周期图表越短，交易的次数就会越多，止盈和止损设置

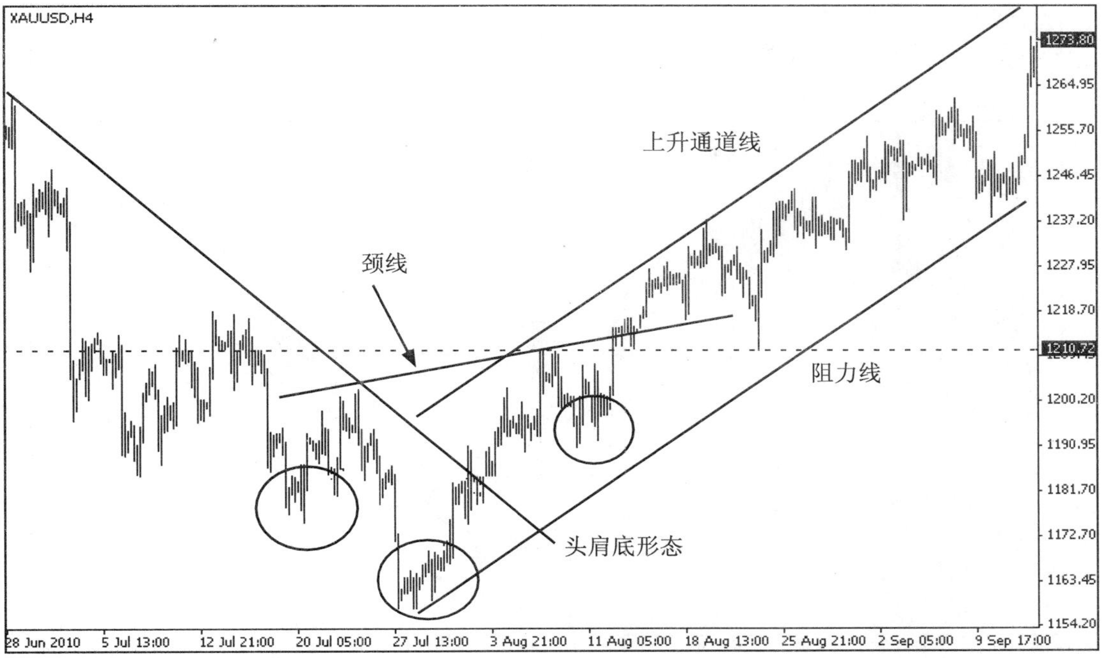

图 3—2　4 小时图中的上升通道

的就越小，所以时间图表的选择对资金管理和风险管理也是非常重要的一个因素。在黄金杠杆交易中，风格不同的交易员都会不约而同地选择 1 小时图表进行分析，也有人把 1 小时图称为“万能图”，如图 3—3 所示。绝大多数交易者通常都会同时选择短、中、长三种时间周期不同的图表进行分析和交易，短线客选择 5 分钟用来选择进出场时机、15 分钟用来找支撑阻力和 1 小时走势图做趋势分析，中线交易者使用 15 分钟、1 小时和日图，长线交易者使用 1 小时、日图和周图。从长期趋势中寻找做中线交易的机会，或者在中期趋势中等待短线交易时机。也有其他不同的时间周期图表的组合，这完全靠的是个人喜好，不以找标准为目的，只把追求盈利为最终目的。

大多数交易者都忍受不了趋势酝酿过程的等待，企图在最完美的价位进场，在趋势反转信号出来之前重仓扑进场中，也许在短期内冒险获得较大利润，从长期角度来看，这种冒较大风险进场一定不能赚取巨额盈利。也就是说，冒大险赚大钱是小概率事件。只有极少数人能做到先知先觉，绝大多数交易者都是后知后觉者和不知不觉者。市场参与者的各种行为恰恰是影响市场方向的本源，参与

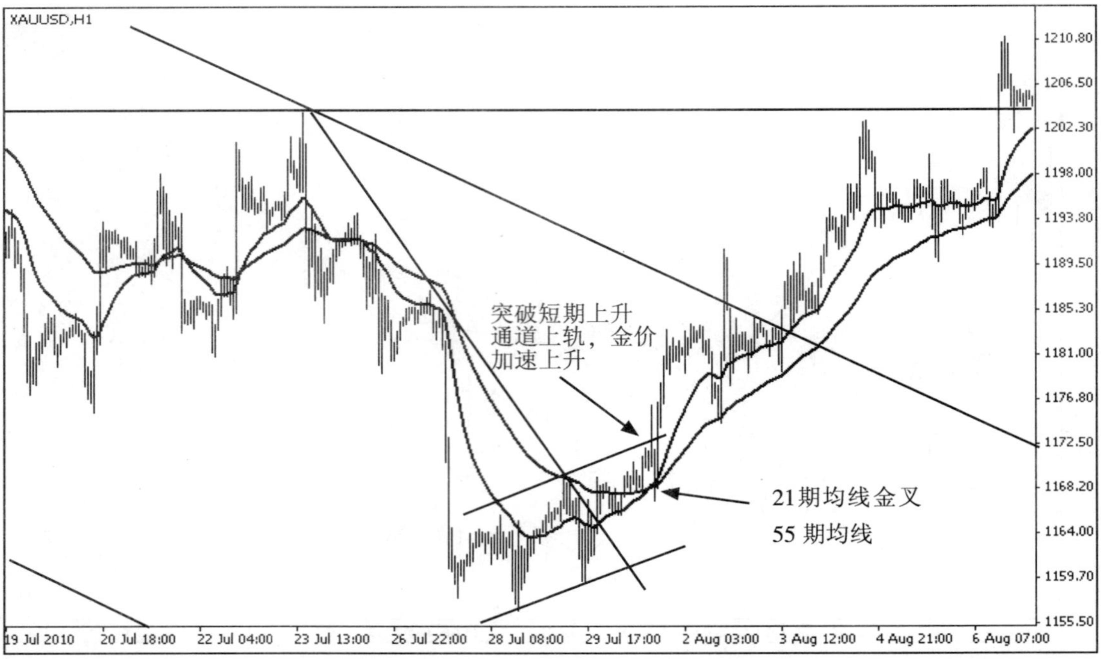

图 3—3　1 小时图黄金进场点选择

者的感性和理性主导市场的价格波动。早在 1974 年的一篇心理学论文中就指出："人们在做概率和风险的决定时，依靠的是大脑中的捷径，虽然非常经济而且经常是富有效率的，但也带来系统性和可预见的错误。"交易者的感性和理性的冲突和失衡会造成交易心态的不稳定性和不安全性，如何调整心态与交易法则相匹配就是交易心理学了。在这本书中要介绍给读者的不是"冒大险赚大钱"的理念。这里只推荐那种耐心等待正确进场时机的交易方式，控制风险将是交易法则中重要部分。一个良好交易习惯会让交易者受益匪浅。如果不良交易习惯已经养成，那么想要纠正这种不良习惯，交易者要付出很多的时间和金钱代价。所以说，良好的交易习惯、严格的止损和科学的仓位管理就是长期成功交易的基础。在良好的交易习惯中，耐心尤为重要，也是风险管理的因素之一。如果为了追求更多的收益而没有耐心，就很可能在不当时机进场，加大头寸承担的风险。还有很多负面心理因素在黄金杠杆交易中都是必须避免的。交易者无法控制市场，但一定要学会控制好自己的情绪。交易技术不是重要的，严格的交易纪律和心理调整对绩效的影响反而是最大的。

因为要至始至终都要使用趋势跟踪交易法，对于未来趋势的预测完全不予考虑，要抛开个人观点，甚至可以放弃研究基本面，关注价格波动的唯一的目的就是盈利。用这种传统的方法可一直使用几十年并且适用于不同的市场，甚至不用对这种方法进行重要调整。市场是复杂的，但交易者没必要过多考虑市场的复杂性，只需要利用价格变化赚钱就是了。趋势跟踪的重要哲学原则："长期来看，变化是不变的。由于变化是不变的，不确定性也是不变的。趋势从不确定中浮现出来。是趋势的发展形成了利润的基础。所有世界上的尖端技术和收集信息的能力，都不能帮助你利用趋势交易。那些都是噪音。"趋势跟踪交易名家爱德·斯科塔被媒体誉为"最卓越的交易者之一"，如果用利润率作为度量标准的话，他的绩效超越了所有名家，包括家喻户晓的巴菲特和索罗斯。

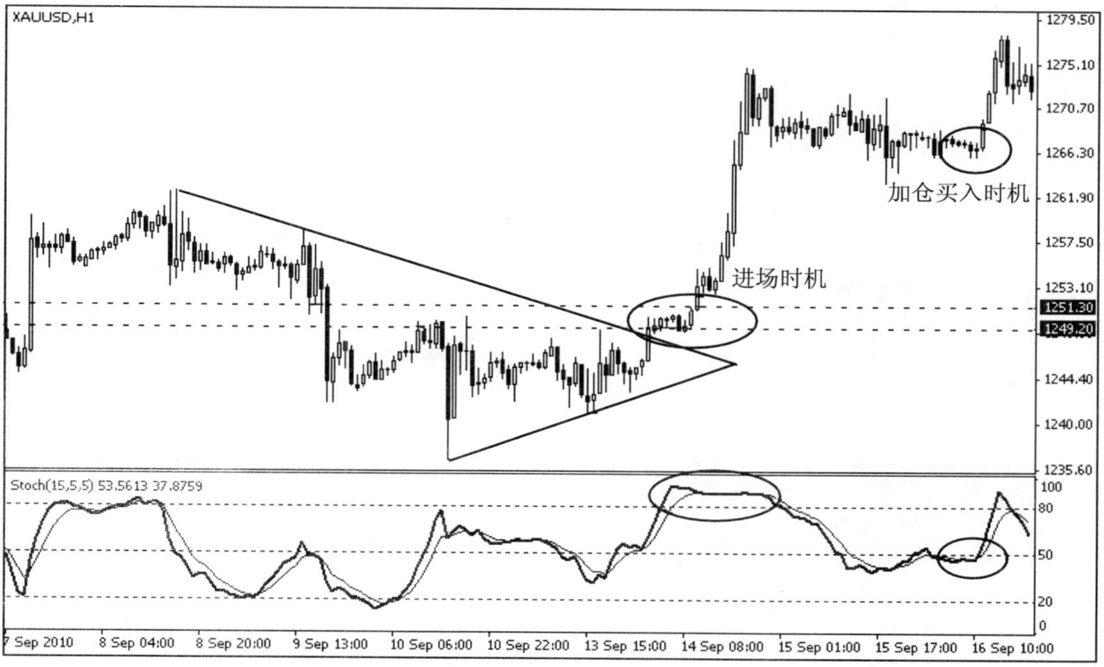

图 3—4 震荡指标在趋势追踪交易的另类用法

按照"简单、有效、实用"的原则，将趋势跟踪法所需指标使用频率优先排序一下。首先最重要的工具就是形态理论和趋势线，大家都对各种技术形态耳熟能详，完全可以用趋势线将这些形态勾勒出来。在这里也把支撑阻力线作为趋势线的一种，并且通道线和角度线都划分到趋势线范围内；其次是移动平均线和各种均线组合；

最后使用的布林通道线和唐奇安价格通道线。也许会有读者提出疑问，为何没有震荡指标？原因很简单，震荡指标总会给交易者一些误导的信号，交易者的注意力会逐渐从价格变化转移至超买超卖信号上。一般来讲，将价格走势分为单边行情和整理行情，在这两个不同性质的行情中，震荡指标的运用完全是相反的。比如 KDJ 指标是最常用的震荡指标，在经典的教材里，给读者灌输的大多是进入超买阶段就准备卖出，进入超卖阶段就考虑买入。在整理行情时这种思路非常有效，也会带来高胜算的交易记录。但在单边行情启动时，这种思路完全失效。在图 3—4 中，当黄金价格走势面临突破上攻时，KDJ 指标已经处于超买阶段，也许很多交易者就开始持有空头思维，而不是持有做多的思路。这种思想对于趋势交易而言，有

图 3—5 5 分钟图表中震荡指标的信号

百害而无一利。尤其一些在价格波动更为无序的 5 分钟图中寻找进出场时机的交易者，把越来多的精力花费在指标优化和确定买入卖出信号的真伪，而不是保持思维的中立，不再以趋势追踪交易为首要法则。如果交易者难以舍弃震荡指标，只能建议这类交易者把趋势跟踪法则与震荡指标结合起来。但是这样非常痛苦，交易者在行

情转变时必须以最快的速度将超卖买入（超买卖出）的震荡行情思路转换成超买买入（超卖卖出）的单边行情思路，这一过程会有很大可能出现严重亏损，如果交易者的自尊心很强，不服输的心理会在这一阶段很容易做逆势交易，从而破坏最基本的交易法则和风险控制。趋势跟踪交易法则和震荡指标合用的地方仅在于加仓时使用，如果在上升趋势中指标进入超买区，就继续持有手中的头寸，等待加仓机会，进入超卖区时或者出现金叉信号是加仓买入的时机；反之，在下降趋势中指标进入超卖区是继续持有，等待加仓机会，进入超买时或者等待死叉信号是加仓卖出的时机。震荡指标的最大价值就在于它们所提供的背离分析，但是不必过分强调背离分析的重要性，背离分析仅仅是一种辅助手段，还是应当要追寻基本趋势分析。因此，在趋势跟踪交易中，不会让过多的干扰影响最基本的趋势跟踪法则，也不需要使用震荡指标（图 3—5）。

支撑与阻力的确定

在这一节我们来讨论支撑与阻力。对于以短期投机为主的黄金市场交易者来说，如何在短期波动性较大的市场中寻找到比较合理的进出场位置尤为重要。趋势跟踪交易系统先驱理查德·唐奇安说过，对重复出现的价格保持警惕，它们很可能出现高概率的相似结果。分形理论中基本原理就是历史会重演，混沌中有着自相似性。自相似性是指某种形态从不同的时间尺度或空间尺度来看是相似的，局部的形态与整体的形态相似，局部与整体相互依赖。由此可以通过局部认识和推及整体，在不规则的形态、功能和信息等方面具有自相似性的对象称为分形。在技术分析中，自相似性对于波浪理论也存在重要指导意义。

周图中的一个趋势在日图中会显现出更多的细节和波动，在 4 小时图中会出现更明显的波动，以此类推。在 1 小时图以下更小时间周期的价格波动更为无序混乱，市场方向的判断变得极为复杂和被动，交易者面临的最大难题就是如何在短期市场中过滤掉那些“噪音”寻找出合理的进出场位置。如图 3—6 所示。交易者如何在不同时期图表中寻找重要的支撑阻力成为决定交易成败的重要技术之一。除了传统的寻找支撑阻力的几种方法外，还要利用较为科学的数学公式和自动化系统生成的支撑阻力指标。

图 3—6　15 分钟图的价格波动更为无序

一、寻找阻力与支撑方法一：前期价格密集区域

短周期图表中含有更多“噪音”，在大多数情况下，支撑与阻力并不是某个精确的数字。很多时候都会看到某个支撑与阻力位被突破，然后却出现市场仅仅是测试这个价位而已。如何确认支撑与阻力的有效突破，在交易中会面临更多的不确定性，市场中也有更多的争论。为了过滤掉那些假突破，最简洁的方法就是将图表缩小至极致，前期 K 线越为密集的地方就是关键的支撑阻力区域，而不是像一些分析中所描述的某个具体精确的数字。在交易过程中，如果价格移至这个区域，那么就要密切关注价格在这个区域中能否出现较大的突破动能，也许不会一次性有效突破，多次试探后才能确定方向，突破后支撑与阻力就会相互转换。将技术形态和支撑阻力区域合并使用效果最好，通道整理（旗型整理和箱型整理都归类至通

道整理，个人观点仅供参考）、三角形整理和头部底部形态，都有形态“破位”的价位和时间，不管是趋势的延续还是趋势相持或趋势反转，交易者都更注重支撑与阻力的突破。经个人研究发现，关键支撑与阻力的突破往往伴随着较大的动能，表现在K线上的形态就是单根较大的阴线或阳线，在较短时间出现的形态或短时间形成的支撑与阻力区突破的动能也较小，在较大的形态或长时间形成的支撑与阻力区突破的动能也较大，价格走势在剧烈波动后开始逐渐收敛，慢慢向关键价位移动，这时候市场中能继续产生较大单边波动的动能不足，市场都在等待价格走势的进一步明朗化。这时候价格的收敛并不能帮助交易者预测未来行情，这阶段仅仅是价格走势动能的积累和压缩过程，在这收敛过程中，往往前期的价格密集区会起着重要支撑与阻力作用。最终一个临界点被突破后，被压缩的动能再次被释放出来，其表现特征就是一个重要价位被有效突破，再结合某种形态的“破位”意味着将要展开新一轮的行情。要注意的是，支撑与阻力的突破动能的强弱往往跟技术面因素、基本面因素和心理因素的“共振”有着密切关系。尤其是在日内交易当中，一定要注意市场心理因素的影响，短期市场的价格和价值并不相符，可能会出现较大偏离，日内交易一定要了解市场当前的基本情况，搞清楚影响黄金价格波动的美元走势、原油价格、通胀情况、市场风险喜好和股市动向后，再关注这段时间的主要经济数据的公布会引发何种市场心理反应。交易方向只能遵循市场大趋势，顺势而为的风险较小，如图3—7所示。

无论是日内黄金价格走势，还是外汇、期货和股市日内价格走势都存在很多噪音，可以利用斐波那契回调线、斐波那契扩展线以及其他跟斐波那契数列相关的指标确定支撑与阻力区域。作为比较古老的一种数学方法，斐波那契有着各种神奇的作用，在交易中大量使用斐波那契比率。最常用到的、与交易密切相关的比率包括斐波那契回调线中的23.6%，38.2%，50.0%，61.8%，76.4%，在斐波那契扩展线中常用的是100.0%，138.2%，150%，161.8%，200.0%，还可以继续扩展。20世纪90年代出现的混沌理论的最新研究结果显示，市场波动存在长期可预测性的可能性越来越大，也证明了技术分析理论具有一定的科学性。尽管数学上至今没有明确

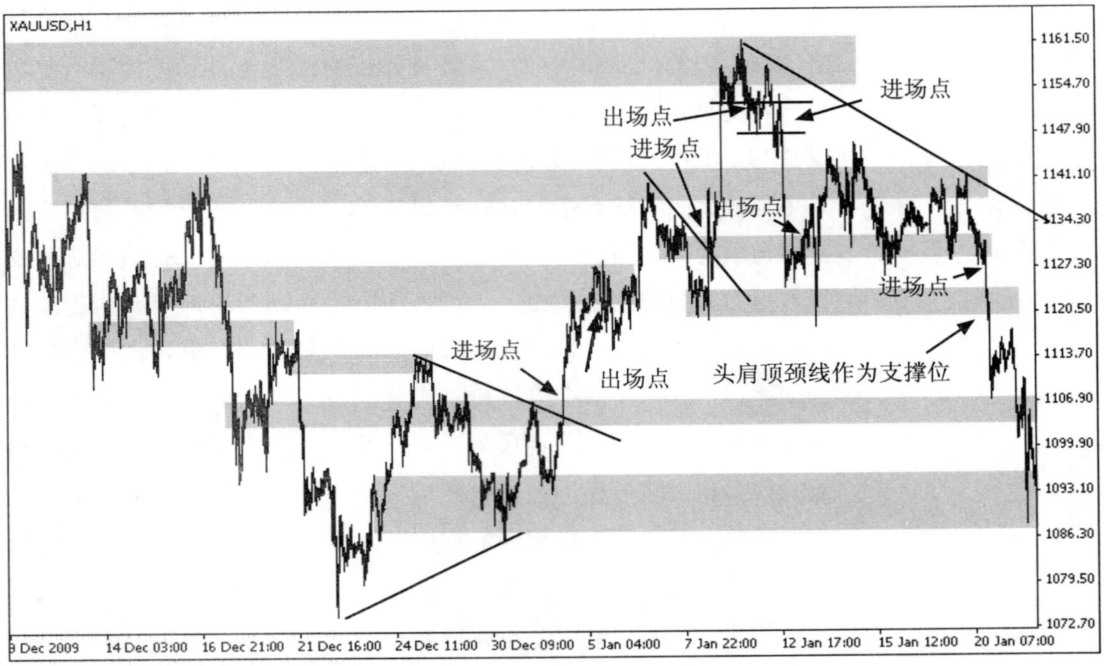

图 3—7　支撑与阻力区和技术形态相结合确定进出场位置

的解释，但在实际运用中经常发挥意想不到的作用。在约翰·墨菲的《期货市场技术分析》一书中就说明斐波那契数列就是波浪理论的数学基础。经混沌理论研究，波浪理论符合混沌理论的市场分形分析。对波浪理论的研究并不是这本书的重点，最多将一个趋势简化成“突破—反扑—再突破—再反扑”的循环的“1—2—3 浪组合”。这样会更好地利用斐波那契数列来研究支撑与阻力位。通过图 3—8 以一个下降趋势反转开始形成上升趋势为例，利用斐波那契回调线在 4 小时图中制订中线交易策略，价格升至某个价位（位置 1 处）受阻回调，一般来讲，可能回调至 38.2%～61.8%处，在此区间要关注的是技术图形形态和 K 线形态，甚至不管那些形态只注重价格能否有效突破这个区域，再结合趋势线或均线确定进场时机。那么价格开始回升突破下降趋势线和 50%回调线处 927 美元/盎司附近（A 点），可以进场做多，止损点设为前期低点稍下处 905 美元/盎司附近（位置 2 处），当价格开始整理，形成三角形整理形态开始上攻突破三角形整理上轨处 965.15 美元/盎司附近（B 点）继续进场做多，止损点改设为 38.2%，正好是个较低的价位处 941.50 美元/盎司。继续利用这个趋势使用斐波那契扩展线决定出场点，图 3—9 中的 A 点和 B 点与图 3—8 中 1 点和 2 点是一致的，由于涨幅过大，只能改为日图来演示。这是 2009 年底，黄金创下当时新高的行情，图中显示出，斐波那契扩展线中的 61.8%、100%、150%、200%和 250%扩展线都是比较重要的阻力位，在 138.2%～161.8%的扩展区域和 238.2%～261.8%的扩展区域内都是非常明显的支撑与阻力区域，有兴趣的读者可以在 1 小时图中再细化，也可以把斐波那契扩展线用到日图中进行测量研究，还可以用多时间周期图中的多条斐波那契扩展线找出重合处密集区域确定出场点，这只是“仁者见仁，智者见智”。按照分形几何的思路，长度取决于测量单位，一个趋势的长度是不确定的，我们使用日图进行分析，就会把日图以下的 4 小时图中的 K 线波动忽略掉，时间周期越短的图中，这个趋势的长度就越大。K 线虽然复杂，但有着一个重要性质——自相似性，从不同时间周期图表中，依然可以看出 K 线的形状大体一致，其复杂程度是相似的。使用 4 小时图无非是让出场点更为准确而已。

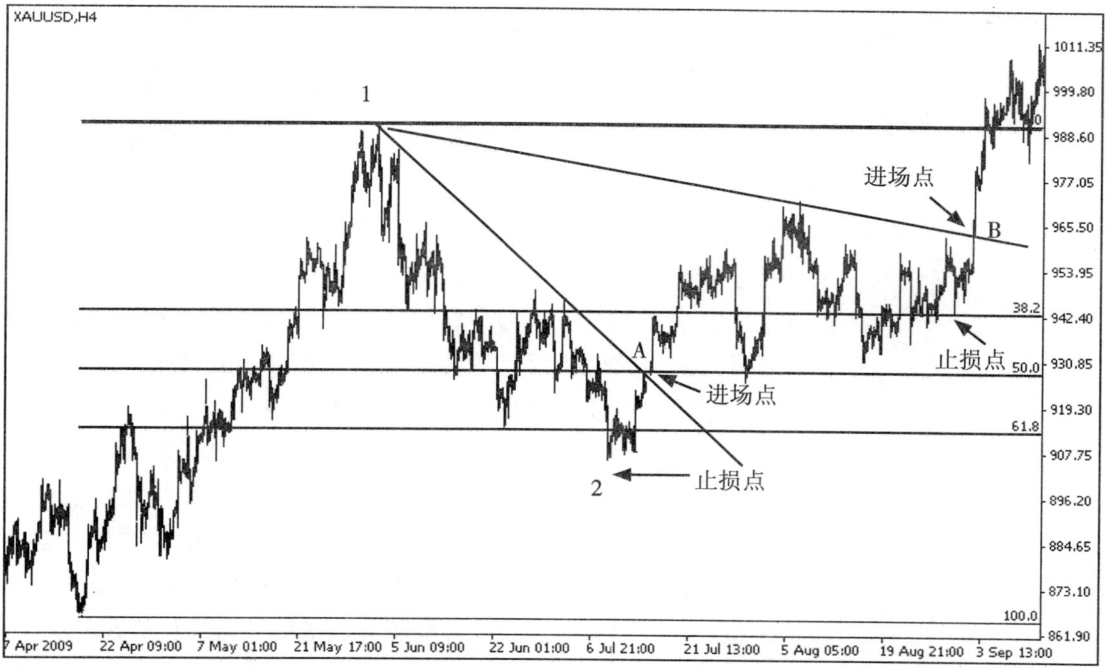

图 3—8　利用斐波那契回调线确定进场点

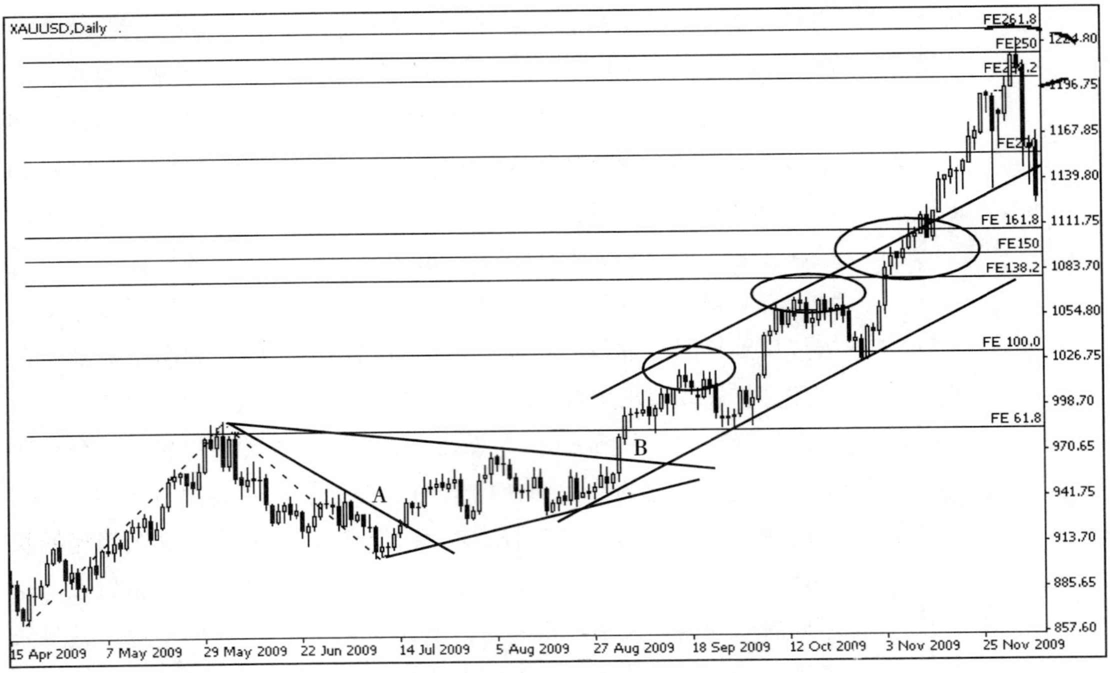

图 3—9　利用斐波那契扩展线确定出场点

二、寻找阻力与支撑方法二：量化的准确支撑与阻力位

最简单的就是前期最高点和最低点，还是遵循突破进场顺势而为的最基本交易法则。很多交易技术中都涉及前期的高点与低点，比如戴若·顾比的倒数线和理查德·唐奇安的周规则，都使用突破前期某个最高点或最低点作为趋势反转的确认信号。也许有人会抱怨，这些方法不能抓住顶部和底部最佳进出场时机，有时也会出现虚假信号，那么其他指标是否能准确抓住顶部与底部吗？准确概率有多大？在第一种前期价格密集区域作为支撑与阻力的方法有个小弱点，就是在哪个价位突破才算有效，毕竟进场出场选择的是明确的价位。用价格集中的地方很多时候也有欺骗性，如何找到量化的准确支撑与阻力位呢？方法有很多，比较简单和实用的就是前期最高点或最低点。这会涉及一些趋势线划线技巧，这里把水平支撑与阻力线也归类为趋势线。随后就是通道类指标、均线和整数关口等，最后重点介绍可以通过自动化系统生成的支撑与阻力支点指标(Pivot Point)。

按照约翰·墨菲的市场趋势的定义，趋势是由明显的波峰和波谷依次上升或下降的方向所构成的，就按照这个最基本的定义来确定进出场点。只要有效突破前期新高，就考虑进场做多，不破新低就不会考虑空头，就是说，只有等到上升趋势出现明显反转信号才会考虑做空，止损点有几种不同的设置方法，会在以后章节详细介绍。图3—10中15分钟黄金走势图中的A点和D点都是风险稍大的进场点，但胜在较低价位和较小止损。B点和C点作为趋势交易的最佳突破进场点位，E点和F点都是加仓做多时机，但是随着趋势的不断上行，进场做多要冒更大的风险，这就需要交易者考虑，如何降低总仓位的成本价。这种上升趋势反转的信号就是黄金价格跌破上升趋势线下轨并跌破前期低点，这时候应该利用斐波那契回调线确认价格回调幅度。如果最终价格不能突破前期最高点（G点），就不该继续考虑多头了。

图3—10　上升趋势中突破前期高点作为进场点

图3—11中继续延续图3—10中的走势，在这个调整浪中可以看出在50%回调位处反弹动能较强，但又没有上破前期高点，交易者可以继续观望，随着价格走势的进一步发展，逐渐显示出三角形技术整理图形，在这两幅图中并没有关注K线形态而是更关注技术

形态，因为这样可以抓住较大的趋势。在图 3－11 中黄金价格回调至 38.2％和 50％之间开始反弹，随后一段时间联系几次试探 38.2％回调线附近，最好在三角形整理形态“破位”后突破前期低点（A 点）时可以进场做空，若再次有效跌破 50％附近的前期低点（B 点）继续做空。这时候可以利用斐波那契扩展线来寻找出场点，前期低点附近（C 点）和斐波那契扩展线的 138.2％～161.8％重合程度较高，也可以将前低设置为出场点。

图 3－11　下降趋势中突破前期低点作为进场点

最后将图 3－11 中的 30 分钟图放到 4 小时图（图 3－12）中去研判更长时间周期内的黄金价格变化。圈起来那部分就是图 3－11 中的走势。在短周期内的下降趋势在长周期内仅仅是一个回调波段，对于短线交易者而言，这个下跌 25 美元的回调波段交易的成功也能带来可观的收益。对于长线交易者而言，金价回调了 50％左右开始整理正是寻找进场点的时机。随着时间的流逝，整理形态越来越趋近头肩底形态，在金价突破颈线阻力后，长线交易者考虑进场做多，并将止损设置在右肩最低点稍下处。

接下来就要考虑出场时机了，这是制订交易计划的第二步，按

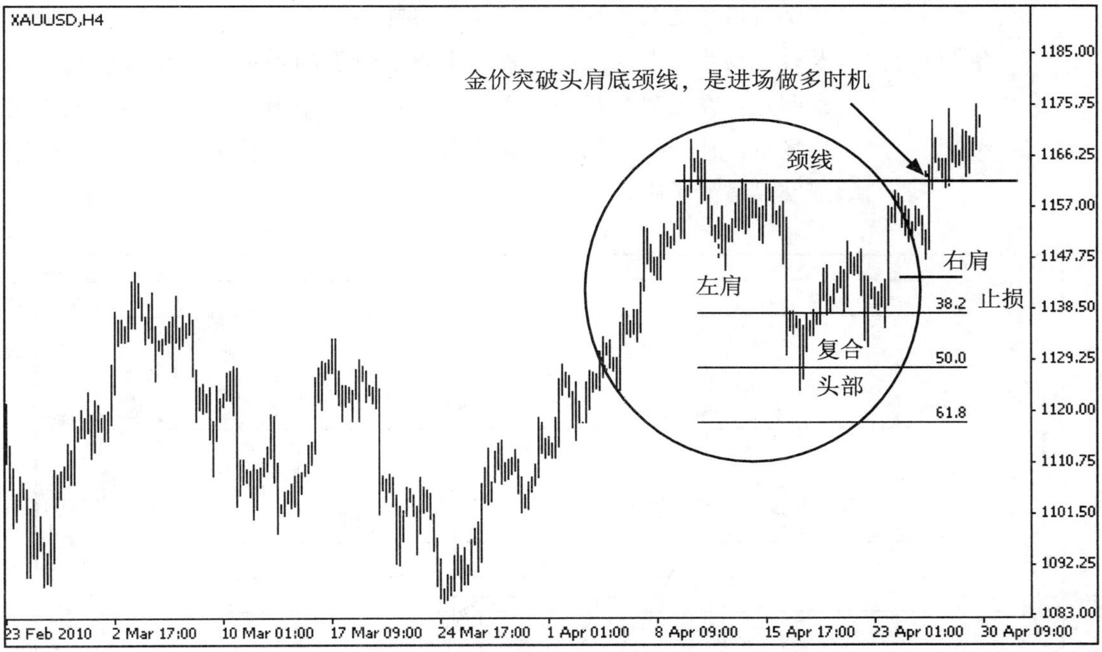

图 3—12　4 小时图表的走势

照前面讲过的方法，交易者使用斐波那契扩展线找到假设的阻力，这里还有若干问题需要解决。首先要解决的问题是，如何设定斐波那契扩展线的起始波段的一个高点和两个低点。这样的设定有着较大的主观性，其次要解决的问题是，假如在没有历史走势数据支持未来支撑或阻力定位的情况下，出场点的设定是个很棘手的问题。略可靠的方法是可以采用多重斐波那契扩展线的重合密度较大的区域设定为出场点。从较长周期图中（比如日图）的斐波那契扩展线到较短周期中（比如 4 小时图）的斐波那契扩展线，或者在同一图表内从不同高点和低点确定不同的斐波那契扩展线，将这些扩展线重合最密集区域作为兑现利润的重要支撑与阻力区域。其他的扩展区域也可能会起到支撑与阻力作用。交易计划制订完毕之后，就是根据行情的发展去验证假设的支撑与阻力的作用。斐波那契作为一种有效性较高的交易方法，还应该与其他技术工具合并使用。图 3—13 中仅使用斐波那契扩展线制订出场点，走势图显示出，仅靠斐波那契线制订交易计划，假设的出场点的不确定性可能会让交易者犹豫不决，自动放弃相当大的一部分利润。出场点的研判带有较强的主观色彩，如果不达目的不罢休，即使价格已经接近预定目标，还在坚持僵化的交易计划，交易者可能会因浮动盈利被吞噬而后悔莫及。交易是一个动态的过程，主观性较强的预定出场点仅仅是一个参照点，在顺势交易的前提下，根据追踪止损和反转信号共同决定出场点，让交易计划为交易服务，而不能被交易策略的固化僵化束缚交易员的手脚。

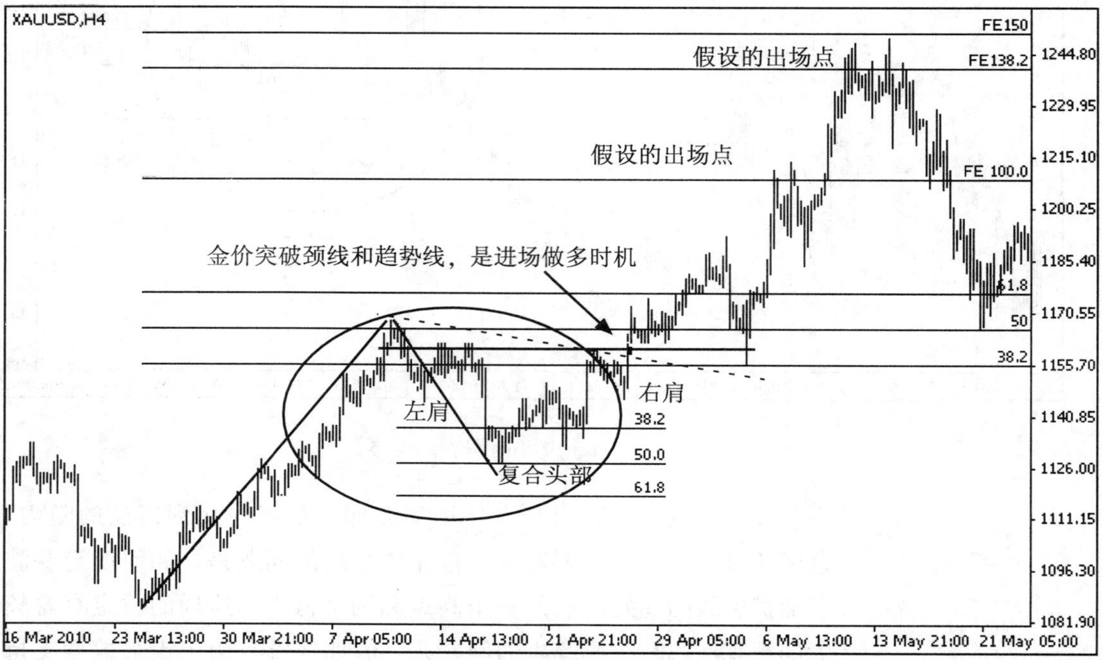

图 3—13　利用斐波那契扩展线确定出场时机

上述的例子都是针对单边的上升或下降趋势中支撑与阻力的“定位”方法，对于单边趋势结束后的区间震荡就不过多分析，不过喜欢做短线的交易者可以在更小时间周期图表中利用突破法抓住较小波段。只要价格有效突破区间震荡的高点和低点，很有可能会形成新的单边趋势行情（图 3—14 和图 3—15）。

最后，对综合使用价格密集区、前高前低、斐波那契回调线和斐波那契扩展线决定进出场点的“定位”策略做个总结。支撑与阻力在市场中是可以相互转化的，并且支撑与阻力也是确定进出场点和调整追踪止损点的工具。支撑与阻力还与制订交易策略时的资金管理和风险回报比估算有着直接联系。利用两种趋势、两种进场法做出四种模拟来确定趋势交易的资金管理和风险回报比。止损的设

图 3—14　上升趋势结束后的区间震荡

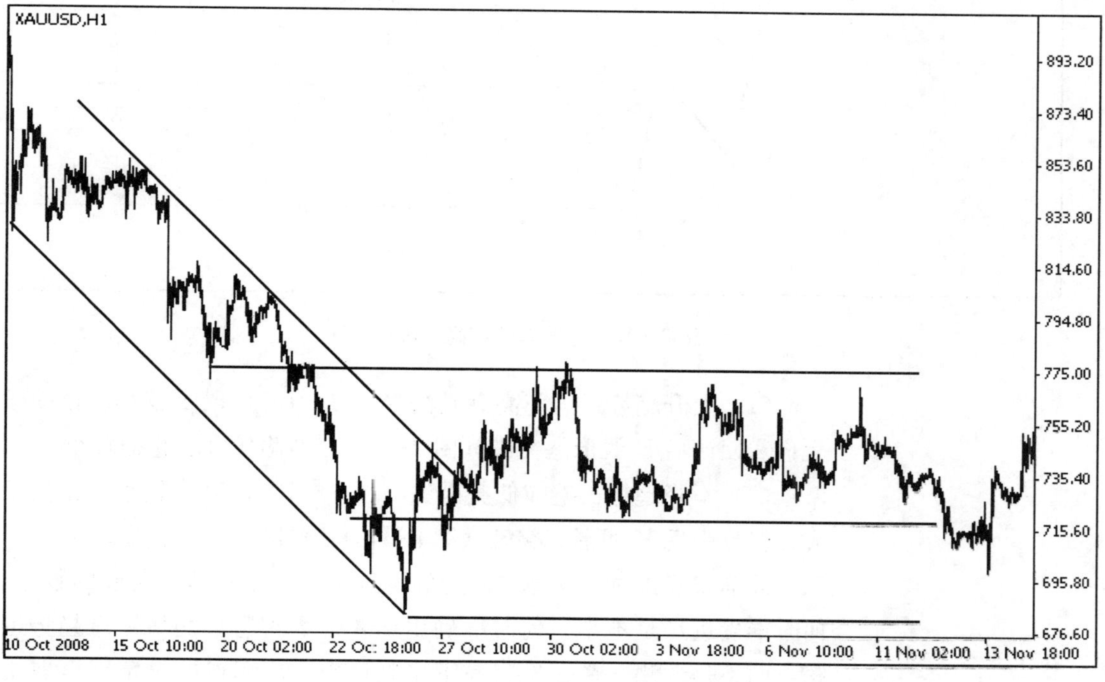

图 3—15　下降趋势结束后的区间震荡

置是统一的方法，进场做多策略，前低下方5～15个点处设为止损，进场做空策略，前高上方5～15个点设为止损。对于仓位的管理，在量化的亏损额度内，止损大小与仓位轻重成反比。所谓的形态突破法就是K线形态出现的反转信号和技术形态的破位。并且使用斐波那契回调线确定支撑与阻力密集区域，并用斐波那契扩展线确定出场点或者根据趋势调整追踪止损的设置。这里讲解两种趋势——上升与下降趋势中的进场出场与止损做法，如图3－16～图3－19所示。

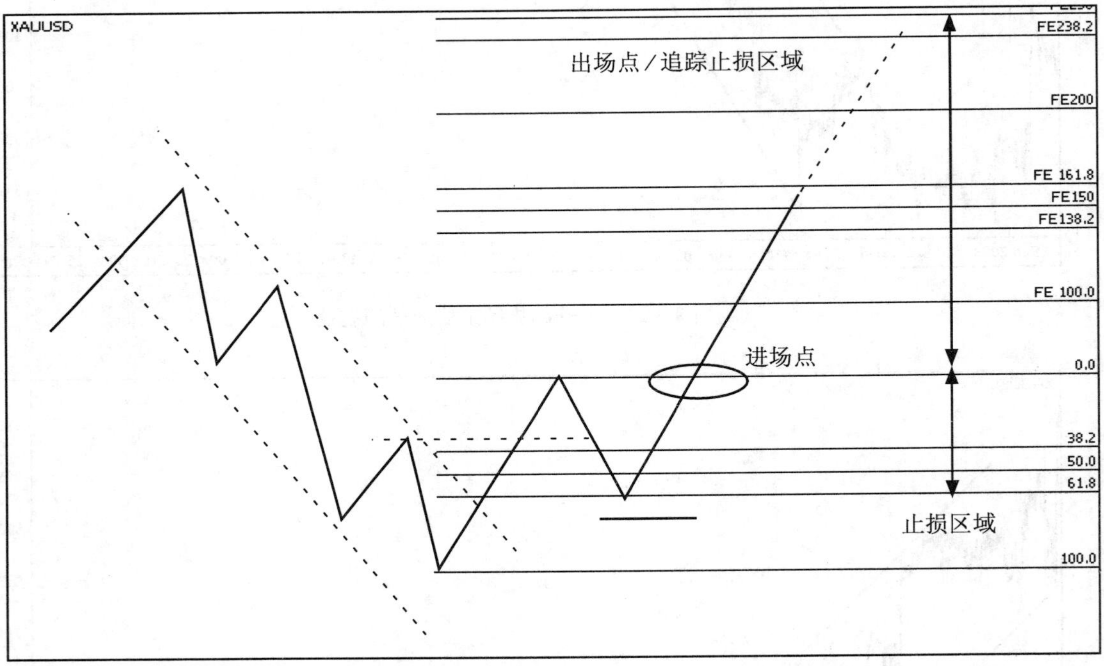

图3－16 上升趋势前高突破进场法

（1）上升趋势：①前高突破法（图3－16），风险较小、止损较大；②回调后K线形态突破（图3－17），风险较大、止损较小。

（2）下降趋势：①前低突破法（图3－18），风险较小、止损较大；②反弹后K线形态突破（图3－19）：风险较大、止损较小。

此前曾经说过，支撑与阻力的设置不是一个具体、精确的数字。何时准确进场是本事，何时准确出场才是大智慧。交易注重趋势追踪，而不是预测，在一份交易策略制订中，出场点的设定完全取决于市场、盈利目标和风险容忍度。当行情开始向着有利于交易者的

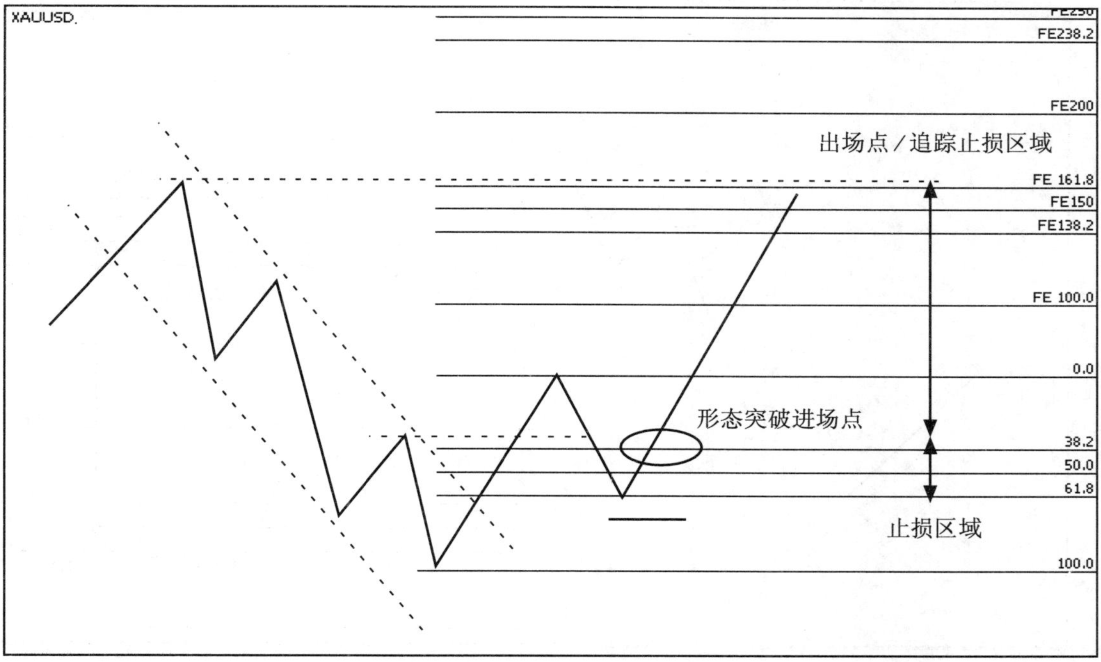

图 3—17　上升趋势形态突破进场法

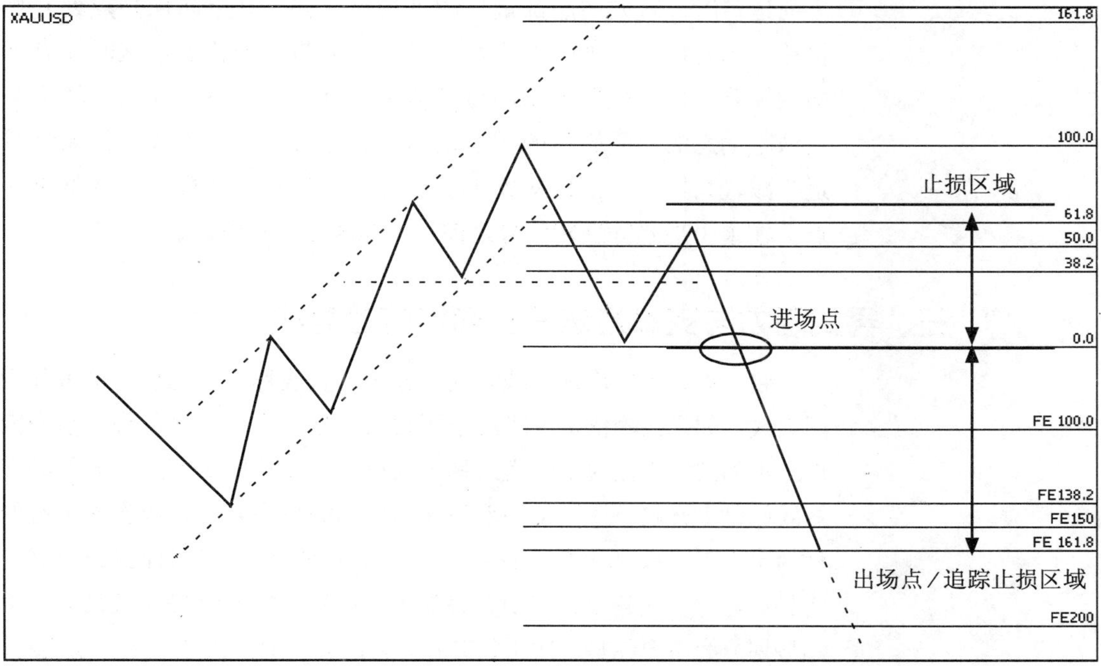

图 3—18　下降趋势前低突破进场法

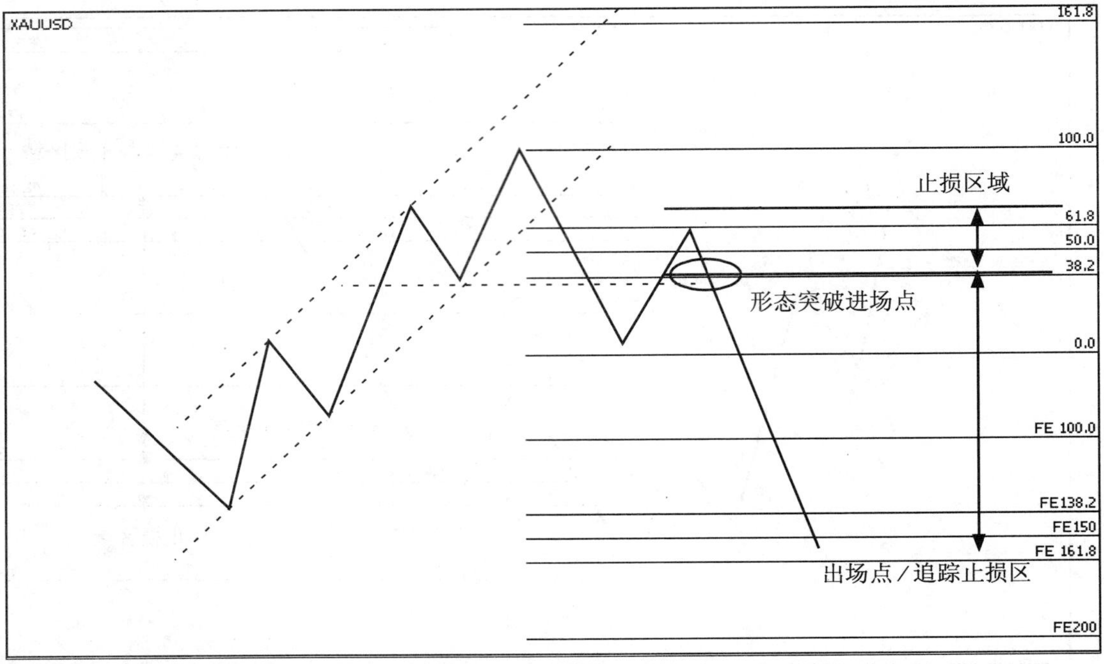

图 3—19　下降趋势形态突破进场法

方向运行时，就如在底部最早的进场点一样，升至前期高点处开始振荡。随着行情的不断演变，行情处于震荡整理状态，这时还有下破的风险，是一次性出场还是等待机会继续加仓？合理的出场策略应该是动态的，最简洁的方法是结合资金管理，在出现下行风险时适当减轻仓位，行情再次突破上升时适当加仓，并且向上调整止损点。在未出现趋势反转信号之前，不能改变交易方向。

三、寻找阻力与支撑方法三：简洁的趋势线

将一系列依次出现的波峰连接起来的直线称为压力线，也可称为阻力线，如果波峰依次下降这条压力线就是下降趋势线；将一系列依次出现的波谷连接起来的直线称为支撑线，连接依次上升的波谷的支撑线就是上升趋势线；将一系列横向摆动的波峰和波谷依次连接起的称为水平阻力线和水平支撑线，也就是横盘趋势。按时间长短划分，将趋势分为长期趋势、中期趋势和短期趋势。按照趋势规模划分，将趋势划分为主要趋势、次级趋势和短暂趋势（图3—20）。

趋势线的显著性程度由趋势线上受到试探的次数和趋势线没突破前持续时间长度所决定，简而言之，就是趋势线的长度可以强化

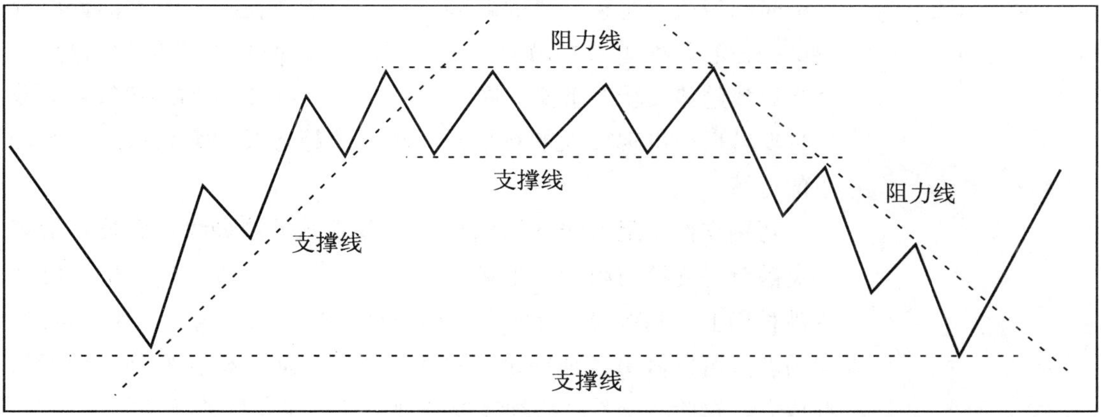

图 3—20　趋势线的画法

图 3—21　趋势线长度与趋势的显著性程度

其显著性。趋势线持续时间越久，连接的点数越多，就说明这条趋势线越重要。在起始阶段，趋势线设置仅仅是试探性的，为了验证趋势线的显著性和有效性，必须要随着价格变动不断验证并及时调整。初始阶段的两个波峰或波谷的连线需要做相应的调整，不断纠正趋势线，在一条趋势线形成后，只要在这条直线上出现的点数越多，时间越久，这条重要的趋势线就不断增强在某个极限位置出现突破的信心，简单总结就是，趋势线最重要的功能不是判断趋势，而是寻找趋势反转的重要工具。请看图 3—21，越长的趋势线被突破出现反转后会出现较大的行情，而较短的趋势线的突破只能预示较小的行情。

巧用支撑与阻力线来识别技术形态成就了趋势线，而技术形态的突破就是支撑与阻力线的破位，由图 3—22 可以看到，价格已经跌破长期上升趋势线，这时上升趋势是否结束无法确认。在这阶段，交易者只可以做出各种假设，并随着行情的演变检验哪种假设能最终成立，这阶段交易者必须在场外观望，不能盲目进场交易。

图 3—22　黄金市场 1 小时走势图趋势反转初始阶段

由于价格跌破前期低点后反弹至前高和前低之间，但还未破坏那条短短的下降趋势线，所以，未来趋势仍未确定，交易者还是处于观望阶段，不要决定进场。图 3—23 显示的还是趋势尚未确认。

黄金价格已经再次试探前期新低，这时交易者初步判定头肩顶已经形成，在价格再次反弹至颈线之上后，出现黄昏之星 K 线形态。交易者仍在犹豫，此时进场做空风险仍很大，估计很多性急的交易

图 3—23　趋势反转初成阶段

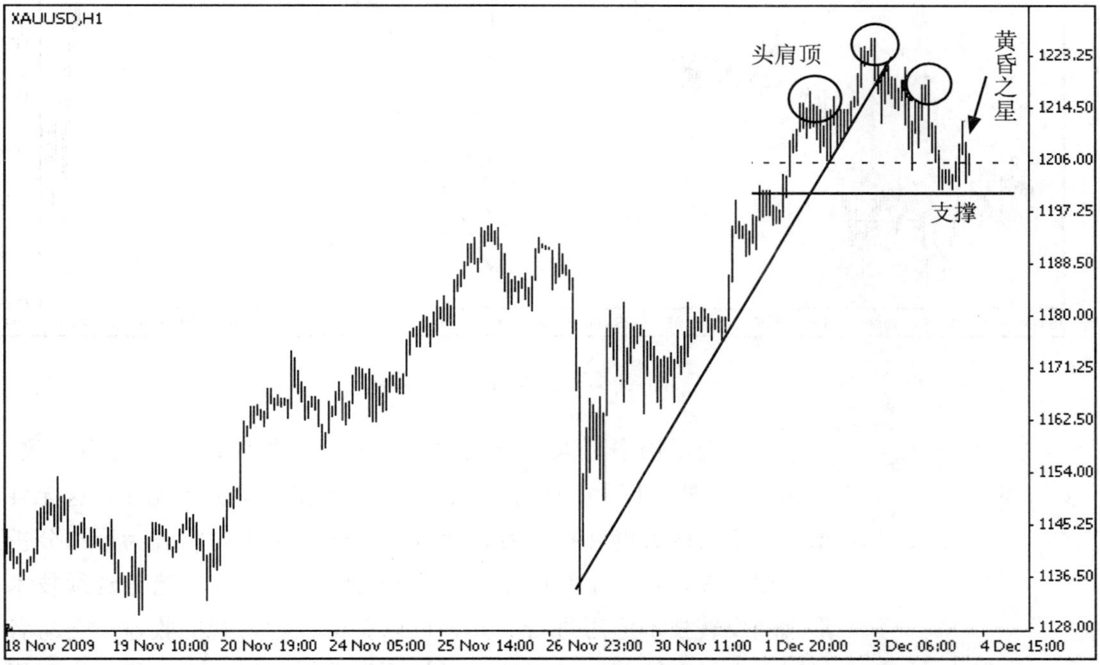

图 3—24　顶部形态初成阶段

者已经开始建仓做空，止损设在黄昏之星上方或头肩顶右肩稍上方，尽管不确定性犹存，交易者还是建立较轻仓位，设置较小止损。较稳健的交易者就会等颈线和下方支撑再次下破时进场做空，需要的前提条件就是一个下降动能较大的大阴线。如图 3—24 所示。

最终交易者等来所需要的行情，在金价再次反弹受阻后急剧下跌，跌破前期支撑后出现的较大动能让交易者迅速进场做空，止损设置在头肩顶右肩稍上方，随后根据重要支撑线设置不同的出场点，采取分步平仓获利了结。图 3—25 显示完整交易策略的实施和趋势的最终反转。

图 3—25　趋势完全反转阶段

在黄金市场中不同的时间周期图表中价格波动程度也不一致，在 15 分钟图以下更短时间周期图表中，价格走势更为无序，这无疑增加了交易的难度和扩大亏损风险。一般以 1 小时图表为形态分析的主要图表，在 1 小时图中，利用趋势线、通道线、趋势延续技术形态和反转技术形态进行交易，可以获得较为可观的收益。交易者可以自己做个统计，使用长时间的历史数据进行分析，找出出现概率较大的技术形态作为重要的反转信号，这是个主观性较强的工作。

经过主观性的统计，在 1 小时图中，出现较多的三角形整理形态，这包括上升三角形、下降三角形和对称三角形，还有一小部分是令交易者最为头疼的喇叭形态，还出现了较多的旗形整理和箱形整理。这些技术形态的统计完全依赖于交易者自己的判断，比如图 3－26 中趋势线左侧就有几个明显的三角形整理形态，最大的那个三角形形态就会引发争议，也许有人认为那是上轨水平的上升三角形，也有的认为那是对称三角形。就连图 3－24 中的头肩顶的左肩、头部、右肩和颈线的判定也有不同观点。这些争论对于提高交易者自身能力有着很大帮助，越多的疑问越能帮助交易者提升市场分析能力。

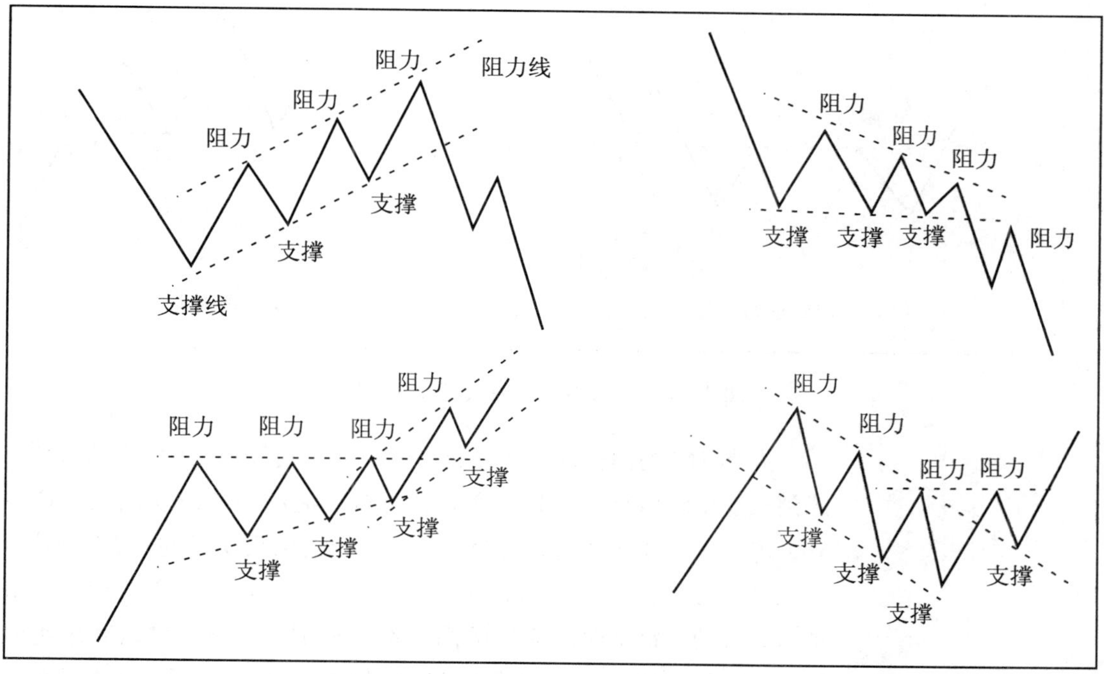

图 3－26 支撑线、阻力线和技术形态（一）

图 3－26 和图 3－27 罗列了一些过于标准化的技术形态，要知道，完美的技术形态是不存在的，模糊论就提出，复杂的东西没必要用复杂的理论解释，也告诉人们，越抽象越不具体的更有一般性和概括性。人类的认识是永无止境的，对一个模糊的事物下一个严格的定义既做不到又束缚思维，人类认知的局限性无法认知客观事物普遍存在的模糊性，只须抓住本质就可以把复杂事物简单化了。这也符合交易时“简单、有效、实用”的基本原则。除了关注更为

重要的假突破之外，对于技术形态和趋势的认定只要较大的相似性和较小的差异性就可以了。

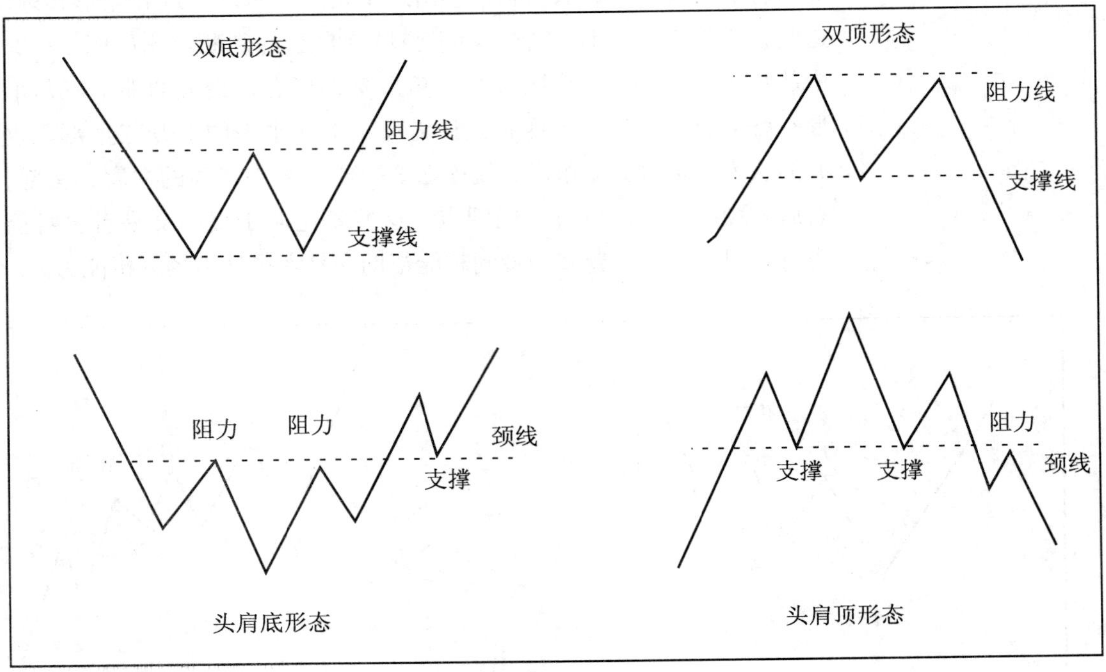

图 3—27　支撑线、阻力线和技术形态（二）

人类认知的模糊性也使得交易者在面对短周期内的“随机无序”感到很迷惑，但有很多日内交易者喜欢在流动性和波动性较大黄金外汇市场中寻找合适的日内交易机会，与机构交易者的剥头皮相反，个人日内交易者进入市场的唯一原因就是赚钱，借用混沌理论，市场是分形的，每个时间周期的图表都是相似的，完全可以利用类似的方法进行分析交易。在较短的时间周期图表中，交易者需要知道的是明显的支撑与阻力区域，以便于交易者把握具体进出场点，在日内短线交易中，定位尤为重要。在风险较大的日内短线交易，交易者不能像长线交易者那样贪婪，需要知道自己的安全区域，在做短线时的进场点位、目标点位和止损点位就是交易者所要知道的全部了。日内交易中，最常出现的情况是止损单被假突破扫掉，这是在短线交易中专业交易者的钓鱼手法，一旦其他市场参与者开始厌烦假突破扫掉自己的止损单，撤销止损单，最终的结果就是被扫出局。随机的噪音会让趋势变得模糊，降低了交易胜算，如何过滤掉噪音、发现趋势或逆势的信号，以及远离噪音就是日内交易者的首要任务。在日内趋势交易中，每天的最高价、最低价和收盘价都是极其重要的。比如说在一个上升趋势，当天的价格变动创下新低，就是一种噪音，创下的新高就是一种趋势；反而言之，在下降趋势中，当天的价格波动创下新高就是噪音，创下的新低就是趋势的延续。而每天的开盘价和收盘价更为重要，当天开盘价有着重要支撑阻力作用，收盘价则是当前趋势的延续还是趋势反转的重要信号。最初作为场内交易者的交易策略的支点交易法（Pivot points trading，又称枢轴点交易法或轴心点交易法）有着类似于黄金分割，均线和趋势线类似的进出场定位作用，现在往往被用作确定支撑与阻力的技术参数。支点交易法简单实用，仅仅是一套利用前一天的通过数学公式来计算第二天的支撑与阻力的系统，随着金融市场的技术分析的多样化发展，除了经典的支点交易法，又衍生出 Woodie Pivot points，斐波那契支点法（Fibonacci Pivot points），DeMark Pivot points 和 Camariila Pivot points。这个交易法很适合日内波段交易，想要在短时间周期价格波动赚取收益的短线客，可以使用支点系统作为重要辅助工具，支点交易系统既可以用于区间整理行情也可以用于单边行情。通过其计算公式可以看出，只需要知道前一天的开盘价、最高价、最低价和收盘价就可以得出当天的一个支点，一系列支撑与阻力价位。因为国际黄金市场是一个 24 小时市场，一般可以按照交易者所使用看图软件的默认的开盘价、最高价、最低价和收盘价即可。除了可以使用 Excel 编制一个计算器外，很多软件也自带相应的指标，也有的软件提供的支点系统指标附带更多的支撑阻力水平线，但下列公式中的支撑阻力水平线最为重要。

经典支点交易法：

$R_4=R_3+(H-L)=PP+3(H-L)$

$R_3=R_2+(H-L)=PP+2(H-L)$

$R_2=PP+(H-L)$

$R_1=2\times PP-L$

$PP=(H+L-C)/3$

$S_1=2\times PP-H$

$S_2=PP-(H-L)$

$S_3=S_2-(H-L)=PP-2\times(H-L)$

$S_4=S_3-(H-L)=PP-3\times(H-L)$

式中各符号代表的含义：R 为阻力；S 为支撑；PP 为支点；H 为最高价；L 为最低价；O 为开盘价；C 为收盘价。

Woodie 支点交易法：

$R_4 = R_3 +（H-L）$

$R_3 = H+2（PP-L）= R_1 +（H-L）$

$R_2 = PP+（H-L）$

$R_1 = 2\times PP-L$

$PP=（H+L+2\times O）/4$

$S_1 = 2\times PP-H$

$S_2 = PP-（H-L）$

$S_3 = L-2\times（H-PP）= S_1 -（H-L）$

$S_4 = S_3 -（H-L）$

Camarilla 支点交易法：

$R_4 = C+（H-L）\times 1.1/2$

$R_3 = C+（H-L）\times 1.1/4$

$R_2 = C+（H-L）\times 1.1/6$

$R_1 = C+（H-L）\times 1.1/12$

$PP=（H+L+C）/3$

$S_1 = C-（H-L）\times 1.1/2$

$S_2 = C-（H-L）\times 1.1/6$

$S_3 = C-（H-L）\times 1.1/4$

$S_4 = C-（H-L）\times 1.1/2$

DeMark 支点交易法：

如果 $C<O$，$X=（H+2L+C）$

如果 $C>O$，$X=（2H+L+C）$

如果 $C=O$，$X=（H+L+2C）$

$R=X/2-L$（新高）

$PP=X/4$（仅是一个参考值，原 DeMark 支点法中无 PP）

$S=X/2-H$（新低）

斐波那契支点交易法：

$R_3 = PP+1.000\times（H-L）$

$R_2 = PP+0.618\times（H-L）$

$R_1 = PP+0.382\times（H-L）$

$PP=（H+L+C）/3$

$S_1 = PP + 0.382 \times (H - L)$

$S_2 = PP + 0.618 \times (H - L)$

$S_3 = PP + 1.000 \times (H - L)$

在使用支点系统时，依然遵守趋势追踪的最基本原则。虽然支点系统可以用于区间交易，但这里只关注单边趋势，将区间整理行情作为“噪音”略掉。很多人认为支点交易法是先行指标，可以预测第二天的可能出现的反转点，而趋势追踪交易法和支点交易法的合并使用，就要关注最重要的点位：R_1、S_1 和支点。如果喜欢做日内交易的短线客当天必须把握住当天阶段性的趋势，因为支点交易法的方程所需数据是前一天的开盘价、最高价、最低价和收盘价，这就意味着计算出来的支撑阻力价位和支点仅仅是当天有效。支点交易法有两组以支点为轴心的上下对称的水平线，按照上述公式中所描述的，分别标注为 R_1、R_2、R_3 和 S_1、S_2、S_3。也有的公式将支撑与阻力水平线扩展至 12 条。这些水平线显示出明显的支撑与阻力作用。在日内交易时，无论是单边行情还是整理行情就依靠这些支撑阻力水平线作为进出场定位的参考标准。很多实例已经证明，交易的次数和收益率是呈反比的，过于频繁的交易是由于震荡区间过小和过多止损所导致的。日内趋势追踪交易法其实就是规避噪音进行小波段操作，应该避开过小的区间震荡，在合适的小趋势追踪交易时，还要设置合理的止盈价位，以避免小趋势行情带来的利润。并且要根据黄金市场的特性进行止损设置。如果为了避免噪音的影响，或者出于对频繁假突破止损的厌恶，而取消止损，日内短线交易者将无法取得相应的风险回报。只有设置恰当的止盈和止损才能保证收益的最大化。那么支点交易法和趋势追踪法的合并使用，再配合严格的资金管理，这个模式很可能是一个非常有效的系统。

接下来，介绍利用支点交易法和趋势追踪法进行交易的具体案例。还是遵循“简单、有效、实用”的基本原则。这里采用的是经典的支点交易法，也就是上面罗列的诸多公式中的第一种。请看第一个实例（图 3—28），这是一个很典型的黄金市场震荡行情，最左侧的那一天中，金价在突破 R_1 阻力线未果，等待金价回调下破趋势线后，决定进场短线做空黄金，止损就设在 R_1 稍上方，止盈设置为支点处（PP），随后价格下行触发止盈，当天获利平仓。第二天系统自动生成新的支撑与阻力水平线，当天开盘价低于支点（PP），由于金价没有破新低，交易者暂时观望等待时机，当金价突破支点，并突破前期K线的阻力价位，决定进行做多，止损设置为前期低点稍下方，止盈就设置为 R_1 处，进场后价格开始回落至支点下方，此时继续观望，如金价下跌触发止损，那就继续等待下一个进场时机。但金价并未继续下跌，反而升至支点上方触发止盈，接下来价格陷入大幅震荡整理，决定规避此风险不进场交易。第三天，根据前一天的价格数据更新支撑与阻力，此时金价保持在支点上方，触及支点后开始上行，交易者等待价格突破 R_1 后考虑进场做多，但金价突破前一天最高点后快速回落，并跌破趋势线，激进些的交易者选择跌破趋势线时就进场做空，将止损设置在前期高点和 R_1 之间。稳健型的交易者等到金价跌破当天低点，也就是支点处，才考虑进场做空，止损也是设置在当天高点稍上方，第一止盈点和追踪止损点设置在 S_1，第二止盈设在 S_2 处。价格跌破支点后开始加速下跌，联系触发第一止盈和第二止盈。紧接下来金价开始反弹，激进型交易者在价格反弹至 S_2 上方突破三角形形态时再次进场做多，这时出于对金价大幅波动的担忧，将止盈设置在 S_1 就准备平仓，并将止损设置在较为保守的 S_2 处而不是当天最低点。在行情反扑至 S1 时，触发止盈，交易者不愿继续冒险等待金价的持续反弹，决定获利了结。

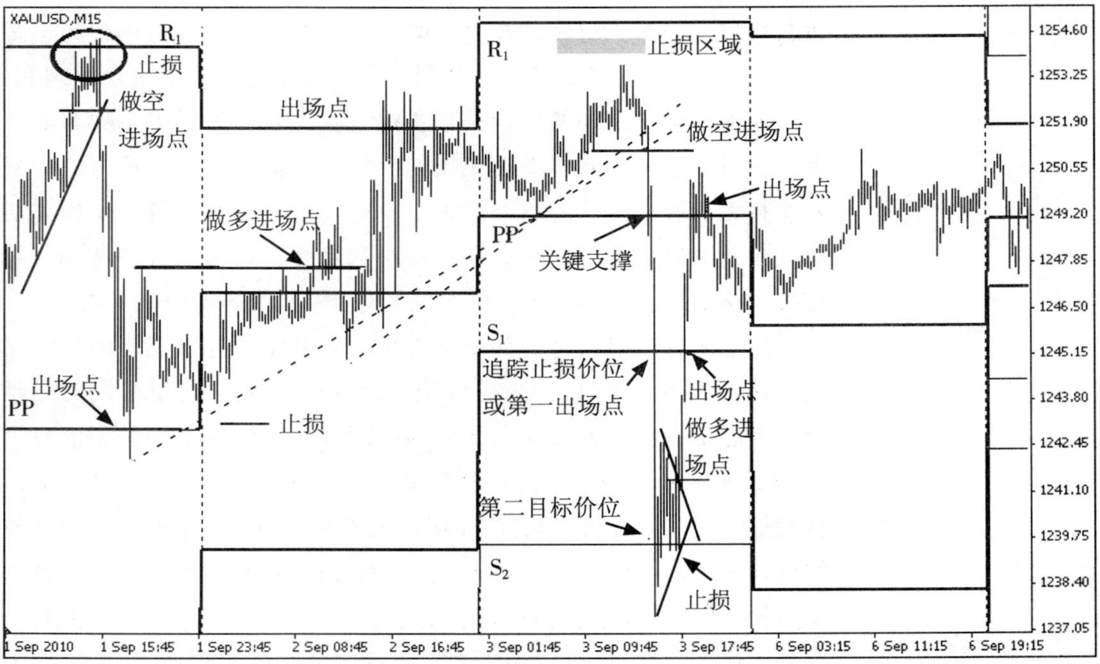

图 3—28　支点交易法的支点、支撑与阻力和交易案例

再来看第二个支点交易法的案例，前两天黄金价格都处于整理态势（图 3—29），在第三天，由于整理行情开始收敛形成三角形形态，新形成的支撑阻力水平线间距也开始收缩，交易者等待行情的破位，在 R_1 被突破，并且上破三角形上轨时，交易者决定进场，将止损设置在 S_1 处，由于行情收敛后释放的上升动能较大，暂时不设盈利目标，金价连续上破 R_2 和 R_3 阻力水平线后，开始加速上升，并创下历史新高，交易者连续将追踪止损上调至 R_2 和 R_3 处，由于日内交易者不想持仓过夜，在黄金价格在高位整理时将多头仓位获利了结。

图 3—29　上升趋势的支点交易法与趋势追踪法合并使用实例

最后讲解的是下降趋势中的支点交易法（图 3—30），不是特意找到三角形盘整的案例，而是在黄金市场 15 分钟走势图中，三角形盘整占据整理行情较大的比例，在较大的单边行情的酝酿过程中都会出现三角形盘整，一般来讲，黄金市场的价格波动规律就是“动能释放—动能积累—动能释放”。其次箱形整理和旗形整理在整理行情中占有一定比重。在这个例子中，经过几日的盘整，已形成的是三角形整理被压缩的动能积累到一定程度需要释放出来。此时，价格在支点附近短幅波动等待突破，保守型的交易者在等待价格是上破 R_1 还是下破 S_1 信号出现后再进场，而激进型交易者认为只要价格突破三角形的上轨或下轨就可以进场了，当价格开始跌破三角形整理的下轨时，激进型交易者进场做空，止损设在 R_1 和当日高点处，并决定根据单边行情释放动能大小决定出场点，当日的新的支撑阻力水平线处于收缩状态，间距很小，这也给交易者一个类似布林通道线收口形态的提示。稳健型交易者在价格跌破 S_1 时才决定进场，止损也是设在当日高点稍上方。随着价格快速跌破 S_2 和 S_3 的支撑，并出现一个下降三角形形态，交易者将止损不断下调，并等待最后一跌后平仓获得利润并结束当日交易。由于图中的支撑与阻力水平线加上支点共有 7 条，有的技术指标可以设计出 13 条水平线，效果要好于 7 条水平线的支撑与阻力作用。

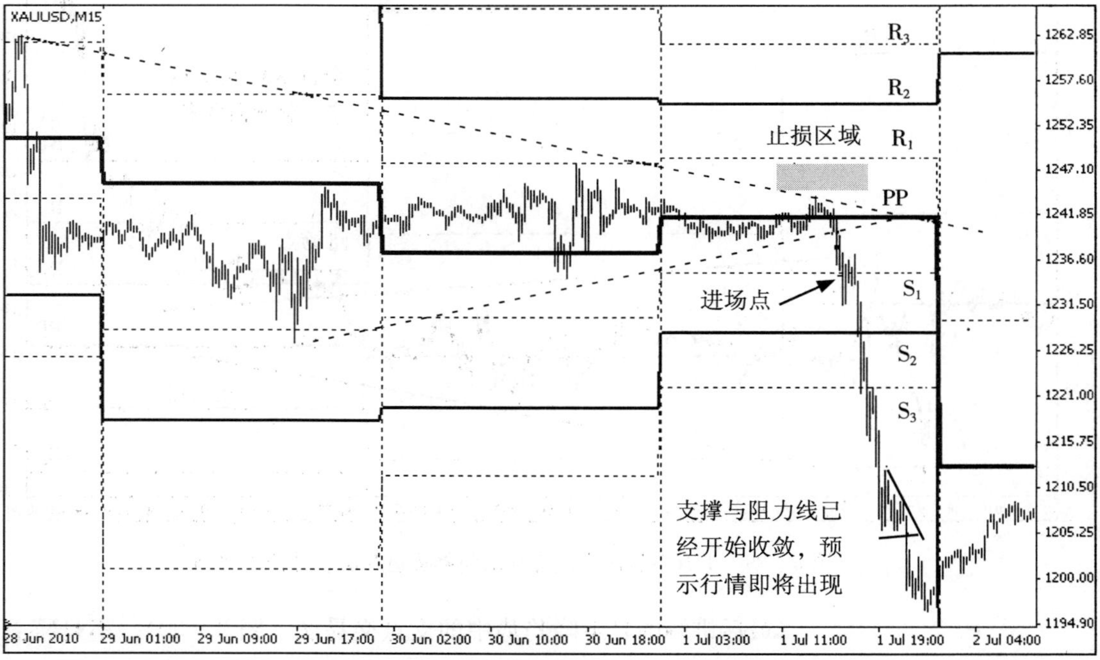

图 3—30　下降趋势的支点交易法和趋势追踪法合并使用实例

趋势的形成

每一个单边趋势形成之前总有一个凝聚动能的阶段，趋势突破这个阶段后会形成新的趋势，当积累的动能充分释放后再次进入凝聚动能阶段，这就是最基本的趋势形成原理。趋势积累和释放都与价格波动率（标准偏差）有着密切联系，在趋势动能凝聚阶段对应的是价格波动率大幅走低并进入底部水平波动，在趋势动能释放阶段对应的是价格波动率大幅走高，再次进入动能积累阶段波动率再次走低。简单总结就是，低波动率之后会出现较高波动率（动能释放），高波动性随后就会出现较低波动性（动能积累）。学术界的大量研究表明，价格既不成周期性变动，也无法用周期来预测其变化规律时，而波动率正相反，它不仅具有周期性变动的特征，还可以用来进行分析预测，统计结果也显示，波动率也并未符合正态分布，而是出现“尖峰肥尾”现象。动能积累的越久释放时产生的动能越大，价格波动率也越大，动能积累的过程中，趋势被挤压的越厉害，价格变化越趋于平静，波动率也越趋近于零，此时市场处于临界状态，当这种平衡被破坏掉就发生小概率的大规模的波动，这对于趋势追踪交易员而言，是获得超额利润的好机会。这里使用一个简化的模型来模拟趋势与波动率的关系（图 3－31）。假设这是 1 小时图表，主要趋势的波动率应该在更大时间周期如日图或周图中计算，在这个假设的 1 小时图中关注的是次级趋势和波动率的关系，由于波动率是呈周期性变化的，这个模型使用正弦（余弦）曲线作为波动率。在图中在次级下降趋势（1）对应的是波动率加速上升，在随后的整理行情中对应的就是波动率的急剧下降，这个阶段一般会持续很长一个阶段，波动率也在底部整理，为了简化描述趋势动能的积累和释放过程将这个波动率底部整理阶段略掉，在价格整理完毕需要释放积累的动能时，就是另一个趋势的开始，接下来波动率再次飙升，价格突破整理形态上轨形成新的趋势（2），然后动能释放完毕的趋势再次陷入整理行情要再次凝聚动能，波动率也开始回调至底部开始水平波动，这个阶段将其缩短，等待波动率再次飙升，价格再次突破前期高点和阶段性高点开始上攻（3），此时波动率再次大幅走高。按照技术分析，整理阶段技术形态和K线形态更为复杂，这个阶段完毕后，也可能是原来趋势的延续，也有可能出现反转。动能的积累和释放对应的就是波动率的下降和上升。

截取2008年5月16日至2010年10月4日小时图的1.5万左右收盘价数据计算出小时图中价格变化的21周期平均波动率，使用SPSS11.5统计分析软件进行简单的统计，得出其均值为4.6，价格波动率落在在1.0～8.0区间的密度最大。还有很多小概率的超过10.0的波动率意味着顺势交易在短时间内会获得极大的利润（图3—32）。此外，还有另外一个指标是真实波动区间（ATR）用来测量市场波动性，将在下文详细讲解。

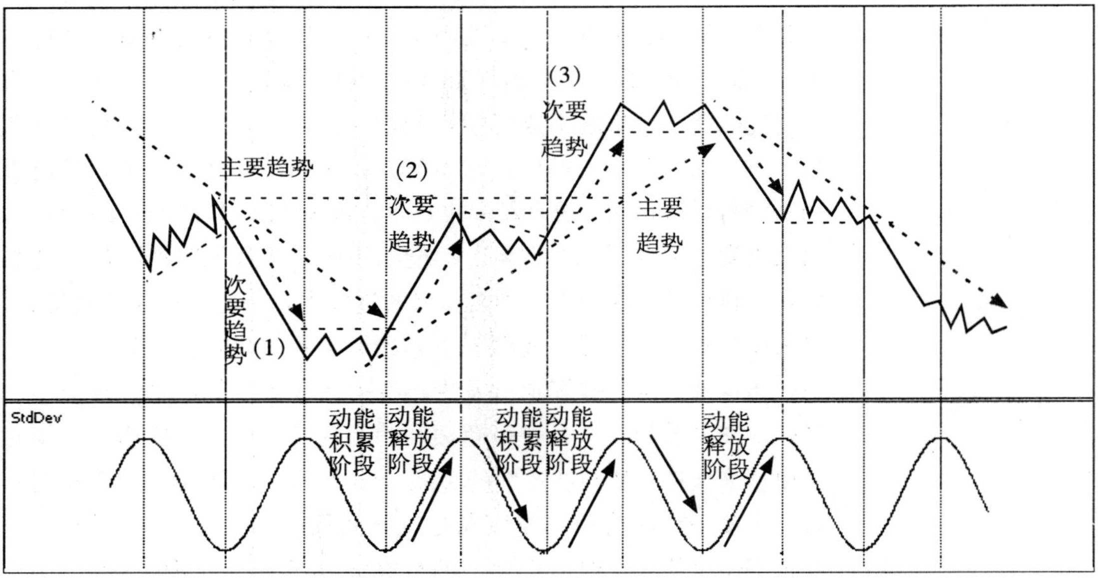

图3—31　动能积累释放与波动率

利用上面的统计结果，在图3—33中的黄金市场1小时图表中作为附图的20周期平均波动率中添加三个水平位，它们分别取值为1.0、2.0和3.0，呈周期性震荡的波动率只要在这个区间运行就意味着趋势正处于整理态势，一旦波动率上破3.0水平位，结合其他技术指标就可以判断趋势积累的动能是否开始释放，趋势是延续原来的方向还是出现转折点。不过这仅仅是一个内推检验而已。

请看图3—34，将趋势线和波动率结合起来使用，在黄金市场1

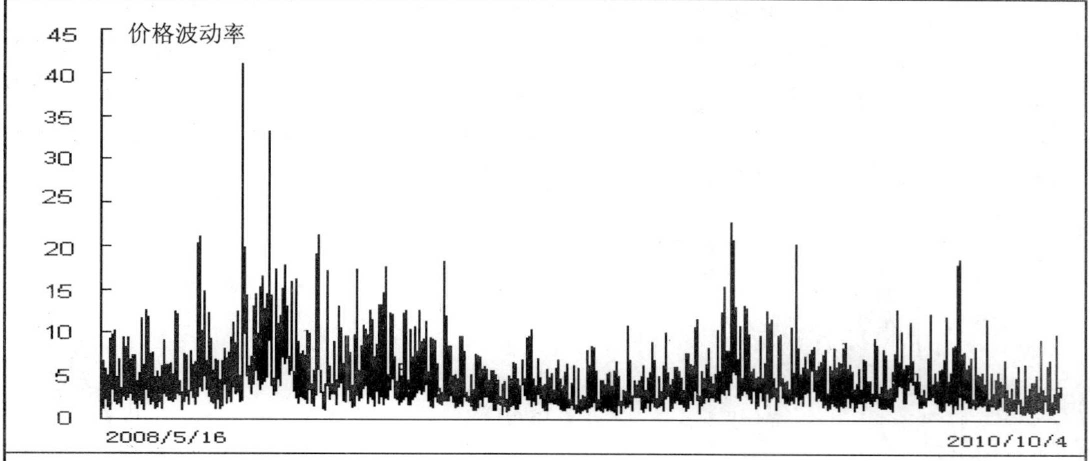

次数	整数位	小数位
3.00	0 .	&
109.00	0 .	899&
713.00	1 .	00111122223333344444
1123.00	1 .	5555556666677777777888888999999
1592.00	2 .	00000000011111112222222222333333333444444444
1627.00	2 .	555555555666666666677777777778888888888999999999
1473.00	3 .	0000000001111111112222222223333333334444444444
1249.00	3 .	5555555666666677777777888888889999999
1024.00	4 .	0000001111112222223333344444
891.00	4 .	55555566667777778888899999
791.00	5 .	000001111122223333334444
607.00	5 .	55556667778888999
538.00	6 .	0001112222333444
394.00	6 .	5566778899
335.00	7 .	001223344
240.00	7 .	556789
236.00	8 .	01234
193.00	8 .	56789
204.00	9 .	012334
130.00	9 .	56789
34.00	10 .	0&
777.00 过度波动		(>=10.2)

图 3—32　1 小时图中黄金价格波动率统计

小时图表中定位趋势延续或反转。从图中可以看到，一旦一个趋势的运动速度发生变化就意味着该趋势的平稳性被打破，这种变速也许意味着趋势的减速，最终出现趋势的反转信号；也可能是趋势加速，那是原趋势延续的信号。结合趋势的“积累—释放—再积累”的循环系统，利用趋势线和波动率综合地验证趋势反转或延续信号的成立。一系列的短暂趋势形成中期趋势，一系列中期趋势也会演变成长期趋势，图中最左侧的趋势是下降趋势，下降趋势出现停顿并开始整理，形成的双底的颈线被上破后，波动率也摆脱前期平底形态开始飙升，这意味着下降趋势的结束，并开始一个新的趋势的价格波动（A 点开始的上升趋势）。随后 K 线出现大幅震荡，期间也出现短暂的上升和下降趋势，在 B 点出现短暂上升趋势反转点。随后该趋势出现停顿整理现象，波动率又开始较长时间的平底整理。

在C点K线形成复合头肩顶迹象，在突破颈线时，也可以认为那是一个较大的上升三角形的上轨，波动率又大幅飙升，原来的短暂上升趋势开始加速上升，形成一个中期上升趋势。这个上升趋势结束于D点，波动率再次从平底急剧上升，价格跌破三角形整理下轨和重要支撑位形成短暂下降趋势。

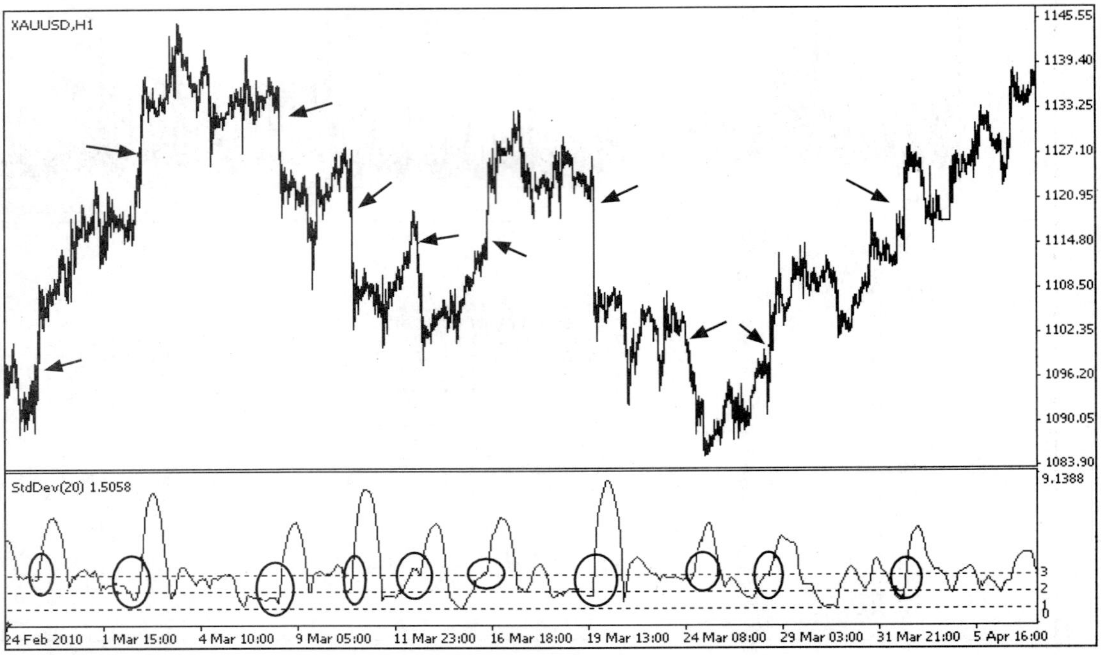

图3—33　波动性底部区间

在判断一个趋势的形成、延续和反转信号并进场交易时最值得借鉴的还是《专业投机原理》一书中123法则和2B法则，在黄金市场中这两个法则非常实用，也符合“简单、有效、实用”的原则。维克多·斯波朗迪将趋势的反转归纳为简单的123法则和2B法则。

123法则：

1. 趋势线被突破；

2. 上升趋势中不再创新高，下降趋势中不再创新低，只测试先前的高点或低点；

3. 向下跌破前一波回挡的低点或向上穿越前一波的反弹的高点。

维克多·斯波朗迪认为，如果上述三种情况同时发生，就相当于道氏理论对于趋势变动的确认。如果仅发生前两种情况，代表趋

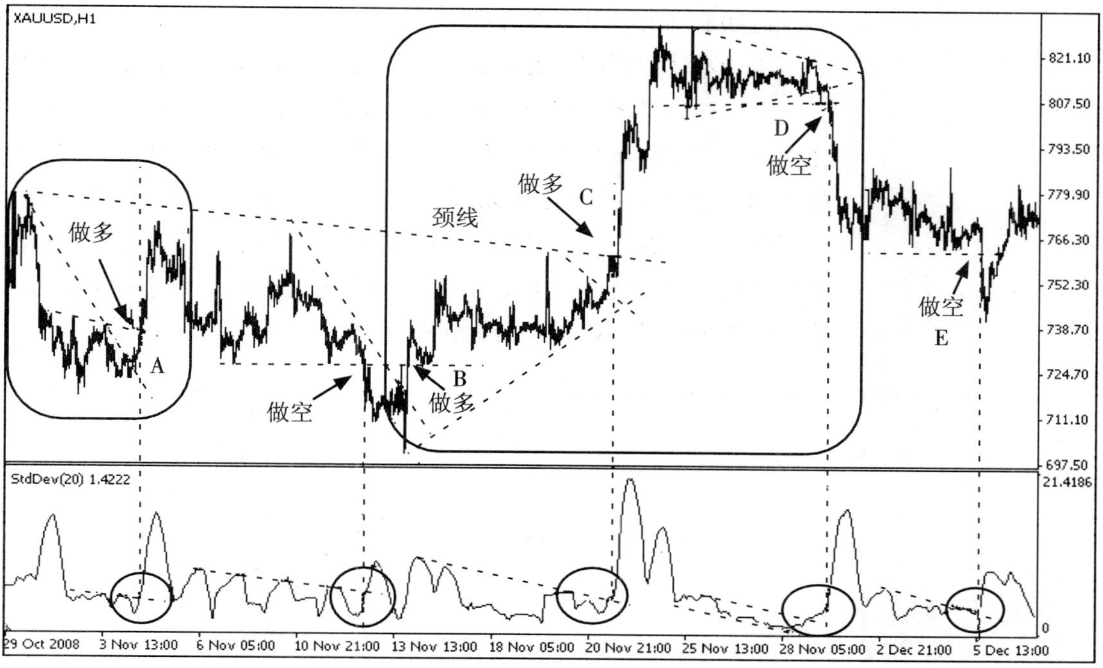

图 3—34 波动率与趋势追踪交易

势可能发生变动。若出现任何两种，就增加趋势发生变动的概率。三种情况同时发生，那前期趋势的反转信号被确认。这种方法非常简单有效，但有时候进场较晚，交易者会错过一段很大的行情。同时他还指出，在 123 法则中的第 2 准则中，常常会出现假突破现象。斯波朗迪针对这个缺点提出 2B 准则，它是提早进场建仓的法则。

2B 法则：

在上升趋势中，如果价格已经创新高而未能持续挺升，稍后又跌破先前的高点，则趋势很可能会发生反转。下降趋势也是如此。

维克多·斯波朗迪认为，使用 2B 法则仅有 50%的概率抓顶或抓底，但对于中长趋势而言，2B 法则成功概率更高。由于 2B 法则着重于抓顶抓底，在趋势反转确认前就进场，这意味着逆势操作，风险很大，所以利用 2B 法则时必须严格止损，并且要做好出场计划，保持警惕，随时调整方向，这有些违背本书的趋势追踪交易思路。如果交易者对于技术形态、K 线形态和支撑阻力有着深入的研究，那胜算会更大。2B 法则最好是与 123 法则及其他技术工具结合使用，还需要交易者有较强的盘感配合。123 法则和 2B 法则的止损设置可以采取相同的方法，就是做空时近期前高稍上方设为止损，做多时近期前低的稍下方设为止损。

由于不清楚斯波朗迪对于“2B”的具体定义，只能靠个人理解下定义。在这里将先前的距离较近的高点（低点）称为“1B”，第二个高点（低点）就称为“2B”，依次类推。也有可能“2B”是123法则中的第2准则的备选，如果上升趋势（下降趋势）未创出新高（新低）就成为“2”，上升趋势（下降趋势）创了新高（新低）再次跌破前高（上破前低）就是“2B”，不管如何理解无非是对斯波朗迪定义的猜测而已。如图3—35所示。

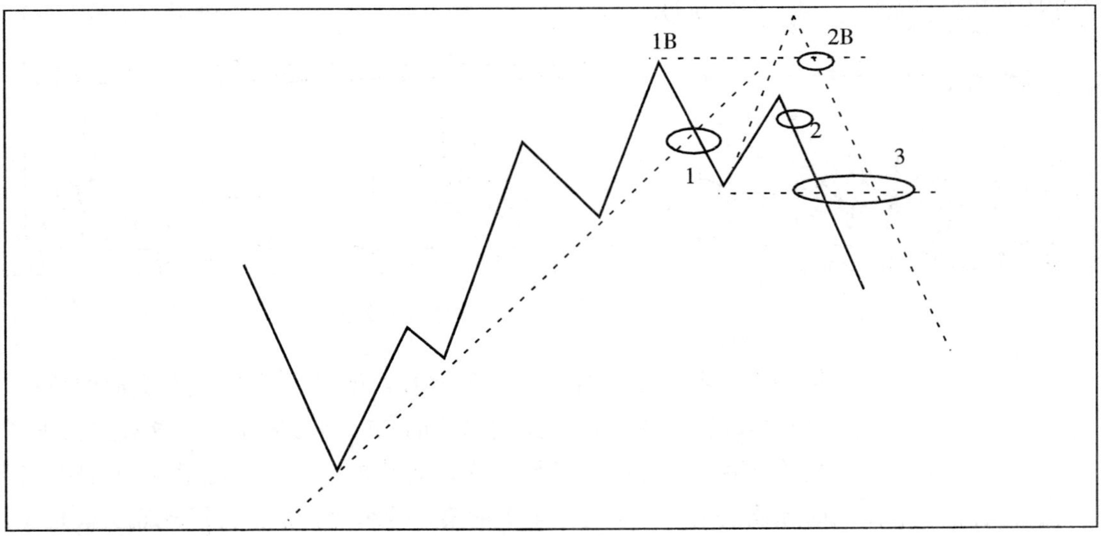

图3—35　123法则和2B法则

在这本书中注重的123法则的三种情况全部满足才决定进场，趋势的反转信号最注重的就是第3准则。还可以将123法则和2B法则运用到底部与顶部技术形态上。价格已经升破（跌破）下降趋势线（上升趋势线），之前的趋势已经结束，未来可能出现整理行情或反转走势。如果价格走势恢复以前的趋势，则必须采取止损策略。排除了延续原来趋势的可能性后，如果走势不能满足第3准则，就排除趋势反转行情，市场的未来走势只有整理趋势。未来趋势反转的唯一可能性就是顶部底部形态的确认。123法则和技术形态相结合有效性非常高。图3—36示意的是123法则和顶部、底部技术形态共同确认趋势的反转。

2B法则用于主要趋势、次要趋势和短暂趋势的抓顶抓底，用以

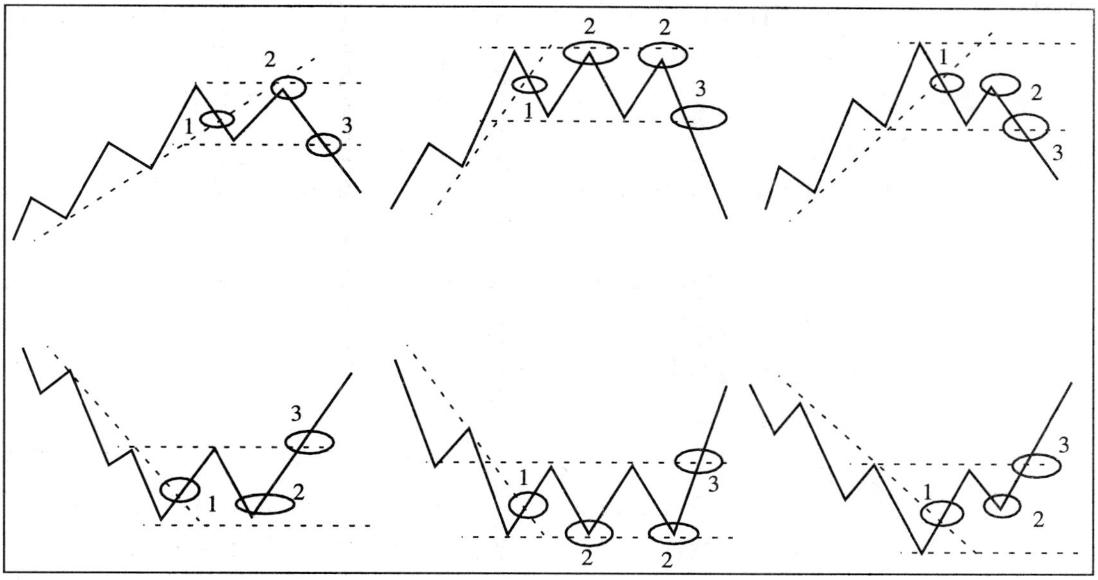

图 3—36　顶部、底部形态与 123 法则

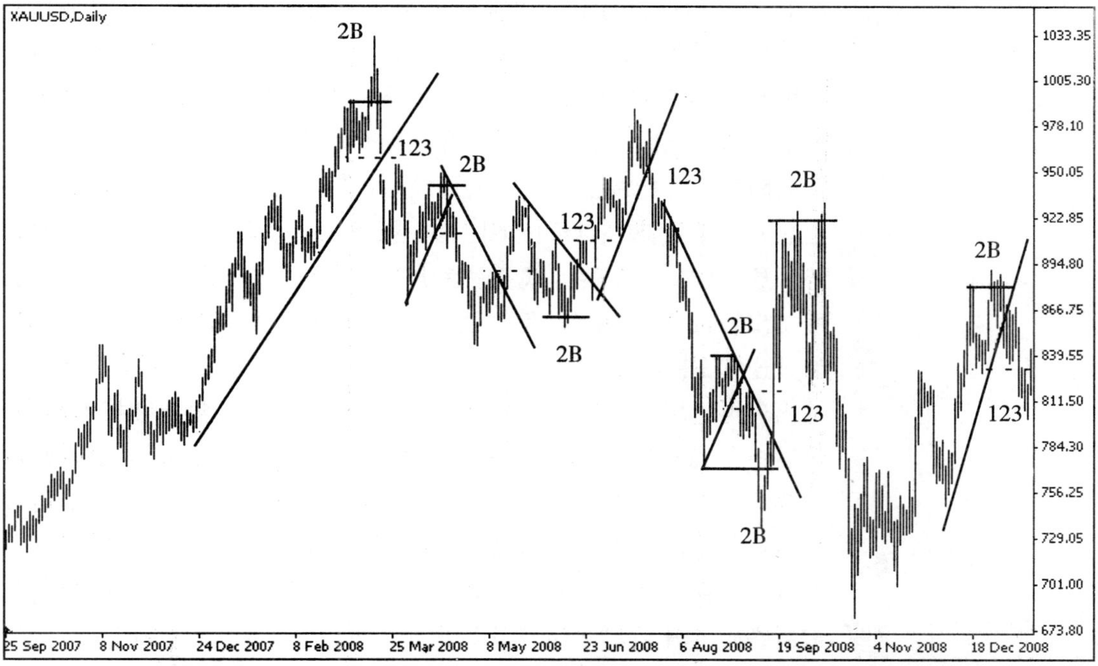

图 3—37　123 法则和 2B 法则的实际运用

弥补 123 法则进场较晚，行情已走完一大截的缺陷。在黄金市场长线交易中，2B 法则胜算率较高，抓顶抓底的机会也较大，K 线走势

出现符合 2B 准则的信号时，可以试探性建仓，并严格设立止损以避免趋势反转假设的破没，由于建仓部位和止损部位非常接近，出现错误时风险可以控制在更小的范围内，趋势反转确认后获利仓位持续发展，还可以继续加仓以博取巨额的收益。图 3－37 的黄金走势日图中在趋势线被突破之前，会走完相当大的行情，尤其是遇到 V 形头部或底部形态时，依靠 123 法则会放掉一大半的行情。这时出现符合 2B 法则的 K 线走势和技术形态决定开始试探性建仓，在未确认趋势真正反转前，成功反转的概率只有 50％，但胜在抓住价格走势反转的先机。在趋势走势完全符合 123 法则后，趋势反转的概率才会大大提高。

请看图 3－38，这是黄金 4 小时走势图，在形成一个三角形盘整后，黄金价格在 A 点处向上突破下降趋势线，第 1 法则得到确认，下降趋势被打破。黄金价格的大幅反弹突破前期的一个高点，没有出现符合第 2 法则而是出现符合第 3 法则的走势，按照 123 法则，交易者就可以建仓做多黄金。随后价格开始在前期高点至近期低点的 38.2％附近震荡 12 小时后，继续开始上攻，突破 50％水平趋势线的阻力后稍做整理再次上攻，上破 61.8％水平阻力线并突破高点 B 作为真正转势的信号引起黄金价格的大幅飙升。按照趋势追踪交易法，联系几次上破重要阻力都是加仓的机会。金价在突破 B 点价位的阻力后开始调整，形成圆弧底后再次突破 D 点价位的阻力继续上攻并一举突破 C 点价位的阻力。接下来行情就处于震荡上行的态势，这时候交易者就可以考虑逐步平仓获利了结。随着行情的发展，开始出现符合 2B 法则的 K 线走势，交易者可以试探性建仓做空，如果连续三次使用 2B 法则被止损，就要耐心等待符合 123 法则的行情出现再进场。这时辅助性的技术工具还有扇形趋势线和技术形态，最后在 E 点再次出现符合 2B 法则的 K 线形态，再次进场试探做空，并等待符合 123 法则的行情出现后正式建仓，在此之前的价格走势都是鸡肋行情，并没有明确的方向感，价格开始收敛再次形成三角形盘整，在黄金市场价格走势中，三角形整理随处可见。K 线走势最后跌破上升趋势线后，开始出现完全符合 123 法则的下挫行情。在 F 点，交易者开始加仓正式做空黄金，当价格跌至前高至前低的 38.2％时，走势稍做整理后继续下跌，在 61.8％阻力线附近开始出现 V 形底部并向上突破下降趋势线，此时交易者应立即平掉所有头寸。

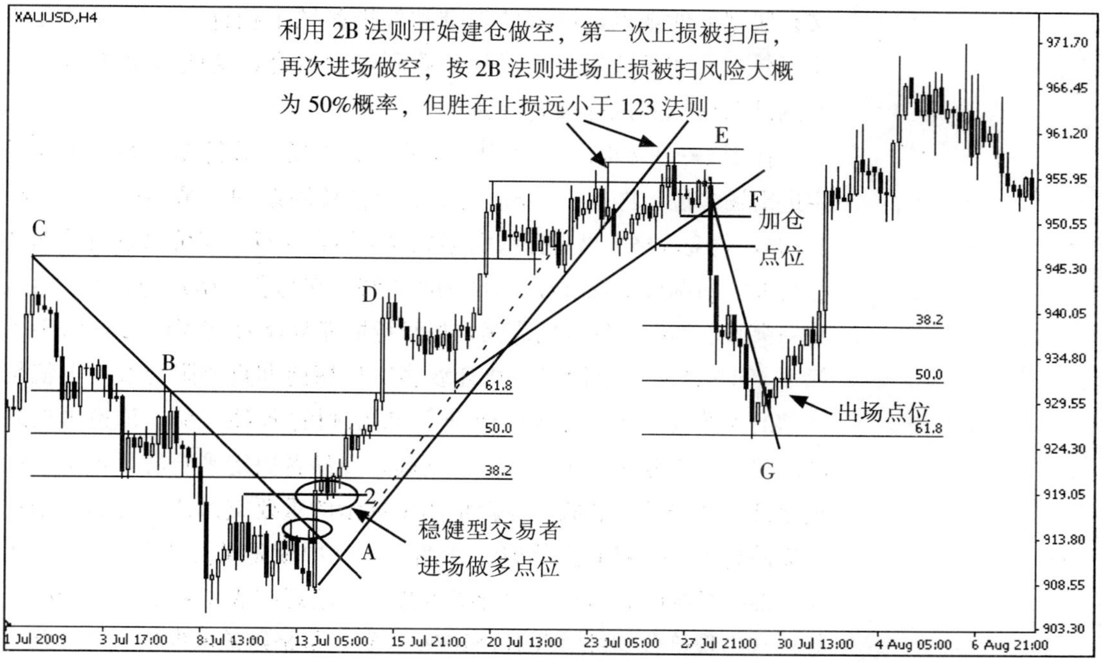

图 3－38　123 法则、2B 法则结合斐波那契交易系统

维克多·斯波朗迪认为，123 法则和 2B 法则未必有 100％的效果，世上也没有任何技术工具有绝对的效果。现在引用 20 世纪中叶的墨菲定律最简单的表达：“如果坏事情有可能发生，不管这种可能性多么小，它总会发生，并引起最大可能的损失。”在这本书里尽量不用滞后性的技术工具，用的最多的还是同步性和先行性技术工具。交易者最关注的是市场正在发生什么和将要发生什么。支撑与阻力、K 线形态和技术形态这些最基础的东西都会尽可能地降低了不确定性风险，并过滤掉大部分市场噪音。决定进出场部位的技术工具——123 法则和 2B 法则虽然是非常有效的进出场技术工具，但是人类的惯性思维和认知能力的缺陷，再加上不能在交易中保持理性思维和中立的观点看待市场和交易，最后的结局往往是对某种有效性较强的技术工具产生迷恋，而不是随着市场的不断变化做出相应的调整，甚至当这种工具不在有效时还不舍得抛弃，这种执著严重违背适用性原则。那种企图可以终结一切市场法则的系统是不存在的，很多技术工具的效能随着市场情况的不同而改变。当它们不再有效时，必须做出调整甚至做出取舍决定。一个系统的历史测试虽然过关，但在实际交易的表现远不如历史模拟的结果，按照《海龟

交易法则》的观点，系统的内推和外推测试不相符，主要原因有交易者效应、随机效应、最优化矛盾和过度拟合，这些缘由使得真实的测试和模拟测试有很大差别。

在图 3—39 和图 3—40 中，先从黄金市场 5 分钟图开始分析并决定进出场部位，再从 15 分钟图中观察稍长周期的行情演变。请看图 3—39，黄金价格上破趋势线引起短线交易者注意，当价格触及前期高点后大幅回调后出现符合 2B 法则的走势，交易者开始建仓做多，然后价格突破前期高点后开始震荡，尽管行情都符合 2B 法则和 123 法则中第 1、第 2 法则，但价格走势连续多次试探前期重要阻力线，也就是当前的支撑线，并且再次出现符合 2B 法则的 K 线走势，价格再次跌破调整后的趋势线，还没有创下新高，交易者决定平仓转手做空。但黄金价格并未跌破前低，也就是图中标示的重要支撑线，反而急剧拉升突破高点，一路向上飙升。在图 3—40 中就是黄金市场 15 分钟图表，继续延续图 3—39 中的价格走势，请注意图表中右上方的价格走势再次出现符合 2B 法则的价格波动，黄金价格跌破前期低点后一路下行，完全符合 123 法则。这个案例的提示作用就是 123 法则和 2B 法则中第 3 法则最为重要，重要建仓部位就设在价格走势符合第 3 法则的有效突破部位，其他法则可用于试探性建仓。

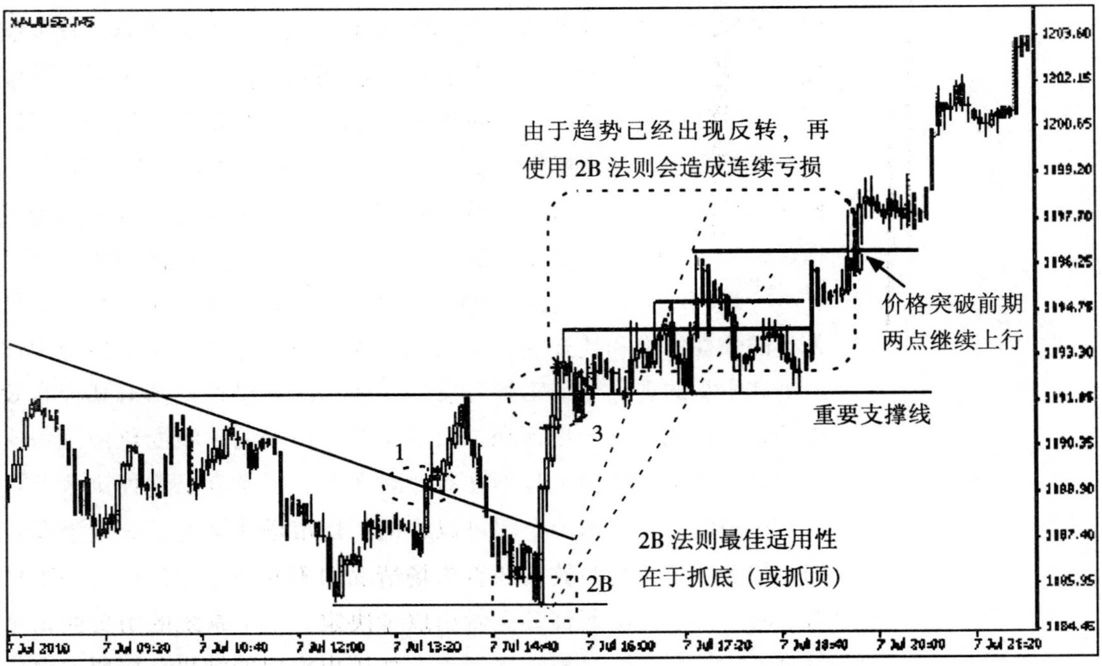

图 3—39　2B 法则的适用性案例

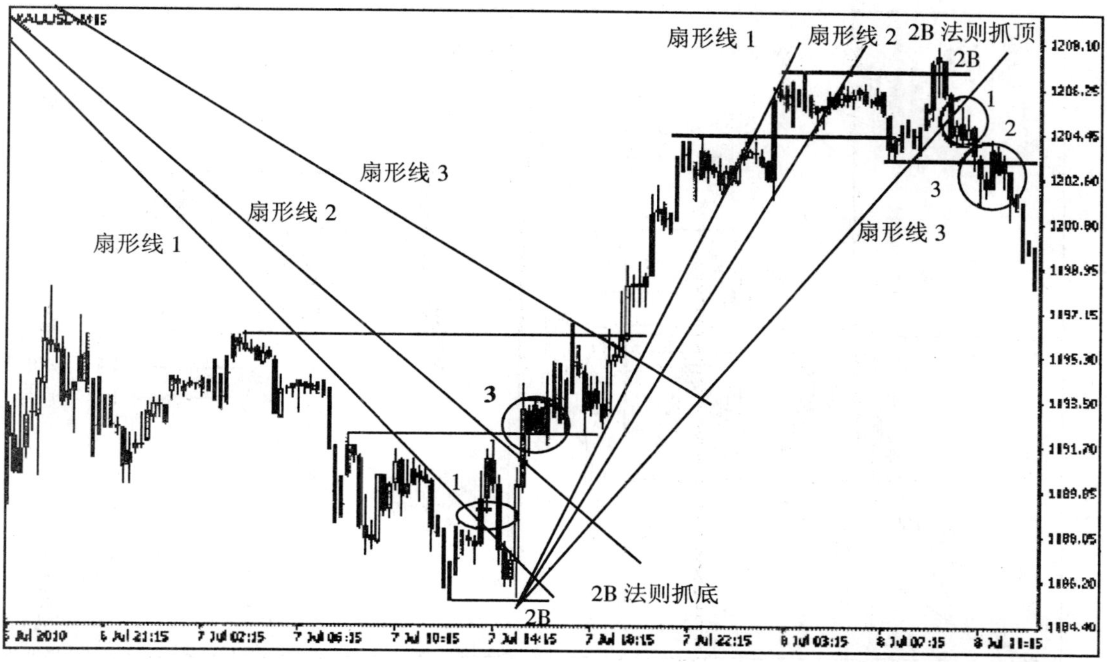

图 3—40　2B 法则的适用性

更多时候将 2B 法则作为较长时间周期图表中的技术形态分析，而不是作为交易信号使用。至于为何不将 2B 法则用于短周期趋势判断中，是因为交易的周期越短，波动性越强，交易策略的重要性越强，也就需要更多的交易规则。识别假突破和试探新阻力有着本质的区别，试探新阻力后的反扑是部分获利回吐后的打压，然而原来的趋势延续动能并未被破坏，或者在趋势线附近受到支撑，或者原来趋势运行变缓，或者趋势线被假突破，但这些反扑的动能不是很大。而假突破的特点正好相反，假突破后的反向趋势动能非常强烈，一般会在较短时间内就突破原来的趋势线，形成新的趋势。

运用 123 法则和 2B 法则时，可以与顶部、底部技术形态相结合用于判断进出场部位，效果会更好，胜算率更高些，获得的盈利会更多些。2B 法则用于 V 形顶部、底部寻找进出场部位表现尤其高效，但 123 法则对于 V 形反转的有效性较差。如图 3—41 所示。

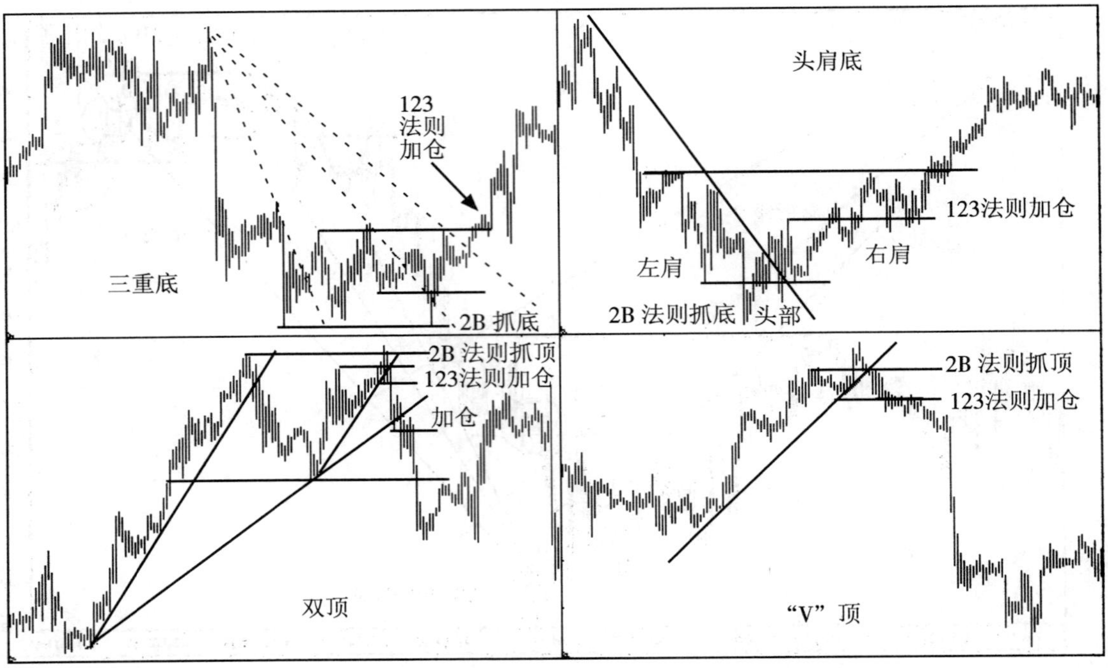

图 3—41　技术形态与 123 法则、2B 法则合用

真实波幅均值（ATR）

美国的机械工程师威尔斯·怀尔德（J. Welles Wilder Jr）作为许多技术指标发明者闻名于金融市场。可以说他是许多著名的技术指标之父，比如 RSI（相对强弱指标）、ADX（平均方向性运动指标）和 ATR（平均真实波幅）和 Parabolic SAR（抛物线指标），目前这些指标被许多技术分析软件当做核心指标使用，在经典著作《海龟交易法则》中提及的“N”系数就是 ATR，ATR 是测量价格波动性的指标，ATR 指示的仅仅是以点数表示的波动性，并不会给出走势运行的方向。并且还出现以 ATR 为核心的衍生技术指标，20 世纪 80 年代曼宁·斯特勒（Manning Stoller）发明的斯特勒平均波幅通道（STARC，Stoller Average Range Channels），还有肯特纳通道（Keltner Channel）是基于 ATR 生成的两根围绕线性加权移动平

均线波动的通道系统，以及1999年由查克·莱博（Chuck LeBeau）在tradeclub.com公布的ATR追踪止损（ATR Ratchet）。随着交易工具的不断改革创新，ATR的重要性越来越突出，目前这个指标成为交易必不可少的工具之一，运用范围之广，远远要胜过其他技术指标，其涉及范围覆盖进出场决策、止损设置和资金管理，是一个多功能的辅助技术工具。与标准差作为价格波动性测量工具相比，ATR更适合日内交易，在一定倍数ATR范围内的波动是可以接受的，一旦发生限定范围外的波动就可以认为市场趋势已经启动。而标准差更多的是关注大概率价格波动范围。ATR的价值在于它的通用性和适应性。

ATR指标的设计就不多讲，读者可以从很多渠道了解这个指标，这里只介绍ATR在设置追踪止损、发现进出场信号和资金管理方面的用途。止损设置和资金管理是后面章节的重点。

首先要介绍的是ATR比率（ATR Ratio），这个指标指的是短期ATR除以长期ATR。如果一个短期ATR远小于长期ATR意味着目前市场处于收敛状态，反而言之，当短期ATR大于长期ATR时，就是一个较大趋势正在形成。一般短期ATR会采用10期，长期ATR采用50期，比率定为0.7。每个交易员都可以自行调整，但不必过度优化该系统。在图3－42中就将ATR比率和标准差做个比较，可以看出ATR比率在寻找进场部位时效果比较好。长方形圈起来的是较大的单边行情，ATR比率一般会超过1.00，而椭圆形圈起来的小波段对于超短线交易员来说也是不错的进场机会，他们可以在更小的时间周期图表中（比如5分钟图表）进行超短线交易。ATR比率的用法也很简单，该比率下降时价格开始收敛，等到该比率开始飙升时，比率越大，意味着被积累的动能被释放出来后价格波动越大，出现的趋势就越可观。如果再配合标准差指标，交易者可以抓住获利可观的交易机会（图中用长条形圈起部分）。一般来讲，ATR比率下降至0.7附近就有可能是进场的时机。

收集2008年3月13日至2010年10月13日1.5万多个的1小时的开盘价、最高价、最低价和收盘价数据，使用三个波动幅度计算公式得出最大值，这就是真实波动幅度。从图3－43和图3－44中可以明了看出，1小时图中的金价真实波动幅度呈明显的尖峰肥尾现象，肥尾部分是2008年9～10月底金融危机全面爆发后黄金暴跌的行情，2009年3月18日美联储宣布购买3000亿美元国债引发通胀预期暴涨，

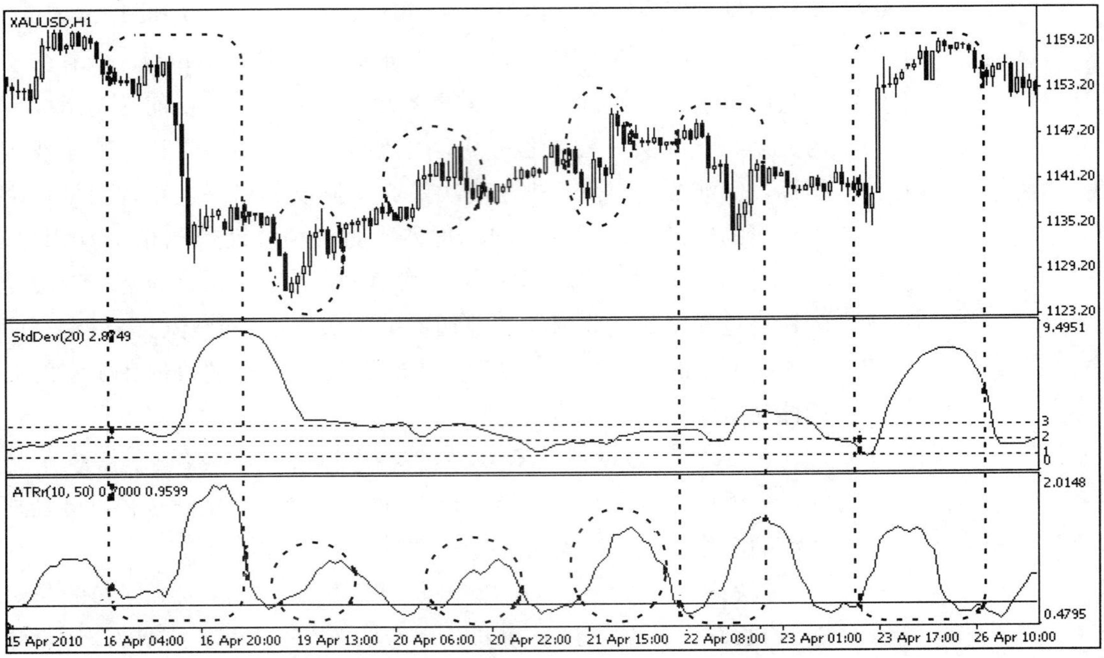

图 3—42　ATR 比率和标准差

美元指数急跌导致的黄金价格波动加剧，和 11 月底黄金创 1200 美元/盎司的新高纪录后受迪拜主权债务违约风险影响，全球金融市场再次受到重创，黄金价格再次暴跌。按照一般对肥尾现象的解释有两种：一种是认为信息的成堆出现而产生，引起价格的大幅波动；第二种解释就是认为市场参与者对市场的信息掌握并非马上在当时价格上反映出来，而是积累到一定程度后，一旦超过信息的临界水平，市场参与者将对他们此前忽略的信息做出集中性反映，信息的积累效应使价格大幅波动。其实也可以将上述观点利用自组织临界性来描述肥尾现象，“自组织临界性理论是一种新的观察自然界的方式。其基本立场是，认为自然界总是处于持续的非平衡状态，由于系统内部要素之间的相互作用，它们可以组织成为一种临界稳定的状态，即临界态。在物理学中，临界点是系统的行为或结构发生急剧变化的地方。”无论是短线、中线和长线投资者都对市场的看法是多种多样的，市场驱动因素和市场心理活动也是没有集中在市场某个重心，市场的观点也是多样性的，此时价格就处于大概率的小规模波动范围内。一旦交易者的心理和交易都呈现共性时，换句话说，不管短线投机者，还是长线投资者；不管是技术分析为主，还是基本面分析为主，绝大多数市场参与者都采用极类似的行为方式，市场情绪被一种主要情绪所主导，比如近年来频发的经济危机和金融市场人士的恐慌情绪都会使处于临界状态的金融市场崩溃。

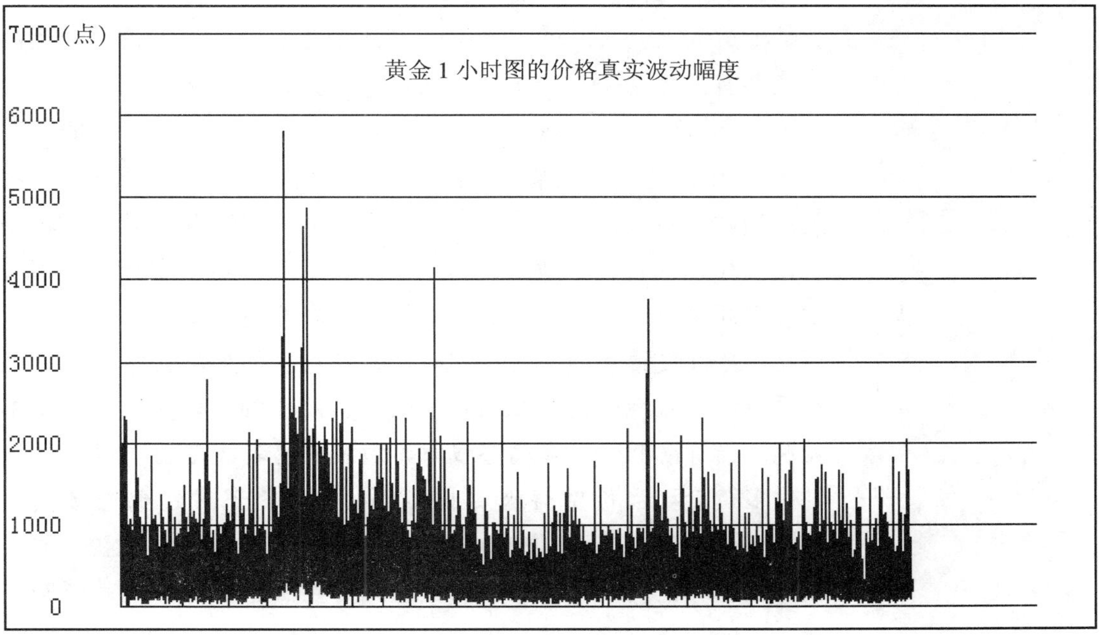

图3—43 黄金1小时图的价格真实波动幅度

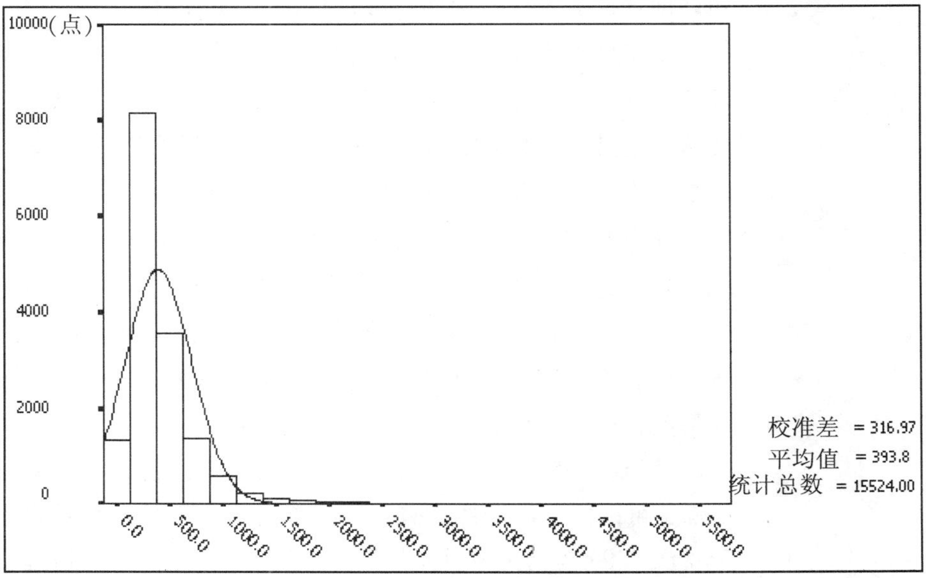

图3—44 真实波动幅度统计

涉及ATR的用处时，它的通用性、适应性和灵活性起到了非常大的作用，有人说，ATR是一个真正的自适应指标。ATR用途之广远超过其他技术工具。在下面的例子中，使用的是类似于布林通道的ATR通道指标，是20期均线加上（减去）ATR的某个倍数形成的上轨（下轨），在图3—45中是黄金1小时图，使用的通道共有三条上轨和下轨，它们分别是20期均线加上（减去）1.6倍的ATR、3.2ATR和4.8ATR。如果出现做空信号时（图3—45中的A点），黄金价格跌破旗形盘整的下轨，短线交易者决定进场做空黄金，他将止损设置在上方的1.6ATR上轨处，将止盈设置在4.8ATR下轨处，达到既定的目标，绝不贪婪，毫不犹豫，立即平仓出场，等待下一次机会。当然短线交易者完全可以用交易软件设置止损止盈，即时监控即可。如果是喜欢做波段的交易者，只需将设置1.6ATR上轨为追踪止损，可能会获得更多盈利。当价格上破下降趋势线时，短线交易者决定再次进场试探性做多黄金，当价格突破1.6ATR上轨时，正式建仓做多黄金(B)，将1.6ATR下轨设为止损，4.8ATR上轨处设为止盈，并不断修正追踪止损，交易策略仍是短线为主到达目标价位就获利平仓。随后黄金价格开始回调，交易者继续观望等待明确的机会。黄金价格回调至4.8ATR下轨处受到支撑开始反弹，在走势仍未明朗前，交易者保持观望，金价持续上破1.6ATR下轨和20期均线，稍微回调至20期均线处受到支撑后，继续上攻，在突破前期高点时，并且上破扇形趋势线第三条下降趋势线时（C点），交易者认定上升趋势正在形成，决定再次进场做多黄金，还是利用通道系统设置1.6ATR下轨为止损，4.8ATR上轨为止盈，但进场部位并没有按照这个通道系统进行定位，按照这个简单的通道系统，盈亏比始终大于1∶1，对于日内短线交易者而言，即使50%的胜算率也能保证获得可观的收益。与趋势交易者不同的是，短线交易者不是那么“贪婪”，不是信奉“截断止损。让利润奔跑”的信条，而是采用尽快“落袋为安”的思路。

对于顺势而为的右侧交易而言，以突破进场为主要特征的趋势追踪也可以使用波动性突破原则选择进出场部位，就是将趋势线用于发现ATR走势的飙升。如果将上面介绍的的ATR通道改为支点交易系统（Pivot Points）作为短线交易中进出场部位也未尝不可。

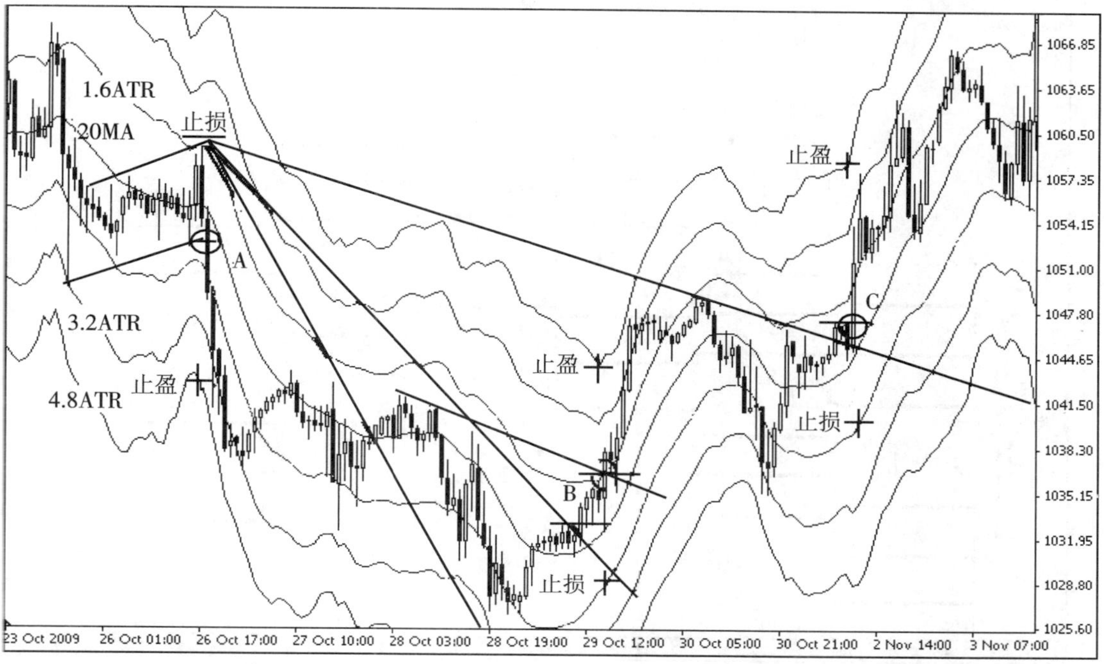

图 3—45　ATR 止盈、止损设置

下面这个公式用于小时图中的数据，支撑与阻力效果也比较显著（图 3—46）。以 ATR 为基础的追踪止损的设置将在风险控制一章进行详细讲解。

ATR 支点系统：

$R_3 = PP + 4.8ATR\ (20)$

$R_2 = PP + 3.2ATR\ (20)$

$R_1 = PP + 1.6ATR\ (20)$

$$PP = \frac{H + L + C}{3}$$

$S_1 = PP - 1.6ATR\ (20)$

$S_2 = PP - 3.2ATR\ (20)$

$S_3 = PP - 4.8ATR\ (20)$

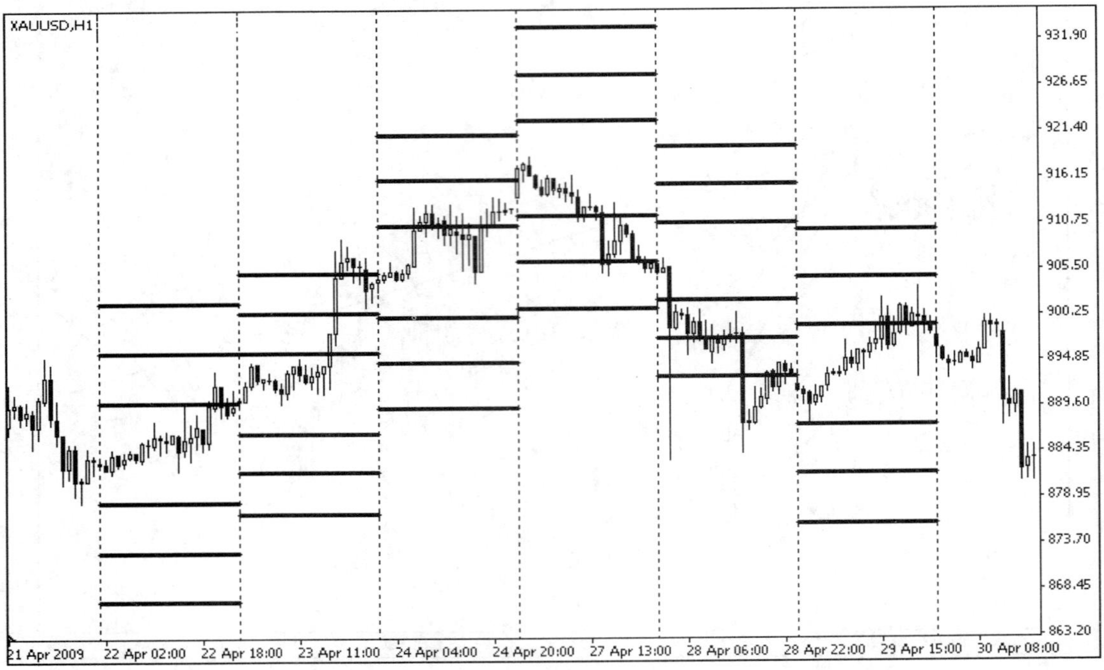

图 3—46　ATR 支点支撑与阻力

唐奇安价格通道

20 世纪 70～80 年代经过多项对交易系统的广泛研究，得出的结论显示，通道突破系统和移动平均线系统始终名列前茅。早在 1970 年，印第安纳州的一家金融服务公司对当时最流行的期货交易系统进行电脑测试和比较，最后得出结论，在所有测试中最成功的是理查德·唐奇安（Richard Donchian）创立的通道规则，也就是“周规则”。而在 20 世纪 80 年代非常著名的“海龟交易法则”也使用的是修正版的唐奇安通道规则。唐奇安通道的最大优点是在单边行情中能持有较长时间，而在整理行情中该系统的趋势跟踪系统效果不佳。周规则的交易系统很简单，当价格突破前 4 个日历周的最高价，就进场做多；当价格跌破前 4 个日历周的最低价，就进场做空。这种简单有效系统的逻辑很明确，它可以自动追踪趋势，它能始终站在单边趋势的一方。

唐奇安通道是一个波动性指标，是通过某个周期内的最高价和最低价计算出的价格波动区间。与其他波动性指标，尤其是同通道类指标一样，唐奇安通道经常被用来发现价格突破整理区间的信号。除了唐奇安通道规则的原型，还有许多经过修改的用法，可以将唐奇安通道规则作为一种技术指标去识别趋势反转和趋势突破。为了更好地执行风险控制和提高系统的敏感性，可以采用不同的时间周期。在海龟交易法则中，就针对进场和出场使用不同的时间参数，在不减少指标的潜在获利能力的前提下，还可以减少通道指标中的整理现象。简化版的海龟系统采用 20 日唐奇安通道突破入市策略，10 日突破推出策略。就是说，如果市场价格突破近 20 日最高点时进场做多，当市场价格跌破近 10 日最低点时出场。在价格急剧波动时，交易者可以用更为敏感的短时间周期设置移动止损。而在价格处于中立区域中，交易者就在观望不会进场交易。在整理行情时就要扩大时间周期，以防止根据短期通道唐奇安系统进场造成亏损。

在图 3—47 中显示的是唐奇安通道系统在黄金日图中的应用，作为趋势追踪之父的唐奇安认为，价格是唯一的标准。趋势追踪者不会预测价格的波动，进出场都严格按照原则和系统以避免情绪判断对交易决定的影响。海龟理念的提出者和实践者丹尼斯对市场的提炼就是“交易数字”，这与基本面分析相违背，他还认为，交易者是通过买卖赚钱的，“既然能理解价格的真相，为何还要去研究表象呢?”在图 3—47 中，唐奇安通道系统在 2009 年 9 月初突破唐奇安通道上轨也就是突破近 20 日的最高价之后就一路走高，每次短暂回调后就会再次突破前高继续飙升。直至 2009 年 12 月中旬才结束上升趋势进入大幅回落阶段。即使交易者使用唐奇安通道下轨作为止损也会获得极大的收益，如果使用 10 日唐奇安通道下轨止损、123 法则或 ATR 止损，获得的收益更大。

对于大多数交易者而言，3 个月时间周期实在是太长了，也难容忍过大的止损。时间周期设定的越长，盈利和亏损也就越大。同时出于对交易资金的限制和风险控制的考虑，很多人都喜欢用较小时间周期图表，这就决定了以较小时间周期图表为进出场标准的趋势交易成为交易者首选。在黄金市场一小时图中价格波动比较大，如何使用唐奇安通道发现趋势的突破，并滤掉噪音数据产生的错误信号就成为关键。可以使用两个相关的唐奇安通道系统作为进出场的

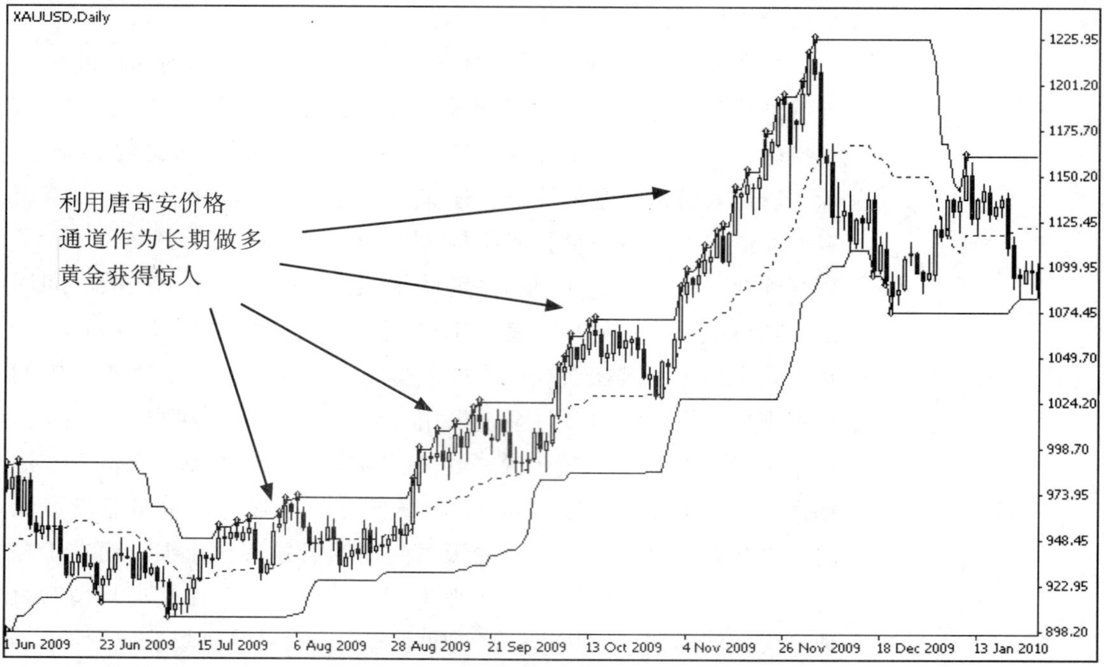

图 3—47　唐奇安价格通道

主要工具，也可以用以配合均线、趋势线、K 线形态和技术形态作为辅助手段确定合理的进出场点。在参数设计上，大可不必过度追求敏感度，越敏感的设置，就会产生越多的假信号，假信号造成的亏损也越小。敏感的参数设置可以与时间成反比，交易进场持续时间越久，使用的设置越敏感，从而让浮动盈利受损的程度越小。而使用迟钝的参数设置，就会产生更少的假信号，但是假信号造成的潜在亏损越大。长期来看，如果技术核心部分不出现突破，即使将同一技术工具的参数不断地优化，也不能让交易者的收益出现突破。反而优化的效果会出现边际效应。而且趋势追踪交易追求的仅仅是利润而不是较高的胜算率，以几笔最大化的收益对冲多次的较小亏损，放弃了微观的稳定性去追求宏观的确定性，这就是趋势追踪交易的真谛。

在图 3—48 中使用的是黄金市场 1 小时中的唐奇安通道，当价格有效跌破近 20 小时的低点 A 时，可以考虑进场做空黄金，将上轨设置为止损。当价格跌至 B 点反弹至前期低点 A 点水平价位附近受到阻力后再次大幅下挫，如果价格跌破前期低点 B 时，也就是价格再次跌破唐奇安通道下轨时，交易员既可以加仓，并将止损提前调至C点稍上方，也可以按照唐奇安通道上轨调整追踪止损，那样的话，追踪止损会滞后2个小时才能调整，如果交易者希望采用较为保守的追踪止损设置，就可以将唐奇安通道的参数设置由20改为10，追踪止损设置的会更为敏感些，如此设置是为了规避价格大幅意外波动。在图3—48中仍旧使用的是20期唐奇安通道上轨作为追踪止损设置，当价格连续创下20小时新低，而不创近期新高时，交易者可以继续跟随价格变化，利用简单明了的机械趋势追踪，直至价格创下20期新高止损出局为止（E点）。

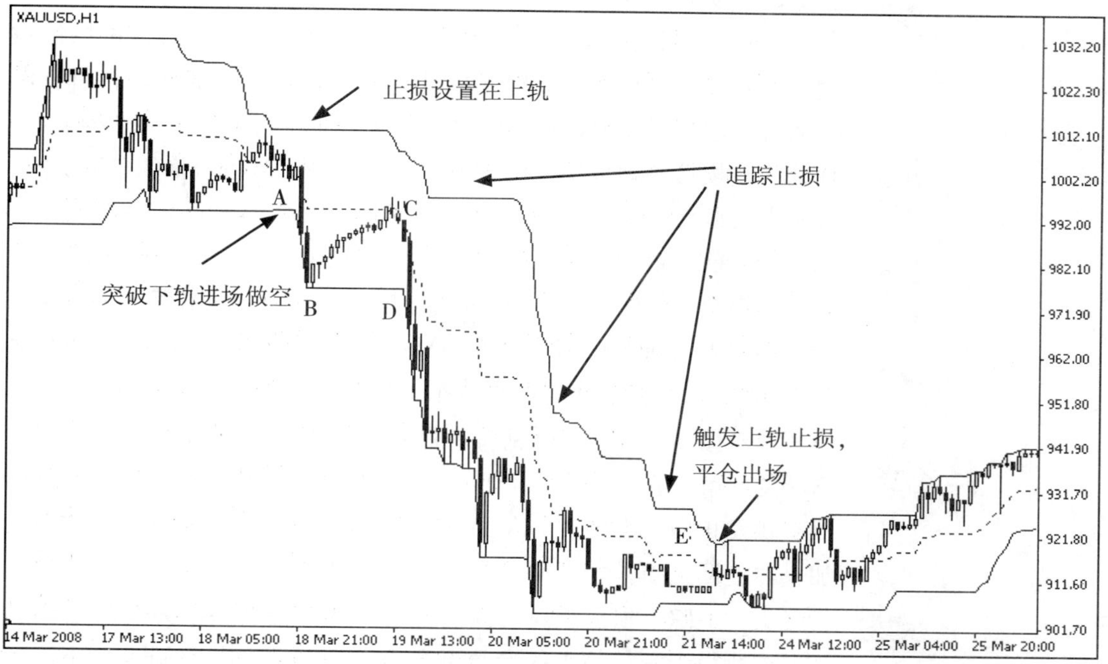

图3—48　1小时图表唐奇安价格通道交易法

随着交易技术的不断改革，尽管许多技术核心理念并未发生太大变化，但各种技术工具的相互组合构成不同的交易系统。经过多项测试，通道系统和均线系统是获利效果最好的趋势追踪交易系统。如果再加上趋势线完全可以建立一套有效、简单和明了的交易系统。在这套系统中，首先使用唐奇安通道和趋势线共同滤掉杂波确定合理的进出场部位；然后使用55EMA和唐奇安通道作为趋势追踪系统；最后可以使用参数较小的唐奇安通道和K线前高前低为基础设置追踪止损。在这个系统中涉及的技术工具都具有多重功能，其中唐奇安通道起着主要作用，完全包括确认进出场信号、趋势追踪和止损这三种功能，并且也可以和趋势线和均线相辅相成，成为一个交易绩效不赖的短线交易系统。

下面是介绍这个系统的使用案例，请看图3－49。之所以选择这段行情作为讲解案例，是因为这段行情涵盖了黄金市场的急剧波动和平稳波动的行情，也包括有底部和顶部的价格走势。黄金市场1小时图中左侧的A点既符合123法则和2B法则，又符合唐奇安通道的突破通道下轨进场交易的策略，交易者可以考虑建仓做空黄金，稳健的交易者可以等到价格跌至55EMA之下再正式进场做空黄金，但这样可能会错过将近12美元的下跌行情。在A点可以试探性建仓，然后在价格跌破B点时正式建仓做空，在这个部位符合所有做空条件。激进的止损策略可以将止损从前期高点下调至A点稍上方，而保守止损策略则是将止损下调至A点下方，随着价格的急剧下跌，交易者可以使用参数为6的唐奇安通道上轨作为通道止损设置，这意味着将前5根K线的最高价作为追踪止损。最后价格在C点处再次出现符合123法则和2B法则的走势，交易者立即结束空头并反手试探性做多。随后价格升至55EMA处连续两次受阻，第三次虽上破55EMA，但在前期高点处稍作调整再次突破（D点），在D点交易者加仓做多黄金，此时止损设置为参数20的通道止损。如果不创新低的话就一直持有多头仓位，虽然随后价格开始大幅回调，但还没有触发止损。当价格再次上破前期高点（E）时，还可以考虑再度加仓并上调止损。接下来的行情走势如图所示，价格一直呈震荡上行势头，追踪止损也相应升高，这阶段就要使用参数为6的通道止损保护所得利润，较小的参数设置给予趋势回调的空间也较小，当发生价格回落时，损失的利润也较小，较敏感的通道止损的缺陷就是不大的价格下挫就会触及止损，这样就遗憾地与后来的趋势失之交臂。对短线交易者而言，还是以“落袋为安”交易思路为主，当价格升至图中所标出的重要阻力线处受到阻力开始下行，并且前期上升趋势形成楔形整理，当价格跌破上升趋势线后触及前期低点，也就是触发止损平仓（G点）。震荡上行的行情与追踪止损是息息相关的，遇到这种复杂行情首要的的问题就是退出策略，是选择保守的敏感型通道止损还是激进的迟钝型通道止损？

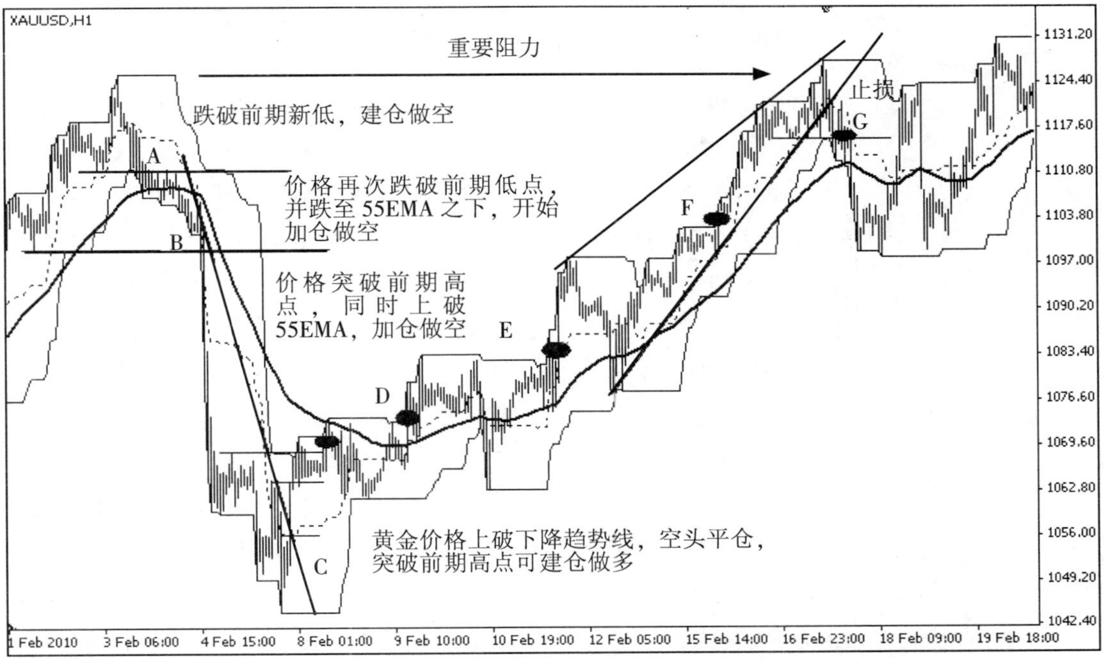

图 3—49　唐奇安价格通道、趋势线和均线

布林通道

接下来要提及的是布林线，布林线简洁明了，它可以设置市场预期的范围。布林线将图表分析和数学统计原理结合在一起，可以帮助交易者掌握市场运行的状况和波动率。发明布林线的约翰·布林（John Bollinger）将标准差作为测量价格波动性的最适用的方法，再把移动平均线作为中间线，上下加减标准差的倍数形成的上下轨就是布林线通道。一般用的 2 倍的标准差参数设置，布林线上下轨内就覆盖了 95％的价格波动，要是使用 3 倍标准差设置的话，那布林线上下轨会覆盖 99％的价格波动。图 3—50 描述价格陷于整理阶段时，标准差趋于平缓低位波动，在市场动能收敛至一定程度在某个价位和时点急剧释放出来，就是单边行情开启的时候，波动率开始急剧上涨。图3—51 将布林线与标准偏差比较，读者就会很轻松地将价格波动率和布林

线的计算公式结合起来。布林线中轨就是20期简单移动平均线，均线的用法相信读者都会有所了解。价格在20期均线之上波动，是多头主导市场走势，在20期均线之下是空头，在20期均线附近震荡是整理行情，多空方向不明。按照K线形态，价格波动一般按照“动能积累—动能释放—动能再积累”的方式周期性循环，动能积累过程就表现在K线的震荡整理行情，动能释放过程就是单边趋势行情。布林线也有着类似形态之说，请看图3—52，价格波动循环规律对应着布林线上下轨形态的“开口形态—收口形态—开口形态”，其中布林线上下轨收口如果时间较长，也就是价格波动动能积累时间愈久，这个阶段价格出现突破的动能越大。此时市场处于波动率较低状态，波动率减少到一定程度后，就随着价格的突破迅速放大。这造成布林线上下轨的开口突然放大，这就形成布林线的开口形态。随后，市场的波动率放大到一定高度时，就意味着前期的趋势即将结束，或者趋势开始减缓的持续性形态。开口形态结束后要么是震荡形态，要么是趋势反转形态。这阶段随着波动性快速减少，布林线上下轨逐渐形成收口形态，交易者对收口形态较为紧张，这阶段的价格的波动性急剧减小，说明价格开始受到布林线的挤压，交易者就要耐心等待市场出现较为明显的转势信号再进场交易。

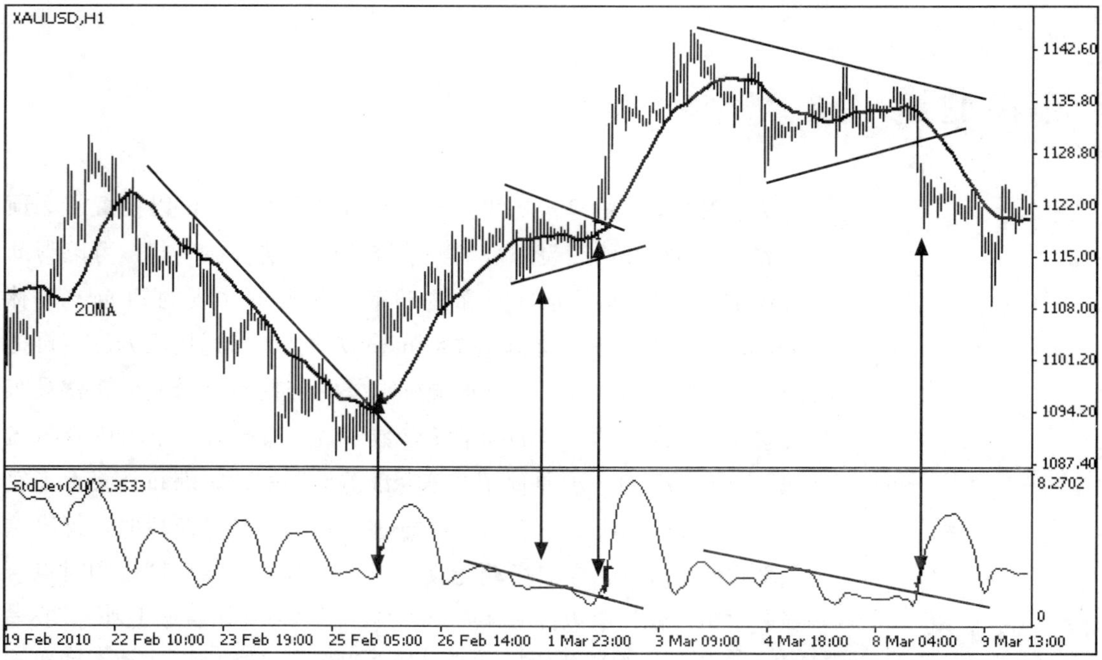

图3—50　价格走势与标准偏差

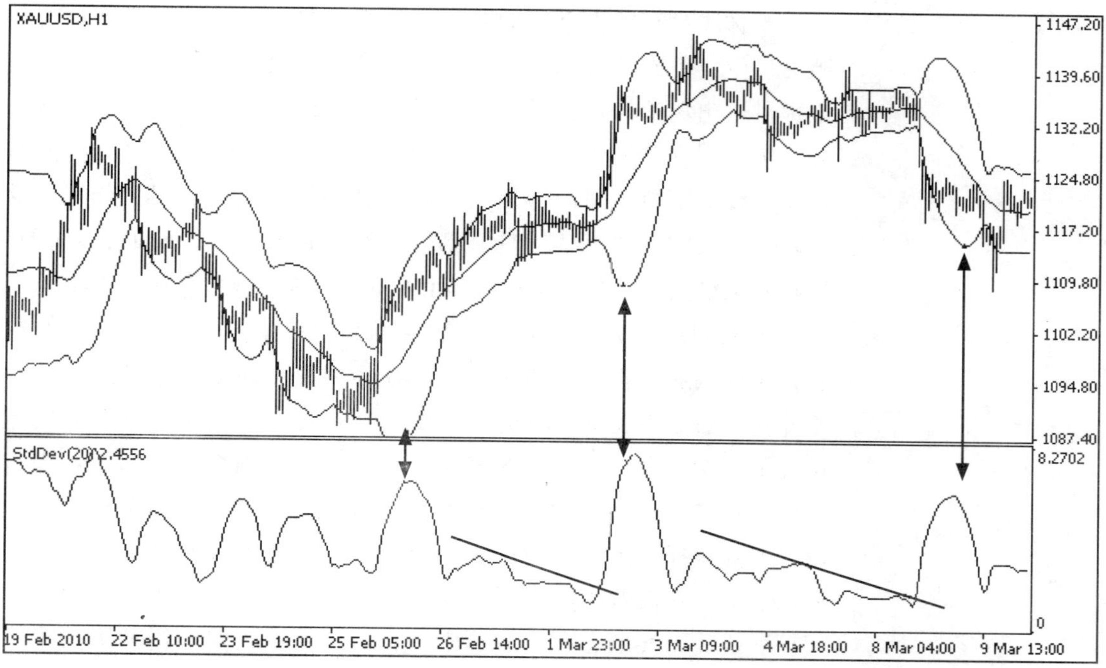

图 3—51　布林线与标准偏差

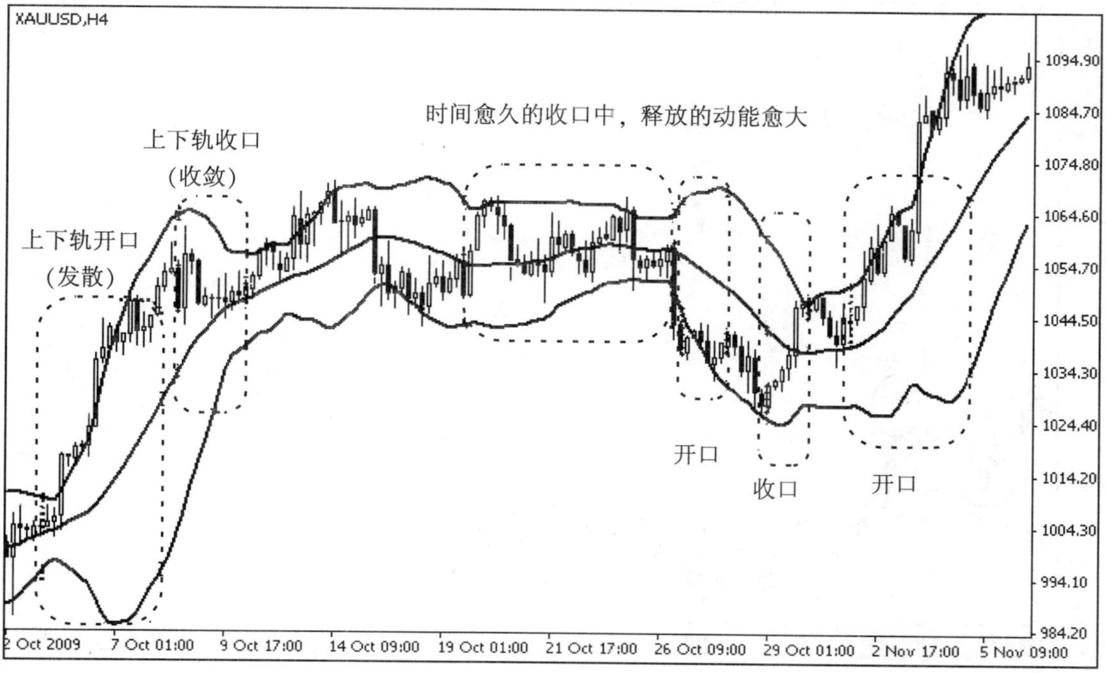

图 3—52　布林线形态

布林线具有较为重要的四个功能，首先，布林线可以指示支撑阻力价位；其次，布林线可以用于止盈止损设置；再次，布林线可以提供进出场信号；最后，布林线具备通道功能。在这一节中将布林线定位为支撑阻力技术工具，请看图 3—53，在黄金 1 小时图中，在布林线上下轨收口阶段，上下轨有着较强的支撑与阻力作用，这一阶段出现的 K 线形态多为顶部（底部）形态。在上下轨开口阶段，伴随着关键支撑与阻力价位突破和价格的大幅波动，在这个阶段，K 线多为大阳线（大阴线）突破前期的高点（低点）。在价格开始收敛，布林线逐渐收口，那么交易者在等待突破前就开始指定交易策略，在突破前高前低进场时，还要设置止损点。这时候就要借助布林线了，在图 3—50 中，在突破前高开始进场做多时，初始止损点可以设置在下轨处，如果价格继续上升，交易者就改用布林线中轨设置追踪止损，还可以使用更小时间周期图表中的布林线下轨设置追踪止损。在设置出场点时，除了利用关键支撑与阻力位、斐波那契扩展线、K 线形态和技术形态，也可以将更长时间周期图表中布林线上轨设置为出场点。

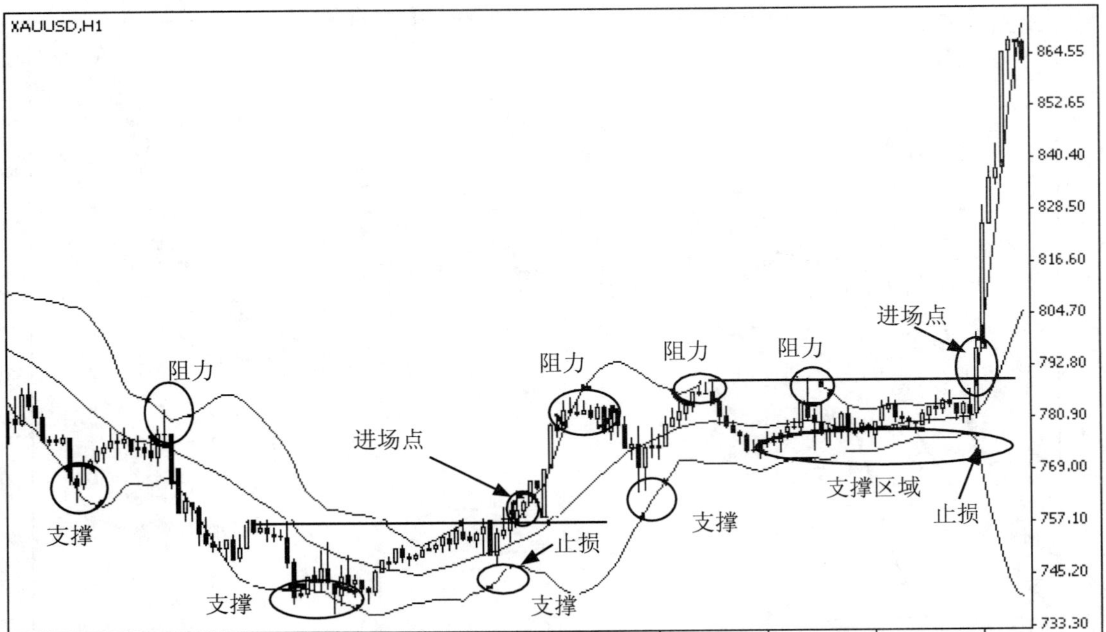

图 3—53　布林线和支撑与阻力位

趋势线组合

一、标准差通道

技术分析和数量分析将统计学原理经常运用到金融市场，对投资者比较成功有效的最常用的统计分析工具就是线性回归。无论是技术分析还是基本面分析都会使用线性回归作为交易分析工具的补充。线性回归分析将时间和价格之间的关系确定为一个简化的线性关系。在图表分析中使用不同时间周期图表中观察不同市场的价格变化，不需要进行指标的优化就可以做出线性回归分析。线性回归的就是一条利用最小二乘法把一定时间范围内的价格数据拟合成一条直线，如果实际价格（样本数据，观测值）和拟合线（估计值）之间的差的平方和最小，说明实际价格和拟合线在总体上最为接近。这条拟合线可以称之为“平衡价格”，在这条直线之上（之下）意味着超买（超卖）。尽管线性回归可以用于价格预测，但在本文更关注其在发现趋势反转方面的功能。

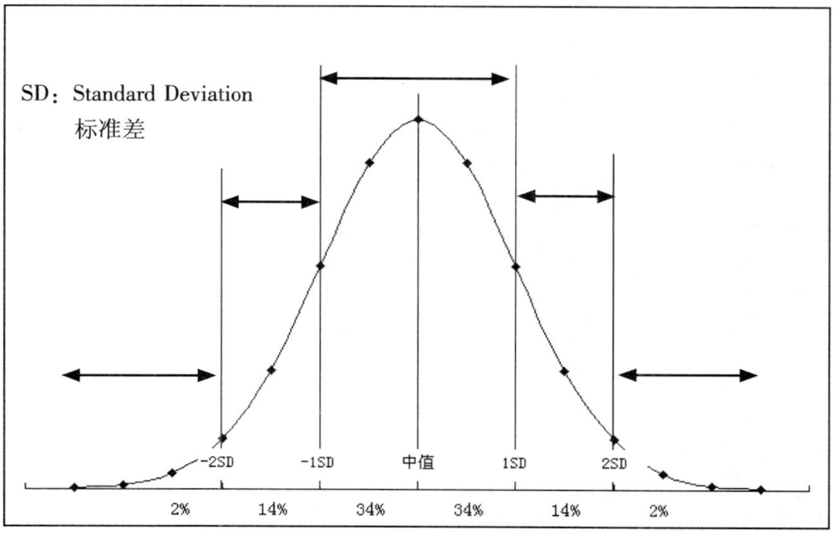

图 3—54　标准差倍数与正态分布

首先，要利用一段时间周期的价格走势推出一条拟合线，将这条拟合线上的每个“均衡价格”定为均值，然后，测试每根K线的收盘价偏离拟合线的概率。统计分析如图3—54所显示，价格在拟合线上方或下方偏离一个标准差的概率为34%，也就是说，68%的价格偏离都发生在拟合线上下各1个标准差范围内。最后，价格偏离的范围是拟合线上下2倍标准差范围内的概率为95%，而价格偏离至拟合线上下2倍标准差之外的概率仅为5%。根据这个原理，在图3—55中介绍通道线与标准差相结合的一种标准差通道，在线性回归拟合线上下各设一条平行线，平行线与拟合线垂直相差1倍标准差，倍数还可设置为1.5和2，交易者可根据不同市场价格波动强弱自行设置，这就是标准偏差通道的基本原理，它的功能主要是衡量价格偏离均衡状态的可能性。在使用方面，还有着跟等距通道线类似的用法，标准偏差上下轨有着重要的支撑与阻力作用，并且一旦出现小概率（5%左右）的大于2倍标准偏差的价格波动，就意味着趋势的变轨或反转。将不同倍数的标准差运用到布林通道，也会起到异曲同工的效果。与等距通道线不同的是，等距通道的画法有很大的主观性，而标准偏差通道更为客观。比较麻烦的问题是，一旦价格波动急剧变大，标准差也相应放大，作为描述价格波动的标准差通道也受到标准差的影响而变宽，要等到价格走势收敛后标准差通道宽度才会变窄。

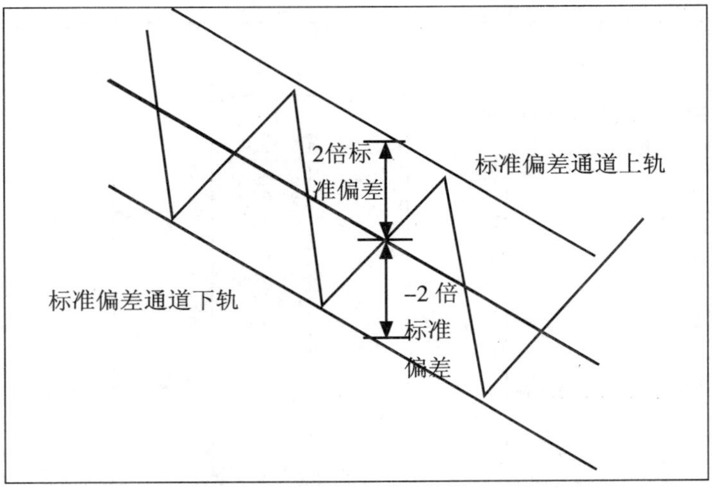

图3—55　标准偏差通道

在图 3—56 的例子中，当行情从高点（A 点）跌至低点（B 点）后，交易者利用两个标准偏差通道连接 A 点和 B 点形成两个标准偏差通道，使用共同的均衡价格线（中轨），但设置不同的标准偏差的倍数，分别设置 1 倍和 1.5 倍的标准偏差（简称 1SD 和 1.5SD）。要提及的是，标准偏差通道使用的是收盘价。如果价格回归中轨，行情继续延续原来下降趋势的可能性较大，如果价格出现“穿透”两个通道上轨现象，说明趋势将发生反转，当价格升至 1SD 上轨后，一直紧贴着 1SD 上轨上方向下波动，1SD 就变成支撑线。随后黄金价格上破 2SD 上轨，并没有继续上升，而是回调至 2SD 上轨处受到短暂支撑后，开始上涨。当价格运行不再创新低时就表示原来趋势已经停止，价格偏离原来标准差通道中轨越来越远，另外，从 B 点到 C 点再到 D 点已经形成一个三角形整理形态，当价格已经突破前期高点（C 点）时，交易者认为符合 123 法则完全符合，决定利用突破法进场做多黄金，止损设置在前期低点（D 点）处。

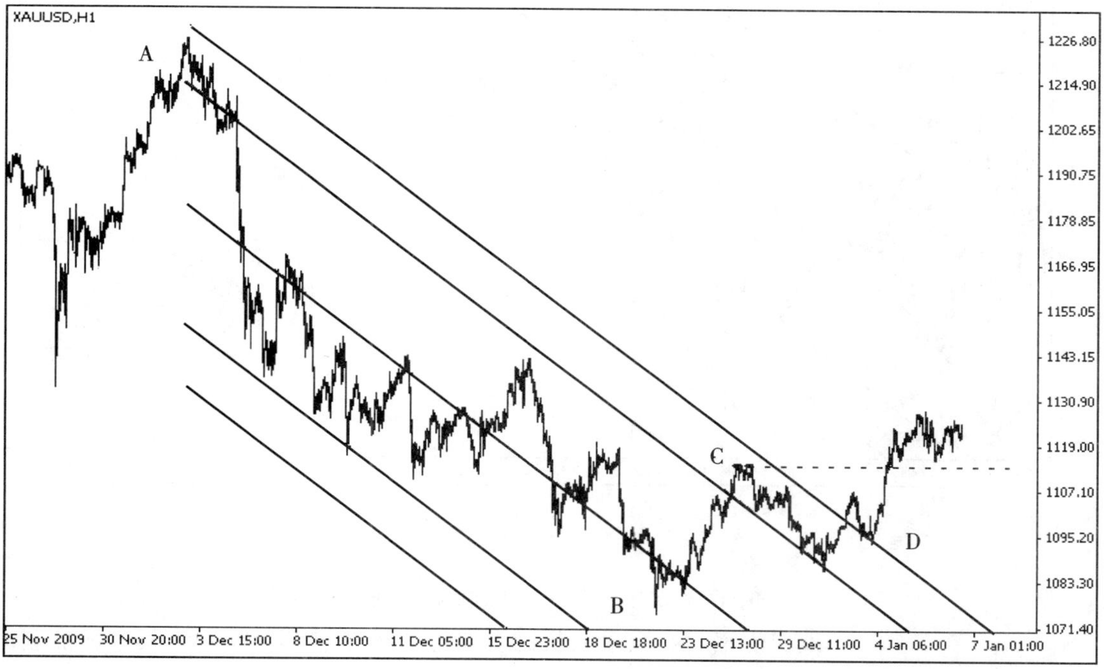

图 3—56　标准偏差通道用法（1）

图 3—57 是图 3—56 行情的延续，随着行情的继续发展，黄金价格反弹至前期高点（A 点）至低点（B 点的）50%～61.8%之间（E

点）开始大幅回落，交易者及时平仓出场等待下一个机会。并利用标准差通道再次画出新通道的上下轨和中轨，价格跌破标准差通道中轨，并大幅下挫，价格跌至标准差通道的 1.5SD 下轨处时开始反弹，虽然在图中没有画出 0.5SD 下轨，但价格的反弹在 0.5SD 下轨处受到比较明显的阻力，第二次上破未果后，黄金价格再次下跌至 1.5SD 下轨的下方，接下来的价格就一直沿着 1.5SD 下轨处向上缓慢波动，同时价格偏离中轨越来越远，交易者意识到，前期的趋势仅仅是是一个下降途中的反弹，他开始等待机会进场做空，在黄金价格跌破前期支撑（G 点）时，交易者及时进场试探做空黄金，将止损设置在前期高点（F 点）处，当价格走势完全符合 123 法则后，在正式建仓做空。

图 3—57　标准偏差通道用法（2）

很多交易者并不注重标准偏差通道的运用，但是对于一些系统交易者而言，数量分析的重要性远远超过其他技术工具。标准差通道完全是依靠价格的变化自动生成，具有较强的客观性，并且将价格波动的统计结果用很明显的三条平行线表示出来，也可以通过编程将斐波那契数字作为多重上下轨的设置，以便交易者更好地确定价格波动的范围。

二、扇形线（上升与下降趋势组合）

在交易中，对于寻找趋势的反转点，一条趋势线往往不能滤掉市场的噪音。并且，很多反转形态都是经过相当长一段时间整理后形成的，此时若再加上几根不同的趋势线以辅助趋势的发现，或者说通过对趋势线的不断修正，就可以清楚地找出未来价格波动方向。在反转形态形成初期，一根描述原来行情走势的趋势线被突破时，并不能说明趋势的彻底反转，价格仍会维持原来的方向运动，几次反复震荡后，趋势才能真正逆转。当然，在复杂的金融市场中也有意外案例，比如说，V形形态往往不需要整理就会形成趋势的反转。如图3—58和图3—59所示，几根趋势线合并使用，形成一系列的阻力线或支撑线。在图3—58中，下降趋势线被突破后，价格略有反弹后，然后再次下跌，原来的趋势线，也就是阻力线就成为支撑线，整理后价格再次上攻突破上方的阻力线，这个过程还将再持续一次，形成第三根阻力线。这种趋势线组合就形成一组类似扇子的趋势线组合，这就是扇形线的得名缘由。反而言之，在上升趋势反转过程中也会如上述之法绘出顶部的扇形线。一般来说，三根扇形线被连续突破就意味着趋势的有效反转。交易者如果使用角度线作为扇形原理的画线工具，效果可能更佳。有时候当三根扇形线画出完毕，趋势已经反转并走完一大半行情了，甚至有时候已经很明确地画出扇形线也不见得能确认趋势反转。本来就没有100%完美的技术工具，这时候就凸显止损的重要性了。如果再加上123法则和技术形态的辅助，交易者会得到更明显更提前的趋势反转信号。另外还有有关扇形线的其他技术工具，如斐波那契扇形线和江恩扇形线，运用得当也可以提高交易者的交易绩效。

请注意，图3—60和图3—61介绍的是使用扇形原理成功确定顶部和底部的案例，如果仅使用扇形原理，在较小时间周期图表中也许会少错过一些行情，但在较长周期图表中用扇形原理进行分析会错过很大一段行情。图3—60和图3—61中利用扇形原理分析法确认顶部和底部再进场交易时，分别要错过近3900点和6900点的一段行情。这样的话，交易者要放弃相当大的利润。如果将扇形原理作为一种辅助工具，用于确认趋势反转的真伪，而不是用于进出场，或者将每根趋势线都与123法则和2B法则相结合，可以再更小的时间周期图表中做小波段交易。

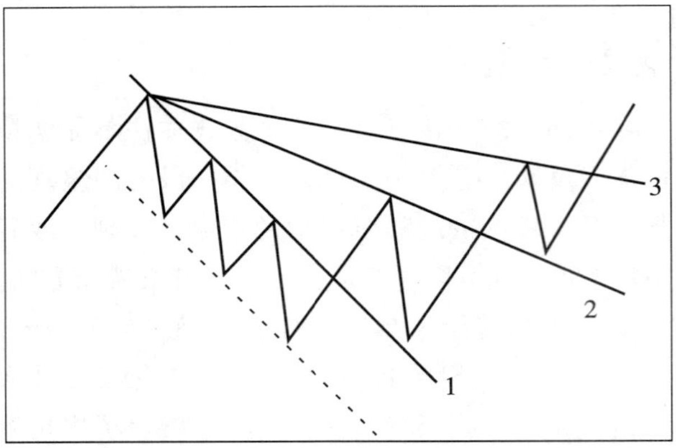

图 3—58 扇形线（下降趋势线组合）

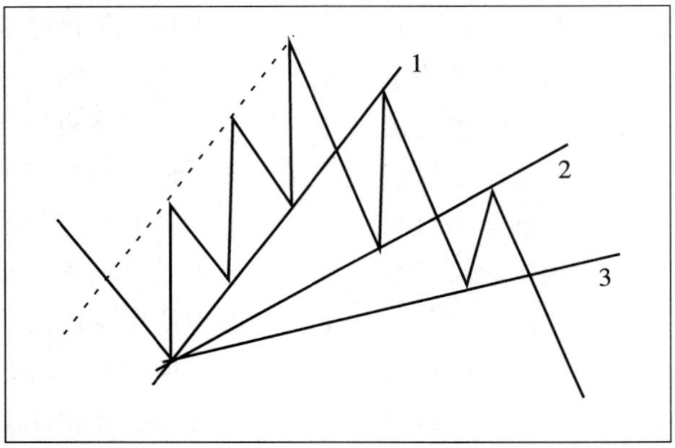

图 3—59 扇形线（上升趋势线组合）

使用扇形原理的最佳前提条件是结合反转形态进行分析。在图 3—60 中，黄金价格升至 A 点后跌至 B 点再反弹至 C 点，随后跌至 D 点再反弹至 E，这样就用 B 点和 D 点两个低点画出两条同一趋势线。最后按这个思路用 F 点画出最后一条趋势线，巧合的是，最后那条趋势线与更长上升行情的趋势线相吻合，这更加大了趋势反转的可能性。尽管已经错过 3900 点的一段比较复杂的行情，交易者还是认定，一个较大的下降趋势开始形成，当价格跌破第三根趋势线时，他开始试探性进场做空，止损设置在 G 点稍上方，当价格加速跌破前低 F 点时，交易者开始加仓做空，止损还是设置在试探性建仓的相同止损部位。

图 3—61 是底部扇形线的例子，在第一根趋势线画出后，价格跌至 B 点就开始反弹，此时 B 点与前期低点在相同价格，交易者根

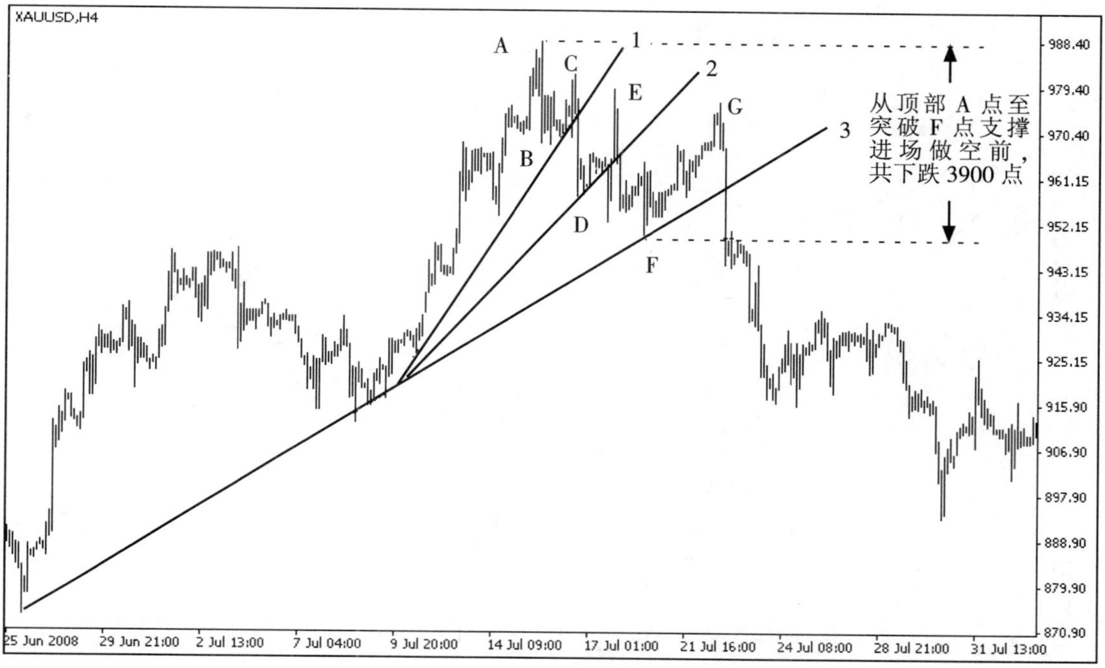

图 3—60 顶部扇形线成功案例

据当前情况做出假设，如果不跌破B点，而是上破A点水平阻力，就会形成双底，一旦该假设被破坏，交易还会继续等待机会。当A点价位的水平阻力被穿透后，交易者决定试探性进场做多，止损点设置在B点价格稍下方。当价格升至C点后开始回落，交易者画出第二根趋势线，价格的回调并未触发设置在B点下方的止损，而是形成高于B点的低点D点后再次突破第二根下降趋势线，交易者并不想等到价格突破C点价格的水平阻力后加仓，而是选择突破第二根趋势线就加仓做多，并将止损移至D点稍下方。此时交易者已经意识到扇形线正在形成。随后价格升至一个新高E点后，交易者画出第三根下降趋势线，稍做小幅回调，黄金价格突破第三根阻力线创下第三个新高G点，当价格回落至第三根趋势线受到支撑，交易者认为，还要继续加仓做多黄金。当价格突破新高G点时，交易者再次加仓，并将所有仓位止损设置在F点稍下方。按照这个思路，交易者用分步建仓法就不会错过近6000点的行情。

不巧的是，如果交易者遇到的是失败的顶部或底部的反转，那么利用扇形原理进行分析，或者过早地进场，要么会触发止损，要么就是仅仅获得极小利润。图3—62和图3—63列出两个失败案例。

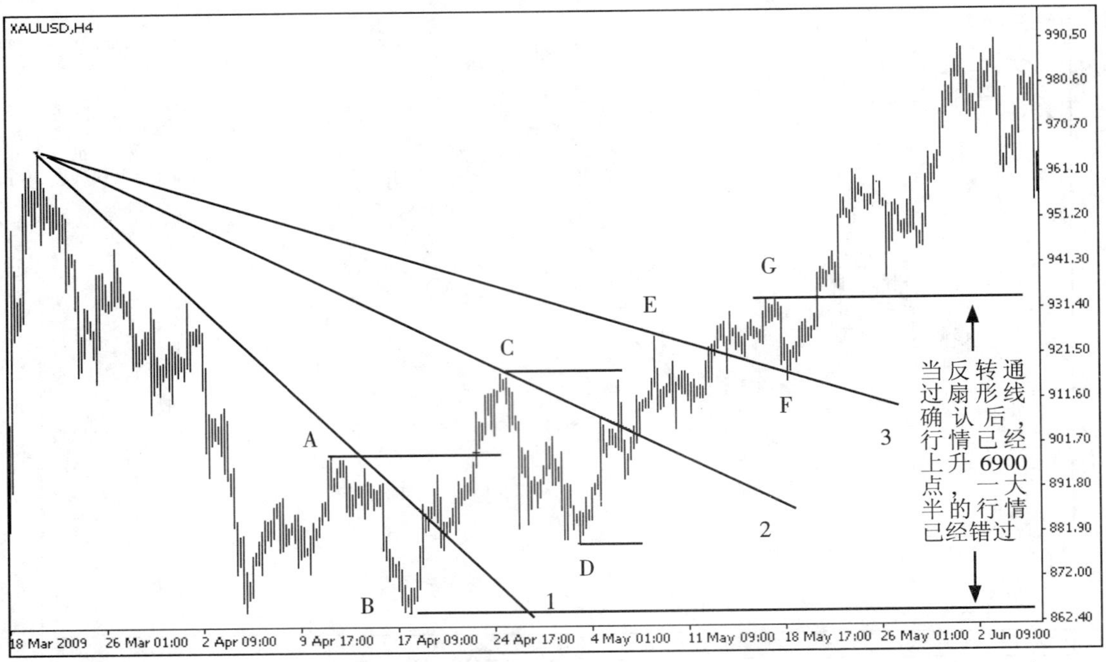

图 3—61　底部扇形线成功案例

尤其是图 3—62 中的案例，如果稍不小心，按照头肩顶形态和扇形原理进场做空，反应灵敏的交易者也许会发现问题提前出场，较为固执的交易者就很可能在价格向上穿透第三根趋势线后才意识到该趋势线的阻力作用失效。而在图 3—62 中，第三根趋势线的支撑作用很明显，而第二根趋势线的阻力连续被试探两次后，第三次实现有效突破，并连续上破 E 点和 C 点价位的水平阻力后，交易者就该顺势考虑进场做多。当运用技术分析进行交易的市场参与者越多，技术分析手段越多，市场的噪音就越多，技术分析的效果就越差，对此，交易者还是应该回归最基本的技术分析，而不是将注意力集中在寻找交易圣杯的梦想上面。最基本和最简单的技术分析才是最有效最实用的。

三、通道线交易法

“基本的趋势线远比通道线重要，在趋势线技术中，通道线是第二位的。”这句话的意思很明显，趋势线是起决定作用，而通道线是起辅助作用。通道线是基于趋势线基础上衍生的一种支撑与阻力线，与趋势线不同的是，通道理论说明的是价格区域的上限和下限，也

图 3—62　扇形线假反转案例

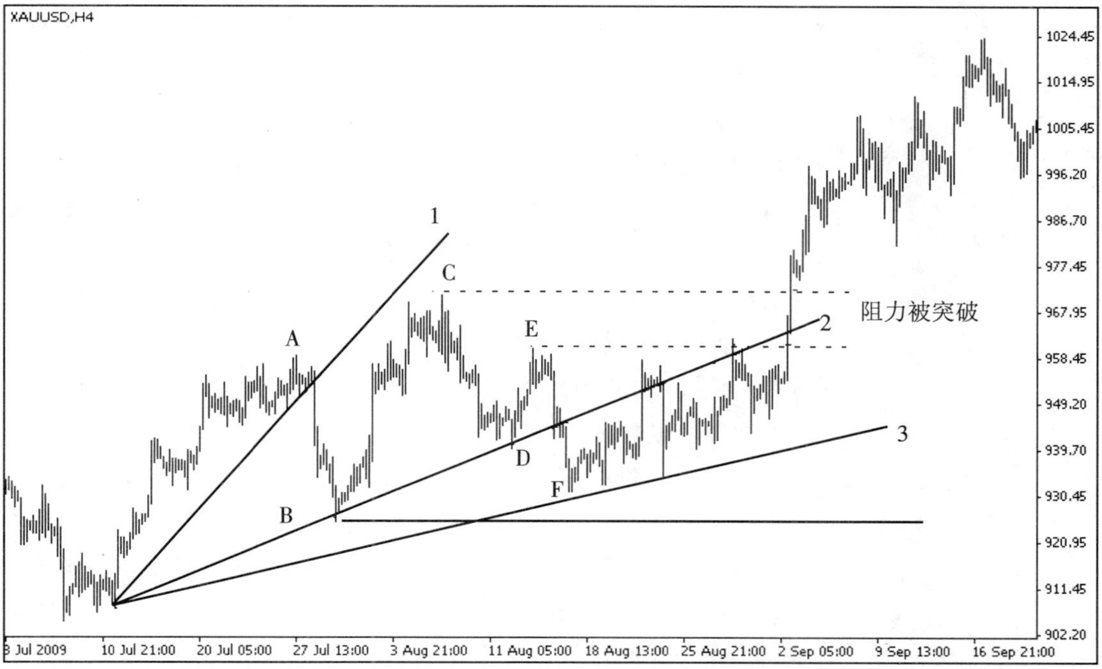

图 3—63　扇形线发现反转失败案例

就是说通道是限制价格变化的区间。与标准差通道很相似，但通道线更为主观，完全由交易者自行决定通道线画法。与所有画线技术一样，随着行情的加速或减缓，通道线也要相应地做出修正。屈居趋势线技术第二的通道线并不适合所有的价格波动。

一般而言，可以利用通道线辨别趋势的加强或减弱，由于通道线的用途主要是确定价格的上限和下限，交易者可以利用通道线在通道线确定下来后寻找上升趋势的回调或支撑，或者上升趋势的目标价位。在下降通道中寻找反弹阻力，或者寻找下降的目标价位。寻找通道线支撑与阻力就涉及通道线的画法了，现在用上升趋势作为例子描述通道线的画法，首先，找出至少两个低点（图 3—64 情景一中的 A 点和 C 点）画出一条上升趋势线，然后在至少一个高点处（B 点）画出一条平行线，通道线的初期阶段就形成，如果交易者想找到从 C 点反弹的目标位置，可以结合支撑与阻力水平线和通道线上轨确定其目标（图中的 D 点）。如果价格在 D 点能受阻回调，出现顶部 K 线形态，那说明这条通道线确定上限效果不错（图 3—64 中的情景一），如果不理想，那么交易者还应继续修正。当价格从 D 点开始下调时，交易者将上升通道线下轨处设定为回调目标（图 3—64 中的情景二）。现在会涉及另外一个问题，假如从 C 点开始反弹的行情并未触及通道线上轨，也许是因为反弹力度不够，也许是因为其他水平阻力的制约，在上轨下方就开始回落，如图 3—64 中的情景三。交易者就要在上升趋势中找出至少两个高点画出一条趋势线作为通道线上轨（情景三中 BD 趋势线），在下方的至少一个低点画出一条平行线，作为修正后的通道线的下轨。将从上方回落的支撑位设定在新通道线的下轨处，如果价格在新通道线下轨受到支撑反弹，那就将新通道线的上轨处设为上升目标（情景四中的 F 点）。跟趋势线一样，价格触及通道线的次数越多，延续时间越长，说明通道线被认可的程度越高，这与其他直线形技术工具的原理是相通的。

通道线内的价格变化类似于标准差通道，是原来趋势的持续，一条通道被确认后，价格在这条通道内变动的概率就很大，一旦这种均衡被破坏，就说明该区域的价格的上限和下限需要重新调整，这种均衡的破坏在走势图中表现为通道上下轨的有效突破，那就意味着将会出现新的行情，并改变原来的趋势。而不是像图 3—64 中情景三中的假突破。在图 3—65 中列出四种有效突破的模式，一种是原来趋势的加强，另一种就是预期未来趋势的反转，图中所有的

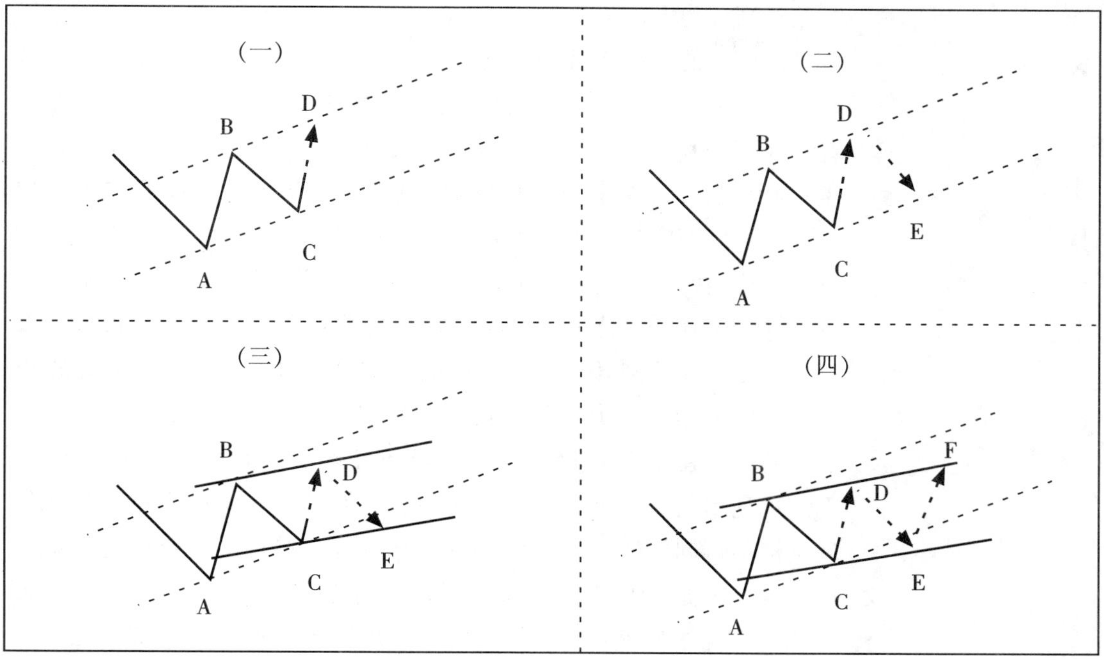

图 3—64　通道线的两种画法

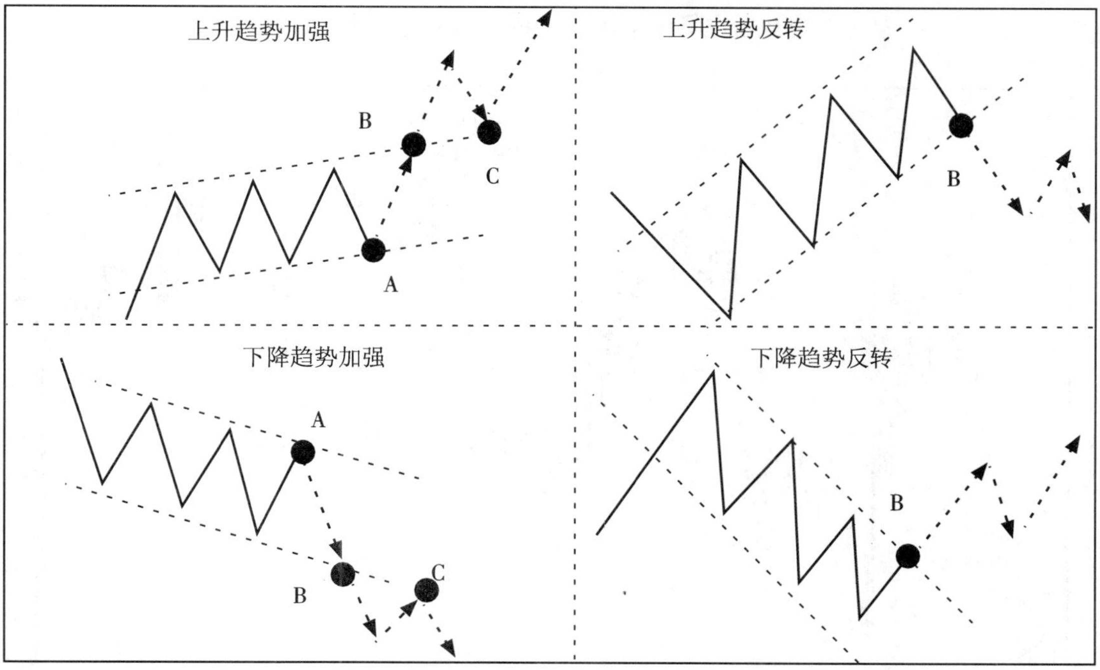

图 3—65　通道线应用

突破点都标为 B。

通道线的用法有其独特的地方，可以发挥出交易者充分的主观能动性。请看图 3—66，当价格走势形成 A、B、C 和 D 点后，交易者认为可以利用通道原理进行小波段操作，他画出一个通道线，以 BD 为上轨，AC 为下轨，并经通道线延伸。当他看到在 D 点下方出现一个小的下降三角形形态后，决定短线做空黄金，止损设置在 D 点，当价格跌至 AC 下轨处就平仓出局。当价格跌至 AC 下轨处，交易者立即平仓，等待下一个时机，当他看到在 E 点处再次形成一个三角形形态，价格开始向上突破时，交易者进场做多黄金，止损设置在前低 E 点稍下方，盈利目标定在 BD 上轨处，按照这个方法交易者还可以在 F 点再操作一次。当他发现价格波动开始变的无序，无法再利用通道原理交易时，交易者开始观望行情的发展，当他发现价格不再创新高时，就密切关注价格是上破高点 F 点还是跌破低点 G 点。随后价格无力再维持震荡上行趋势，跌破上升通道线 AC 下轨，出现一个较大的下跌三角形，并跌破前期低点 G 点。这样的走势既符合 123 法则，又符合形态、趋势线和通道线原理，交易者意识到这是一个较好的进场做空黄金的机会，在价格突破 G 点的 I 点处开始进场做空黄金，将止损设置在 H 点稍上方。

图 3—66 通道线交易法

将图 3—66 中的走势放到更大时间周期图表（图 3—67）中就会发现，利用通道原理可以抓住很多波段并获得客观的盈利，而利用通道原理可以及时捕捉到趋势的加速和反转。理论和实践都证明，作为趋势线衍生出来的一种技法，通道线也有着其独特的优势，就是对阶段性的顶部和底部的提前测定。通道的测量功能可以简单地理解为，从原来趋势通道突破形成新的趋势，交易者通常需要了解一下可能的上限和下限，利用通道原理仅需要简单的两个低点和一个高点（针对上升行情），或者两个高点和一个低点（针对的是下降行情）就可以确定新趋势的宽度。这就是通道线的特效，但是必须牢记的是，最基本的趋势线仍是最重要的，也比通道线更为客观可靠。

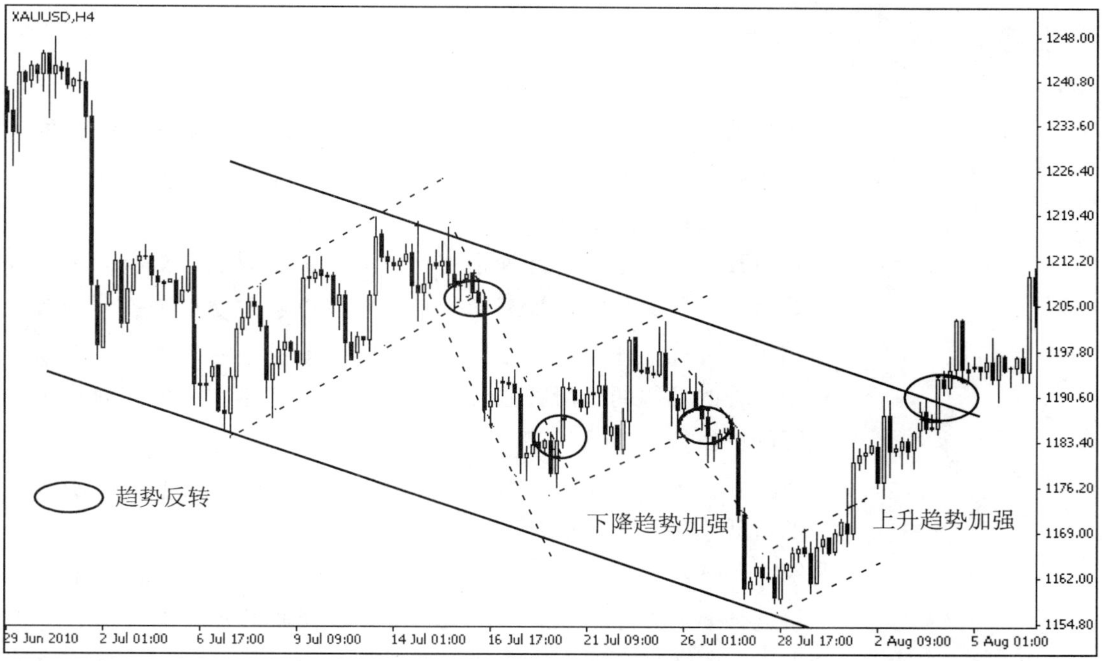

图 3—67　趋势反转与加速

第四章　风险控制

生存第一，盈利第二

风险控制是一种理念，这种理念是让交易者必须从战略角度去认识风险管理在投机市场中的重要意义，“生存第一，盈利第二”是金融市场的最基本法则；风险控制又是一种计划，在每次交易决策制定过程中，风险控制计划是交易计划中最重要的一部分，风险管理是将止损计划和资金管理紧密结合起来以确定交易策略中的具体亏损出场部位；计划制订之后，风险管理就是一种操作，在交易过程中实施的具体的风险控制计划，是将一种战略，一种计划转化为实际的操作。

作为整天与盈利或亏损打交道的交易者，应该根据自己所能接受的最低风险水平和最高风险水平，确立符合自身交易理念的风险范围。为了达到交易者设定的目标可以承担一定的风险，但不能过于接近某个临界点，如果风险一旦超过这个临界点，那交易者失去全部风险资产的可能性大大增加。以生存为第一法则的交易者寻求的是风险和盈利之间的一种平衡。对冲基金风险管理和资本配置先驱肯尼思·L·格兰特先生认为，交易者设定的风险上下限应该是这样的，当交易者承担的风险处于最低水平时，交易者仍然能达到盈利目标；当交易者承担的风险处于最高水平时，所能承受的最大亏损发生的概率应该很小。很多交易者仍认为行情分析就是交易的全部，而真正决定长期是否盈利的却是风险管理。它包括止损管理和资金管理，如果交易者还想在其他市场进行交易，那就还要建立一个投资组合风险控制机制以实现规避风险实现盈利的目的。

将几种止损法则综合运用到风险管理系统中，力求通过分批进出场策略将集中性风险逐步释放，将可控的风险和不可预知的风险进行中和处理，并且随着价格走势的演变做出及时的调整，以降低不可预知的风险幅度。特别是对于众多的短线交易者，使用止盈出场法保证风险报酬率在可控范围的前提下，使用追踪止损出场法追求“让利润奔跑”。

止损设置

止损对于任何一个交易者而言，都是其操盘系统的风险控制中最重要的一环。在金融市场进行冒险时，不存在任何侥幸，不懂得止损的交易者最终难以在风险市场中生存，对任何一个想在金融市场梦想成功的交易者来说，没有严格的资金管理止损策略就意味着灾难性损失。严格遵守止损纪律成为在动荡的风险市场中生存的唯一法则，即使是采用随机入市策略，使用有效的止损策略，还是能使交易获得收益。

一、ATR 止损

无论是在资金管理还是风险控制方面，ATR 指标都发挥出其灵活性和适用性的特征，这种波动性指标是一个多功能指标。就像在此前介绍的 ATR 用法，ATR 在资金管理、止损设置和止盈设置方面都发挥相当重要的作用。在止损设置方面，许多利用 ATR 指标设计出来的追踪止损技术非常有效，广为人知的就有 ATR Rachat、Yo Yo 止损和吊灯止损（Chandelier）。这些止损技术是用来扩大和保护浮动盈利，正确执行追踪止损（也称移动止损）的目的就是在保证既有盈利继续扩大基础上，还必须保护已有的浮动盈利。对于不同的市场，不同的交易风格使用不同的止损和退出策略。本书中一再强调的趋势跟踪交易最需要的就是追踪止损策略，也许在交易初期可以使用激进型的止损设置，但随着价格沿着符合交易方向运行，价格远离进场点时，就要使用保守型追踪止损保护浮动盈利。

当浮动盈利变得越来越多时，追踪止损就要设置得越保守。就是说，积累的盈利越多时，只能允许越小的获利回吐。这与一些短线交易完全不同，作为短线交易者，“落袋为安”既能实现其预期收益，又能控制住风险。对于趋势交易者而言，追踪止损是一个比较完美的风险控制策略。由于趋势追踪交易的机会很有限，在为数不多的大规模趋势中获得尽可能多的收益成为关键。

在后文中会介绍激进型止损策略，现在介绍的是基于 ATR 指标基础上衍生出来的几种追踪止损技术，在这几种 ATR 追踪止损法基础上合并建立一个综合性 ATR 追踪止损法。找到合理的进场点固然重要，但对绝大多数交易者而言，离场技术的重要性远远超过其他工具。在趋势追踪交易中，ATR 止损得到充分运用。例如在上升趋势中，可以将止损放到进场后的最高价或最高收盘价的减去某个倍数的 ATR 处。随着价格的不断走高，止损也相应不断上移而不是下降；反之，就将止损设置在进场后的最低价或最低收盘价加上某个倍数的 ATR 处，这就是上面提到的吊灯出场法（图 4—1）。单独使用吊灯止损法时，一般会把进场后的止损点放在进场后出现的最高价减去 3 倍 ATR 处。

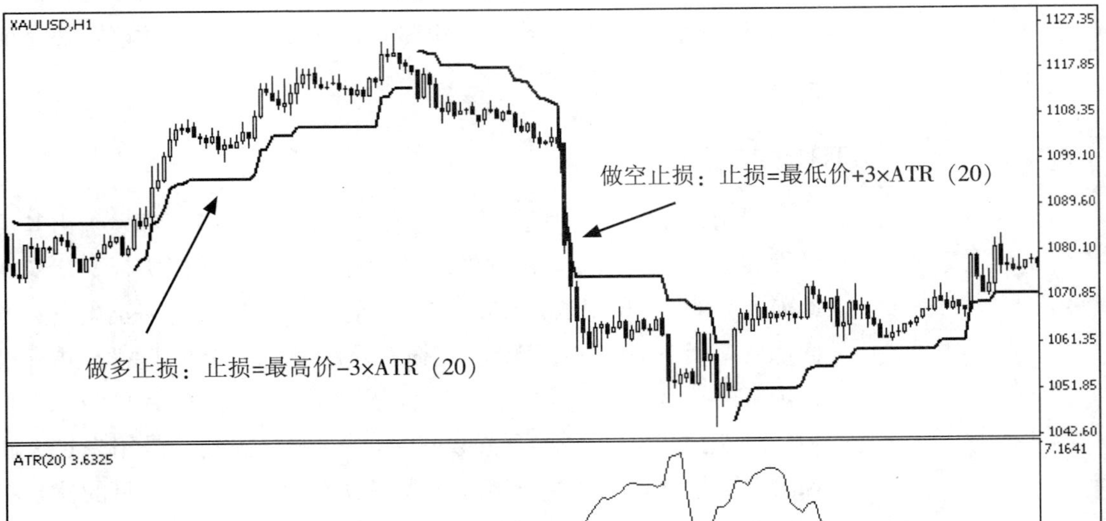

图 4—1　ATR 追踪止损设置（吊灯止损法）

从收益率角度来分析，如果趋势变化符合交易方向，当浮动盈利积累到一定程度，比如说浮盈达到4倍ATR时，就可以将吊灯追踪止损的参数改为2，以保证收益不受意外的价格大幅反转的影响。吊灯追踪止损的优点可以弥补前高前低追踪止损法的缺陷，前高前低追踪止损适合于价格平稳波动的行情，在价格快速上升或下跌时则完全失去效用。在图4—1中就明确显示在1小时图表中黄金价格波动急剧飙升后大幅回落时，最高价减去2倍ATR的追踪止损适时止损保住多头带来的盈利，如果使用前低止损法，将损失200点的利润。同样，在右侧的暴跌后大幅反弹的行情中，使用吊灯止损也可以挽救150点左右的利润。如果使用更小时间周期图表进行追踪止损，可能会起到更好的效果。另外一种ATR追踪止损方法是所谓的“Yo Yo”止损法，这种方法类似于吊灯止损，区别在于，“Yo Yo”止损盯住的是上一期收盘价，而不是盯住最高价或最高收盘价。当收盘价不断升高或降低，止损也相应地上调或下调。该止损方法的逻辑是确认本时间周期内价格的非正常性的反向波动，在本书中，“Yo Yo”止损法只是一种补充性的止损策略，在此略过。

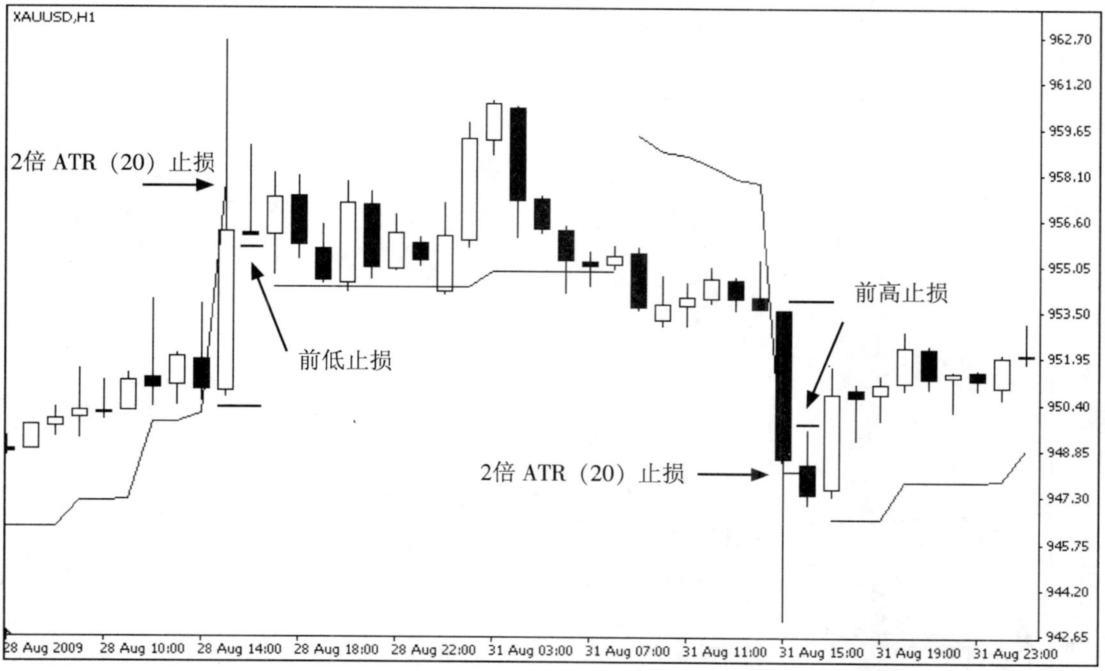

图4—2　ATR追踪止损与前高、前低止损

由于ATR止损是随着价格波动性变化而变化，它的优势就是该止损方法可以适用于任何一个市场（图4—1）。现在将上面提到的综合性ATR追踪止损法介绍给大家，它包括两种止损，一般经历至少四个阶段，该方法由起始阶段的止损和追踪止损组成。四个阶段分为进场止损、盈亏平衡止损、起始追踪止损和收缩追踪止损，如图4—3所示。

（1）第一阶段：寻找合理的进场点建仓后，开始设定2倍ATR止损；

（2）第二阶段：当价格继续按照进场方向运行时，在合适时机将止损调至盈亏平衡点，也就是将止损调至进场点处，如果不打算将止损调至盈亏平衡点，可设置3.5倍ATR的吊灯追踪止损；

（3）第三阶段：当价格向操作方向波动，浮动盈利达到4倍ATR时，紧缩吊灯止损，将参数由3.5倍ATR改为3倍ATR；

（4）第四阶段；当价格继续沿着交易方向波动，浮动盈利升至6倍ATR时，再次紧缩吊灯止损，将参数由3倍ATR改成2.5倍ATR

（5）如果浮动盈利继续上升至8倍ATR、10倍ATR和12倍ATR时，相应地将吊灯止损参数改为2、1.5和1，最终只能将追踪止损参数固定在1。

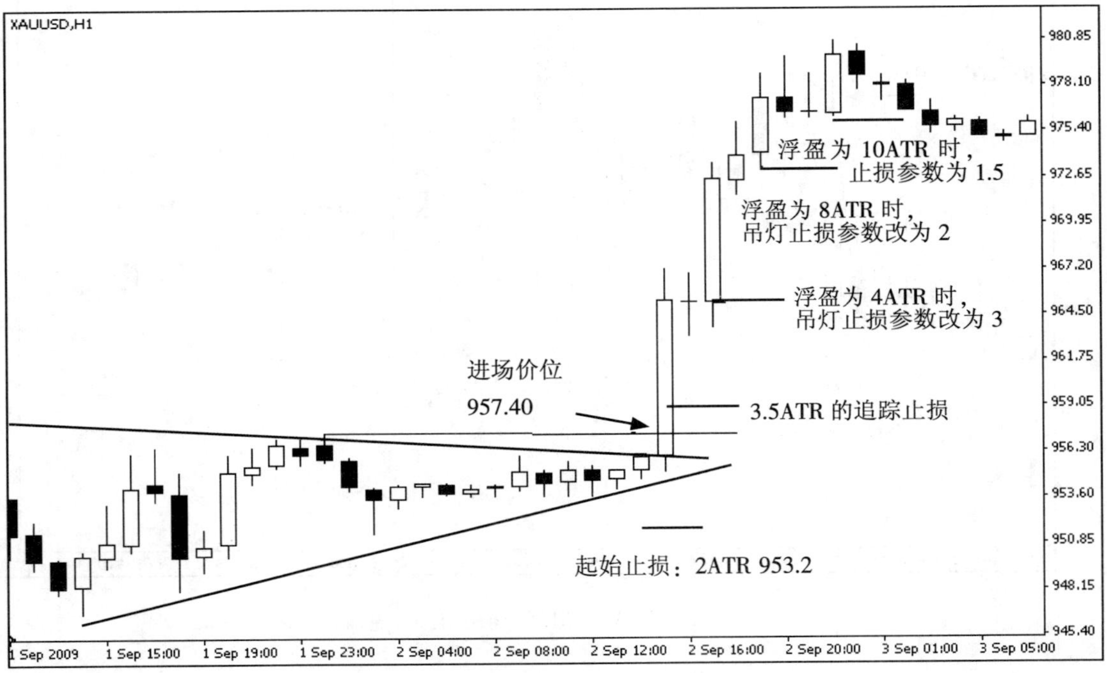

图4—3　综合性ATR追踪止损

将上述的追踪止损跟随浮动盈利上调而紧缩的过程用金字塔形式更加形象地表现出来，简单地概括就是，愈多的盈利需要愈加严格的止损设置，这个过程是不可逆转的（图 4—4）。

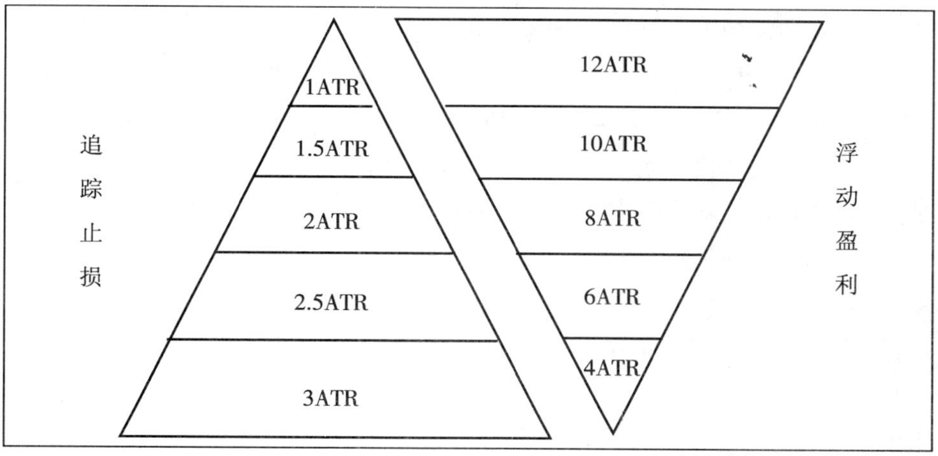

图 4—4　金字塔式追踪止损和倒金字塔式浮动盈利

二、前低、前高价位止损

这种止损方法比较简单，相对于较为敏感的波动性止损设置也显得激进些。当一个趋势形成时，作为趋势追踪交易法的止损方法完全可以遵循趋势基本定义来设置。趋势是由一系列波峰和波谷依次上升或下降的方向所构成，一个上升趋势就是一系列依次上升的波峰和波谷，下降趋势就是一些依次下降的波峰和波谷，横向整理趋势就是一系列依次横向排列的波峰和波谷。如果一个趋势发生发转，就会出现符合 123 法则中最重要的第三法则的走势，上升趋势的前低或下降趋势的前高被有效突破后就意味着趋势发生转变，这就是前高前低止损的基本原理。

趋势追踪交易一般都是以突破进场来实现的，那么进场的部位和时机都是交易成败的关键。在大多数时间里，交易者必须耐心等待合理的时机，要等待价格的回调，要等待价格的有效突破，不能凭主观臆断盲目进场交易。即使所有交易都设置止损，一连串的较小的止损对交易者的信心的打击甚至要超过一次较大的亏损带来的心理冲击。成功的交易更需要交易者的耐性。从图 4—5 中的下降趋势突破下降趋势线并突破前期高点时（B 点），交易者认为符合 123

法则，决定执行突破买入策略，将止损定在前期低点（A点）稍下处。如果价格开始回调跌破A点，那就说明下降趋势并没有真正反转，只有价格回调至C点后开始继续上升，直至价格突破前期高点后才能上调止损（突破点为D点，止损从A点上移至C点稍下方）。按照这种思路，交易者必须耐心等待价格的再次有效突破才能确定上升趋势的延续，如果价格回调后过度，跌破前期的低点（比如图101中的价格在G点跌破前期的低点E点），那就意味着该趋势可能会发生变化，或者市场面临更大的回调后继续上升。不管怎样，触发止损后就表明本次交易告一段落，交易者还要耐心等待下一次进场信号的出现。

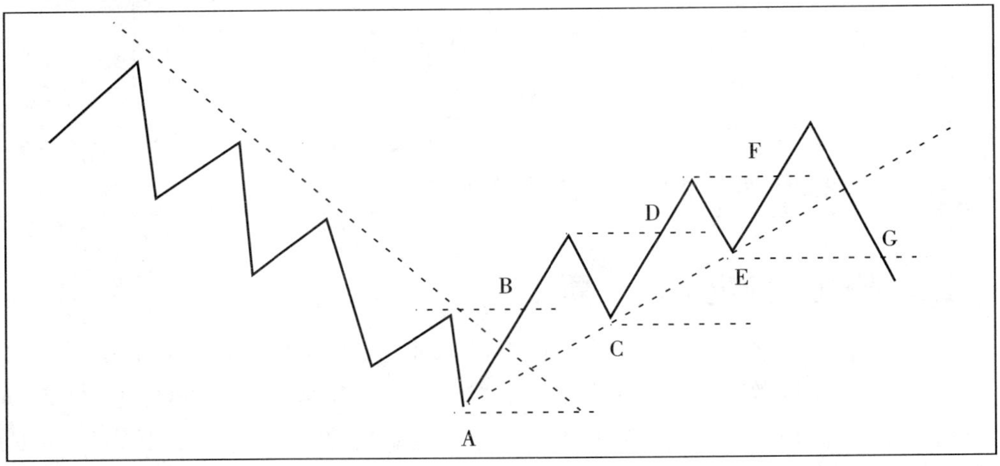

图4—5　上升趋势止损的调整

下面就结合实际案例来介绍前高前低止损设置，这种方法包括初始止损和追踪止损的设定，追踪止损设置的时机仍旧与老套的关键价位的突破紧密相连。这种止损的设置来源于趋势的基本定义，仅仅依靠机械式的操作就可以实现“截断亏损，让利润奔跑”。先从下降趋势中的止损设置过程，请看图4—6，这是黄金市场一小时走势图，金价在跌破上升趋势线后，假设交易者使用123法则确认趋势的反转，在跌破前期低点时建仓做（A点），并将初始止损设置在前期高点稍上方（点），当价格继续下行受到支撑反弹到进场点水平价位附近后再次下挫，只用当价格跌破前期低点（C点）时，交易者才将初始止损移到前期高点稍上方（D点）。还是按照这个原则，当价格跌破前期低点，交易者就将追踪止损移到最近的高度稍上方。

在价格跌破最近的前低时（E 点）后价格加速下跌，如果交易者仍旧等待价格反弹形成新的高点后，等待下一次突破前低的话，假设此时出现“V”形反弹，交易者就很有可能损失掉一部分利润。为了防止这种意外发生，交易者可以用加速下跌的每根 K 线的最高价设置为追踪止损。图中的 G 点、H 点和 I 点就是利用每根 K 线最高价作为追踪止损。这种方法非常适合加速上升或下跌趋势的追踪止损设定。最后，黄金价格在反弹时触发追踪止损系统自动平掉空头仓位。使用单个较长 K 线的最高价或最低价设置追踪止损也是为了保障浮动盈利不受亏损的有效方法之一，澳洲分析师戴若·顾比的交易系统中就经常使用 K 线的两个极值设置止损。

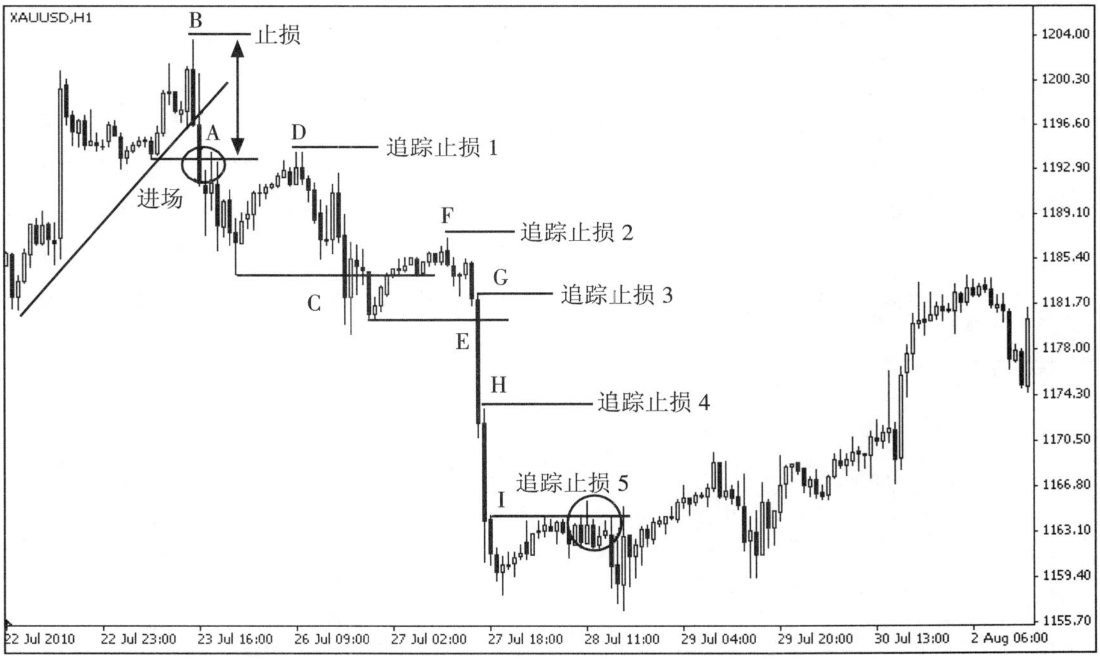

图 4—6　前高前低止损法案例（1）

接下来就是延续上一段落中介绍的走势，对于一个擅于使用突破进场的交易者来说，图 4—7 中的这段行情中许多的假突破会令交易者焦头烂额，这种走势在黄金市场中比比皆是，在更短的时间周期图表中，波动更为无序和混乱。图 4—6 中的加速下跌的行情是趋势追踪交易者最喜爱的走势，在短时间内就会获得很大收益，在图 4—7中的黄金价格走势虽然是上升趋势，但其中的假突破无处不在，交易者如果在这种行情中使用较为保守的止损法，很容易提前被止损出场。从现实交易的角度看，一般使用较为激进的前高前低止损很适合趋势追踪交易，保守型的止损设置应该放到交易周期的末期阶段。图 4—7 中黄金价格在突破前期高点（A 点）后，交易者决定进场，交易者对此后的行情的发展无法确知，他只能用初始止损保证自己的亏损在额定的范围内（前低稍下方，同时还需要验证交易方向是否与价格趋势一致，也就是说，在冒一定风险的前提下，寻求潜在利润增长的机会，交易者也不清楚价格的未来走势，只是机械地按照突破法进行交易和调整止损，在图中，价格突破前高后大幅回落，交易者已经决定冒一定风险，当价格跌至 B 点稍上方开始反弹，直至价格形成三角形盘整，并突破上轨后，交易者才将止损移到 D 点稍下处。但是价格突破后再次回落至三角形整理形态的上轨下方，幸运的是，回撤也是一种假象，价格再次上升，当价格突破前期高点 E 时，交易者将止损移到图中的 F 处，此点位正好是盈亏平衡点。随后的行情，交易者就等待前高的突破，或者触发止损创下新低，让市场提供出场的最终决策。最终交易者将止损上移至 M 点稍下方，当价格不再创新高时，就有可能创新低，金价下跌至第六个追踪止损价位触发止损。于是在 N 点处了结多头仓位并出局。

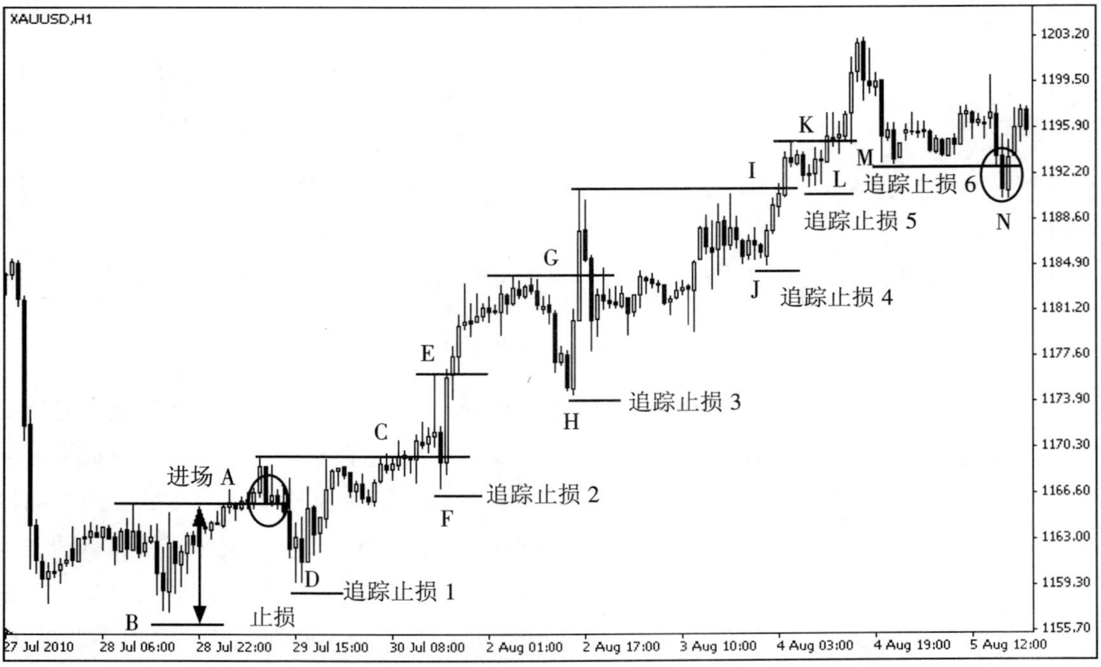

图 4—7　前高前低止损法案例（2）

从这个例子可以看出，在波动较大的日内短线交易市场中，单独使用前高前低追踪止损法，进行趋势追踪交易时，很多时候要冒着浮动盈利被吞噬的风险，请看图 4—7，如果继续使用突破后调整止损的方法，那么最终的止损价位是在第五个追踪止损价位 L 点，M 点的追踪止损是一种保守的止损设置，所以在日内短线交易中还要与其他止盈止损方法合并使用。

三、最大亏损额度（定额止损法）

最大亏损额度指的是总资金的最大亏损额度，而不是每次进场资金的亏损幅度，总资金亏损额度要精确分摊到每次交易的进场资金的亏损幅度。如果一个交易者可以承担的最大亏损的额度为 20%，但又不能在一次交易中就将止损设为总资金的 20%，而是应当设定 10 次交易，每次的亏损上限为 2%，这是一种将亏损额度设置为一个固定比例的方法，就业内常使用的是“2%定额止损法则”。在这个防御型策略的最基本目的就是增加市场生存几率，如果忽视最大亏损上限而拒绝止损的话，一次巨额亏损就会让资金大伤元气。最简单的止损设置其实是与复杂的资金管理息息相关的，而不是像一些交易者想象的那么简单。在趋势追踪交易中，如果只是呆板地简单地执行 2%定额止损策略，而忽视相应的资金管理和止损设置，即使承担风险的总资金比例已经确定，但单独使用 2%定额止损还会严重影响交易胜算率和盈亏比率，那交易者很有可能面临一连串的止损。在制订交易计划时，要涉及进场部位、初始止损部位和出场部位。还要通过初始止损和进场资金的相关性计算本次资金亏损幅度。从概率的角度来看，不将资金管理和止损设置结合起来进行风险管理的后果就是盈亏比和胜算率的不稳定性，最后必然会发生不可挽回的后果。如果交易者每次交易投入资金过大，那就要相对缩小止损设置以应对 2%定额止损。假设交易者有 5 万美元总资金，交易者凭着自己感觉决定每次的进场资金量，比如交易者在 1 小时图黄金走势图中发现进场机会（图 4—8），准备投入总资金 5 万美元的 10%，即 5000 美元，价格每波动 1 个点数，仓位的盈亏变动 5 美元（不同平台的黄金价格波动单位不一致，有的波动单位是 0.05 美元，有的是 0.1 美元）。亏损额度被限制在 2%，假设交易者没意识到仓位与止损的反相关性，贸然进场就会发现，在 2%的定额亏损限制下，10%的进场资金 5000 美元仅能承受 200 点定额止损，也就是 2

美元的亏损幅度。以小时图为周期的交易当中，2美元的止损实在是太小。频繁使用非系统性的资金管理和止损设置，不但要影响交易计划的盈亏比设置，还会降低胜算率，交易系统的混乱会让交易者最终犯下不可挽回的错误。

$$止损设置=\frac{5万美元\times 20\%}{5美元}=200点$$

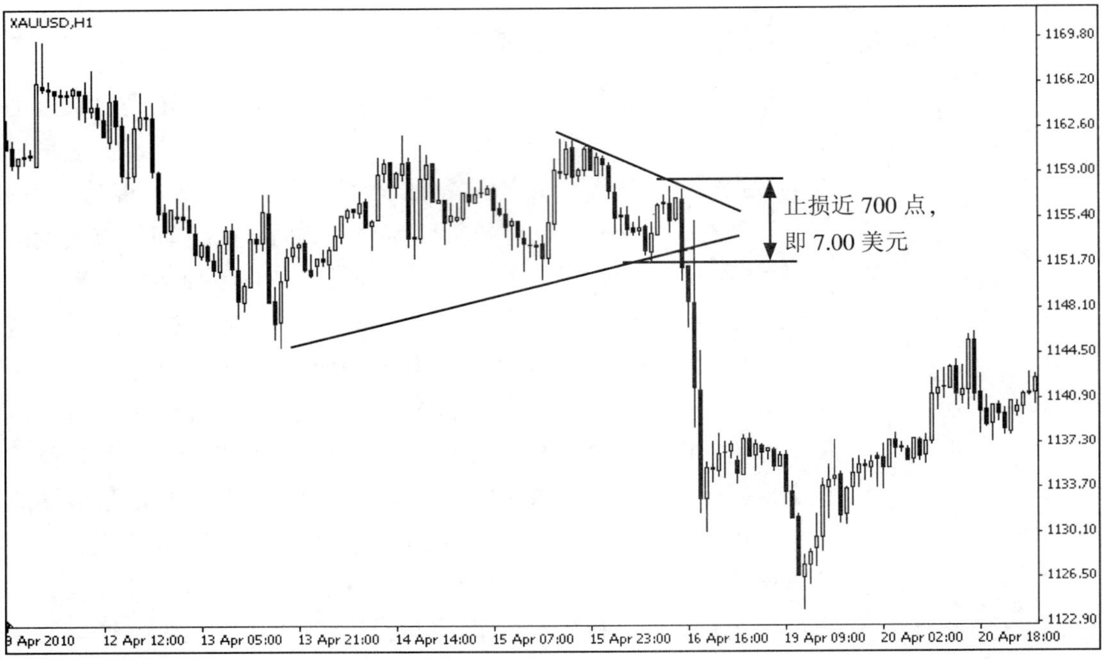

图4—8　定额止损案例

如果交易者想更好地控制风险，最好还是使用一些公式来确定每次投入的资金和止损设置。使用凯利公式进行资金管理是个不错的主意。

$$资金比例=\frac{(1+盈亏比率)\times 胜算率-1}{盈亏比}$$

$$盈亏比率=\frac{止盈}{止损}$$

$$胜算率=\frac{交易成功次数}{总交易次数}$$

其中涉及的胜算率和盈亏比率都决定每次交易资金的大小，胜算率来源于对历史交易数据的统计，盈亏比率是本次交易的止盈与止损比率。计算的结果往往随着胜算率和盈亏比的变化做出相应的调整，在“生存第一，盈利第二”的前提下，通过精细的计算来决定仓位的具体大小。这种主动性的资金分配管理策略可以让交易者在更长的生存周期中把握住更多的交易机会。即使交易者的技术分析能力有缺陷，在胜算率较低的假设下，如果他能积极主动地进行资金管理，那他的交易生存几率要好于技术分析过硬、但不注重资金管理的交易者。

在趋势追踪交易中，对胜算率的要求并不是最重要的，盈亏比率才是趋势交易的要点。虽然从长期角度来看，平均胜算率都是在50%左右，但是短期胜算率则具有比较大的波动，在某些阶段交易者的状态非常好，市场走势也符合交易者的交易特点，那胜算率会很高；反之，在某些阶段交易者的胜算率受到自身或外部环境的影响而降低。在这种阶段，连续多次的止损不仅影响资金安全性，也是对交易者的精神折磨，只有大大提高每次交易盈亏比率，或许能弥补亏损的资金。

如果追求的是长期稳定的盈利增长模式，不仅是机构的首选，也应该是中小投资者的首选模式。坚持每次进场亏损2%的基本原则，配合相应的资金管理，不断强化交易技术，就很有可能实现长期稳定盈利。在杠杆市场中博弈，全面的风险管理意识是避免大幅亏损的保障，没有科学有效的止损意识和相应仓位管理意识，即使是投资高手，其交易生涯也只能昙花一现。

在全面风险管理前提下，执行“大资金做短线，小资金做长线”原则寻找交易机会，既能在小时间周期中使用“大资金小止损”进行短线交易，也可以在较长时间周期中使用“小资金大止损”进行中长线交易。2%的定额亏损和20%的资金投入是长期盈利模式的两个重要原则。短线高手拉瑞·威廉姆斯在其《短线交易秘诀》一书中提到过，在期货交易中使用20%～30%左右的仓位是长期稳定盈利的最佳资金管理模式。

四、时间止损

在金融市场中博弈的人们普遍关注的是价格的止损，而不关注持仓时间是否受到限制。如果价格触及事先设置好的止损就要平仓出局，假设一直不触及止损，该仓位就没有平仓的可能，用这种牺牲时间换空间的交易方法，不但要付出较大的时间成本，还会在长时间的等待后不得不止损出局，既损失了金钱又浪费了时间。

在绝大多数情况下按照突破法进场之后会很快产生盈利，很多利润都是来自于一进场就出现盈利的交易。在某个时间范围内，按照交易计划，假如没有达到预期的目标，在最后期限到来时，不管是否产生亏损，交易者都应该果断执行时间止损。时间在金融市场中最简单的解释就是“时间就是金钱”，交易者没有理由，也没有必要忍受一个不赚钱的仓位。这种止损的基础是时间期限而不是亏损额度。假设一个交易者采取突破进场后预期黄金交易周期为 12 小时，进场后价格波动不尽人意，并未产生多少利润，那么交易者就应该在 12 小时后坚决出场。尽管从价格还未抵达止损部位，但仓位持有时间超过时间界限，为了避免在不赚钱的交易中浪费更多的宝贵时间，交易者不妨出场继续等待下一个进场机会。时间因素在交易中也占有很重要地位，某些时候甚至要超过价格因素。交易者要对走势图中的两个因素——时间和空间都设立止损。这两种止损结合起来就是一句话“进场就立即赚钱”。利用时间止损寻找最佳的交易机会，在各个时间周期表中都会找到很多看起来非常“完美”的走势图，就是说，按照关键部位有效突破进场后会很快出现顺应交易方向的大幅波动，一根较长的 K 线就说明一切。在价格波动中，这种行情甚至都不出现价格的回抽，在短时间内就会获得丰厚的利润。当然也有假突破和震荡的单边走势，这种行情对交易者而言是比较麻烦的一种走势，交易者时刻担心行情的反转，而回报也不尽人意。这种利润低风险大的行情并不“完美”，也许在刚建仓不久就应该撤出，即使挣不到利润，亏损也不会很大。

随着交易技术的多样化和深入化的发展，原本较为准确的技术分析也出现很多错误信号，趋势追踪交易进场的重要信号就是关键部位的有效突破。时至今日，愈来愈多的假突破不断影响着交易者的交易理念。针对突破现象，有的交易者认为应该坚决相信系统长期的有效性，出现突破信号就进场，靠概率和盈亏比获得长期收益；有的交易者却认为，等待突破有效性确认后再进场交易，要么关注实时价格突破多少个百分点，要么关注 K 线收盘价，并将其作为有效突破的依据。虽然这种方式会提高成功的几率，但相应的代价就是要放弃一部分利润。既然走势图的价格因素出现异议，那么可以拓展思路，将走势图中另外一个因素——时间因素作为判断突破有效性的依据。在关键价位突破信号出现后，交易者不需要判断突破的真伪性，按照信号马上进场建仓，设置好价位止损后，还要密切监控价格波动的方向和力度。假设价格在突破后的走势显得犹豫不决，甚至出现反扑，那就在价格触发止损之前就立即出场继续等待下一个进场时机。即使连续几次出现假突破，时间止损造成的资金亏损也远小于价格止损造成的亏损。

在图 4－9 中对黄金市场 1 小时图和日图中的 K 线长度做个统计，在统计中只关注其最高价减去最低价的长短，并不在乎是阴线还是阳线，以此作为趋势出现的机会。很多时候价格波动收敛后将动能积累到临界值后就会出现动能的释放，相对应的信号就是价格的突破后很快出现一个较长的 K 线，这就是有效突破立即出现单边趋势。从统计图中直接看到，1 小时图中收集的 15817 根 1 小时 K 线长度数据，从 3～10 美元长度的 K 线出现的概率最大，统计的均值为 3.9，长度在 15 美元之上的 K 线出现的概率很小。这说明，在 1 小时图表中，绝大多数的时间都是在整理，出现单边行情的机会很少，作为趋势追踪交易者，只需在有效突破后进场抓住单边行情就会实现“进场立即赚钱”，一旦一个趋势动能释放完毕后再次会出现价格波动收敛现象，相对应的就是一连串的相对较短的 K 线整理走势，直至出现新的趋势。而在日图中，收集的 820 根日 K 线长度数据中，长度为 10～35 美元的 K 线出现的最为频繁，所有 K 线长度的均值为 20.5 美元，长度为 40 美元的 K 线出现的概率就很小，但这些 K 线对应的是较强的单边行情。将这些统计结果与交易的时间周期联系起来，读者就会知道，趋势追踪交易者在绝大多数时间里都在等待，只要小概率的单边趋势出现，就算交易者识别突破的准确度有误，进场后也将会很快出现盈利或者止损（图 4－9）。假如价格突破后仍形成一连串的较短 K 线，也许这些 K 线会形成震荡性的单边趋势。假设关键部位突破后继续陷入短幅整理的走势，那么交易者还是尽快出场等待下一个突破信号为妙。

时间止损的设置需要考虑许多因素，首先，时间止损要和交易者的操作风格有关，超短线、短线、中线和长线的操作方式因交易周期的长度不同，设置的止损时间也完全不一样。较长周期的操作对于时间管理的要求较弱，只要价格触及预先所确定的目标后就要马上执行计划，而不需要关注较短周期的价格波动。越短的时间周期，时间和时机的把握的重要性就越突出，交易的时间管理是每个交易决策的关键因素。交易者的操作计划中一定要进行时机的选择，这也迫使很多交易者在许多交易机会中采取观望态度，交易时机必

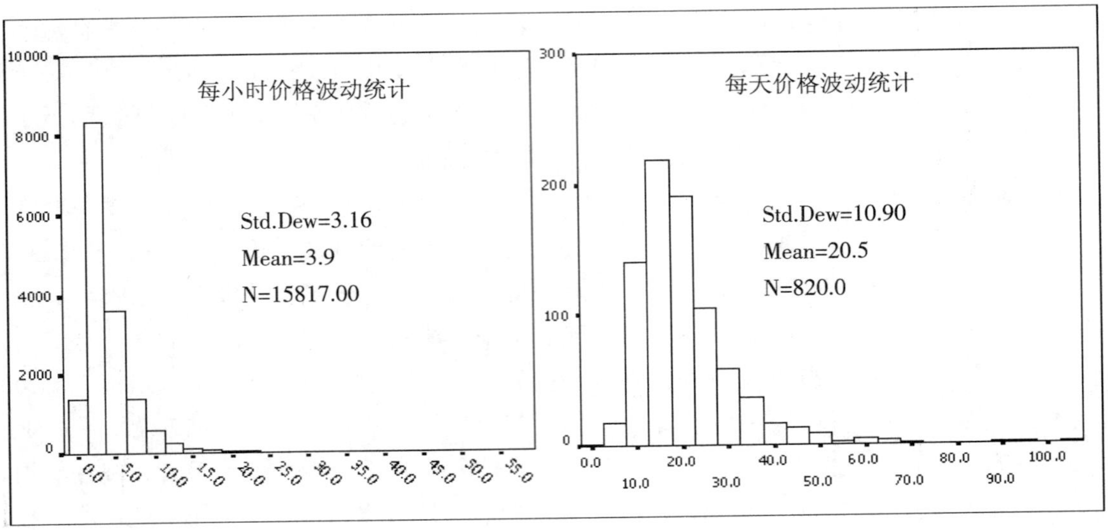

图 4—9　每小时/每天价格波动区间统计

须与交易计划对应。有一个简单的原则，交易者使用何种时间周期图表来制订交易计划，那就必须在这个时间周期图表基础上制订时间止损；其次，要考虑资金的使用效率，当价格走势处于整理阶段时，也就是价格波动率较低时，在这个阶段是动能积累阶段，交易者在此阶段难以获得丰厚的利润。只有在被积累的动能释放出的时候才是交易者资金利用率最好的阶段。只要价格进入整理阶段，就可以考虑时间止损；再次，当重要数据即将公布之前，或特殊事件的时间点之前，尤其是对价格走势影响较大的经济数据公布时，无论价格处在何处，都可以考虑时间止损，出场观望这些因素对价格造成的影响；最后，交易者都要制订一个交易周期，比如说，每几个月需要重新安排资金的调度，也许有的交易者是为客户或机构工作，那他们使用的资金要有时间限制，时间到期时，无论他们的仓位状况如何，市场现状如何，都要按时平仓执行相关的资金调入或调出。

五、抛物线（SAR）止损

SAR 指标英文全称为“Stop and Reverse”，译成中文是停损转向指标，国内习惯称之为抛物线指标，是一种简单易学、对市场变化较为敏感的技术工具。在趋势追踪交易中交易者使用初始止损和追踪止损的目的，就是在有效地控制潜在风险之后，追求利润最大化的盈利机会。但是止损设置又面临两难选择，如果止损设置得过于敏感，在遇到价格回撤时就会触发止损，随后的黄金价格继续延续原来的主趋势继续波动，交易者就会错过赚取更大利润的机会；反之，如果止损设置得过于迟钝，也就是说止损设置的过大，那止损就形同虚设，起不到控制风险的作用。使用SAR指标可以帮助交易者精确地设置初始止损和追踪止损，同时其停损功能皆可以成为追踪止损设置依据，也可以成为多空趋势转向的信号。

以前曾谈到使用前高前低作为进场时的初始止损设置，在价格趋势变化与交易方向一致时，就需要随着趋势的延续不断地上调止损，并且根据趋势的延续设置越来越敏感的追踪止损以保证浮动盈利不受损失。SAR指标的独特功能可以将这种理念简单地在图表中表现出来。简单地讲，SAR指标是一种趋势追踪指标，这种指标的理论基础就是“强者愈强，弱者愈弱”，在该指标的设计公式中就将单根K线的极值（即最高价或最低价）作为重要的数据。

$$SAR_n = SAR_{n1} \times AF \times (EP - SAR_{n1})$$

式中，EP——近期极值（最高价或最低价）；AF——加速因子；SAR_0——近期最高价或最低价。

在一个单边趋势中，SAR的计算从近期明显的最高价或最低价的第n天开始计算，假设在上涨行情中，SAR_0为近期最低价；假如在一个下降行情中，SAR_0是近期最高价。而加速因子AF的调整是以2%（0.02）为一个基数，假设在一个上涨行情中，某一天的最高价比前一天的最高价还要高，那么加速因子AF在计算这一天SAR时就递增2%，但加速因子最高不能超过0.2，如果某一天的最高价与以前的最高价有一段时间间隔，在这段时间内加速因子保持不变；反之在一个下跌行情中，某一天的最低价要低于前一天的最低价，加速因子AF在计算那天的SAR时就递增2%。按照这种算法，SAR指标就表现为一条抛物线形态，SAR指标会随着趋势的发展变得越来越靠近价格走势。交易者可以将SAR的这种特性用于保守型追踪止损设置，只要价格走势不出现“V”形顶部或底部，使用SAR追踪止损可以保障已得到的浮动盈利，避免出现过大损失。在一个单边行情中也不免会出现回撤现象，SAR仍会继续保持原来方向，直至触及价格，开始反向运动。在图表106中，SAR指标因计算的特性，跟随时间和空间变化也显现出“启动—加速—减速—反转趋势启动”的循环变化过程（图4—10）。在SAR启动阶段，也是行情刚开始形成时，在这阶段止损部位的变化相对缓慢，当行情开始加速时，加速因子也会相应增长，SAR 指标的点位变化速度也会相应加大，直至赶上与价格的变化速度为止。同其他趋势追踪技术工具一样，在单边趋势中会捕获大部分趋势变化，但在整理行情中，该指标的有效性受到影响，也会出现拉锯现象，在没有单边趋势的市场情况下，SAR 的趋势追踪系统表现效果受到影响，需要结合其他工具配合使用。

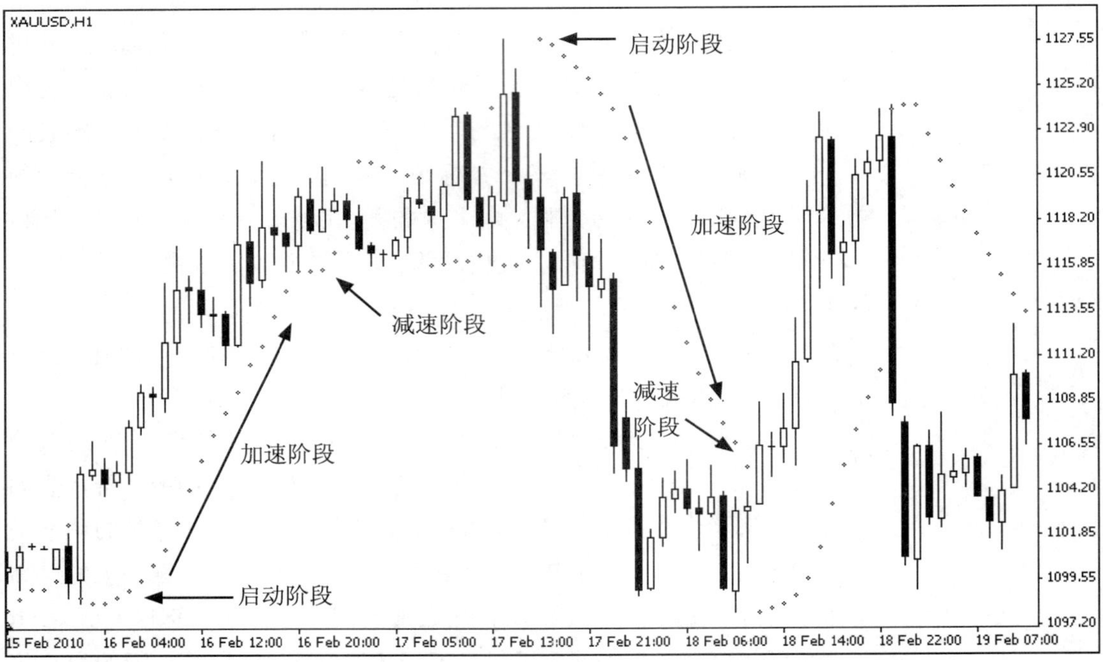

图 4—10　SAR 指标的三个阶段

SAR 指标与价格突破进场的趋势追踪交易一样，很适合连续拉升或下跌的行情，并且也适用于中长期的波段操作。SAR 指标的特点也非常明显，操作简单，即使是经验不足，缺乏操作技巧的初学者也可以在单边行情中利用该指标设置止损。在一些震荡上行或下跌的趋势追踪交易中，稍大的价格波动都会触发按照 SAR 设置的追踪止损，SAR 指标的止损设置更适合做中短期波段交易者的风控工具。假如一个交易者抛弃其他理念，完全按照 SAR 指标进行操作，理论上他只能以小幅亏损为代价获得较大的盈利。请看图 4—11 中的 1 小时黄金走势图，交易者可以将突破进场法、趋势线、K 线形态和 SAR 相配合构建一个趋势追踪交易系统，在这个系统中，SAR 的功能就是设置追踪止损，当然交易者的经验也非常重要，SAR 追踪止损提供基本的参考，在波动较大的震荡行情中，呆板使用 SAR 会损失很大一部分浮动盈利。

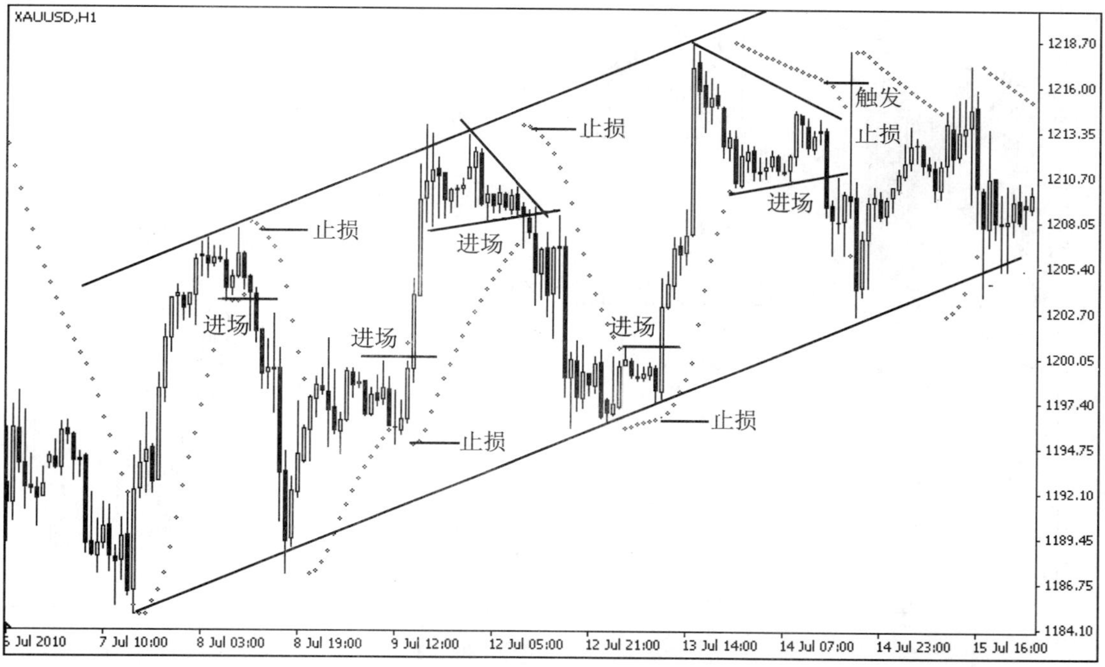

图 4—11　波段 SAR 追踪止损

接下来的图 4—12 是图 4—11 的延续，当价格波动跌破上行通道下轨后（在更长时间周期图表中，图 4—11 中的震荡上行趋势是下降途中的上升旗型盘整），价格开始突破前期低点，交易者决定进场做空，如果将前期高点设为初始止损的话，交易者在安排进场资金时要受到限制，在本次交易止损额度内，交易者按照较大的盈亏比准备投入较多的资金，交易者选择用 SAR 指标设置初始止损和追踪止损。进场后，交易者发现下降动能很大，在下降趋势在前期低价区域受到支撑开始整理时，交易者平掉一部分仓位，但并未按照 SAR 设置较敏感的追踪止损，在观察黄金价格是否能拉升至图中所示的阻力水平线上方，假设价格上破阻力线，就平掉全部仓位出局；反之就继续持有剩余头寸。当价格水平整理后继续下挫时，交易者在价格下破趋势线或 SAR 时可以选择加仓还是持有原来头寸，并按照 SAR 将追踪止损下移到图中所示部位，并使用 SAR 设置敏感的保守型追踪止损。当价格反弹触及追踪止损系统自动平掉所有剩余仓位。

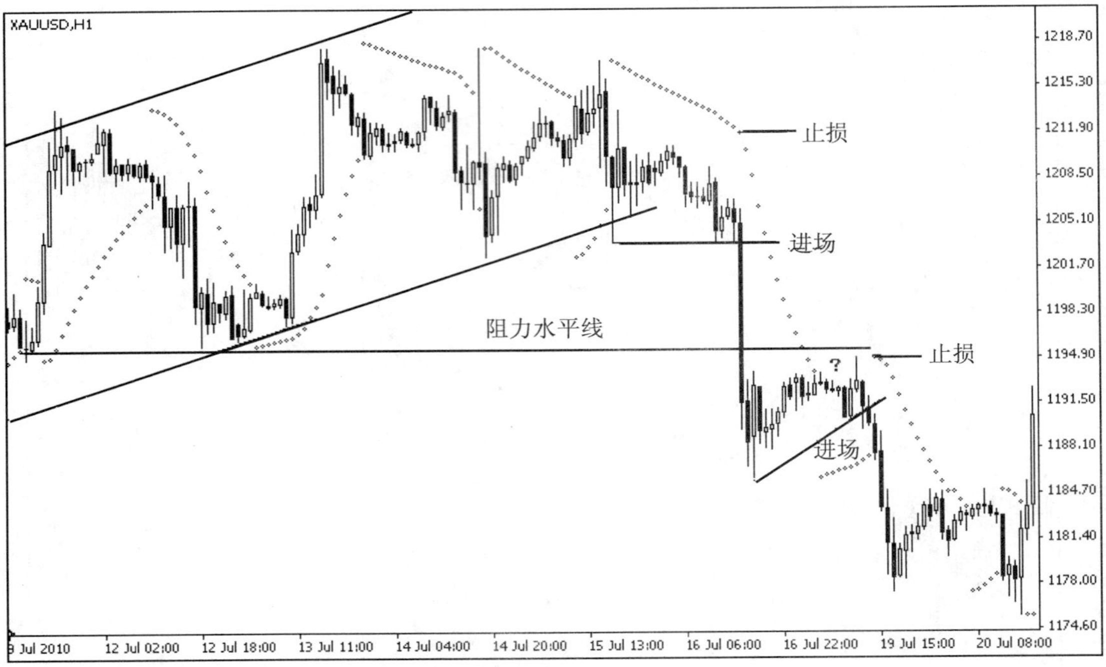

图 4—12　SAR 追踪止损（1）

还是按照前面提到的那种策略，在遇到连续拉升的单边行情时使用 SAR 设置追踪止损。如果交易者操作技术不够娴熟，在盈亏比率符合风险管理要求的前提下，可以直接利用 SAR 追踪止损保障已得的盈利，即使遇到图 4—12 中那种小型整理也可以平仓出局等待机会。这种方法非常简洁明了，在进场信号出现后，交易者完全依靠 SAR 制定追踪止损，集中注意力寻找有效进场机会上面。请看图 4—13，这里仍旧使用黄金市场一小时图表，在图表的左上部出现的三角形整理形态出现破位信号时（A 点），交易者考虑进场做空，并利用 SAR 设置初始止损和追踪止损，每隔一小时，交易者都会根据 SAR 的点位信号修改追踪止损。在进场 12 小时后，价格反弹触发 SAR 追踪止损，交易系统自动平掉全部仓位，交易者继续关注行情等待下一次机会的出现。当行情整理后再次出现跌破趋势线的信号，并且跌破前期低点（B），交易者再次进场做空黄金，利用 SAR 的趋势追踪功能设置止损，但初始止损按照 SAR 会设置的较高些，本次交易亏损额度仍是总资金的 2%，交易者只能将进场资金相应下调。进场后只要价格触及 SAR 追踪止损，就立即平仓出局。这种方法很合适短线的波段交易者，使用 SAR 指标的最大益处就是操作方向错误时可以避免大量亏损的风险，同时还能在操作方向正确时不会错过盈利的机会。

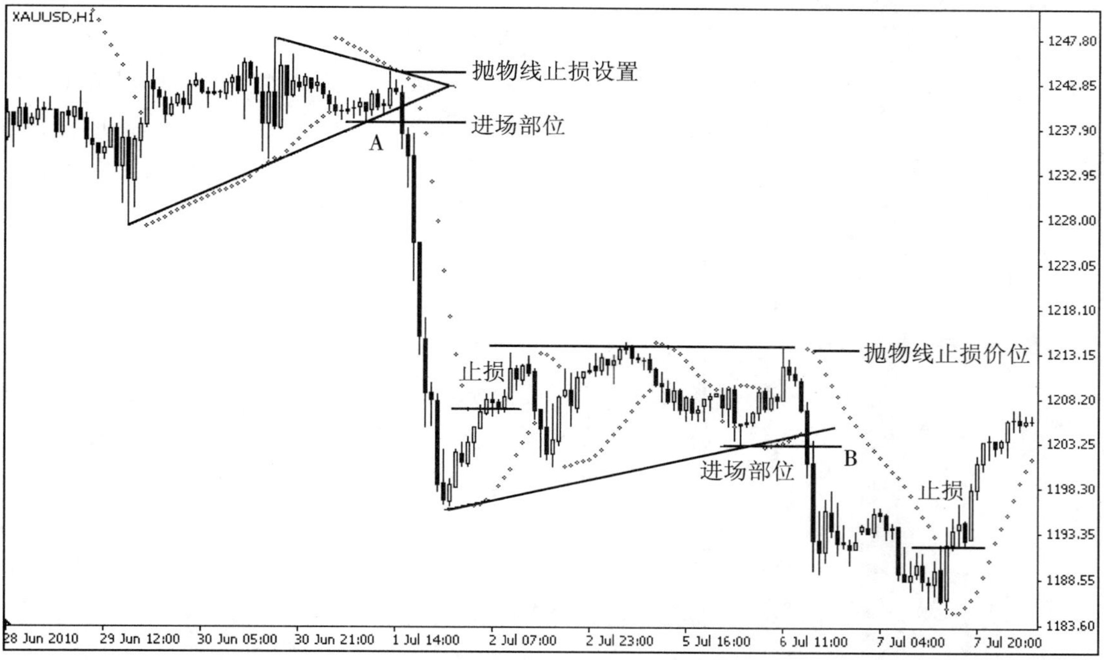

图 4—13　SAR 追踪止损（2）

止盈设置

在趋势追踪交易中始终会强调“截断亏损，让利润奔跑”。但人类认识的模糊性和未来走势的不确定性，都使得交易者在市场中无法保证在每次交易中把握自己的命运。很多交易者在高杠杆投机市场中运用趋势追踪理论能够抓住合理的进场部位，但生硬地照搬

"让利润奔跑"却无法准确抓住出场时机。判断何时适时出场才是杠杆交易中成功的关键。事实上，最成功的交易者也做不到准确把握进出场的时机，他们所能做到的就是把握住市场的趋势，确定交易方向，在市场逆转之前获利出场。在每一次进场之前都要深思熟虑地制订一套完整的交易计划，还要灵活地调整预定计划，最好使用决策树勾勒出几种假设，做出备用方案，当假设的情况出现时，交易者应该知道采取何种应对措施。设定一个切实可行的目标是成功交易的重要环节，交易者要根据自己的性格特点，在盈利的交易中如何确定出场时机，也就是说，在一个交易计划中是否包括预期盈利目标。很多人认为获得较高收益的方法是使用更多资金进场交易，但他们忘记了交易仓位的大小会影响到交易目标的确定，并且收益率与收益并不是相同概念，在杠杆投机市场中，资金管理的稳定性是生存的的第一法则，过多的资金进场往往会让交易者陷入困境。获得较高收益率的有效方法是增加交易频率，要靠胜算率、盈亏比率和复利公式赚到更多的利润。

制订好止损后，当趋势发展同交易方向一致，出现获利后，交易者该如何处理？交易者的风险承受能力不同，对出场的时机的把握也没有统一的标准。比较合理的方法就是采取追踪止损不断扩大盈利，但对于绝大多数日内短线交易者而言，不但要控制住风险，还要把握住利润。对于分析师而言，也许趋势分析比价格判断重要，但对于交易者来说，尤其是短线交易者，价位的重要性要远高于趋势。每次交易的成败完全取决于进出场部位，在进场和出场这两者中，出场最为重要，即使进场时机不合适，也会通过准确的出场减少做错方向带来的亏损，也可以通过正确的出场获取更大的利润。

或许有的交易者不会等到价格触发追踪止损平仓时就会按照自己入场前制订的交易计划，在达到目标价位就平仓出场了，这是更高水平的风险管理策略，交易者就会在每笔交易中掌握自己的命运。也许有的读者会质疑这是否与"截断亏损，让利润奔跑"相违背，答案很简单，这取决于交易者的风险喜好。对于很多在黄金外汇高杠杆交易市场的短线交易者而言，能把止损和止盈控制在一定范围内非常重要。这里涉及到两种出场法，即止盈目标出场法和追踪止损出场法。止盈目标出场法要求交易者在制订交易计划时就设置好明确的出场目标，这种交易计划如果执行得妥当的话，就可以在每次交易中把风险控制在自己手中，是一种主动性风险管理。这种止盈目标出场法的难度比较高，虽是采取顺势而为的策略，但对交易者对市场价格波动分析能力要求非常高，能将止盈出场用得好的交易者并不多。在实际行情走势中，要么行情在离止盈部位还有一段距离就出现反转，要么就是价格突破止盈部位并走出很远，长期的心理折磨会让很多交易者放弃止盈出场法，采取另外的出场法——追踪止损出场法，并且在趋势追踪交易中这种方法是应用最为广泛的一种风险管理策略。这种方法可以将“截断亏损，让利润奔跑”发挥到极致，如果不触发止损，那么在理论上，浮动盈利就会无限扩大。然而在市场波动加大时，尤其是在黄金市场短线走势较为无序，追踪止损出场法可能会损失很大一部分浮动盈利。截止浮动盈利的亏损也是趋势追踪交易的风险管理的目标之一。止盈目标出场和追踪止损出场有着明显的区别，止盈目标出场在市场行情没有出现逆转之前就离场，具有较强的主观性，很适合短线和超短线交易；而追踪止损出场就是顺势而为的左侧交易法，只有市场出现反转信号时触及保护性止损才出场。也可以将止盈目标出场和追踪止损出场分别理解成左侧出场和右侧出场。在寻找进场机会时，只能等待市场企稳并逆转后再介入，这就是顺势而为的左侧进场，这种方法可以避免主观认知的局限性和不确定性带来的潜在亏损。在寻找出场机会时有两种选择，一种是“落袋为安”的左侧出场；另一种就是“让利润奔跑”的右侧出场，这两种方法都要求交易者具有较高的支撑与阻力研判水平。

通过图 4—14 形象地介绍一下左侧出场和右侧出场。趋势线是寻找趋势转折点的有效工具之一，既然可以用 123 法则寻找进场点，那也可以将 123 法则用于右侧出场点的确认。首先在一个上升趋势中使用右侧出场法，但上升趋势中的价格走势出现变化，明显的信号就是价格跌破上升趋势线（A 点），随后出现的触及前期低点 B 点稍下方的水平线，该价位是多头仓位的追踪止损部位，当价格下行至 B 点水平线上方受到支撑反弹（C 点）后再次回落触发追踪止损部位（D 点）。按照相同原理，在图中的下降趋势中顺势做空的仓位遇到符合 123 法则反转信号时就需要立即止损出场。图中的 A 点、D 点、F 点和 G 点都是按照顺势而为的趋势追踪交易方法平仓出场的部位，这种方法虽然很老旧，但是这种方法能能完全实现“截断亏损，让利润奔跑”。使用这种出场方法的交易者完全不用预测市场走势，需要做的仅仅是跟随趋势不断调整止损。但是在黄金杠杆交易市场中短期的频繁大幅震荡都会让这种保守的出场法损失很大一部分利润。在短线交易中，日趋复杂的走势都迫使很多交易者使用另一种出场法——止盈目标出场，这种主观性的出场在制订交易计划时就已经设定好了，因为交易者在整个交易计划中要计算盈亏比率和资金比例，预期的止盈目标也必须考虑在内。对于止盈的设定有多种方法，交易者可以按照自己的系统制订出预期盈利目标。在图中的下降趋势中的空头仓位止盈目标就是前期低点（E 点），只要价格跌至该部位，空头仓位就会触发止盈设置自动平仓出场。

接下来用案例来解释一下几种出场法，最常用的出场部位的确定是斐波那契扩展线、支撑与阻力密集区、前高前低、ATR 止盈和通道线。

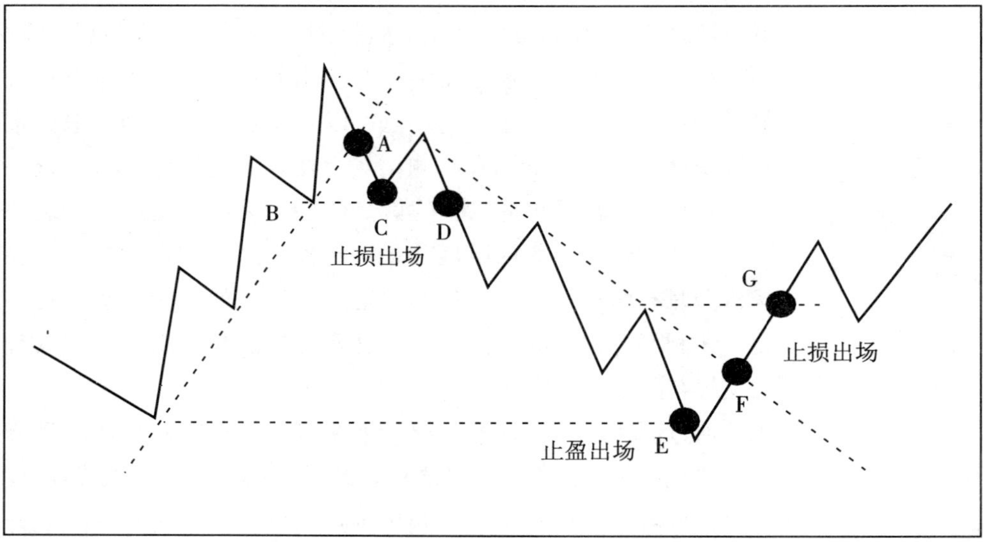

图 4—14　左侧出场和右侧出场

一、斐波那契扩展线止盈

在图 4—15 中，底部上升三角形水平上轨被突破，交易者采取突破法进场做多（A 点），在下方设置一个起始止损，在制订交易计划时，交易者就用前文介绍的斐波那契扩展线制订一个止盈目标，就设定在 B 点的水平线左右。随着趋势的继续上升，不断地利用前低上移止损。当价格触及止盈时交易员系统就平掉大部分仓位出场，剩余仓位交易者打算继续采取顺势而为让利润继续奔腾，只要不触发追踪止损就一直持有。在价格触及B点水平线回落后继续上攻，在突破高点后交易者将止损移至前低稍下方C点附近。接下来走势开始回落并跌破上升通道，但并未触及C点的止损，然后价格反弹，就形成一个新的底部D点，交易者要么维持C点止损不动，要么将止损上移至D点稍下方，这完全要看交易者对风险的喜好程度。当价格不再创出新高时，交易者就要关注价格是否会创出低于前低的低点了。当价格从低于最高点的E点处继续下跌并跌破前期低点D点时，就说明趋势已经发生变化了，按照123法则，如果价格有效跌破前期的C点水平价位就意味着转势的可能性非常大。将止损移到D点稍下方的仓位就会提前平掉，当然维持在C点水平价位的止损也在继续下跌的行情中被触及。交易者认为趋势是不可预测的，只是跟随趋势的演化采取相应的风控措施保证浮动盈利不遭受过度损失。当然浮动盈利出现的亏损也必须遵循跟本金一样的风险管理策略。浮动盈利如果大幅缩水的话，那交易者就无法真正实现“截断亏损，让利润奔跑”。止损出场法和止盈出场法的明显区别就是，止盈出场比较主观比较激进些，但可以将风险控制在自己手中，缺点是止盈出场点位制订的难度和点位的准确性；而止损出场法则较为客观更为保守，可以实现“让利润奔跑”，在理论上可以将浮动盈利最大化。在短线黄金交易中，市场中存在过多的噪音和价格急剧的波动，单独使用一种出场法则都有可能损失很大一部分浮动盈利，并且这两种出场法都有各自的优点和限制条件，如何处理浮动盈利最大化和亏损最小化之间的均衡，就是交易者在制订交易计划中最重要的部分。

二、价格密集区/前高前低止盈

在图4—16中，同上一个例子一样采用的都是大家熟悉的上升趋势，在图4—14中使用斐波那契扩展线确认止盈出场部位，而图4—16中确定止盈部位的是前期的阻力密集区。两个做多的例子同样都是以突破法确定进场部位，在图4—16中的例子中，当价格上破下降趋势线后出现符合123法则的走势，在价格上破前期高点后交易者决定进场做多，在制订交易计划时，将止盈设在前期阻力密集区域处（图中阴影部分），只要价格进入该区域，交易者就会考虑平掉一部分仓位，剩余仓位的风险由追踪止损控制，最后将初始止损设置在前低稍下方（A点）。价格在突破进场后稍微拉升后大幅回落至

图 4—15　上升趋势中的止盈出场和止损出场（1）

进场点下方，交易者仍决定继续持有而不是减少仓位，随后价格受到支撑开始反弹，形成新的低点，当价格突破前期高点后，交易者将追踪止损上移至新的低点稍下方（B 点）。接下来的行情如图所示，交易者仍旧在价格继续上破时移动追踪止损（C 点），最后价格升至止盈目标区域内时，按照交易计划，交易者平掉部分仓位，并保留部分仓位在不确定的市场中自由发展，仅仅利用追踪止损控制风险。当价格不再创新高时，假设交易者比较保守，就会用较为妥当的 D 点作为新止损的设置，激进型的交易者仍将止损停留在 C 点处。剩下的价格走势就是开始连创新低，两处止损均被触及。

在制订交易计划时，要充分放开自己的视野，从较大时间周期入手，那样可以看得更远。交易者可以选择三种止盈出场部位法，第一种是支撑与阻力密集区，第二种就是前期重要的高点和低点，第三种就是利用技术分析工具确定出场部位，比如说斐波那契工具、趋势线、支撑与阻力线、布林通道、标准偏差通道和等距通道等技术辅助工具，具体案例将在下一节细述。如果各种指标显示的支撑与阻力区域重合度越高，说明该区域的支撑与阻力作用越有效。交易者需要较宽广的视野和较开放的思路，不断强化对支撑与阻力的

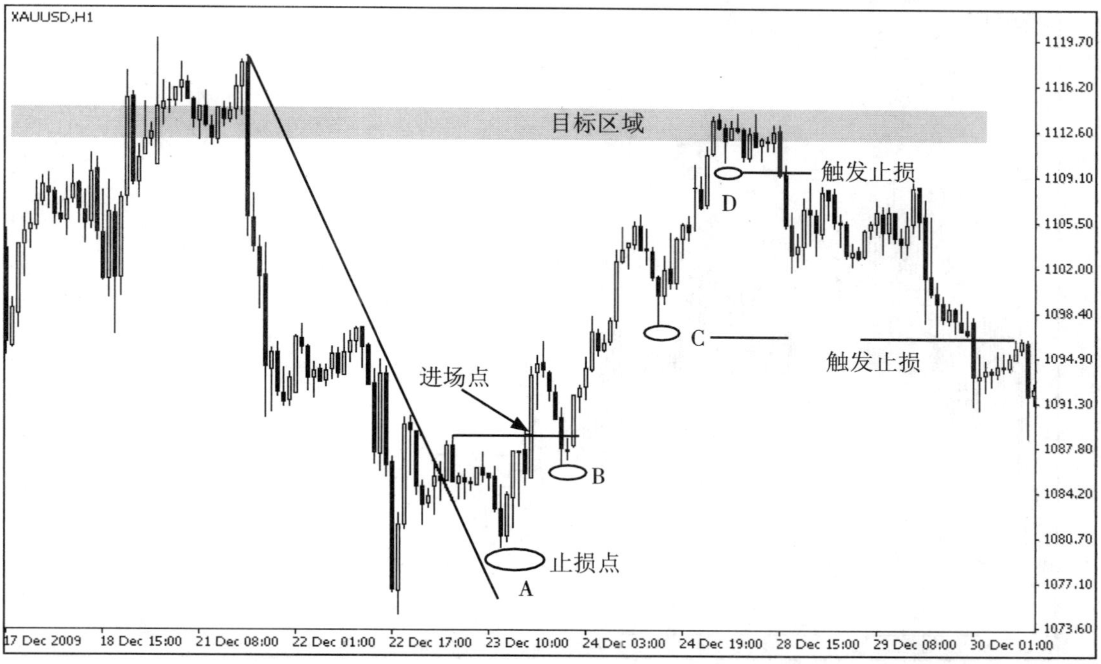

图 4—16　上升趋势中的止盈出场和止损出场（2）

判断能力。在图 4—17 中，当价格突破下降趋势线后，交易者就关注价格能否有效突破前期高点（B 点水平线），如图所示，当价格升至该水平线处形成一个上下影线都较长的阳线时，交易者就制订好短线交易计划，由于当时价格并没有跌至前期低点之下，交易者认为，此前的回调走势较为缓和，也没有跌破前期低点（见图 4—17 中的 4 小时图），此次反弹如果价格能突破该下跌趋势最高点的话，价格走势有可能会创出新高。他使用自己的方法确定两个止盈出场部位（如图所示），止盈部位既不能设置的太高，价格很有可能无法触及；也不能设置的太低，过低的风险回报没有吸引力。

在图 4—18 中的价格走势有效突破 B 点水平线后，交易者在价格走势出现较大的一根阳线，将初始止损上调至进场点附近设置保护性止损，当价格升至第一止盈出场区域内，交易者按计划平掉一部分多头仓位，然而价格继续上升到该区域的上方才回落（D 点），价格跌至第一止盈区域后受到支撑继续走高，在价格突破前高 D 点附近水平线后，如果按照突破进场原则，此处仍是加仓的时机，假设交易者比较灵活，也可以按照金字塔加仓法进场加仓，将止盈设置在第二止盈部位，但投入资金应该远低于第一次出场的仓位资金

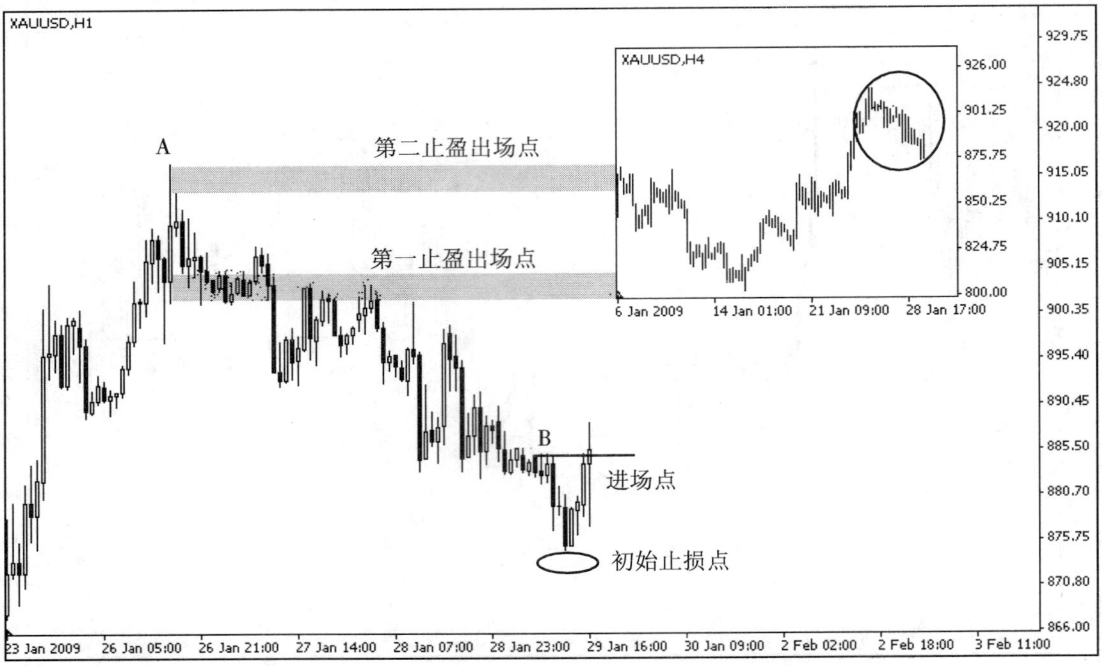

图 4—17　止盈出场和止损出场案例（1）

量，然后不能忽视的是将保护性止损转为追踪止损，将止损挪至 E 点，也就是低点的稍下方。价格一路继续飙升，触发第二止盈设置，交易者平掉大部分仓位，也包括加仓的头寸，对于剩余的仓位的管理交易者将采用顺势而为严设止损原则进行跟踪控制。当价格突破前期高点 A 点水平后，如果按照突破进场原则，此处是中线进场时机，但交易者制订的是短线交易计划，没有再次加仓，继续监控剩余仓位的状况。价格突破 A 点水平价位后开始盘整回落至前期高点 D 点水平处后反弹形成一个 T 形 K 线形态（F 点），当价格突破上次的高点后形成新的高点 G，交易者将止损升至 F 处。然后交易者担心会出现符合 2B 法则的走势就画出一条上升趋势线。交易者决定当价格跌破趋势线就平掉剩余仓位，使用的是技术指标止损，而不是等到价格下跌触发追踪止损才离场。当价格跌破趋势线时（H 点），交易者平掉所有剩余仓位，结束本次短线交易。

投资的成败是大量决策行为的积累结果，交易计划、执行管理和风险控制就是交易者决策的核心。在整个交易决策过程中，执行管理和风险控制的重要性远远超过交易计划，交易者要尽量使用简单有效的系统制订交易计划，而在执行管理和风险控制方面不但需

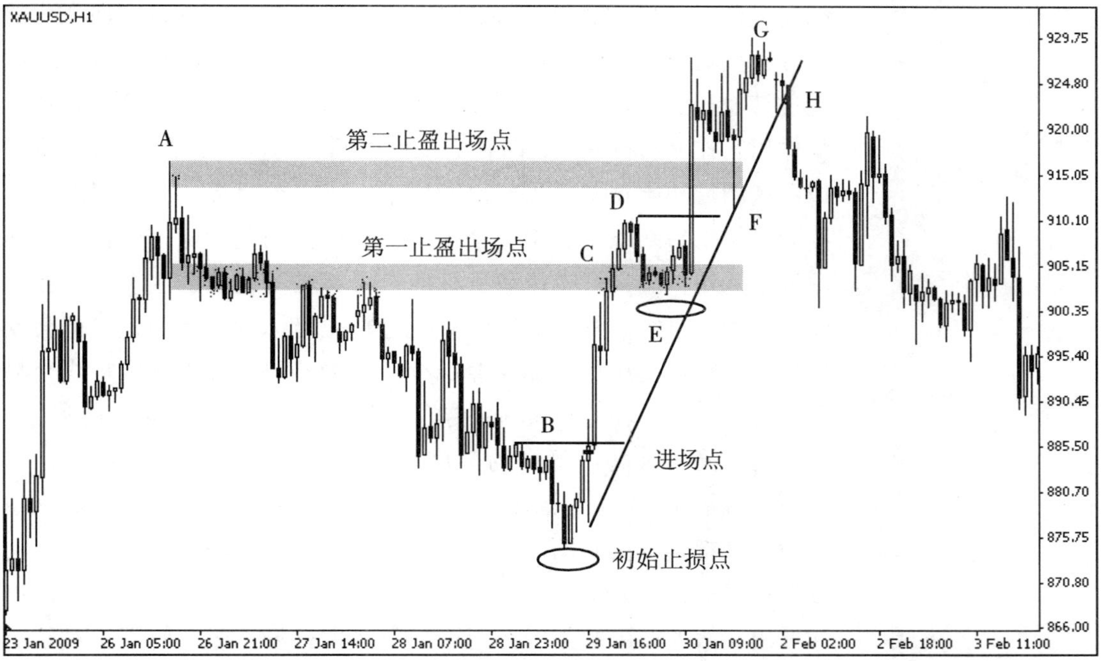

图 4—18　止盈出场和止损出场案例（2）

要审查市场环境，还要时刻跟随市场条件做出适当调整。时间会证明一切，为了不让损失超过临界值，交易者不是时时刻刻寻找交易机会，而是应该更专业地研究市场的现状、交易系统、信息来源、心理状况、计划制订的实效和执行力度，利用模块化的管理模型让自己远离不可挽回的风险。从统计学的角度看，这种不可挽回的风险是必然的，只是还有很多人没有意识到，但迟早要发生的，交易者应该始终持敬畏市场的态度。

三、ATR 止盈

很多日内短线交易者都希望在短时间内实现亏小赚大的有效交易方法，在短线交易中，如果采用标准化的止盈止损设置和仓位规模配合趋势交易，交易者又有很强的纪律性，那就能保证长期稳定的盈利。除了本章介绍的其他方法，用价格波动幅度来设置止盈止损和仓位规模是很科学的一种策略。在制订交易计划时，利用波动性计算初始止损和仓位规模的方法前文研究介绍过了，现在着重介绍的是标准化的止盈设置。

之前曾介绍过利用 ATR 制订标准化的追踪止损策略，ATR 追踪止损是在ATR初始止损策略基础上增加了有利于交易方向变化的追踪止损功能。ATR是一个真正的自适应指标。ATR用途之广远超过其他技术工具，ATR的通用性、适应性和灵活性起到了非常大的作用。在交易计划制订时，需要设置预期的盈亏比率，ATR既可以用来制订初始止损，当然也能用于制订止盈目标。一个用追踪止损的趋势交易系统永远都会交出一部分已得的利润，一个折中的办法就是利用止盈目标，止盈目标的设置又具有很强的主观性，在实际操作中，也经常发生价格没有抵达止盈目标就开始回撤，也会发生价格走势触及止盈目标还会继续原来的趋势。对于日内短线交易者而言，胜算率和盈亏比率保持在一个稳定范围内就意味着盈利。

在不同的市场，不同的时间周期，不同阶段，按照盈亏比率2∶1，亏损额度2%的固定原则用ATR设置的止盈止损金额和仓位规模金额都是不相同的，在一个波动较平稳的市场中所获得的盈利要远远低于波动较大的市场中获得的盈利。从图4—19中就可以直接看出，假如在用椭圆形圈起来的走势中进场，那么使用相对较小的ATR数值制订的交易计划的结果就是，较小的止损配合较大的仓位规模，当然利用ATR设置的止盈基数也相对较小；假如在长方形圈起来的走势中进场，那较大的ATR会导致止损设置过大而仓位规模相应减少，而ATR止盈也会相应放大。在趋势没有走出来之前，没有人会知道止盈设置的是过高、过低还是正合适。而且ATR在底部波动的时间越久，趋势动能积累的就越久，这就意味着动能一旦释放出来就会出现较大的单边趋势，使用在底部徘徊的ATR数值设置的止盈目标就会放弃很大一部分利润；反之，如果ATR还处于高点时就进场，较高的ATR数值会让止盈目标设置的过大，价格还没有到达目标就可能向反方向波动。在一个完全使用ATR设置进行风险管理的标准化交易系统中，利用ATR设置交易当中最关键的因素——止盈止损和仓位规模。如果在每次亏损额度2%的前提下使用2倍ATR设为止损，4倍ATR设为止盈，无论是在何种市场，还是在哪个时间周期，都使用相应数值的ATR设置仓位规模，即使仓位规模大小不一，但每次交易止盈都是2%×2=4%，假设交易者的胜算率只有50%，按照复利原则，也可以从市场中获取可观收益。如果交易者对进场部位把握的很好，胜算率也保持在50%以上，再按照趋势动能释放的强弱程度制订高于4ATR的止盈。当这些最根本的因素被确定后，无论交易者选用什么样的交易系统，只要持之以恒地执行标准化的风险管理，交易者不但在每笔交易中掌握自己的命运，还可以按照复利原则让这些交易帮助交易者获得足够的利润，并长期活跃在市场中。

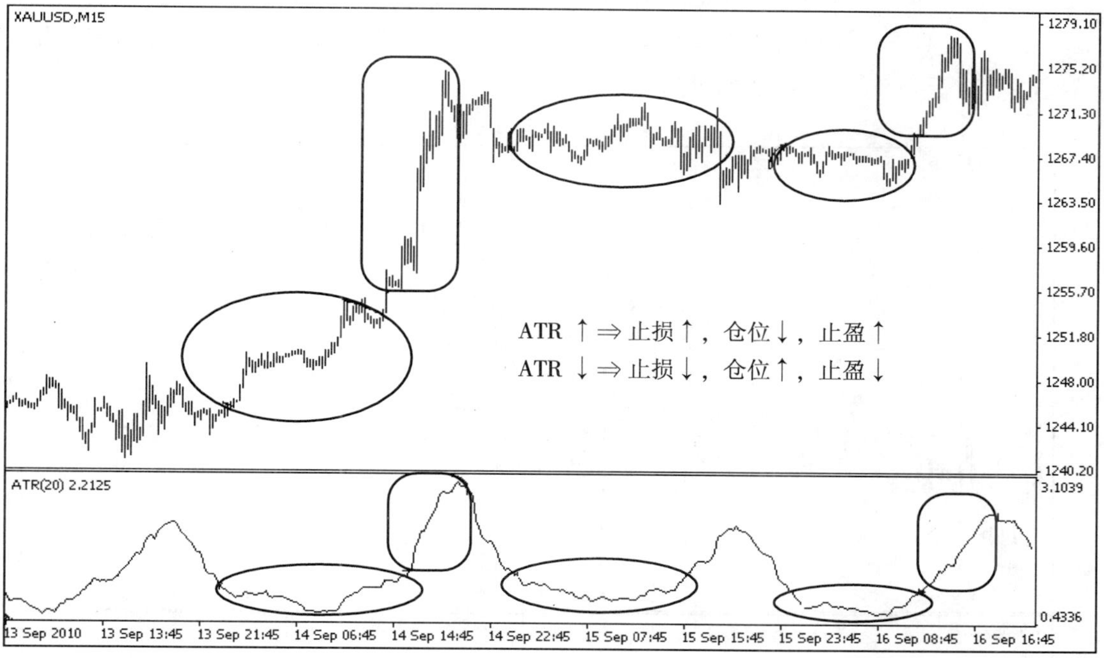

图 4—19　ATR 波动幅度与趋势波动幅度

对于如何制订止盈中 ATR 的倍数的问题，还是遵循简单有效的原则——动能积累得愈久，释放的动能就愈大，出现的单边趋势行情也越大，那么就需要制订较大的止盈；反之，动能积累的时间较短，出现的单边趋势也相对较小，那么用于制订止盈的 ATR 倍数也要下调。除了 ATR 之外，用标准差作为止盈止损设置工具也未尝不可。在图 4—20 中使用的是黄金市场 15 分钟图表，可以看出价格从下方反弹后开始形成箱形整理，交易者发现价格在阻力线附近比较密集，这表明市场对该价位的短期的一致性认可程度较高，只要价格有效突破该价位，说明市场双方力量开始发生变化，交易者就可以立即进场做多，同时在该价位设置 2ATR 止损。对于止盈的设置，还是按照一条市场的老俗语“横起来有多长，竖起来就有多高”，当这种整理行情一旦突破，就会出现相对较大的行情，交易者可以将盈亏比率设置在 2∶1 以上，并使用 ATR 吊灯追踪止损保证已得利润。只有注重防守的交易者才能在市场中生存下去。如果交易者对进场部位把握能力不足，对突破进场始终有疑虑，每当价格达到关键支撑与阻力时总是迟疑不定；当价格突破后继续飙升时，他们反而兴冲冲地追进场，生怕踏空行情，在这种情况下，没有明确的部位可以设置止盈止损和仓位大小，糟糕的风险管理让交易者承担了不必要的风险。

图 4—20　ATR 止损与止盈设置（上升趋势）

接下来剖析一下在下降趋势中，用进场部位设置止盈止损，当然仓位规模要按照止损和亏损额度来制订。在图 4—21 中的黄金市场 1 小时图中出现的是一个头肩顶形态，颈线向右下方倾斜，同时右肩又像一个三角形整理形态，交易者关注关键价位的密集部位，只要价位跌破该区间，就会进场做空，同时利用 ATR 进行风险管理，采用分批出场的原则，将仓位分成两部分，分别以 4 倍 ATR 和 6 倍 ATR 设为出场部位，并采用追踪止损以防价格无法触发止盈。在日内短线交易中，像图中那种不能触及止盈价位就反转的概率也很高，所以要使用追踪止损避免市场的不确定性带来的损失，交易者不能用浮动盈利去承担市场的不确定性风险。

图 4—21　ATR 止损与止盈（下降趋势）

事实上建立一个风险管理系统并不难，真正的难点是始终严格地执行风险管理纪律。从本质上讲，交易就类似于赌博是一种概率游戏，这就要求交易者在交易中保持连续性、一致性和稳定性，只有经过一个较长周期的考察后才能看出风险管理和交易系统的绩效。使用严格的风险管理原则和严谨的交易系统才能让交易者在不确定的市场中追寻稳定的收益。

四、通道线止盈：布林线和平行通道线

在赫赫有名的交易系统中，通道类型的交易系统始终名列前茅，赫赫有名的“周规则”也是一种通道类技术工具。通道类的技术工具中比较常用的、有效的就是布林线和平行通道线，趋势的基本定义就是许多波峰和波谷依次上升或下降的方向所构成的，布林线和平行通道线就是将这些波峰和波谷连接起来，在通道线上下轨道上出现的波峰和波谷越多说明该通道线越有效。通道线代表着正常与异常价格波动的界限，在绝大多数的情况下价格在通道内波动，只用异常的情况才能促使价格波动至通道之外。道氏理论将趋势分为短期趋势、中期趋势和长期趋势，一系列的短期趋势会形成中期趋

势，中期趋势又是长期趋势的一部分。在交易中很多时候使用长期时间图表判断趋势，用中期时间图表寻找支撑阻力，在短期时间图表中寻找进场点。

1. 布林线止盈

布林线的设计原理是将技术分析与统计学结合起来，在 20 期均线处价格偏离的范围是均线上下 2 倍标准差范围内的概率为 95%，而价格偏离至 20 期均线上下 2 倍标准差之外的概率仅为 5%。按照价格波动标准偏差的统计学原理，绝大部分的价格的极值都在布林线上下轨附近，只有很少部分的价格极值会波动至 2 倍标准差之外。也就是说，布林线除了能度量市场的波动性之外，还能用于确认支撑与阻力。如果在一个中期时间图表中交易者发现有效的价格突破决定进场时，那他就需要确定预期收益，也就是止盈部位。交易者可以使用更长时间周期图表中的布林线的下轨（支撑线）、中轨（20 期均线）或上轨（阻力线）去确定潜在的止盈目标，当然交易者完全可以利用布林线的收敛形态去确认交易机会。统计结果也表明，使用的时间周期越长，布林线上下轨的支撑与阻力能量就越大，尤其是在市场处于整理行情时，布林线上下轨的支撑与阻力效果最为明显。

请看图 4—22，在左侧的小图是黄金市场 4 小时图表，假设交易者利用 123 反转确认突破后，他需要确认预期出场目标，以便计算盈亏比率。在日图中，布林线的支撑与阻力效果很显著，就将布林线的上轨定为止盈目标，如果交易者经常运用布林线寻找进出场部位时，还可以在 4 小时图中利用布林线的下轨设置为止损。如图所示，最终在日图中黄金价格触及布林线上轨处上方后开始回落，价格波动在 2 倍标准偏差范围内的概率为 95%这一理念，就可以帮助交易者在不同时间周期中设置灵活的进出场部位和追踪止损。

布林线设计上使用了技术分析原理和统计学原理，它具备多种功能，既可以指引趋势，还可以指示支撑与阻力位置，又具备通道作用。在本文中着重使用的是布林线的测算支撑与阻力的功能。交易者可以在短时间周期图表中的布林线采用的突破上轨进场做多，或者跌破下轨进场做空；在长周期时间图表中的布林线上轨是做多的止盈目标，下轨则是做空的止盈价位。对于短线交易者而言，布林线用于波段操作的指导性较强，一方面，布林线的形态可以帮助

图 4—22　布林线止盈设置

交易者识别市场的趋势是处于收敛状态还是发散状态，在布林线收敛时，交易者等待布林线的发散信号出现时就进场交易，当布林线从发散形态开始收敛时就预示着趋势会出现转变；另一方面，布林线处于常态时，也就是价格处于宽幅整理行情时，布林线就是整理行情交易的阻力线和支撑线，价格升到阻力线就卖出，跌至支撑线就买入。还是要重点提及的是，布林通道涵盖 95％的价格走势，布林线是个非常有效的制订进场、止损和止盈的指标。在短时间周期图表中利用布林线寻找价格波动收敛的形态——布林线收口形态，那是最佳进场部位即将出现的时机，直到布林线开口放大形态出现，价格开始有效突破上轨或下轨时就是最佳买入时机，上轨和下轨也成为制订止损的依据之一。除非交易者是打算做中长线的趋势追踪交易，一般而言，日内短线交易者可以做较小波段交易，那就需要交易者观察较大时间周期图表中的布林线的上下轨，制订预期的盈利目标。如果交易者喜欢做长线趋势交易，那就需要在更长的时间周期图表中的布林线寻找预期止盈目标。实践证明，在长期时间图表中的布林线的支撑与阻力效果要好于短期时间周期中的布林线的支撑与阻力作用，在短周期时间图表中的布林线更适合用突破法寻找进场部位。

接下来就利用两张图表说明一下布林线在不同时间周期中的不同用法。图 4—23 介绍的是在黄金市场中的一个下降行情中，以 1 小时图为短周期图表，布林线出现收敛形态，交易者是以突破进场法决定进场部位，当价格突破布林线上轨后，布林线出现发散形态，交易者就进场做多黄金，将止损设置在布林线下轨处稍下方。在制订止盈目标时，他关注 4 小时图表中的布林线上轨处与前期高点相符合，就将该点设定为预期出场目标。在图 4—23 中左侧的图表就显示出预期止盈和实际黄金价格走势的相吻合程度。

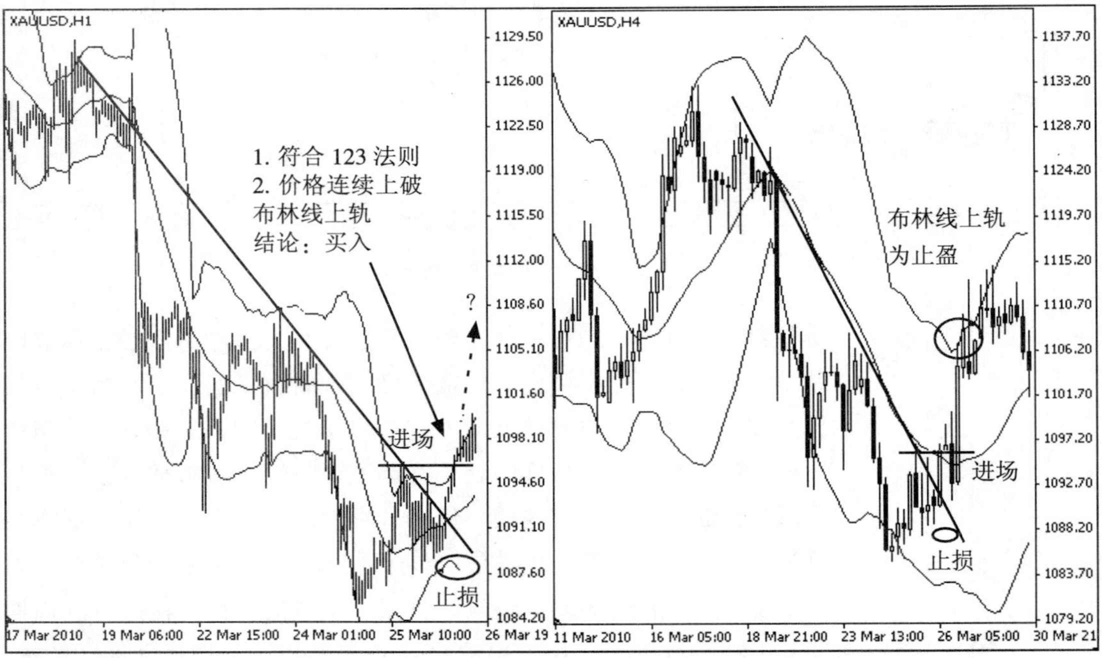

图 4—23　布林线止盈止损设置案例（多头）

在图 4—24 中，也用同样的系统短线做空黄金，一方面使用较短时间框架内的布林线决定进场时机和设置初始止损；另一方面用较长时间框架内的布林线设定预期止盈目标。要注意的是，在较长时间框架内的布林线上下轨的突破也许是更长趋势的开始，短期趋势可以形成中期趋势，中期趋势还能演变成长期趋势，交易者要按照自己的交易习惯进行调整。交易者还可以调整标准差的倍数，以寻找更合适的进场价位和出场目标。

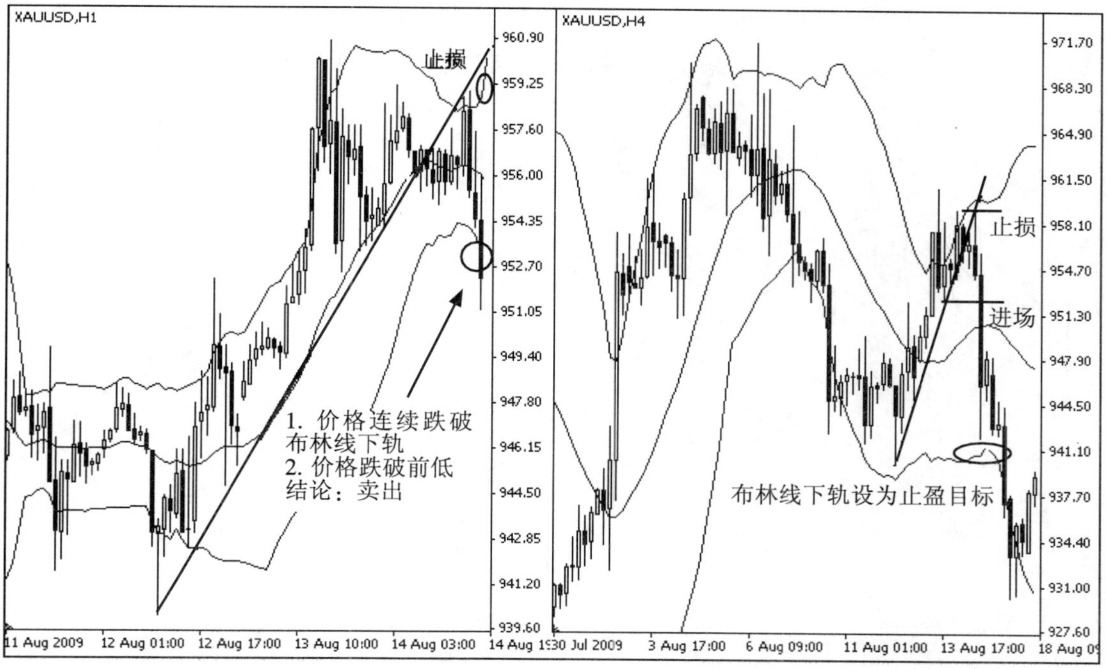

图 4—24　布林线止盈止损设置案例（空头）

2. 趋势线止盈

趋势线是分析趋势最简单、最有效，也是最有价值的工具之一。尽管趋势线的画法有很多种，也带有很强的主观性，但最重要的是趋势线应该尽力反映出价格变化的趋势，如果一条趋势线的有效性越高，那么该趋势线的重要性就越大，它的支撑与阻力作用也就越明显。趋势线既有相互转换的支撑与阻力作用，又具有较强的测算意义。趋势线的测算意义非常有魅力，例如头肩顶（底）确认后，从头到颈线的距离就是价格跌破（上破）颈线后的目标价位。接下来就要将趋势线的测算意义进一步发挥，就是使用大家熟悉的拐点线来测算止盈目标。

请看图 4—25 中的黄金价格走势 1 小时图表，价格走势完美地符和 123 法则，交易者准备进场做多黄金，在确定预期止盈目标时，交易者在底部画出一条趋势线 AB，然后又在上方 C 点处画出趋势线 AB 的平行线，再结合水平支撑与阻力确定止盈目标。交易者还可以按照该原理多画几条平行线（拐点线），甚至可以把趋势线和最高点处的平行线中加入斐波那契以测定可能的支撑与阻力。这种符合通道理论的方法非常简洁有效，只需要3个点就可以确定两条平行线。它不是用来预测价格趋势，仅仅是一种用来寻找支撑与阻力的技术工具，在图4—26中大家可看出这种平行线指标的实用性。

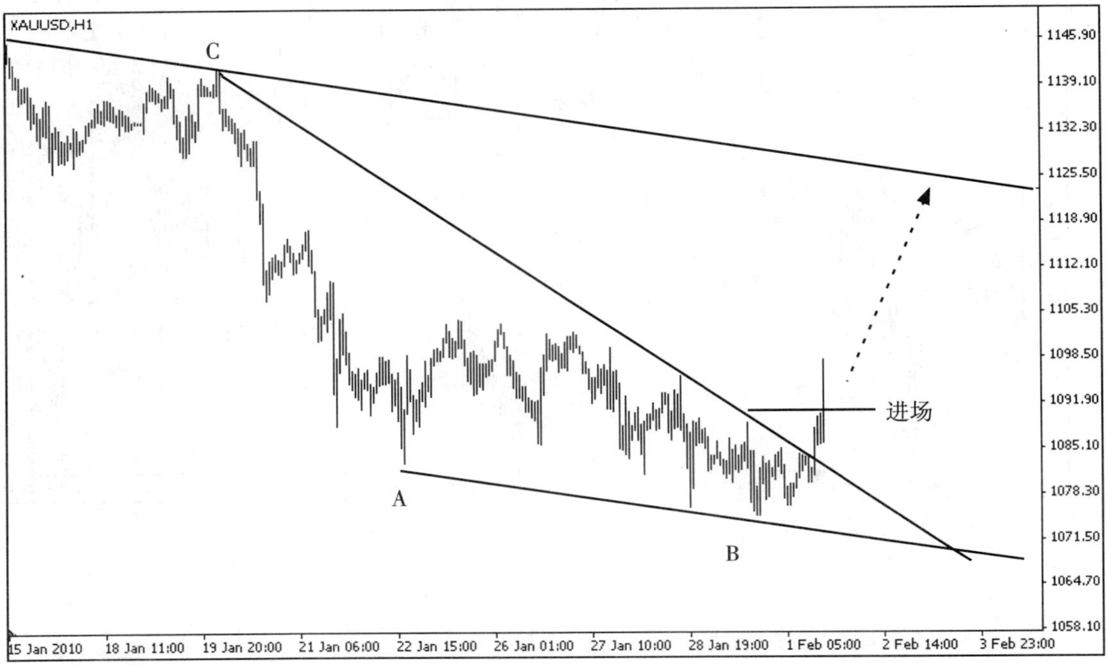

图4—25　平行通道线止盈（1）

在图4—27中，价格走势跌破上升趋势线后，开始震荡，假如交易者使用突破进场法进行交易，在图中已标出进场和加仓部位，对于预期止盈目标的判断，交易者可以发挥其主观能动性确定其潜在的离场部位，倾斜的趋势线包含时间和空间两种因素，反而不能像水平趋势线那样可以明确地认定支撑与阻力价格部位，这两者结合起来效果非常好，在连续画出几条趋势线后，交易者将图中D点处画出上方的趋势线AB的平行线，又画出关键水平支撑线，将这些画线交叉的区域设定为目标区域。图4—28就可以看出这种方法在实际运用中的效果，由于这种方法的主观性很强，需要交易者不断加强画线技术。很多时候，趋势线和平行通道线都是试验性的，在线上出现的点位越多，说明趋势线和平行通道线越有效，有效的通道线才能提供更有意义的测算结果。

对于众多的短线交易者，使用止盈出场法保证风险报酬率在可

图 4—26　平行通道线止盈（2）

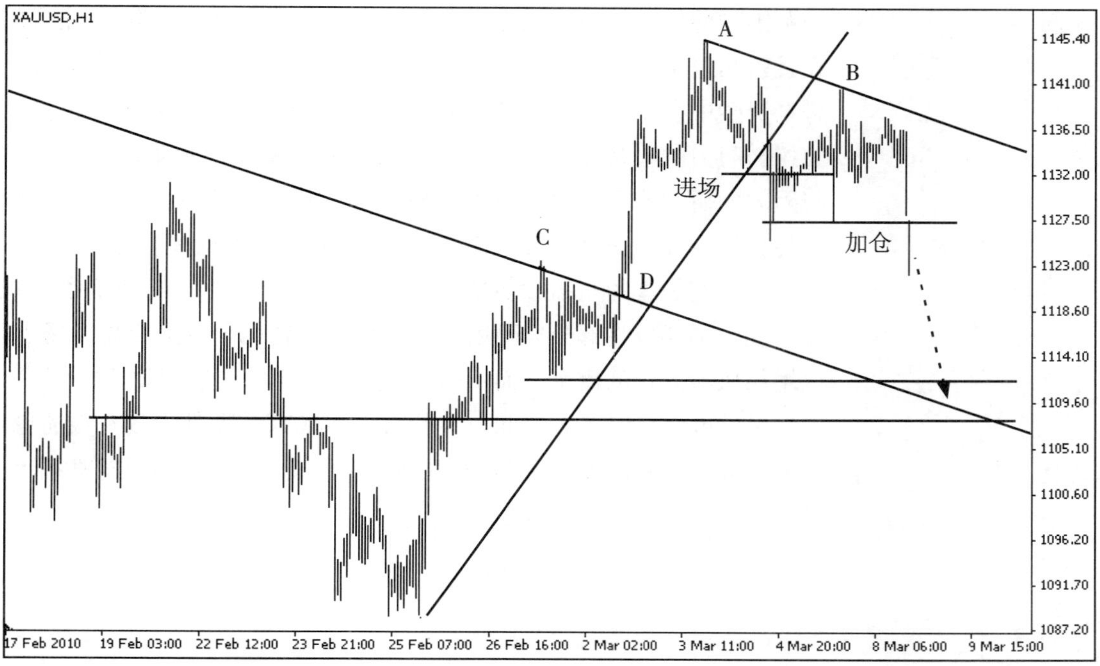

图 4—27　平行通道线看跌止盈（1）

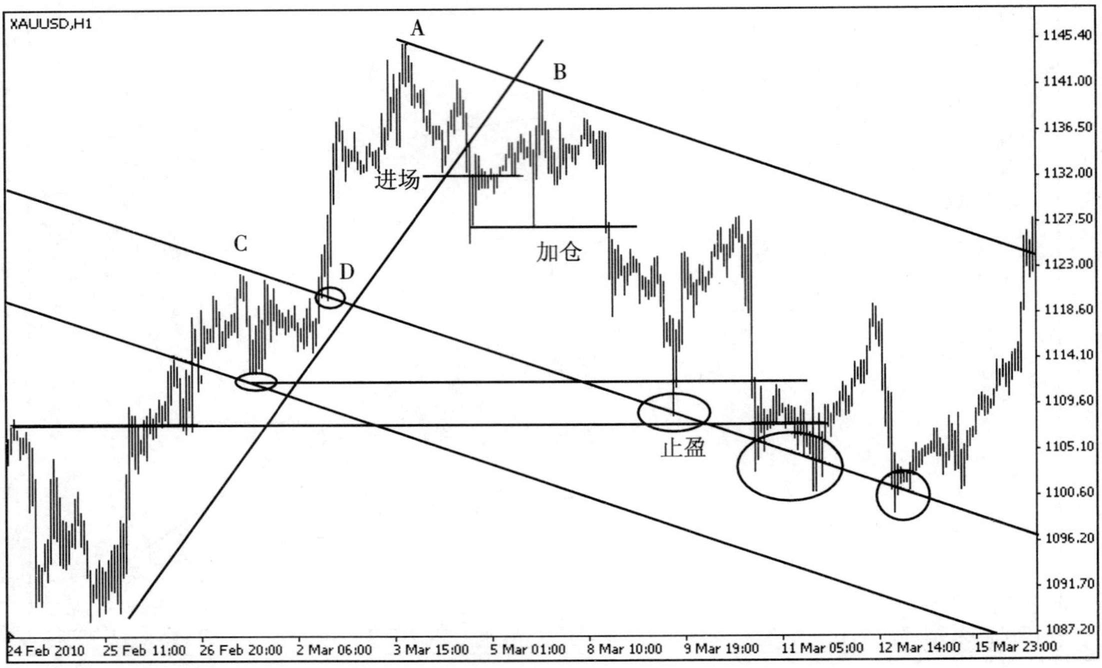

图 4—28　平行通道线看跌止盈（2）

控范围的前提下，使用追踪止损出场法追求“让利润奔跑”。止盈的设置就是对交易者的支撑与阻力确定能力的检验，这种能力决定了进场资金中有多大比例资金使用止盈法平仓出场的。如果交易者对支撑与阻力的研判能力不足，一方面交易者需要加强最基本的支撑与阻力的研判能力，另一方面尽量还是采用最保守的止损出场法跟随趋势的发展，交易者可以使用 ATR 或者其他敏感些的追踪止损方法。如果交易者的止盈设置能力较高，能在复杂的市场环境中寻找出合理出场部位将部分风险固化。也可以设置两个以上止盈出场点，以增加风险固化的概率，而不是为了追求最高的交易绩效。

另外也许有许多人会问，为什么不在底部或顶部出场？很遗憾，长期来看，猜测底部和顶部成功的概率小而又小，几乎可以忽略不计。

资金管理

资金管理在很多交易者眼中远远不如交易技术重要，他们也许不知道，资金管理的目的就是生存第一和盈利第二。在资金管理这方面，需要的是生存第一，始终敬畏市场的交易者才能在激烈博弈中生存下来，然后才是靠着复利公式赚取利润，损失最小化和资金的复利积累才是本书的目的。成功的交易只需要 20%的交易技术，而资金管理的重要性则占交易 80%的比重。如果说交易是一种艺术，那资金管理就是一种科学和艺术的结合体，科学占其主导地位。短线交易大师拉瑞·威廉姆斯就是使用资金管理创造一年内把 1 万美元变成 110 万美元的奇迹。如果交易者抛开资金管理执著地寻求利润最大化的秘诀，而金融市场的规律就是适者生存，企图超越市场凌驾于市场之上的梦想家都会被市场迅速淘汰，市场规律左右着交易者的一切市场参与活动，而交易者无法超越市场，市场参与者所能做的就是认识到市场规律后顺应市场规律。

那么按照“二八原则”，金融市场中只有 20%的参与者会最终生存下来，如果只考虑技术因素的话，这 20%的生存者大多数是将 80%的精力集中在风险控制和资金管理，只将 20%的精力放在交易技术方面。资金管理的核心包括的两个要素，一个是风险管理，一个是仓位管理。严格的资金管理加上严谨的分析能力，再养成良好的交易习惯就是成功交易的基础。本质上，资金管理就是如何控制损失。只有懂得如何控制风险，才能学会如何获得收益。资金管理又有两个目的，一是要将交易过程中潜在的损失控制在可以接受的范围内；二是在可控的风险范围内追求利润最大化。风险与利润本来就是互相对立的，如果要控制风险，就需要轻仓；如果要追求较高利润，就要重仓操作。仓位规模的大小决定了盈亏程度。一般而言，理智的交易者都会将止损上限定在总资金的 20%左右，总亏损额度与风险管理（止盈止损的设置和仓位规模）有着最直接、最密切的关系。在本文介绍止损方法时不得不同时讲解必要的仓位管理，止损和仓位二者密不可分。简而言之，每笔交易的亏损额度 2%的前提下，每笔交易止损和仓位规模成反比，用亏损额度来维持限定交易规模和止损设置的平衡。

一、资金管理的要点

即使在不利的小概率的负面影响大的交易条件下，有效的资金管理可以帮助交易者严格制定计划、有效利用资金。在额定的风险范围内，利用反等价鞅策略实现利润长期、稳定、持续增长的目的。尽管本书只讲解黄金市场，但从风险管理原则角度而言，利用多元化去分散风险，进行交易就必须冒一定亏损风险。既然交易的风险无法避免，就应该用不同交易市场、不同交易周期来进行风险管理。此外，在风险受到严格控制的前提下，熟练的交易技术和稳定的心理素质才会发挥作用。

假如交易者以追求收益而不是追求胜算率，那么趋势追踪交易将会帮助交易者实现长期稳定盈利的梦想，很多成功的交易者获得的最大利润都是建立在大多数亏损为基础之上的，市场 70%～80%左右的时间都是在整理，只有 20%～30%左右的单边趋势可以让趋势追踪交易者获得丰厚的收益，由于趋势追踪交易系统无法在整理行情中获利，一遇到整理行情，交易者就面临连续的亏损。技术成熟、心理稳定的交易者也许会忍受连续的亏损，但大多数交易者难以承受这种压力，风险管理在这个阶段很容易出现失控现象，不愿意接受失败，要么撤掉止损，要么逆势加仓。随着资金管理的失控，原本可控的风险变的混乱，多次的重蹈覆辙只能让每次 2%的亏损变的越来越大。在严重亏损的情况下，交易者就需要更大的盈利弥补亏损后方能实现总资金量的增长，那可能需要交易者继续放弃资金管理，用赌博的方式去扳回败局。

资金管理还与交易技术和心理素质有机结合起来，哪怕在不同交易市场、交易周期中，风险管理和仓位管理的最基本原则都不会出现任何变化。这些原则包括：第一，总资金亏损额度的限定和每笔交易亏损上限；第二，要利用市场的波动性和活跃度确认止损及仓位规模的设置，以及总资金最大投入额度；第三，严格执行制订的止损计划，每次只承担额定的亏损，不能将小额亏损变成巨额损失；第四，设置追踪止损保护已得的盈利；最后，要使用金字塔加仓法则顺势加仓，逆势要减仓，逐笔的增加或减少的仓位规模要符合趋势追踪交易系统和资金管理的要求。如表 4－1。

表 4－1 交易方向、止损和仓位管理

	上升趋势	上升趋势	下降趋势	下降趋势
交易方向	做多	做空	做多	做空
止损管理	提高止损	止损出场	止损出场	下调止损
仓位管理	加仓	减仓	减仓	加仓

在交易过程中，资金管理的重要程度要远远高于趋势追踪交易系统，在一个交易周期结束后，赢家亏损次数也许会大于盈利的次数，发挥良好的资金管理系统帮助交易者严格控制风险，及时平掉出现损失的仓位截止亏损，让盈利的仓位获取最大程度的利润。资金管理在整个交易系统中的重要性就在于资金管理是决定交易成败的关键。

二、仓位管理

除了上文提及的定额止损所用的简单资金管理方法外，在这里还要继续强调，每次的亏损上限为2%，这样就可以增加交易员在市场中的生存机会。将ATR和资金管理合并使用，仓位管理也能适应市场波动性的增减做出相应的调整，这对应的是反等价鞅制度的资金管理策略。与ATR用于风险控制一样，ATR参与的资金管理与固定的仓位管理更具科学性和灵活性。本文引用《海龟交易法则》中方法用于黄金现货交易市场的资金管理。由于不同的公司提供的价格不一，最低的波动幅度有的是0.05美元/盎司，有的是0.1美元/盎司。在进行仓位规模设置公式中，假设账户资金为5万美元，采用1∶100的杠杆，0.05美元/盎司的最小波动幅度，使用1小时图表，止损设置为ATR的1.6倍数，那么仓位资金管理公式：

资金规模：50000美元；

每笔交易止损额度：2%；

ATR（20）：3.6407＝364.07点；

止损设置：1.6×ATR（20）；

最低价格波动幅度：0.05美元/盎司；

每1个点变动的金额为1美元；

$$头寸规模=\frac{亏损额度}{1.6\times ATR（20）\times 每点波动对应的金额}$$

$$=\frac{50000\times 2\%}{1.6\times 364.07\times 1}=1.717\approx 1.7 手$$

如果考虑到点差和佣金，上面例子中计算得出的仓量单位还要少些。按照价格波动对交易的影响，市场价格波动得越剧烈，风险就越大，就需要交易者减少仓位以避免亏损出现。如果市场价格波动上升时，交易者采用突破法进行趋势追踪交易，那么减少仓位并不能获得可观收益。在风险被强行限定的前提下，亏损设置和仓位设置成反比，越大的仓位抵抗市场大幅波动的能力就越低，越小的仓位越能经受市场的震荡。一般来讲，日内交易者都会使用较小的时间周期图表，大多数情况下，越小时间周期图表中的 ATR 也越小，较小的止损配合较大的资金。而对于做中长线的交易者而言，则要设置较大的止损和使用较小的仓位，利用日图或者周图制订的交易计划中，止损的设置远远大于日内交易的止损设置，与之相应的就是小仓位才能抵挡市场的较大震荡，交易者在顺势交易中就不会受到价格走势反扑的干扰。这就是业内人士常说的“大资金做短线，小资金做长线”，这就是交易者所要掌握的仓位管理艺术。

接下来使用 2%的定额止损制订交易计划中的资金投入，在凯利公式中并没有涉及这方面的计算，现在就用更为简洁的公式计算每笔交易在设定止损后需要投入的资金量。本文使用的黄金报价是包含小数点后面两位数，由于不同的公司提供的价格不一，最低的波动幅度有的是 0.05 美元/盎司，有的是 0.1 美元/盎司。0.05 为 5 个点，1 标准手的 5 个点波动对应的是 5 美元的金额变化，后文也是使用这种算法。

$$头寸规模=\frac{总资金\times 2\%}{止损点数\times 每点波动对应金额}$$

要注意的是先制订止损，然后才能计算资金投入量。也许会有人抱怨，机不可失，时不再来，因计算错过最佳进场点就会付出更多的时间成本和更高的代价。对于日内短线交易者而言，使用固定点数的止损就是较好的方法，交易者一定要做一个相关的统计，寻找出适合自己交易特点的固定止损，并提前制订好每笔交易投入的资金。固定的止损配合固定的资金投入，剩下的就是在交易中寻找符合固定止损限制以内的交易机会。也许会错过一些不符合固定止损的交易机会，但在日内短线走势中存在很多交易机会，比较简单直接的止损和仓位管理能让交易者更专注于交易机会的发现。那么对于中长线交易者来说，一个较好的方法，是要事先估计好价位的突破点和盈亏比率，也就是制订交易计划的第一步，第二步要根据止损计算出所需资金量，最后就是耐心等待价格的突破。

请看图 4—29 中的具体例子，通过案例读者会更直观地了解止损与资金管理的计算关系。这是黄金市场的 1 小时走势图，假设交易者发现三角形整理出现后，等待价格上破三角形形态上轨或下轨，那就是进场的机会，他找出关键的阻力水平和支撑部位，发现近期的高点和低点之间相差 650 点和 830 点，靠个人经验决定采用 650 作为止损设置，在本金 5 万美元、2%的定额亏损、初始止损 650 点的条件下迅速计算出需要的仓位——1.5 标准手左右。接下来就是等待价格的突破，当价格突破高点 A 水平价位时，交易者觉得上升动能较大，立即建仓 1.5 标准手，止损 650 点，止盈 1285 点，达到止盈目标时系统自动平掉一部分仓位，剩余仓位采用追踪止损进行保护，直至价格下跌触发追踪止损平掉剩余仓位。

图 4—29　每次进场止损设置与每次最大亏损额度

假设交易者制订的计划中始终将盈亏比定为2∶1，以5万美元为本金，每次交易亏损定额为2%，那么盈利就是4%，如果第一次盈利4%，也就是2000美元，下一次交易时的亏损额度仍是2%，但亏损上限资金不是1000美元，而是1040美元（5.2万美元乘以2%），止盈也换算成2080美元。假设交易者在一个周期内连续做了10次交易，没有出现止损被触发现象，那么最后一次盈利变现后，其总资金为74012美元左右，这就是复利公式的魅力。

期末资金总量=期初资金总量×$(1+4\%)^{\text{交易次数}}$

50000美元×$1.04^{10}\approx$74012美元

$$收益率=\frac{74012-50000}{50000}\times100\%=48\%$$

假设交易者第一次交易出现亏损2%，则以剩余资金的2%作为下一次交易的亏损额度，为980美元（49000×2%），在一个周期内连续10次止损出局，那么期末交易者的资金总量为：

期末资金总量=期初资金总量×$(1-2\%)^{\text{交易次数}}$

50000美元×$0.98^{10}=40854$

$$亏损率=\frac{50000-40854}{50000}\times100\%\approx18.3\%$$

连续10次4%的止盈最终获得48%的总收益，并不是40%；连续10次2%的止损并未造成20%的资金亏损总额，而是18%左右。原因就是进场资金会随着总资金的增长而增长，也会随着总资金的亏损而减少。这是一种典型的反等价鞅策略的资金管理模式，这涉及两种资金管理制度模式，即等价鞅制度和反等价鞅制度。等价鞅制度的资金管理方式是遇到亏损时，倾向于增加进场资金进行后来的交易，在获利后，投入资金比例会再次回归初始水平，这种策略是基于交易者本身对市场确定性的预期思维方式，就是说等价鞅策略是建立在市场是可以预测的基础之上，虽然理论上一连串的亏损之后仍有继续盈利的机遇，只要有足够的资金就可以支撑下去一直等到盈利的那一次机会赢回所有亏损还有盈利，实际中最常见的等价鞅策略就是亏损时不断加仓，这种策略是有巨大风险的，不断的亏损会导致风险不断增加，最后就会有更多更大的一连串亏损，并足以导致交易者破产；而在本文中使用的是反等价鞅制度的资金管理方式，遇到亏损后，会减少进场资金比例进行以后的交易，获利后伴随盈利的继续增加，还会逐步增加进场资金的投入比例。反等价鞅制度反映了交易者对市场前景不确定性的看法，虽然在一连串的盈利后冒更大的风险，但交易者出于对市场不确定性的担忧，会采取的相对应行为就是止损措施。一旦交易止损后，就应该减少资金投入等待下一次交易机会，通过较高的盈亏比率获取交易收益。在反等价鞅策略中，没有逆势补仓这一观念。凯利公式和复利公式就是典型反等价鞅策略代表，较佳的胜算率和较高的盈亏比率意味着盈利的增加，通过计算，可以得出最佳的资金投入比例，进场资金也会随着盈利增加而逐渐增长。

三、亏损额度、盈亏比率和胜算率

制订资金管理计划时，要投入大量的时间和精力，并集中注意力，务求制订出周详的计划，一份详细的资金管理计划可以清晰地告诉交易者，他能够在市场中承受多大风险，也是交易成败的关键。如果进场资金超过自身能够承担的限度，如果交易者的心理承受能力不足，资金安全轻易就会陷入危机。除非交易者预先了解进入市场交易所要面临的风险，知道在何种市场状况下所要承担的风险额度。由于市场前景的不确定性，交易者永远都要假设会发生小概率的危害最大的情况。即使这些意外是交易者无法控制的，只要交易者始终敬畏这个市场，在金融市场中任何事情都会随时发生。即使不了解相关的风险因素，只要采取步步为营的风险管理计划，不让所有的资金承担风险，至少可以保证资金安全，实现“生存第一”的首要目标。

成熟的交易者不指望一夜暴富，交易者必须强制自己遵守风险管理规范，更不会为了追求高额回报将交易变成一场生死赌博，如果一个交易者仅仅靠几万美元，希望自己在短期内将这些钱变成百万美元，他也许会成功，正是这种期望让诸多新人前仆后继地进入淘汰率极高的金融市场，希望自己成为幸运的成功者中的一员。他们太奢望成功和高收益了，往往不愿接受失败和亏损。交易者如果不注重风险管理，当资金亏损超过一定上限时，交易者就会越陷越深，越大的亏损需要越多的收益才能弥补。每个交易者都要时刻评估自己的交易绩效，他们应该知道，在生存第一法则后面，应该努力追求的不是利润最大化，而是资金总量曲线长期上行的最佳稳定程度（表 4—2）。

表 4－2　亏损与收益

资金亏损	盈亏平衡所需盈利
5%	5.3%
10%	11.1%
15%	17.6%
20%	25%
25%	33%
30%	42.9%
40%	66.7%
50%	100%
60%	150%
75%	300%
90%	900%

每次 2%的亏损额度和每月 10%的亏损上限，交易者的资金在市场异常波动时受损的程度就有限。即使交易者的技术分析能力出现瓶颈，科学的资金管理也能给交易者带来丰厚的回报。资金管理涉及整个交易过程的每个环节，包括进场部位、盈亏比率、仓位规模和胜算率。

下面使用随机抛硬币的方式进行一个统计分析，前提条件是初始资金为 1000 美元，抛出正面为赢，抛出背面为输，连续抛 10 次硬币，使用固定的盈亏比率 2∶1，抛出正面和抛出背面的概率都为 50%。唯一的变量是资金使用比例，按照不同资金投入比例测试，每次投入的资金最低为 5%，每次测试增加 5%的额度，一直增至最高额度 75%。现在用 5%的资金投入，例如抛出正面获利总资金的 10%，而抛出背面亏损总资金的 5%。第一次抛出正面获得 10%的收益，即 1000×10%＝100 美元，资金总额变为 1100 美元。第二次抛出背面，损失 5%，即 1100×5%＝55 美元，资金总额变为1100－55＝1045 美元，连续抛 10 次硬币，最终资金总额为 1246.18 美元，这里需要用到的是复利公式。

现在按照不同的风险管理办法进行测试，也就是说测试的资金投入比例是可变的，最终统计结果如图 4－30 所示，如果抛硬币的人是风险厌恶型的，用较小的资金进行测试，抛出 10 次硬币后，最终资金总额增长较少；假如抛硬币的人属于风险喜好型的，愿意用较大的资金投入进行测试，结果就是资金总额严重缩水。只有将资金投入比例定在20％～30％之间的测试获得最高收益。这个测试过于简单，并未模拟出更为复杂的测试环境，但是从概率角度来看，资金投入的大小与资金增长还是密切相关的。也可以使用凯利公式来计算最佳的资金投入比例：

最佳资金投资比例＝胜算率－（1－胜算率）/盈亏比率

＝0.5－（1－0.5）/2＝0.25＝25％

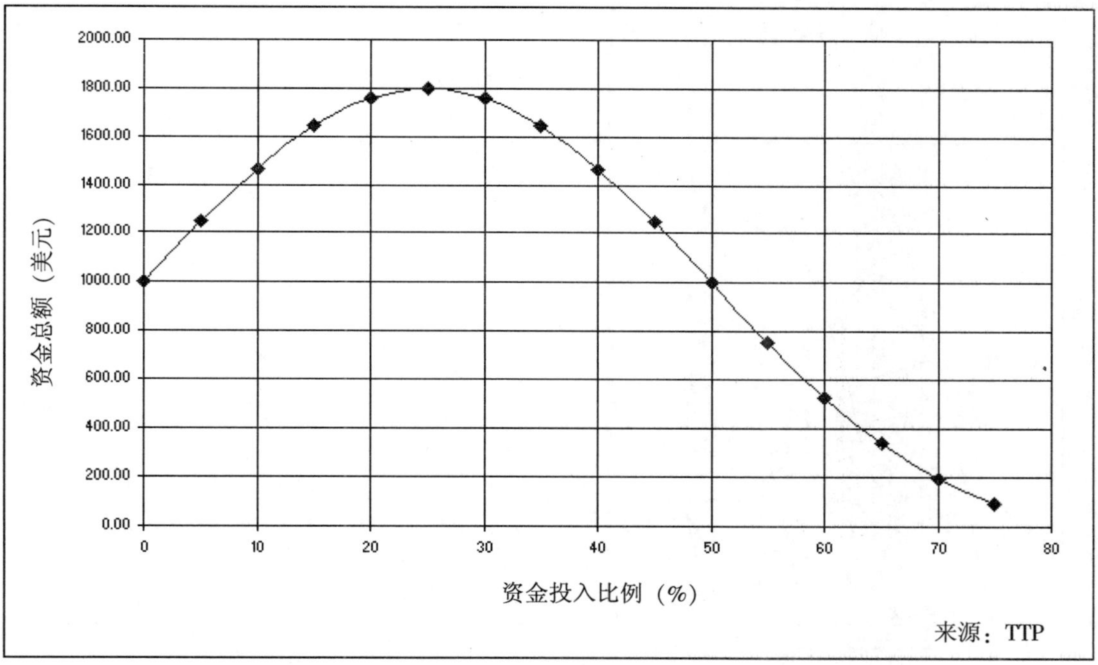

图4—30　收益与资金投入比例相关性统计

上述测试仅仅说明了资金投入比例与总资金增长的相关性，还可以用同样的方法测试，资金投入比例、盈亏比率、胜算率和资金增长，这四个因素之间的相关性。测试结果显示，如果要增加资金投入比例，就需要较高的盈亏比率和较好的胜算率组合，比如说，50％的胜算率配合5：1的胜算率，70％的胜算率配合2：1的盈亏比率，两者数据越高越好，就是说亏损额度与胜算率和盈亏比率分别呈正比；总资金增长也与胜算率和盈亏比率分别呈正比。根据现实市场的状况，长期来看，胜算率大多在50％左右。那就在测试中将胜算率固化在50％，在一前提条件下，用盈亏比率和亏损额度的组合测算最佳资金增长。维克多·斯波朗迪在《专业投机原理》一书中就将盈亏比率规定在3：1以上。按照这个统计图表，交易者在制订交易计划时可以测算出相应的盈亏比率和资金投入比例，比如说，交易者将盈亏比率定为1.5：1，那么最佳的资金投入是总资金的15%；假如盈亏比率为2：1的话，那么最佳的资金投入是25%；假如盈亏比率为5：1，那最佳资金投入就是45%。在这个测试中没有考虑到连续多次盈利或亏损的情形，所以在图表中的正态分布并不符合实际情况，实际交易中出现的是非均衡的分布，连续多次的盈利可以让交易者获得极高的回报，也许会因为连续的亏损导致严重亏损（图4—31）。交易者在实际交易中，应该灵活调整这些参数以适应自己的交易计划。

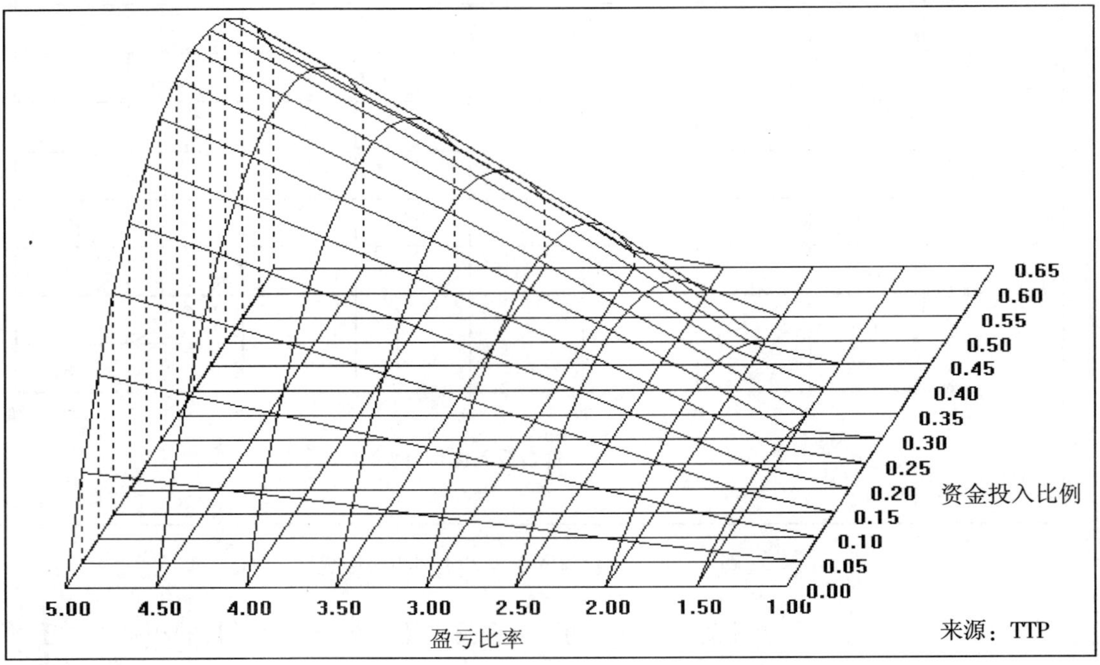

图4—31 资金增长与盈亏比率、资金投入比例

在成功的交易系统中，心理预期和资金管理同等重要，但很多人并未意识到交易者的心理预期对交易成败的影响。绝大多数交易者都认为交易技术是成功的关键，花费大量的金钱、时间和精力去寻找交易圣杯。在他们眼中，交易系统的准确度是交易成功的关键。追求高胜算率是他们唯一的目标。但在获得高胜算率的交易系统之

前，交易者应该提前了解的是人类的本能。“正确”这一概念始终存在于每个人的意识当中，人们本能地想知道“正确”答案，做“正确”的投资，买“正确”的房子，还要买“正确”的彩票等等。在每个交易者意识当中，都存在或曾经存在过追求高收益和高胜算的意识。对交易圣杯的狂热追求让他们完全忽视了对自己头脑中的圣杯。他们大多只偏向于高效的交易系统，完全忽视了成功交易中其他重要因素——盈亏比率。如果能将两者综合起来，就会实现“截断亏损，让利润奔跑”。用一个非常简单的公式来解释两者的关系，国外称之为“期望值”（Expectancy）。

期望值＝(平均收益率×平均获胜概率) －

(平均亏损额度×平均亏损概率)

用几个非常简单的例子就可以让大家明白，高胜算率并不是成功交易的全部。现在做两种模拟，三个交易者 A、B 和 C，同时做 10 次交易，交易结果如下：

交易者 A：

平均收益率为 20%，平均获胜概率为 30%；

平均亏损限定在 5%，平均亏损概率为 70%；

期望值＝20%×30%－5%×70%＝2.5%。

交易者 B：

平均收益率为 5%，平均获胜概率为 70%；

平均亏损限定在 10%，平均亏损概率为 30%；

期望值＝5%×70%－10%×30%＝0.5%。

交易者 C：

平均收益率为 5%，平均获胜概率为 70%；

平均亏损限定在 20%，平均亏损概率为 30%；

期望值＝5%×70%－20%×30%＝－2.5%。

从这个简单公式出发，大家可以做出各种模拟，结果也是多种多样。这恰恰说明了交易的成功并不是仅依赖于高胜算率。很遗憾，人类的一些固化的意识会让交易者自然倾向于可靠性强、高胜算率的交易系统。并没有综合地考虑到三个重要因素：一是可靠性还是收益率；二是盈亏比率；三是交易频率。即使使用编程设计交易系统，也要讲这几个因素考虑在内，适当优化交易系统可以提高系统在实战中获得理想收益的概率，如果把盈亏比率加入系统当中，就很容易找到合适的交易系统。

四、加仓技巧

交易者进场始终是追求利益的，在持续的稳定的盈利基础之上，如何争取更多的利润是每个交易者所梦想的。在上面的公式中已经得知盈亏比和胜算率是影响收益率的的重要因素。如果一个交易者的胜算率保持在一个稳定状态，就是说交易者的交易风格已经成熟。交易者还想继续优化其交易系统，也许他会发现，胜算率的突破越来越难。除非交易者重新寻找更有效的交易系统，这可能会严重影响交易者的绩效。如果胜算率无法持续提高，那么交易者就会考虑使用更高的盈亏比率，交易者可选择的只有调低止损和放大止盈。在这一节还要增加另外一个因素——仓位。在盈利公式中添加仓位数据，就可以得出新的盈利增长因素。由于收益率不但随着杠杆的扩大而增长，也随着仓位规模的大小而上升。为了便于计算，在这里将收益率改为获利点数和仓位规模，亏损率也改为亏损点数和仓位规模。如果盈亏比率、胜算率和仓位管理都已稳定，无法让追求更高收益的交易者满意，那么交易者可以考虑加大交易频率。

$$MAX = F \times [L_P \times R \times P_P - L_d \times (1-R) \times P_d]$$

式中，MAX 为最大利润；F 为交易频率；L_P 为获利点数；L_d 为亏损点数；R 为胜算率；P_P 为获利时仓位规模；P_d 为亏损时仓位规模。

假如一个交易者的系统保持稳定的胜算率，喜欢使用固定的盈亏比率，交易频率也保持一定的节奏，那么就需要考虑到仓位管理了，在这个公式中，其他的变量保持恒定的话，如果要提高获利能力，要么获利时加大仓位规模，要么亏损时减少仓位规模，这就涉及加仓减仓技巧。

$$MAX\uparrow = \overline{F} \times [\overline{L_P} \times \overline{R} \times P_P\uparrow - \overline{L_d} \times (1-\overline{R}) \times P_d\downarrow]$$

式中，↑表示增加；↓表示减少；变量字符上的“—”表示恒定不变的情况下。

由于本书中始终贯彻的顺势而为的趋势追踪交易，在加仓减仓的方法上也是遵循这一原则。以前提到的等价鞅策略和反等价鞅策略是两种完全不同的交易策略，等价鞅策略是逆势加仓，而反等价鞅策略是逆势减仓。这些方法涉及到的就是左侧交易和右侧交易，用两个最简单的模型就可以理解两者的区别（图 4—32）。

逆势加仓在理论上是可行的，它基于市场是可以预期的假设下，

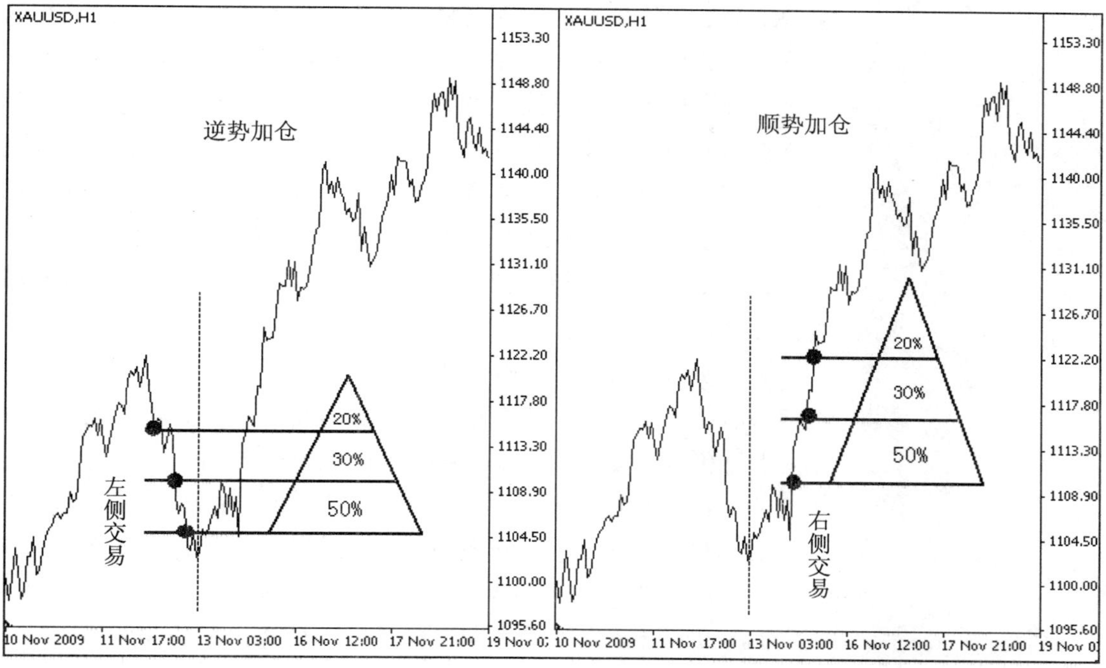

图 4—32 逆势加仓和顺势加仓

在价格向交易方向反向波动时采取增加资金进场交易，这种逆势交易的前提是资金足够大，进场资金占资金总额达到能够承受较大浮亏的程度。在现实交易中，交易者的有限资金在杠杆交易中难以长期保证这种理论的有效性，尽管很多左侧交易者都有过获得暴利的经历，但最终绝大多数的逆势交易者不得不把这些暴利还给市场，甚至没人敢保证这种交易方式没有爆仓风险。而顺势而为的右侧交易者正好相反，出现浮亏时就要相应减少进场资金，并执行止损策略，以避免亏损滚雪球似的扩大，只有当价格波动趋势同交易方向一致时才会考虑加仓。顺势交易的优点就是及时截止亏损，但也会错过很大一段行情，这是以牺牲潜在暴利机会为代价，将潜在风险控制在容忍范围内。

如果交易者不知道合理加仓，很容易造成进场总资金的成本结构不当。越高的成本价位，加仓规模就越小，每次加仓都要保证总成本缓慢上升。反之，如果在成本较高的部位加仓规模过大，就会造成总成本加速上升，就会出现成本结构头重脚轻现象。只要行情稍有逆转，成本较高部位的较重仓位出现的亏损就会加速吞噬成本较低部位的较轻仓位的盈利，已得的浮动盈利就会被反转行情侵蚀。

顺势交易加仓的最基本原则就是，保证总成本缓慢上升，最典型的加仓方法就是金字塔加仓法。而逆势交易正好相反，成本越高的部位加仓规模越大，才能保证趋势反转时，原先成本较高仓位较重部位就会转变为成本较低仓位较重的部位，该部位的盈利上涨速度就会迅速超过仓位较轻部位的亏损减少的速度。总而言之，趋势追踪交易、金字塔加仓和追踪止损是交易计划中需要重视的因素。

在图 4—33 中介绍的就是利用比较稳健的突破法进场和加仓，并且尽量将成本增速控制在一定程度，并用追踪止损保护已得的利润。如图所示，当价格突破 C 点时黄金价格为 1320.05 美元/盎司，按照既有的仓位计算，不考虑点差，成本价为 1317.60 美元/盎司，随着黄金价格继续走高，交易者将止损移到 C 点稍上方。当价格突破 E 点 1332.10 美元/盎司时，成本价约为 1322 美元/盎司。最后当价格突破 G 点时，达到可使用资金上限，此时的成本价仅为：1326.20 美元/盎司。随后将保守的追踪止损设置在 G 点的上方以保证利润不受意外反向波动影响。在整体上加仓比率是按照 5∶3∶2 比例，在每部分中又按一定比率再次分配资金。进场的总资金量仍在资金管理原则许可的范围内，不允许过多的资金投入交易，并且在交易过程中，要根据市场情况对仓位管理实行动态的微调。利用连续的突破将进场交易方向的可靠性从初始的 50%的概率不断提升。随着交易时间的持续，还要使用越来越保守敏感的追踪止损设置，将动态的盈亏比率不断放大。

金字塔加仓策略非常适用于单边趋势市场，不适合整理行情，理论上只要单边行情不断上涨，就有不断加仓的可能性。在黄金市场日内交易中，大多数都会出现价格大幅振荡的行情，这阶段应避免使用金字塔原则。使用金字塔策略要注意以下几点：首先，只允许顺势加仓，尽量采取突破法加仓，只有连续的价格向一个方向突破，才能证明单边行情仍在延续，突破后的价格变化动能越强越好。顺势突破加仓后立即将所有仓位止损作出相应调整，始终保持动态的仓位管理；另外，要采用递减仓位规模进行加仓，尽量保证成本价波动幅度远低于市场价格的波动幅度；最后，利用金字塔原则所采用的加仓比率要根据交易计划和市场状况灵活运用，利用金字塔原则加仓时，要根据交易方向的可靠性和动态盈亏比率不断地对仓位管理做出微调。

在制订交易计划时，要根据交易者个人的资金管理原则制订出

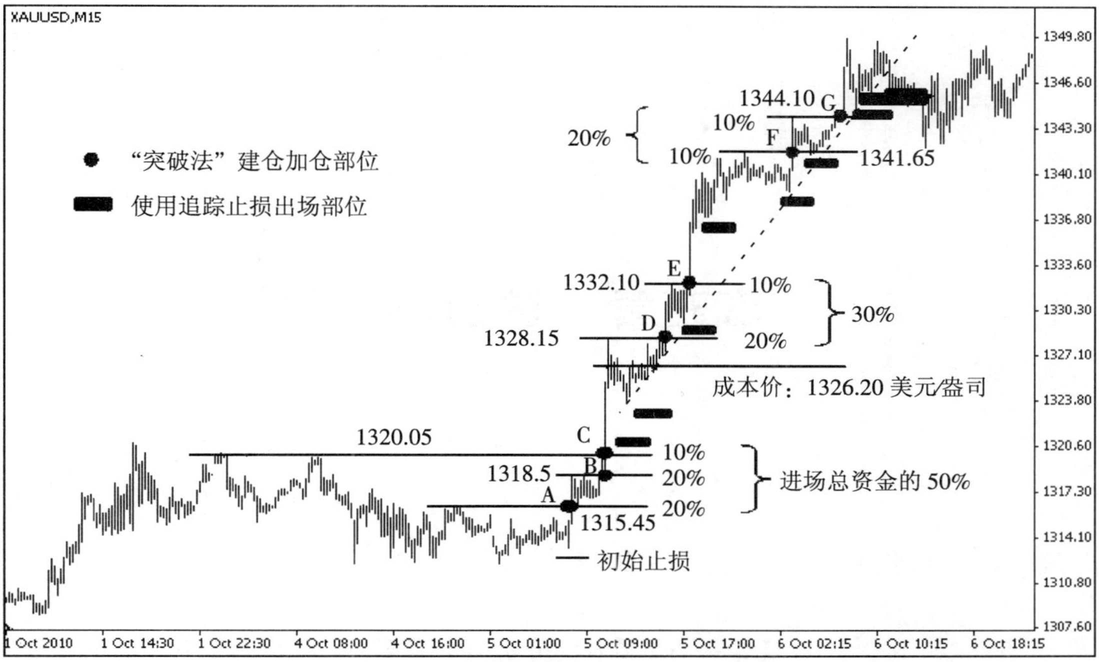

图 4—33 突破进场、金字塔加仓和追踪止损

与止损上限、进场资金额度和止赢目标相符合的加仓计划，合理设计加仓比率。在进场初始阶段，如果无法准确判断交易方向的可靠性，不妨采取试探性建仓原则，当交易方向的可靠性提高后才正式建仓，随后再根据行情趋势的发展采用递减加仓方式进行趋势追踪交易。在交易中什么情况都有可能发生，一旦按照突破进场原则遇到假突破后，价格波动向着交易方向的反方向变化，此时，交易者不允许逆势加仓，而是要逆势减仓，尤其是在中长线趋势交易时，采用逆势减仓既能在价格触发止损前减少损失，又能在价格反转延续原来走势后降低交易成本。在长期平均胜算率、平均盈亏比率和交易频率都处于相对平稳状态时，想要获得"奔跑的利润"，那就要考虑金字塔策略。

第五章　进出场信号

交易是一种概率游戏，“活在当下”比什么都重要

无论一个交易者的分析能力有多强，分析系统有多么的先进，要是这个交易者在进出场部位研判能力有缺陷的话，最终难免会成为市场交易中的输家。能灵活把握住进出场时机、执行严格风险管理，交易时始终保持良好心理状态的交易者才能长期在市场中生存。每一个交易者必须面对的问题既不是理论研究，也不是交易系统的优化，而是如何有效抓住进出场点的时机。如果一个交易者把大多数时间和精力花费在市场趋势的研究上，那他最好去做分析师。优秀的分析师和交易者都是令人尊敬的，但他们努力的方向不一致。分析师是研究市场变化的原因及未来市场可能的走向，而交易者只关注盈亏，也就是说只有进场点和出场点是交易者需要关心的。交易是一种概率游戏，一个交易者要是能系统性、经常性地总结和思考关于进出场的策略，才算是有可能走上持续盈利之路。在趋势追踪交易中，进场点和出场点的确认方法很多时候都是一个系统的反向演绎而已。依靠价格突破法进行交易时，某一价位的向上突破就是进场做多点，在一个趋势延续一段时间后出现价格跌破某个价位，就是平仓出场点。在本书中根本不会考虑左侧交易法，也就是逆势交易，只考虑近期走势和价格的突破。也只有价格的突破才有可能确认趋势的形成。还要重申一遍，交易是一种概率游戏，交易者应该用“活在当下的”心态在只关注近期的价格变化，只有符合进出场条件的信号出现，交易者才能执行交易计划，进场也决定了出场，

进场仅仅是交易的开端，出场才是交易的结果。这也是分析师和交易者的区别。分析师侧重的是价格变化的原因，而交易者关注的价格变化本身和结果。

在面临价格变化时，交易者所面临的选择无非是做多、做空和观望。趋势追踪交易者做多是因为价格在上升；做空的理由是因为价格在下跌；持观望态度是缘由价格的整理。交易者最佳交易状态就是分析和行动要有一致性，完全忽略其他因素的干扰，尤其要排除恐慌、贪婪、悔恨和犹豫之类的心理因素对交易的负面影响，而执行一种机械式的交易程序。

图 5—1　交易机会的选择

现在用一个画线法来说明交易者如何将分析和行动合为一体的。在图 5—1 中黄金市场 1 小时走势图中，向下的趋势用一条趋势线确定近期的价格走势方向。价格在出现一个上下影线都很长的 K 线后开始反弹（A 点），随后价格波动出现放大现象，形成一个喇叭型整理形态。在这个例子中，交易者放弃整理阶段的行情，只等待价格的突破，无论价格向上、向下还是持续性整理，交易者都要耐心等待突破，而不是预测价位未来的走势，始终保持中性的观点看待市场价格的波动。当价格向上突破前期阻力价位时（B点），交易者才有看多的观点，问题是价格突破阻力线后又开始小幅整理，此时交易者是否还会保持多头思维？交易者现在仍面临三种选择，要么根据当前价位的突破继续维持多头思维；要么等待喇叭型盘整彻底突破后再决定进场部位；要么就是继续观望。此时价格波动仍旧面临上升、下降或横向整理三种可能性。重申一下，交易者只采用追踪交易系统，只有“追涨”和“追跌”的做法，不会有“逢高做空”或“逢低买入”之类的想法，企图抓住所有机会而将几种交易哲学混合使用会导致交易系统的混乱。与自己分析保持一致的交易者决定等待价格有效突破较长的下降趋势线CD后，再决定是否进场。这种预期与自己的交易系统、跟自己的分析是一致的。趋势线是很有用的一种工具，虽然不是100%的可靠，但出现失败的概率也相对较小。交易者还在关注价格突破B点后的走势整理，他认为交易成功概率较大的假设是，价格能否继续创新高，能否有效向上突破下降趋势线CD。

当假设提出后，就等着市场价格的波动来验证假设是否成立，并采取相应的行动。趋势追踪交易者最喜欢的是突破进场，这种突破进场法的最明显的特征就是进场后会很快出现盈利，而不是像左侧交易者那样忍受较大浮动亏损的压力。在市场环境日益复杂的当前金融市场，价格走势会经常出现假突破信号，因此有效突破就成了保证趋势交易成功最重要的信号之一。在面临图5－1中的那种走势，趋势交易者等待的就是两种突破信号，一是价格上破或跌破B点附近的小幅波动区间；二是价格能否突破下降趋势线。如果两种突破能产生共振信号的话，就是最佳进场点。也就是说，在同一时间价格走势出现上破区间水平整理行情的信号，又能出现上破下降趋势线的信号，就是交易者认定的最佳进场点，当这种分析最终被确认后，进场交易成功的概率不会低于90%。同样的道理，假设价格不升反降，在几乎相同时间内，价格既跌破B点水平支撑线，又遇到下降趋势线的强劲阻力，那就是有效做空的信号。图5－2中的价格在E点的突破完全符合交易者的分析，当两个突破信号重合时产生共振性时就交易者立即执行交易计划，交易者的分析、行动与计划完全一致时就是一次完美的交易。

趋势追踪交易的基础理念就是来源于自然规律的“强者愈强，弱者愈弱”，源于《圣经·马太福音》中的“马太效应”也是在社会

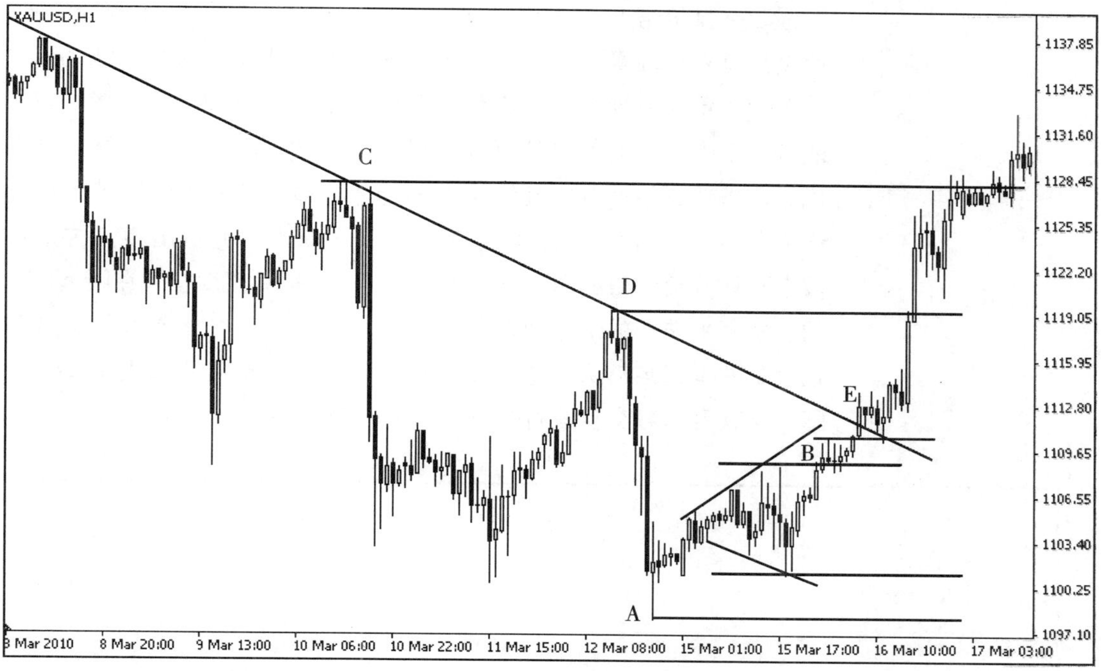

图 5—2 最终的概率较大的交易信号

中广泛存在，也完全适用于金融市场，金融市场的马太效应是市场内在的、必然的和常规的运动形式。一种马太式的循环后，也就是一个金融市场的较强牛市或熊市后，可能会进入另一个反方向的马太循环。按照这种理论，即使市场走势面临的是上升、下降或横盘整理三种可能，交易者的观点也是做多、做空和观望三种选择，但在实际操作中，交易者只能选择做多还是做空。英国科学家牛顿的第一定律，也就是惯性定律，说明了物体在不受任何外力的作用下，总会保持匀速直线运动状态或静止状态，直到有外力迫使它改变这种状态为止。牛顿第二定律的核心就是，物体的加速度跟物体所受的合并外力成正比，物体的加速度方向跟合并外力的方向相同。金融市场的价格波动也同样可以遵循这两个定律，各种因素对金融市场的影响最终会综合表现在多头和空头两个方向，多空双方动能对抗产生的后果就是价格走势的复杂性和多样性。

理性的交易者不会追求过高的胜算率，因为他知道，交易仅仅是一个概率游戏，他利用各种分析方法观察价格波动，只有等到概率达到一定程度后，才能采取行动进场交易。如果没有历史价格走势作为参考，价格上升、下降和水平波动的概率始终都是相等的

33%，一旦价格开始变化，就会沿着当前方向靠着惯性持续波动，假设没有外在因素干扰的话，价格就一直保持原来的方向波动。交易者无法预知何种外在因素何时能对价格产生何种程度的影响，只能研究手中现有的信息估算价格可能变动的概率。一个价格走势形成后，仍然有很大概率延续原来的趋势，澳洲的分析师戴若·顾比认为水平波动的继续延续的概率为70%～80%，并留出30%左右的概率平均分给价格的向上或向下突破（图5—3）。没有外在因素影响的价格水平波动的形态可能是箱形整理或对称三角形整理。只要外在因素的干扰足够大，这种平衡就会被打破，价格要么上涨要么下降，这就意味着交易者将会有85%的成功率进场或出场。

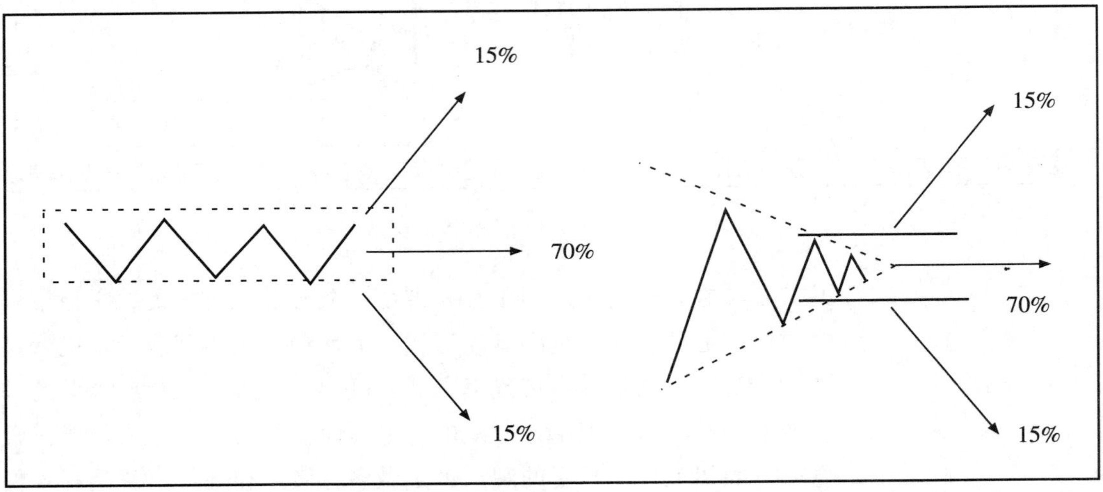

图5—3 价格水平波动时的概率分配

如果一个单边趋势开始形成，无论上升还是下降，概率的分配就会发生变化。在一个斜率较平稳的上升趋势中，多头力量正处于上风，如果这种多空力量的对比保持一个稳定的比例，那么该上升趋势继续保持原来方向运行的概率就是75%，向下波动的概率就相应减为10%（5%的概率分配给惯性运行的走势），而加速上升的概率继续保持在15%。牛顿的第一、第二定律仍旧适用于金融市场，多空双方力量的对抗改变了价格走向，也改变了概率的分配。在上升趋势中，价格有75%的概率继续维持原来的方向，但多头力量的上升减少了下降趋势的概率，而加速上升的趋势发生的概率仍旧保持15%，假如价格有效突破上升通道上轨，就意味着继续做多的概率为75%+15%=90%，这也是“马太效应”在股市中的作用（图5—4）。

在金融市场中，很多交易者都喜欢空头，因为下降的速度比上升的速度更快。也可以借用一下牛顿的万有引力定律，这是空头动能集中释放的结果，一旦一个下降趋势出现后，持续性加速下跌的可能性就非常大。戴若·顾比将下降趋势继续延续的概率定为80%，止跌上升趋势出现的概率减为5%，把10%的概率分配给原有趋势继续延续的行情。如果价格加速下跌，那进场做空的概率就是95%。

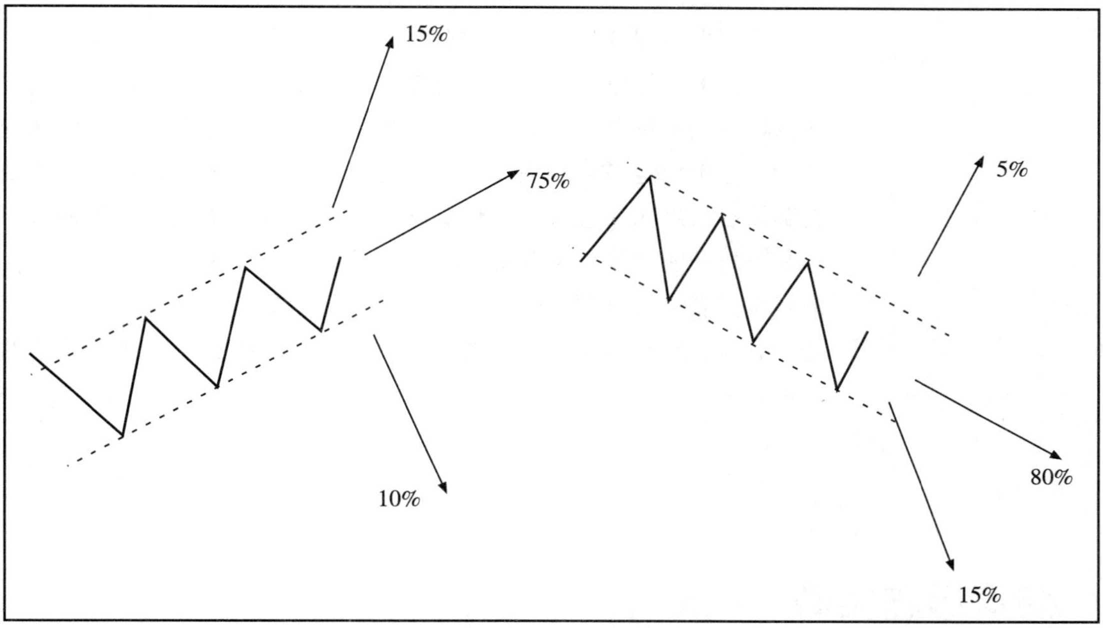

图5—4 单边行情的概率分配

交易是一种概率游戏，在交易中没有100%的绝对性和确定性。金融市场的混沌现象打破决定论式可预测的幻想。成功的交易者从概率角度进行交易，耐心地等待成功可能性较高的进出场时机，而不是靠自己主观臆断决定进出场的选择。一旦交易者失去对市场的敬畏，就会产生各种错误的判断。交易者应抛却自负，始终中性地从市场的角度进行分析，用概率的思维把握成功可能性较大的交易。金融市场中始终存在着的只用不确定性，概率思维始终在交易中占据核心地位，交易者应该养成用概率进行交易的习惯，用概率评估交易机会，以概率为基础的交易的胜算率也会有所上升。

在趋势追踪交易中始终寻求的是有效的突破部位，如何在交易中将概率和进出场部位有效地结合起来呢？在本书中，提及最多的就是有效突破。有效突破包括K线形态突破、技术形态突破、支撑与阻力突破和趋势突破。对于黄金市场中经常出现的一些比较常见的有关形态的突破加以总结，交易者应该不断地重复研究历史走势，把一个市场中不同时间周期内的各种突破形态的主观判断变成一种本能，这就类似武术谚语中的“拳练百遍、身法自现”。交易者只有不断强化读盘能力，最终将各种突破的识别能力变成一种直觉，再从概率角度测算出成功交易的可能性，最后制订出合理的交易计划。这种将感性和理性结合起来的分析方式因人而异，不同的交易者对同一形态的认知也不尽相同，这就出现了统计上的难度，无法用量化的标准去衡量每个形态出现后的发展情况，交易者只能提出几种假设，让市场走势验证假设是否成立。另外一个难点就是形态有效突破被确认后如何进场，如何确认止损和止盈。事实上，各种形态都是市场动能释放后的动能积累的阶段，也就是说，各种形态对应的是市场多空力量的暂时均衡阶段，一旦积累的动能受到外部诱因的干扰就会释放出来，形成新一轮的行情，动能积累的越久释放的动能就越强。

技术形态突破

上面提到形态是市场动能积累的过程，对于很多的技术派交易者来说，这种动能积累阶段非常重要，它代表着上升和下跌行情之间的过渡阶段，在这个过渡阶段期间，必然会出现某种明确的形态，交易者可以根据这些形态的发展，估算未来趋势走向及其可能性。要提醒大家的是，现阶段的形态只说明市场当时的多空力量对比相对均衡，市场处于一种动态平衡状态。没有外部因素的干扰（比如重要经济数据的公布，或金融市场重大事件），或者多空力量一直处于势均力敌状态，市场情绪也处于犹豫不决的阶段，整理行情就会持续下去。只有该形态被破坏后，才说明短暂均衡被打破，市场多空力量的失衡才是交易者必须注重的，被证实的失衡部位就是交易者的进场部位，市场参与者的观点也开始倾向于单边行情。当市场参与者普遍接受技术形态这一技术工具后，技术形态的假突破现象就无处不在，同样，其他的技术指标被广泛运用后也失去了以往的灵验性。

当交易者遇到某种形态正在出现时，最关心的莫过于价格向哪个方向突破。问题是在形态尚未完全形成之前，没有人知道最终会是什么形态，交易者通常会根据初始阶段的特征做出几种假设，而不是提前进场交易。在整理阶段进场的交易者的耐心要接受很大考验，最终还难以获得相应的回报，并且在价格整理期间，价格走势并不一定会形成规则的、符合教科书的那些标准形态，在此阶段进场后的止损非常难设，除非交易者不设止损，那就使得交易更加困难。而且，交易者对形态的确认本身就具有很强的主观性，利用形态预测未来走势的交易者必须明白主观预测的不确定性。如果交易者能将形态和突破进场法结合起来，不以预测为目的，只以寻找有效进出场部位为首要任务，交易的效果也许会好得多。这就要求交易者要以已经形成的的形态出现突破信号为准，而不是用正在形成的形态去预测，交易者应该保持一种假定：既有的趋势持续存在，直到被证明为止。这也符合牛顿第一定律。

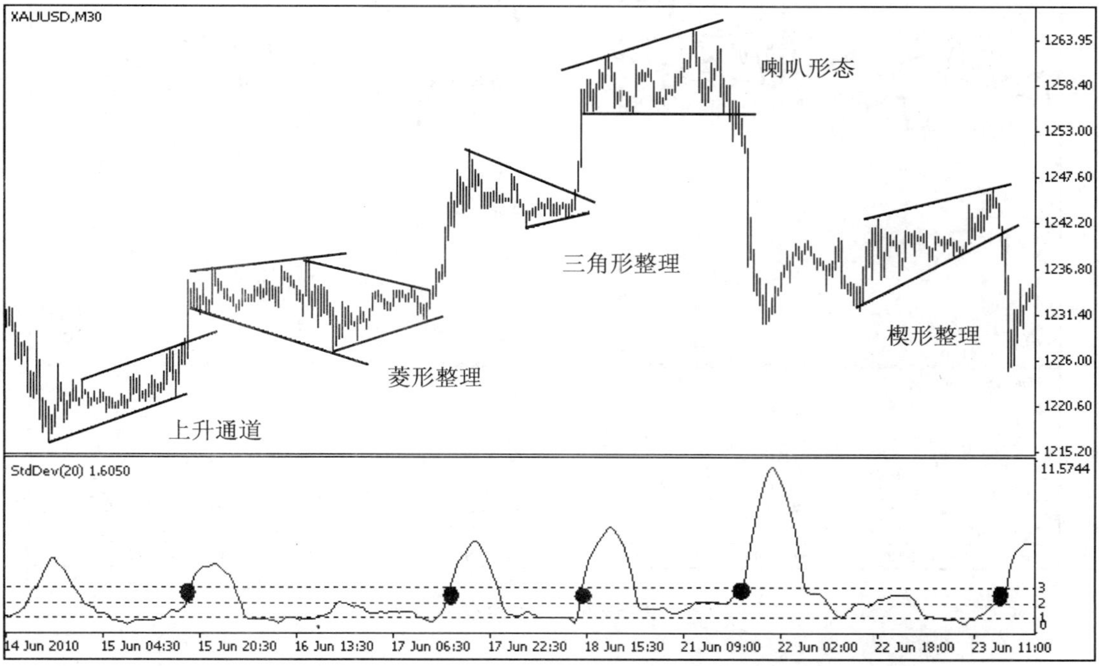

图 5—5 技术形态突破（1）

形态的重要性是与其深度和期间成正比例的关系，形态所涵盖的期间愈长，价格波动幅度愈大，该形态完成之后的走势就愈强劲。一个形态持续的时间对交易者的心理也有影响，在形态整理期间，很多交易者已经习惯了低买高抛的方法，一旦价格出现突破，就会冲击市场参与者的心理情绪。在图 5—5～图 5—9 中罗列出在不同的时间周期表中黄金价出现频率最高的形态，包括最频繁的三角形整理、菱形整理、楔形整理，还有喇叭形态。当然还有各种底部顶部形态，这里就不一一阐述了。大家要关注的是，随着时间的推移，较小单边行情和整理行情交替出现，最终形成一个较大的单边趋势。每次单边行情出现之后就是整理阶段，如果用标准差来作为衡量价格波动动能积累和释放的指标，大家可以清晰地看出，形态的突破对应的就是波动性的大幅走高，波动性大幅走高就代表着单边行情。波动性的周期性变化也说明了单边行情动能积累和释放也呈周期性变化。

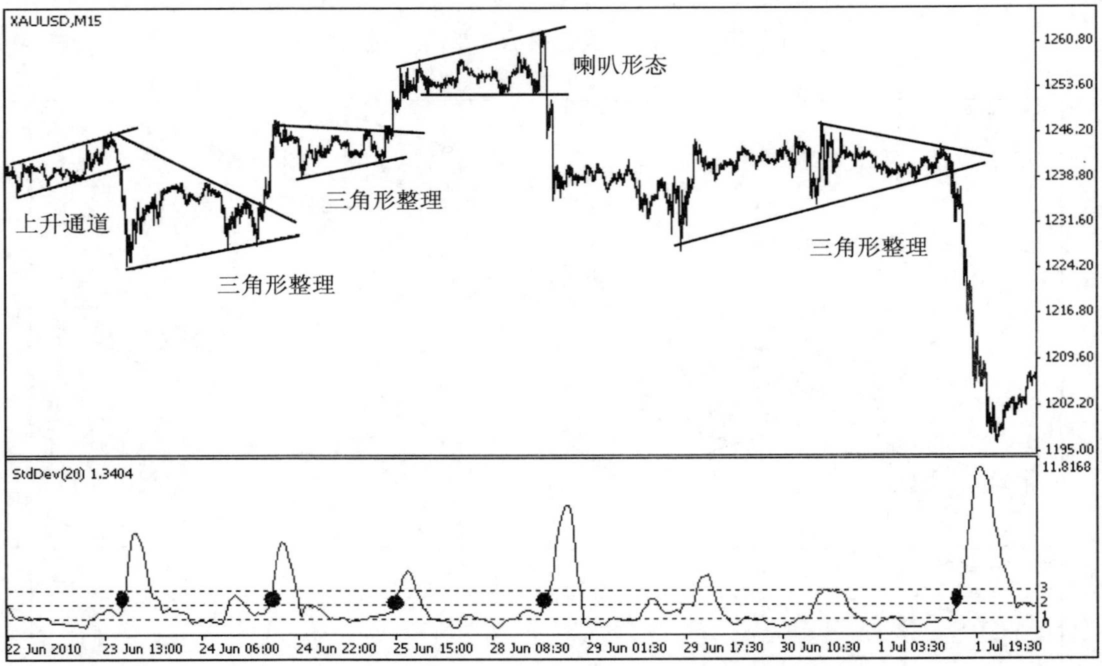

图 5—6　技术形态突破（2）

杰西·利弗莫尔曾说过：“只要耐心等待市场到达我说的关键点后才果断行动。”并且他进行交易的一大特质就是保持耐性。作为一个在市场中搏杀的交易者应该完全抛掉个人观点，只密切关注市场本身的表现，因为市场永远是对的，交易者的各种假设最终要让市场来证实。始终要跟踪趋势，即使交易步伐比市场慢了半拍，也不会错过交易机会，但比快半拍的交易要面临更多的不确定性。在黄金市场中博弈的趋势追踪交易者最喜欢的可能就是三角形整理了，它能产生操作中最有把握的交易机会，而喇叭型整理正好相反，不断扩大的价格振幅让交易者捉摸不透到底市场该往何处走，并且比较难把握住合理的进场点和止损部位。通过三角形整理，交易者可以较为轻松地把握住进场部位和止损部位，会将风险控制在可接受的范围内，三角形整理是趋势追踪交易者的最青睐的分析工具。比如在不同的时间周期的黄金市场走势中，三角形整理无处不在，无论是反转三角形整理还是持续三角形整理（也称之为三角旗形）都为交易提供非常好的依据。当然还有其他的反转形态和持续形态帮助交易者寻找合理的进出场机会。在现实中很少出现理想模型式的形态，往往都是理想形态的变体，交易者难免会遇到假突破信号。甚至有些时候交易者会遇到突发事件引发的棘手的V形整理，交易者必须面对这个现实，因为交易是一种概率游戏。

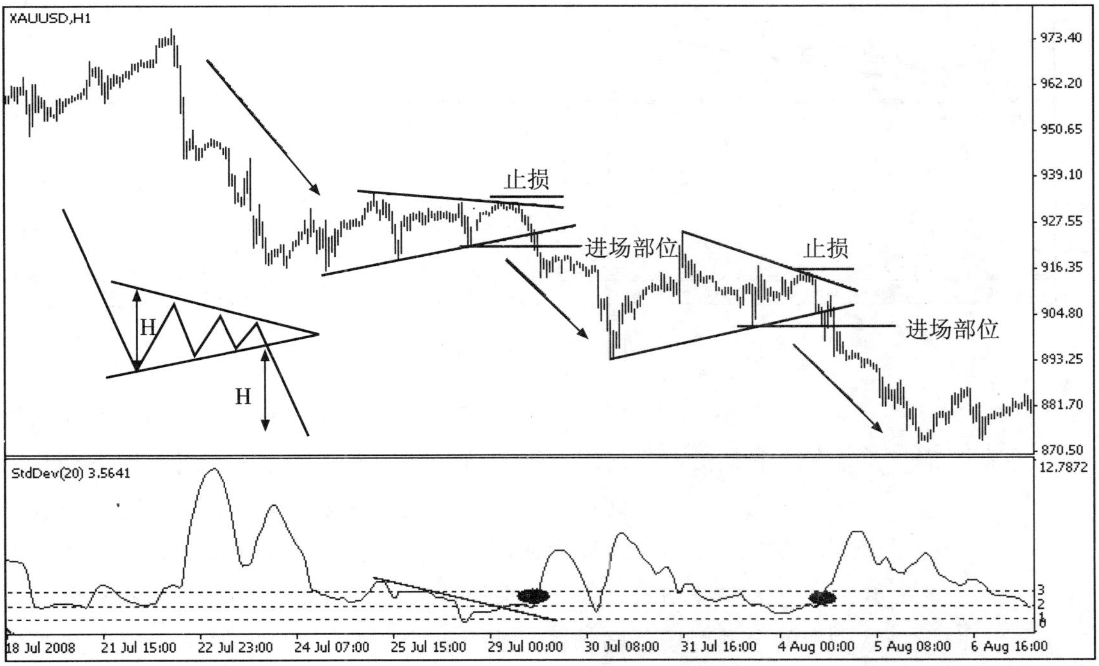

图5—7　下降途中三角形整理形态

图 5—7 中显示了黄金市场 1 小时图表，在一个下降趋势中连续出现的两个持续的三角旗形整理，进场机会都是在三角形下轨被跌破后再次跌破前期的低点之后才决定的，因为在价格跌破三角形下轨后还不确定是有效突破还是假突破，只有等价格跌破前期低点才确认进场部位。这也是市场多空力量动态均衡被打破，积累的动能被释放出来的信号。价格波动较小的三角形整理右端非常适合突破进场法，只能错过很小的一些行情，并且止损设置也非常小。根据三角形的左侧高度和右侧高度就可以很简单地计算出初始的盈亏比率（图中左下方的理想模型），这就是三角形整理的优点。

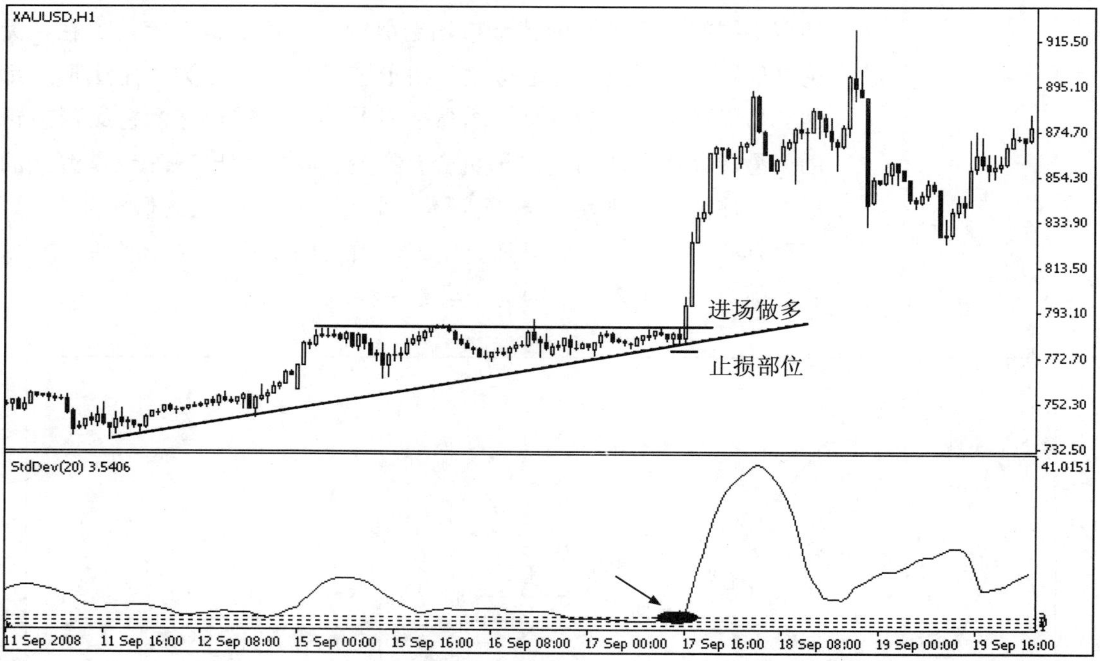

图 5—8 上升三角形整理

图 5—8 中是一个比较理想的上升三角形整理形态，持续时间较长，价格沿着三角形水平上轨波动的越来越小，市场价格波动几乎停滞在水平上轨处，价格波动率也是越来越小。该上轨的阻力效果随着时间的延续愈加明显，市场的动能被压缩至极致，只需要引发市场大幅波动的"最后一根稻草"——2008 年 9 月中旬次贷危机导致的金融市场急剧动荡，当日黄金价格上涨大约 87 美元，涨幅为 11.3%，创下有史以来单日最高涨幅。

有些时候价格波动会出现无序性，也许有的交易者就要凭自己的主观性去臆测市场可能的走势，无论是基本面分析还是技术分析，最终所有影响价格的因素都会回归价格本身。既然价格波动的原因很复杂，交易者就更要关心价格变动的后果。成功的交易并不取决于完全正确的进出场，在严格控制风险的前提下，即使只有一半的准确率也就可以了。在图5—9中，在一个进入较长时间（两周左右）的水平盘整的行情中，交易者决定随着任一方向的突破开始建仓。突破的信号就是箱体震荡的水平上下轨，图5—9显示了价格跌破箱形整理的下轨，这就是交易者进场做空的信号，止盈设置等同于箱体整理高度H，止损点当然是前期的高点处。当价格触及底部开始反弹上破下降趋势线后，交易者反手做多，将止损设置在前期最低点下方，如果价格不创新低，交易者就一直持有多头，随着行情的继续发展，价格走势形成一个杯形底，有的人也会认为那是一个上升三角形，不管怎样，最关键的还是水平阻力线的确认，只要突破这条阻力线，交易者就会加仓继续做多，这时候交易者就可以制订新的止盈目标或者关键的阻力部位。交易者继续跟踪行情的发展，如果交易者觉得落袋为安策略合适的话，就会在止盈目标处平掉一部分仓位，交易者上调追踪止损后，就等待价格是否还会继续上破前期高点，再决定剩余仓位的离场。结果如图所示。事实也再次证明，耐心等待行情的突破是一个成功交易者所必备的特性之一。即使这几次交易机会被错过，还有更好的机会在等待易者的发现。此外，不盲目地臆测价格的走势，而要求进场所需的确认条件，这样的技术分析才会有效。

简单、有效和实用的交易方法对技术指标的要求并不多，可以说，这种方式对系统的敏感性要求很低，这很难滤掉无处不在的虚假信号。如果将进出场的确认条件制订得更严格以避免市场噪音的干扰，那就意味着要放弃很多的收益，越严格的进出场条件，所放弃的利益就越多。无法量化的形态分析依靠的是交易者的主观分析能力，并没有统一的确认标准。依据不同的市场情况，依据不同的时间周期，依据不同的交易者思维所制订的交易策略也是不同的。实际上，进出场的确认条件是完全个性化的，最终的选择仅依赖于交易者的分析能力和实际经验。当然，目前书中介绍的所有图表都是事后分析，这里并不是要证明分析的准确性，这种“复盘”性质的讲解，是为了要说明交易者应该做的全方位

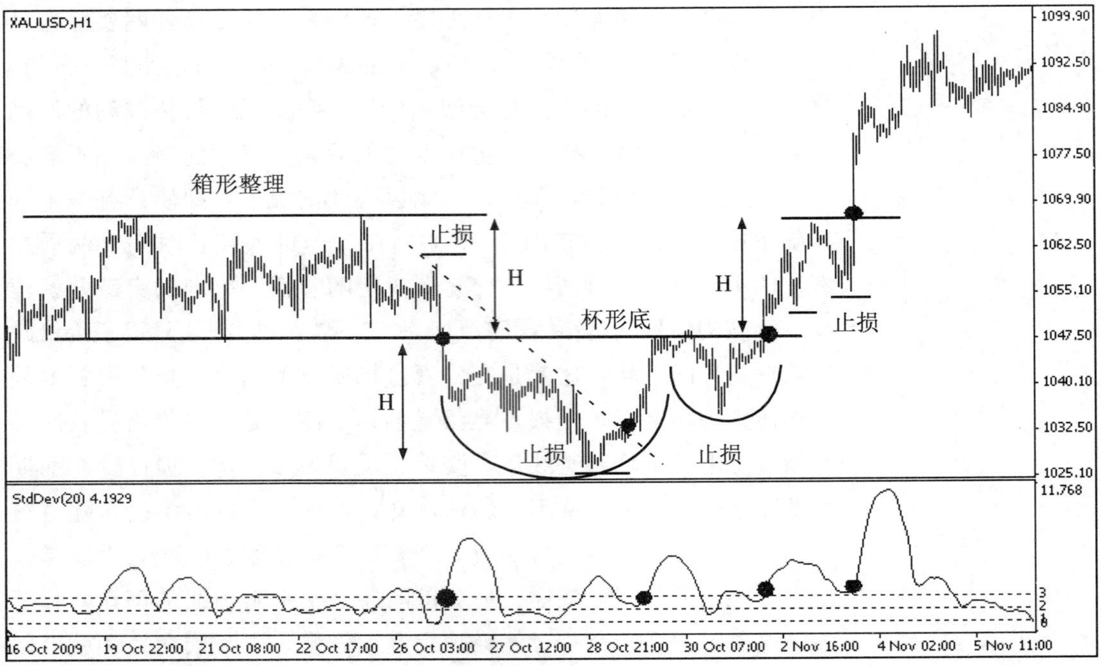

图 5—9　箱形整理和杯形底

分析过程。图表中的价格走势再结合基本面因素的预期使得交易的把握性更大，图 5—10 中左侧的顶部正好处于全球受到次贷危机及经济周期等因素的影响，全球投资者大举抛出各种资产，金融市场已陷于动荡的阶段。左侧的顶部形态只有等到价格跌破水平支撑线后创下新低才会被确认，或许等到价格反扑至前期支撑线，当前的阻力线受阻后才确认下跌趋势，那样交易者就要放弃一部分利益。对于图 5—10 中的进场做空部位选择（A 点、B 点和 C 点）完全依赖于交易者的交易理念。在右侧的看涨旗形整理中，在投资者悲观情绪的市场氛围里，黄金价格上涨一段时间后出现的回落是顶部还是趋势动能的积累？交易者可以从更长的时间周期图表中分析，还要结合基本面因素或其他相关市场的分析，最后确认是否进场，做空还是做多。技术面结合基本面才能帮助交易者大大提高分析的有效性，再使用图表进行个性化的交易，在图 5—10 中趋势追踪交易者的进场部位 E 点、F 点和 G 点的选择，也同样主观性地依赖于交易者的个人进场确认原则。

绝大多数时间趋势追踪交易者都在等待，就像潜伏的猎手一样，极富耐心地守候在市场中，价格波动的周期性变化告诉交易

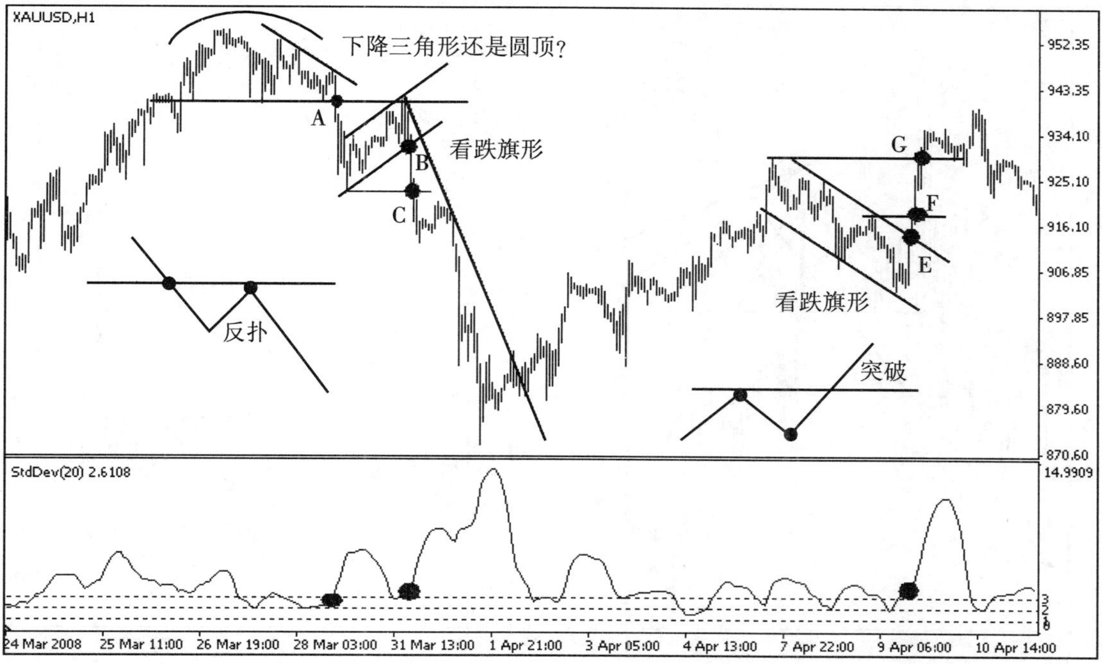

图 5—10　下降三角形（圆顶）和旗形整理

者，激烈波动后的市场还要酝酿下一次激烈的单边行情，动能积累的越久释放出来的动能就会引发大规模的单边走势。在图 5—11 中，一个上升趋势最终在 A 点形成较大的双顶后，黄金价格下挫了几十美元，如果交易者在 A 点进场做空黄金，当价格形成一个上升三角形并上破趋势线后（B 点），交易者获利平仓。如果交易者比较性急的话，会采取激进的方式开始反手做多，价格不稳定的情况会持续 4 天左右，没有几个交易者会喜欢这种走势，如果交易者不及时出场，就要继续忍受价格短幅波动，甚至要忍受价格回落触发止损的风险。也许交易者会在价格上破第二根趋势线后的 C 点进场做多，那么他就会相对幸运一些。如果交易者极富耐心，一直等到价格上破第三根趋势线，并且价格突破双底颈线，或者说是三角形底部上轨，或者是杯形底部的上轨后进场（D 点），当一切假设都被证实，市场多头形态明朗化之后，交易者再进场会在短短时间内获得丰厚的回报。

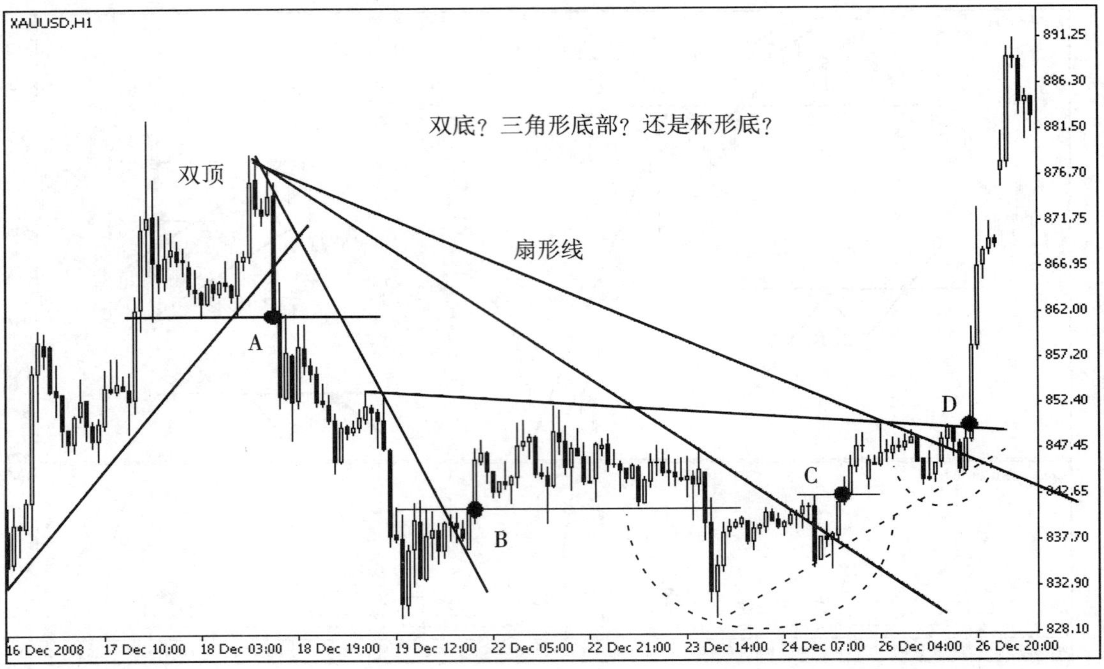

图 5—11　综合性分析

趋势反转

通常来讲，市场中一个单边行情在反转形态形成之后结束，市场会进入新的趋势中，最常见的趋势反转形态包括头肩顶（底）、双头（双底）、三重顶（底）、V 形反转和圆顶（底）。当然，在市场中还存在着杂乱的噪音，让理想化的形态模型变得随机，在一个经验丰富的交易者眼中，每个小波动都会充满意义。尤其在较短时间周期图表中，价格波动更为随机，随着交易经验的积累和交易技能的提高，随机的错觉也会慢慢消失。同样道理，市场中最常见的各种形态有时候也会出现异常的波动，唯有确凿无疑的反转信号出现之后，交易者才能判断一个趋势的终结，这也是趋势追踪交易的基础所在。除了经典的反转形态之外，支撑与阻力、K 线形态、趋势线、均线和通道线都是比较实用的技术工具。在实际交易中，交易者还是从道氏理论对趋势的最基本的定义入手去确认趋势的反转。大家可以在本书第二部分的第一章中了解趋势是如何形成的。

在短线交易中，还会出现一些非典型性的反转形态，但在黄金市场的短线行情中也会经常出现三角形的顶部或底部，当然这种观点还是比较主观的。以前曾说过，交易者最喜欢的形态就是三角形，只要三角形整理形成时间相对越久，突破信号产生后的单边趋势就越强。图 5—12 中介绍的是一个较为成功的三角形顶部，当价格跌破三角形的下轨并跌破最近的一个新低，就意味着确认性的进场信号已经出现，交易者在该部位进场做空的话，止损设置的也非常小，而预期收益却非常可观。图 5—12 中的前期的低点，前期的重要支撑线都是比较成功的止盈出场部位。当然如果交易者不愿意承担浮动盈利的大幅波动，也可以在合适目标附近平仓出场。

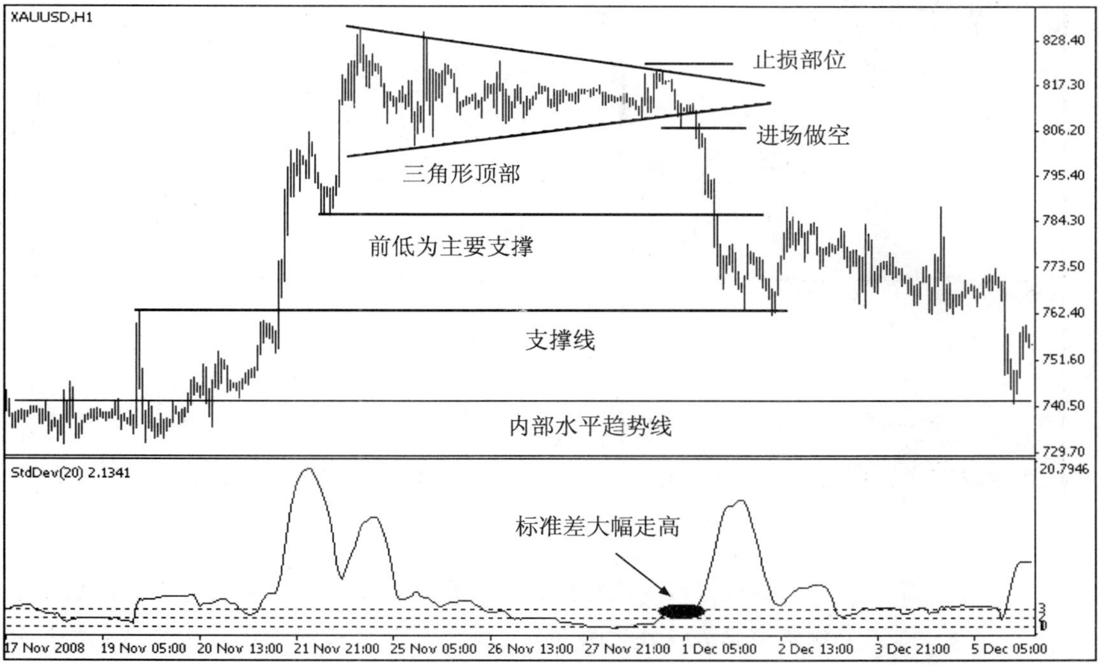

图 5—12　三角形顶部

而图 5—13 中的走势就稍微复杂了些，左侧的双底并不是理想的形态，而是右侧底部低于左侧底部，但大家也可以用 123 法则和 2B 法则确认双底的形成，2B 的存在也说明了，性急的交易者在左侧底部进场时设置的止损很有可能会被右侧底部触发，最理想的进场部位是价格突破颈线的A点处，价格向上突破颈线是底部形态成功的信号。当价格反扑至颈线受到支撑后继续向上突破的B点则是加仓的好机会，利用同样的道理，图中的C点和D点也是比较理想的短线做多进场部位。从更大的角度来看，图5—13中的价格走势很符合蝴蝶原理，恰好图中右侧又出现头肩顶形态，交易者可以跟随价格变化适当做空黄金。既然交易者决定使用较为简单的确认条件，那就要求交易者要更谨慎些，可以使用多种论证方法以规避虚假信号的欺骗。

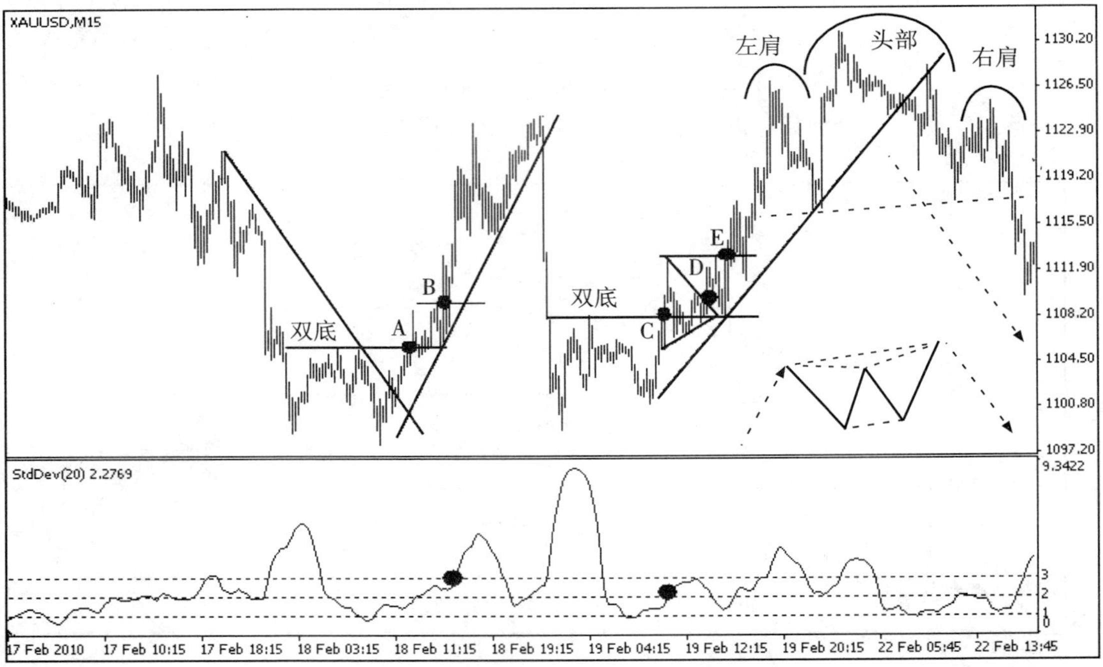

图5—13　双底形态

绝大多数的反转形态都出现在价格突破趋势线之后，反转形态通常被趋势线分为两部分，最终还是要遵循道氏理论确认趋势反转的信号。头肩顶成功和失败的概率几乎相等，图5—14和图5—15分别是成功的头肩顶形态的例子和失败的头肩顶的例子，随着技术分析变得越来越普及，突破也成为一种很普通的技术工具，很多时候突破似乎不是很有效了，并且突破后价格反扑倒成了一种新的技术形态。如果这种新的技术形态能广泛运用的话，可能会更具有实战意义。在图5—14中显示的是一个复合头肩顶形态，当价格跌破

图 5—14　成功的头肩顶形态

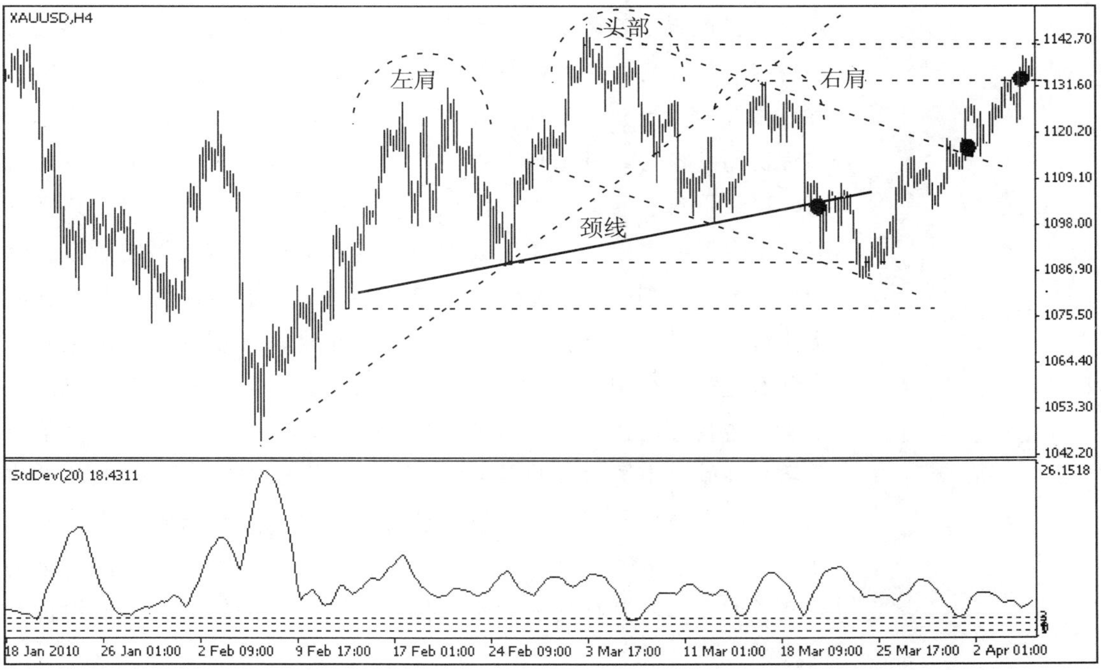

图 5—15　失败的头肩顶

颈线时就可以进场做空，这时候交易者还无法确认头肩顶形态是否成功形成，进场的假设就是成功的头肩顶形态。当价格连续创下新低后抵达教科书中讲解的止盈部位（AB=CD），直到这时才能确认形态成功。假如价格跌破颈线后反扑至右肩处就证实头肩顶形态的失败，右肩高点被突破正好是新的趋势开始形成的信号，并且也是交易者设置空头止损的部位。交易者可以根据自己的主观性判断确认反转形态失败的条件，毕竟技术形态的成功与否要依靠市场的发展情况，也许图5—15中的头肩顶会演变成旗形整理，交易者只能灵活地有效地将形态分析和交易结合起来。

进出场信号

选择合理的进出场部位是交易战略和交易战术的最直接的体现。糟糕的进出场部位的选择会白白葬送一次完美的交易机会，分析师和交易员最根本的区别在于能否确认合理的进出场部位，成熟的交易者在制订交易计划时，要利用正确的方式寻找合理的进出场部位，并妥善经营直至获利出场。如何把握合理的进出场部位就成为趋势追踪交易的核心，进出场部位的确认包括支撑与阻力区域、技术形态、K线形态、通道上下轨区域，及前高前低价位等等。交易者在确认重要潜在进出场部位时还要分析各种可能影响交易的所有外部因素。交易计划的执行是一个动态的过程，进场后还要不断将新的干扰价格的外部因素补充到分析中，简单地讲出场部位的确定是一个动态过程，在制订止盈目标时要留有余地，以便有足够的时间去分析止盈目标已达到时是否要执行出场计划，这个重要决定要依靠技巧和经验，市场信息的不对称性让交易者无法做出100%自信的决断。总而言之，所有的进出场部位都会归结至支撑与阻力部位的判断，如果交易者能把唯一具有预测功能的先行指标——支撑与阻力研究透彻，即使没有其他同步指标或滞后指标的辅助也会取得优秀的战绩。

交易时机和交易计划息息相关，此前曾提及的价格波动的周期性是判断最佳进场时机的有效工具。波动率的周期性循环在价格上的表现形式就是单边行情和整理行情的交替进行。整理行情是单边行情的动能积累阶段，单边行情是整理行情积累的动能释放的过程。趋势追踪交易者需要的最佳进出场部位就是动能积累至临界状态开始释放时的价格扩张部位，该临界点的突破后的表现形式就是明显的一根大K线，这是以价格突破后的动能释放为基础，在急剧的价格扩张时顺势进场会很快实现盈利，有效突破后进场可靠性高，风险低，而且交易者承受的心理压力也小。市场噪音能够掩盖很多获利机会，趋势追踪交易者要依靠敏锐的观察力和熟练的操作技巧才能获利，还应该利用多种技术工具去寻找那些隐藏起来的进出场信号，不断地利用人类的理性和机械性去进行成功交易。

华尔街无新事物，交易机会的形成与100年前一样，并且和100年后大家的后代所看到的也一样。尽管出现越来越多的技术指标和金融原理，市场走势也出现越来越多的噪音，但技术分析的鼻祖——道氏理论至今仍是最基础、最实用、最有效的金融哲学理论。道氏理论关于趋势的定义始终贯彻本书技术分析每一部分。在不同的时间周期图表中，特定的市场行情反映了一种强有力的趋势相对性，在日图上显示的一个上升趋势，而在1小时图表中可能表现为整理态势，而在15分钟图中则可能显示为单边趋势。趋势的有效性和趋势的相对性并不矛盾，两者结合起来的结果，就是不同时间周期图表的作用不同，可以使用日图作为判断趋势，小时图判断交易方向，15分钟图寻找进出场部位。交易者不能在15分钟图表选择进场点，却在其他图表中决定出场部位。利用三种不同时间周期图表从多个角度去观察市场的价格波动，短线交易者需要更多的信息，通过不同图表的观察制订交易计划。

本节中的几种简单的技术工具使用方法都在前文详细介绍过，人类的思维既存在共性又存在相异性。在同一张图表中使用同一种技术工具，不同的人也会得出不同的结论，所以在本文中所介绍的只是一种思路，一种逻辑而已，读者完全可以发散自己的思维，将有限的技术释放出无限的想象力，每一个技术工具都会有意想不到的作用。长期交易成功的概率很低，在这个高淘汰率的行业里每天都有很多梦想成为胜者的新生代进入市场，但是绝大多数人很快会发现高杠杆交易是人生所遇到的最棘手的挑战，只有少数执著的交易者始终坚持在这个概率游戏中奋战。交易机会的成功都会面临风险，即使拥有交易“圣杯”也会出现非常糟糕的局面，最终交易者还是要靠概率、盈亏比率和复利公式取胜。

一、趋势线出场信号

尽管有很多诋毁趋势线的言论，但在绝大多数时候，作为最常用、也最成熟的趋势线的有效画法可以帮助交易者很容易地识别趋势的转变，还可以在一个明显趋势中使用线性回归通道或标准偏差通道去寻找有效的趋势反转部位。就像其他技术分析工具一样，还要不断地判断趋势线的技术分析有效性，好在趋势线的画法完全依赖于交易者本身的主观分析能力，是一个适应性、实用性和有效性很强的技术工具，交易者需要做的就是检验各种各样的趋势线的有效性，并不断地修正趋势线使其能提供有效的交易建议。

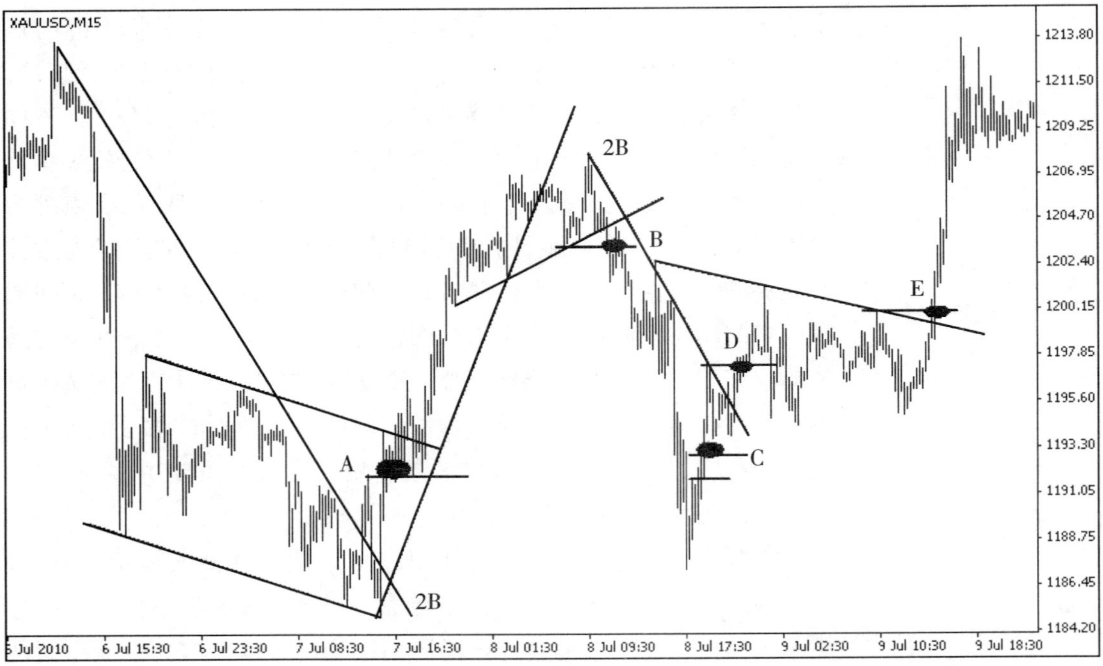

图 5—16 进出场信号（1）

在图 5—16 中所采用的趋势线的作用是寻找反转部位，尽管趋势线还有其他功能，但在本书中使用趋势线的最重要的目的就是反转部位的确认。趋势线的有效性需要的两个检验标准分别是，首先是线上的底部（或顶部）的数量，线上出现的低点（或高点）越多，这条线的技术分析意义就越重要；其次是时间长短，趋势线未被突破的时间越久，技术重要性就越大。趋势线被突破后就要关注的是123法则中的第三法则，价格不出现符合第三法则的走势就不会考虑进场交易。图中最左侧的下降趋势线被突破后价格又出现反抽现象，并形成2B（假突破）。随后价格突破前期高点（突破部位为A点）后继续突破拐点线，连续两次有效突破提供进场做多的证据。随着价格的不断升高，趋势也变得越来越陡，但最终无力维持涨势跌破上升趋势线，价格的继续波动再次出现2B，此时最需要的信号就是价格能否跌破前期低点，也就是价格波动是否符合第三法则，当价格跌破前期低点水平价位B点后，就要考虑平仓并反手做空，而下跌行情在C点结束。利用相同的原理，图5—16中的D点和E点都是进场做多的机会。

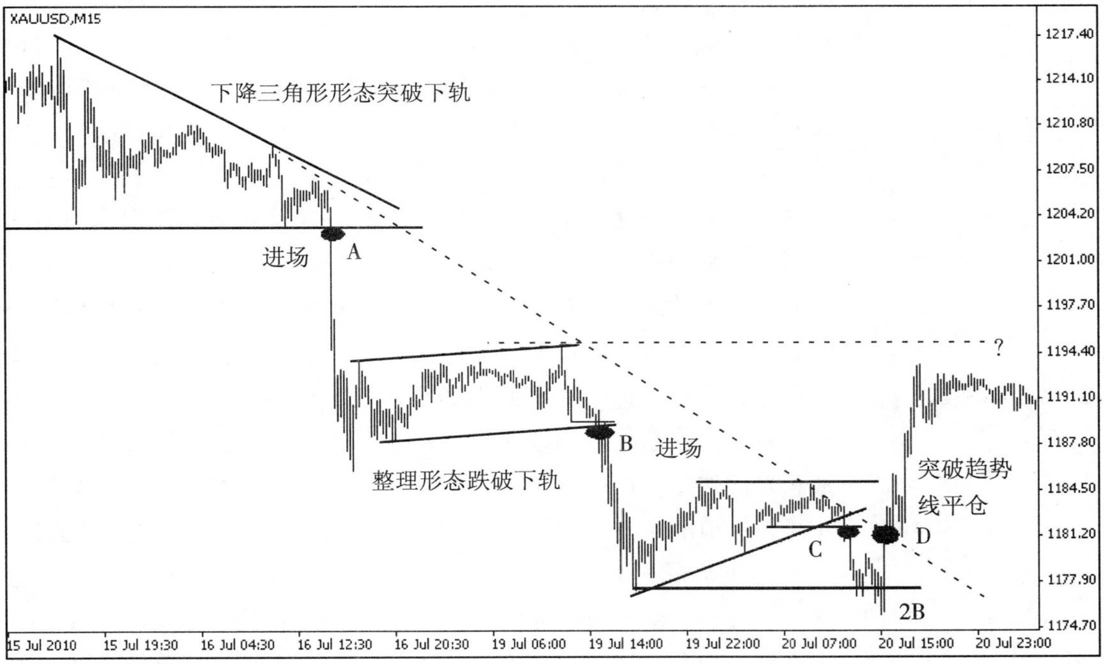

图5—17　进出场信号（2）

接下来请看图5—17，这是一个出现动能积累到释放的三个循环的下跌趋势。首先在图中左侧上方动能积累的过程形成一个下降三角形整理形态，当价格跌破下轨时（A点）就可以考虑做空黄金，然后就出现单边下行趋势，当动能释放后又要再次积累动能，此处出现的是旗形整理，只有价格跌破旗形形态下轨时（B点）才考虑继续做空。图中最下侧的整理形态类似于上升上升三角形，但当价格跌破下轨后，上升三角形假设不成立，在C点还可以继续做空，但下跌动能已经无力维持价格的跌势，价格跌破前期低点后（2B法则）开始反弹并上破下降趋势线，此时可以考虑平掉空头仓位。当价格升至前期高点之上表明，本轮下跌趋势已经结束，但趋势是否完全反转则要看更长时间周期图表。

二、布林线出场信号

在本书中大多使用的是系统默认的参数，也很少考虑去寻找完美的参数设置，交易者应该习惯于不完美的参数设置。本书仅仅使用布林线的形态（收敛和发散形态），布林带能够确定趋势发展过程中规律性的收敛发散情况。布林线将价格走势的复杂情况简化成收敛和发散两种对立形态性循环的两种方式。而标准差本身就是测量价格波动率的指标，2倍标准差的布林带就覆盖了95%的价格波动。执行交易计划时应该重视价格波动动能的周期性。当布林线开始收缩，价格波动性降低。如果价格波动幅度发生改变时，就预示着一个波动期的结束和一个新波动期的开始。随着波动动能周期的不断发展，布林线就会表现出有秩序的发散与收敛的反向性。在价格波动幅度开始减弱时，布林线出现收缩，从形态上看，收缩得越紧密效果越好，低波动状态形成动能的积累；交易者会因此获得一个交易优势；当这种趋于平静的市场经常预示着后市特别强劲、高度获利的机会，前期收敛阶段获得的动能通过方向性运动和高波动率释放积累的能量。在出现单边行情状态时，布林线都会出现一个快速扩散至峰值的状态。交易者在利用布林线执行交易计划时，最需要的机会就是布林线的收敛状态被有效突破的时机，具体的K线形态还是一根表示动能明显释放的大K线。要值得注意的是，在较小时间周期中的布林线被有效突破为进场时机，更长时间周期中的布林线被突破很有可能就是出场部位。大家可以参照图4—23和图4—24仔细考虑一下布林线的进出场决定作用。关于布林线的进一步详细知识可回顾本部分第一章的第五节介绍的内容。

在图5—18和图5—19中使用的是黄金市场1小时图表的下行趋势和上涨行情，交易者可以看到图表中的布林线收敛状态，在这个阶段，识别有效突破和假突破非常重要。交易者最好结合趋势线、前高前低、K线形态和整理形态，依靠自己的经验和盘感找到最佳

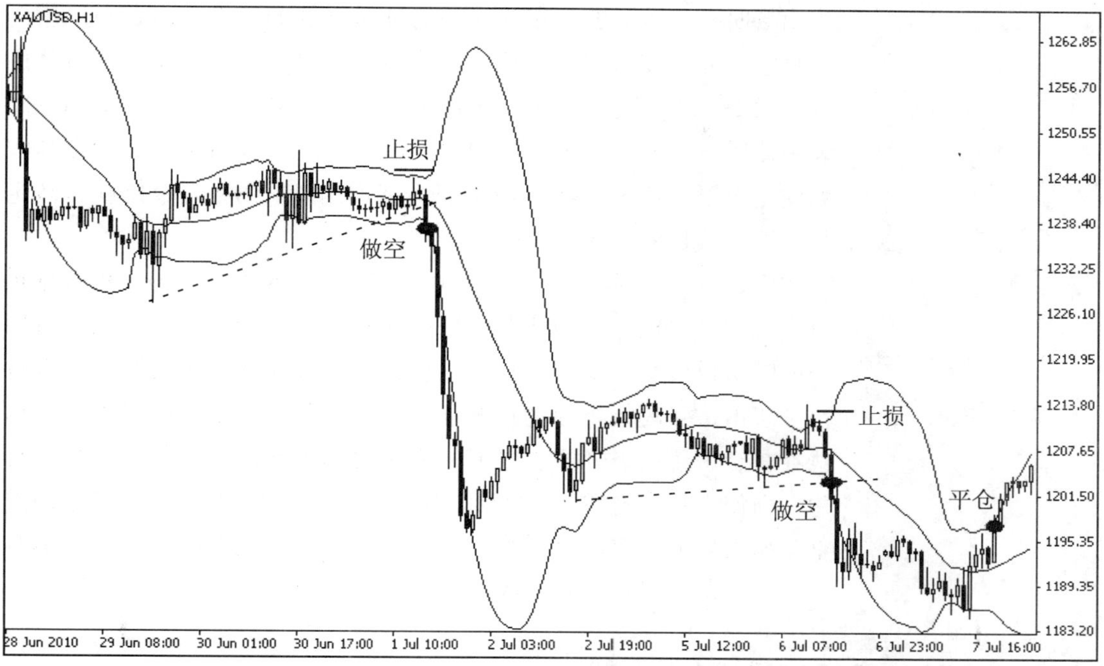

图 5—18　布林线进出场信号（1）

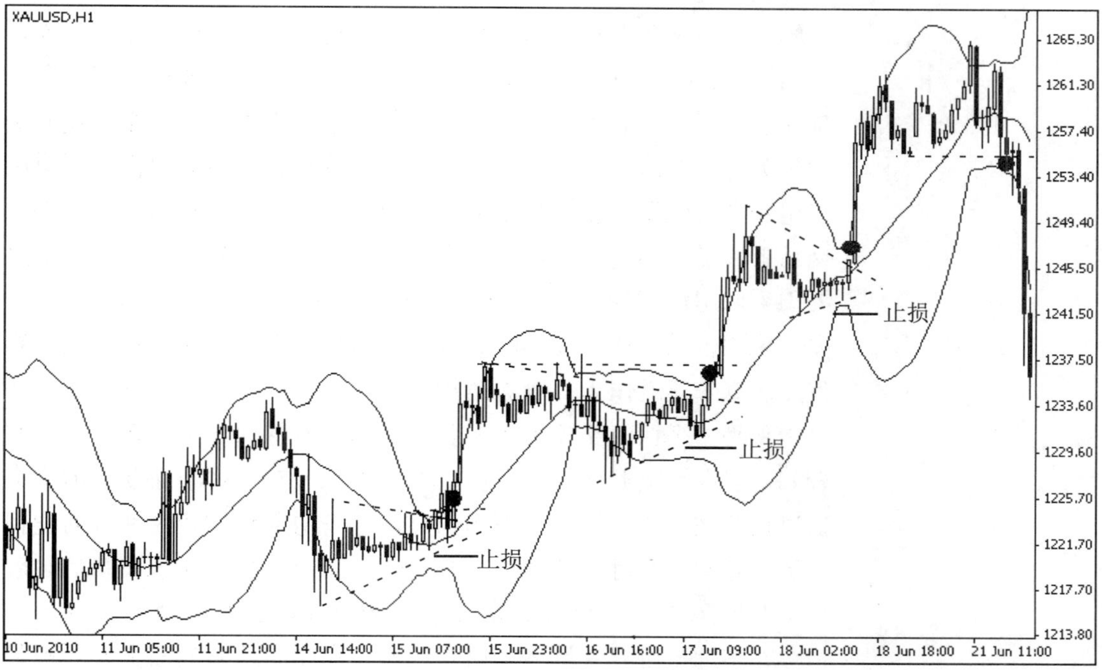

图 5—19　布林线进出场信号（2）

进出场时机。为了展示布林线的两种对立性的转换，图表中采用的布林线走势是较为理想的状态，价格走势也比较适合用作教科书的理想模型。要提醒大家是，在黄金市场中，尽量在较长时间周期图表中使用布林线，因为短周期时间图表中的噪音较多，影响布林线的使用效果。建议大家在15分钟时间周期以下的图表中只看K线走势，K线就是最好的同步指标。

经过对2007年8月底至2010年11月底的黄金市场价格数据进行内推检验发现，在同样布林线线交易系统设置下，布林线在日图中的随机模拟交易绩效最佳，这也得力于近几年严重通胀、金融危机和货币扩张政策导致的黄金需求上升。仅从交易角度来看，布林线在黄金市场1小时图表以下的更小时间周期内的交易绩效极不理想，即使实行严格的2%的亏损控制，也无法摆脱短时间周期中的黄金价格的较大无序波动带来的亏损，对于这一问题的解决，在本节最后一段落中提及的交易系统案例给出可行性答案，仅供参考。

三、唐奇安通道出场信号

趋势追踪是对市场的反应，并预测未来。除了通道系统，均线系统和新高新低突破法都是顺势操作的典型代表。在使用唐奇安通道系统进行操作时，遇到的难题就是市场波动扩大或整理时，完全采用唐奇安通道的进出场信号并不能产生稳定的收益，系统反而会产生无意义的信号并可能出现频繁的连续止损。检验唐奇安通道的稳定性和有效性的办法就是减少整理期间产生的假信号，这就要求交易者尽量采用其他技术工具作为唐奇安通道的辅助。交易者要么考虑采取超短周期图表中的系统突破进场抓住当天的一波小行情，要么采用较长周期图表中的突破进场抓住长期趋势带来的收益。在使用唐奇安通道作为一般通道指标使用时，要注意在涨跌趋势反转是否平稳，平稳的反转态势出现时使用较敏感的通道退出策略效果较好，但在大幅振荡时却会提前中途退出。对于这个问题的解决办法以前曾在追踪止损一节中提到过，进场初期使用较为激进的止损设置，随着持仓时间的延长，尤其是价格走势触及止盈设置后，就要采取较保守、较敏感的追踪止损设置以保证已得的利润。

在整理行情或者价格大幅波动时，理性的趋势追踪交易者可以放弃这一段无序的波动，只要价格出现整理后的突破信号，就要依靠交易者的冷静和原则进场盈利。并且成熟的交易者并没有优化指标参数，那些设置并不重要，重要的只是如何决定进场和出场。一个交易系统中最有价值的部分就是进出场部位的确认。并且在执行交易策略时保持冷静和聚精会神，坚决执行制订的交易计划，情绪与绩效是成反比的，过于冲动的情绪会影响交易时的智力，市场价格波动得越激烈，市场就是越无效，交易者就越需要冷静。市场没有信号时交易者就要耐心地等信号，而不能强行进场，成熟的交易者总是做有把握的交易，总是追求最好的交易机会，而新手总是想挑战市场。

很多读者会发现，在本书中，趋势线无处不在，无论是从趋势研判、反转确认、技术形态的发现、支撑与阻力，甚至进出场部位的确定，都能用到趋势线的辅助，除此之外就是通道类技术工具中的布林线和唐奇安通道线，还有许多技术理论、交易系统、技术指标在本书中都未讨论到，一方面是因为能力方面的限制，另一方面就是始终遵循“简单、有效、实用”的原则。人类的思维很多时候倾向于线性判断，可以用简单的机械方法研究比较深奥的问题。在二元性的图表中本书所用到的工具，都有着简单、适应性强、容易理解的，还与道氏理论基本原则紧密联系的特点，而且可以相互配合得很好，有着只跟随趋势的特性。

曾经作为绩效最佳的交易系统之一的唐奇安通道在本书中也占有重要位置，有些时候要将趋势线和新高、新低作为唐奇安通道的辅助形成一个交易系统，既可以用于超短线交易，也可以用于中长线交易。利用唐奇安通道系统时最重要的一点就是机械地执行通道有效突破产生的信号，因为该通道的上下轨是用最高价和最低价计算出来的，价格多数是在其轨道内运动的，一旦价格出现冲破上轨或下轨就意味着出现交易机会。如果通道变窄表示价格波动较小，市场处于动能积累阶段，反之通道变宽意味着价格波动较大，价格走势要么加速，要么就是大幅震荡。

唐奇安通道的交易规则非常简单，但是很多人却难以做到。因为在交易中人性的弱点是无法避免的，很多交易者不会等到价格冲破通道就开始操作了，机械式的交易虽然简单，但眼看着很大一段行情被错过，或者眼看着很大一部分利润被吞噬，都难以无动于衷。针对这种情况，最好还是结合其他技术工具，共同使用（请看图 5—20 和图 5—21），以保证已得的收益不被吞噬。交易者还可以将两个不同设置的通道合并使用，那样会帮助交易者提高交易绩效（图5—22）。

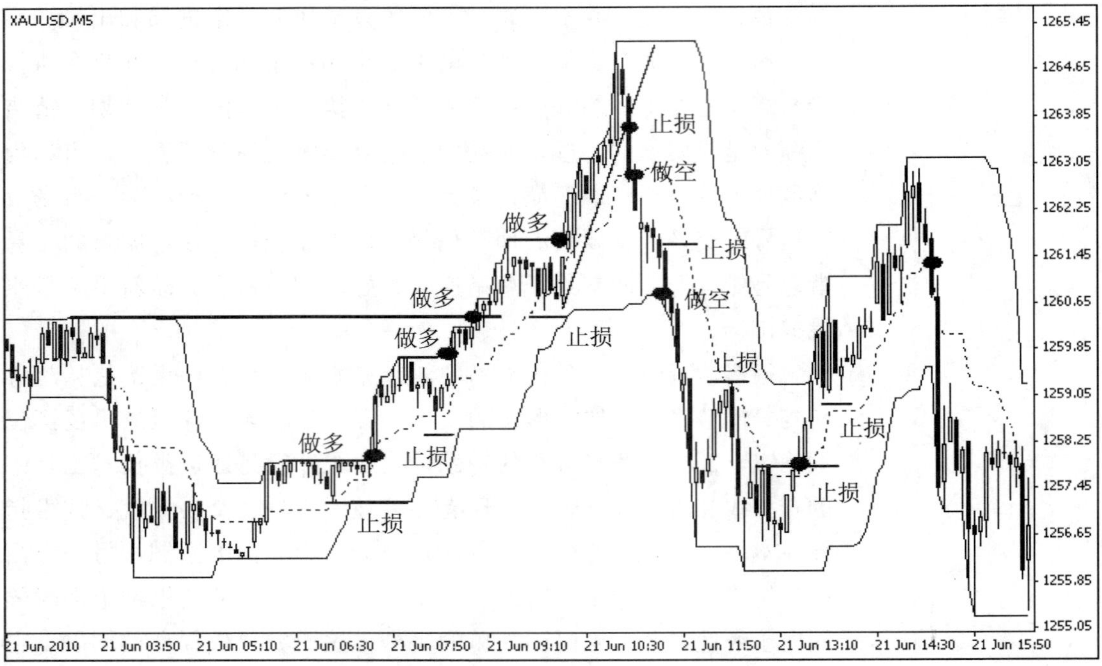

图 5—20　唐奇安通道进出场信号（1）

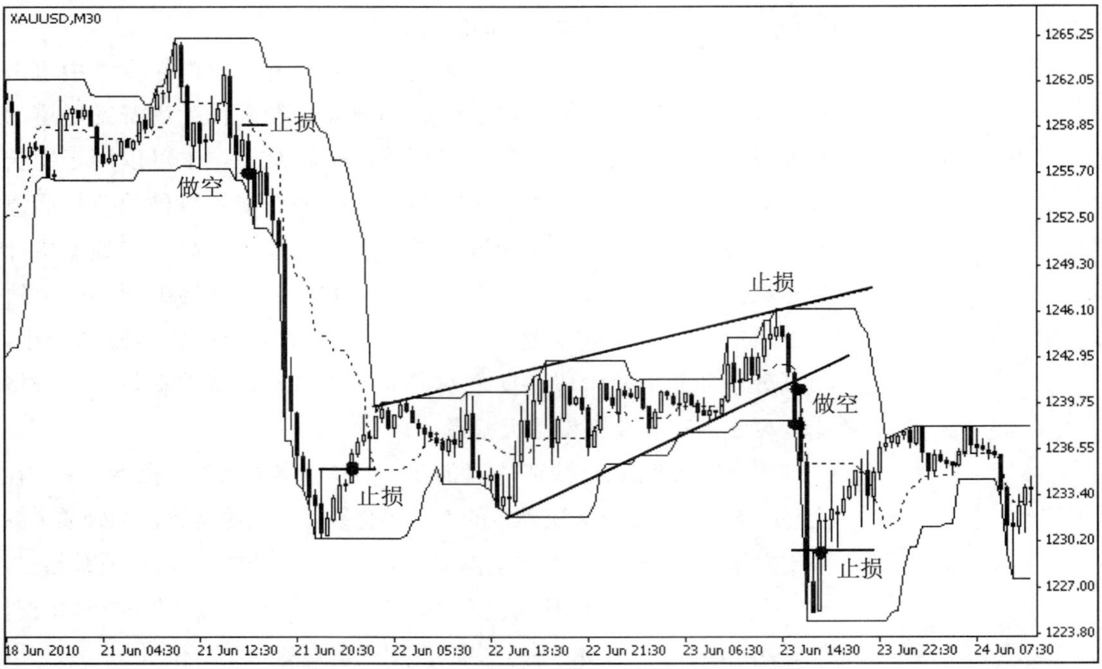

图 5—21　唐奇安通道进出场信号（2）

在图 5—22 中就使用唐奇安通道（20，5）和唐奇安通道（10，5）组合，唐奇安通道突破法是一种很成功的交易策略，尤其在日图中的运用始终有效，千万不要低估该系统在寻找交易机会方面的重要性。到目前为止，通道类指标的交易绩效依然超越其他技术工具，通道突破系统是价格顺着趋势方向加剧时进场交易，许多人不喜欢通道突破系统的原因是资金会出现严重缩水。在图 5—22 中，使用双唐奇安通道系统结合形态、前高前低和趋势线综合进行交易决策的制定，双通道系统决定的是进场部位的选择，技术形态的突破更是确认黄金价格上涨的高概率，在图中交易者可以考虑价格突破头肩底颈线和唐奇安通道（10，5）上轨时进场做多，并在进场时采用激进的初始止损，将通道下轨稍下处设为初始止损。当接下来价格同时突破双通道时，可以继续加仓做多黄金，同时上调止损，如果价格能继续上行，就要采取较为保守的追踪止损，追踪止损的设置如图所示。在制订交易计划时选定的止盈目标若被触及，就要平掉一部分仓位，将价格走势前景不确定性风险降至可以接受的限度。剩余仓位采用保守追踪止损保护盈利。

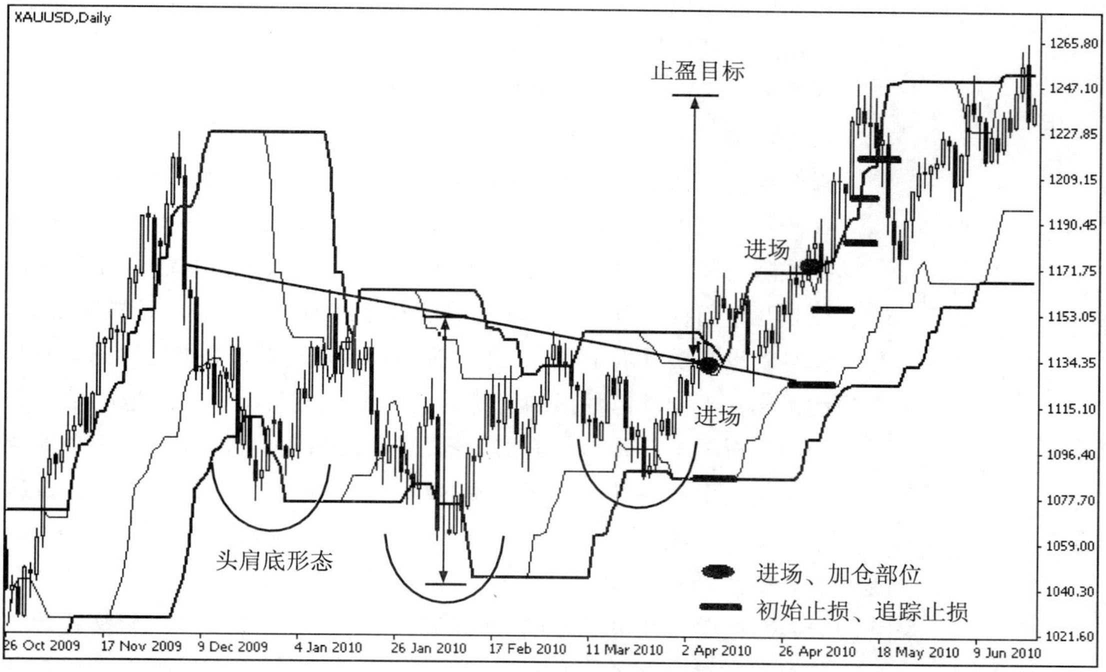

图 5—22　唐奇安通道进出场信号（3）

四、前高前低突破法出场信号

使用突破系统的短线交易者最喜欢的行情就是进场后会立即产生盈利，交易者并不用关心长期价格走势和基本面分析，只关注近期价格波动和市场的短期效应。一方面，只要价格有效突破某个前期的高点，价格就会立即飙升；反过来，当价格跌破某个前期低点时，就会产生快速下挫的行情。同时，短线交易者也将前期的高点或低点作为设置止损的标准。而波动率突破系统则是等待价格从某水平价位向一个方向突破限定的百分比率就进场交易，还有的是选择不同的参照作为突破的标准，有的倾向于前一日或几日的最高或最低部位的突破，而著名的“周规则”选择的是 20 日（或 4 周）的最高点或最低点的有效突破为进出场信号，戴若·顾比的倒数线突破进场也是利用相同的原理，还有前面提到的支点交易法也是一种突破交易系统。

使用突破系统的交易者所面临的是一个快速波动的市场，需要交易者拥有丰富的交易经验和高度的灵活性和反应能力，还需要执行严格的止损管理，没有养成良好交易习惯的交易者迟早是要被迫退出这个高风险市场。这样的交易者既需要机械式交易窒息能力，还需要非机械式的交易经验，更需要冷静的心理素质。一个初学者首先要学习的就是这种交易方式，依靠一个机械式的交易系统进行短线操作是初学者了解市场、认知市场行为，培养盘感的重要工具。在较短时间周期图表中，交易者只需要看 K 线，最多再画出几条支撑或阻力线，就可以进行操作。利用前高前低突破系统时需要的仅仅是几个前提：首先，出现有效信号就进场，交易是一种概率游戏，交易者没必要寻求 100%可靠的机会，那是追求较高准确性的分析师的工作，不能承担亏损的交易者就不能创造利润，因为他的精力都用在分析上了，而不是进出场部位；其次是止损的设置，这个话题已经是老生常谈了，但还是要继续重申一遍，当一个方法被无数次地重复，它就会成为一种习惯和纪律，止损是交易风险最重要的、也是最后的保护屏障；最后是止盈的设置，短线交易者追求的是“落袋为安”，把市场不确定性风险降至最低，就是短线交易者的一种习惯和纪律，交易者需要做的就是价格达到预定目标就平掉大部分仓位，剩余的仓位就利用保护性止损和追踪止损降低风险，追踪止损的设置也很简单，风险厌恶性的交易者就用前一期的 K 线的最高价或最低价作为追踪止损，风险喜好的交易者可以用前期第三个或第五个最高价（最低价）作为追踪止损。

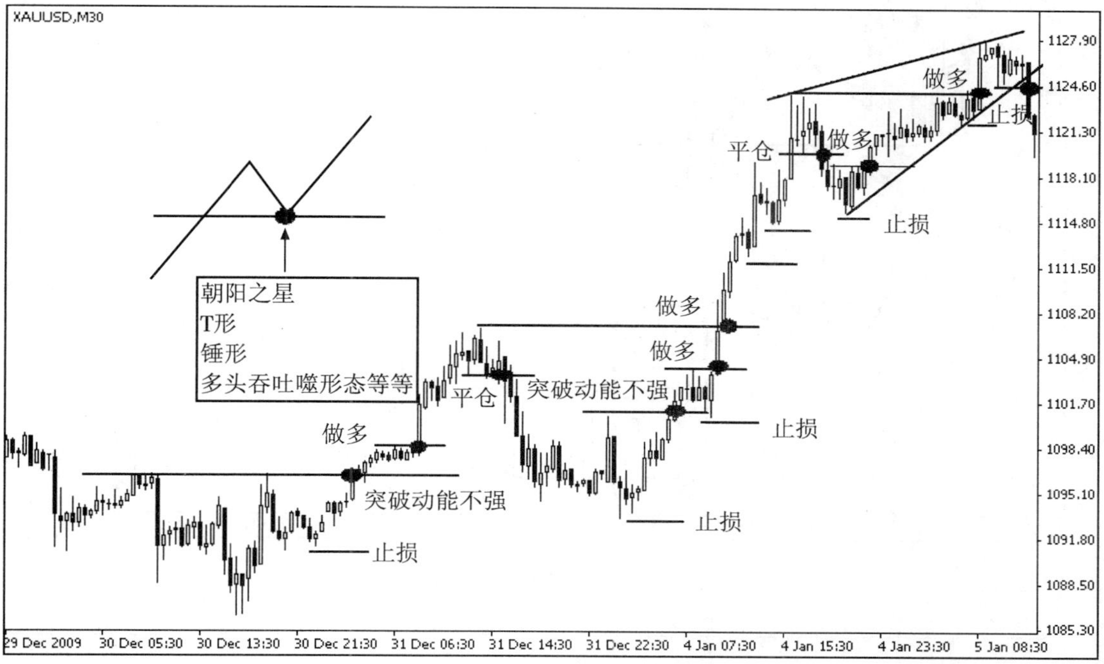

图 5—23　前高前低进出场信号（1）

始终认为，一幅图胜过百句话，图表能说明的内容往往是多样化的，从图 5—23 和图 5—24 中可以明显地看出，如果价格走势不明显，那么交易者还是放弃难懂的行情，只需耐心等待自己看得懂的价格走势的出现。交易虽是一种概率游戏，但交易不是盲目赌博。一旦交易者看得懂的，所等待的信号一出现就要立即进场操作，短线交易既需要直觉也需要理性，既是艺术也是科学。执行前高前低突破策略的最佳时机就是收敛状态的价格走势开始释放积累动能的时候，或者一系列前期高点或低点形成的支撑阻力线被有效突破的时候。在上述两种形态被确认后，交易者就要耐心等待市场实际走势来告诉他有效的突破。有效突破的确认标准就是一根大 K 线，它说明了价格在前高前低部位没有受到太大的阻力就一举突破，突破后出现的连续的小 K 线并不完全符合有效突破的确认原则，如果持续性的 K 线继续沿着突破方向波动，或者价格反扑受阻后继续沿着突破方向波动，交易者不妨也可以考虑进场操作。另外一种有效突

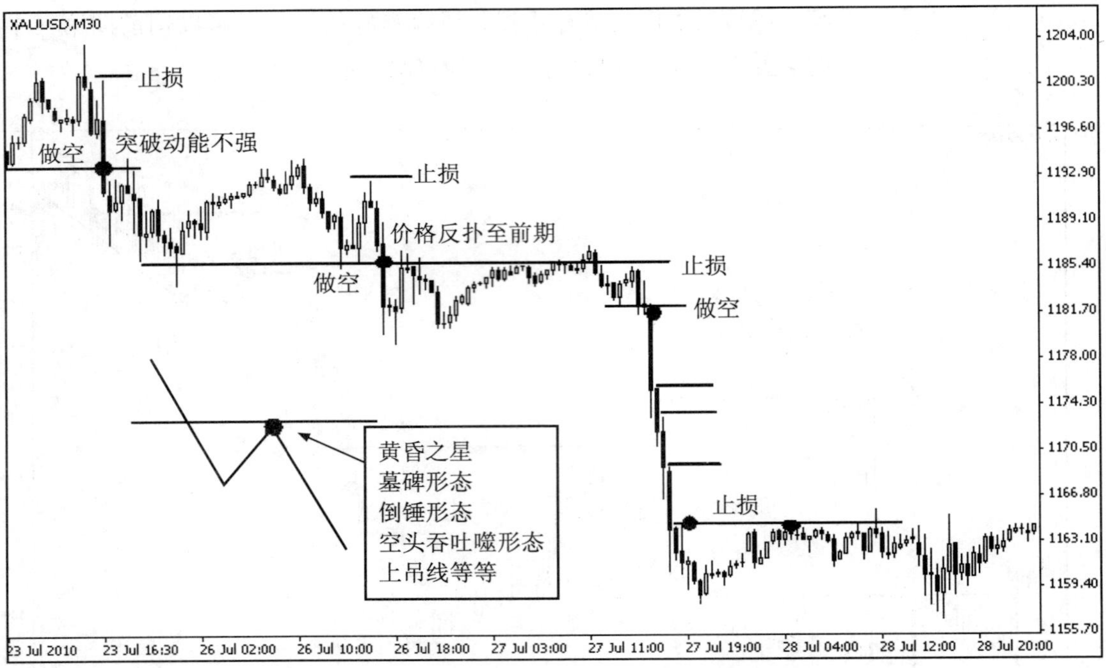

图 5—24　前高前低进出场信号（2）

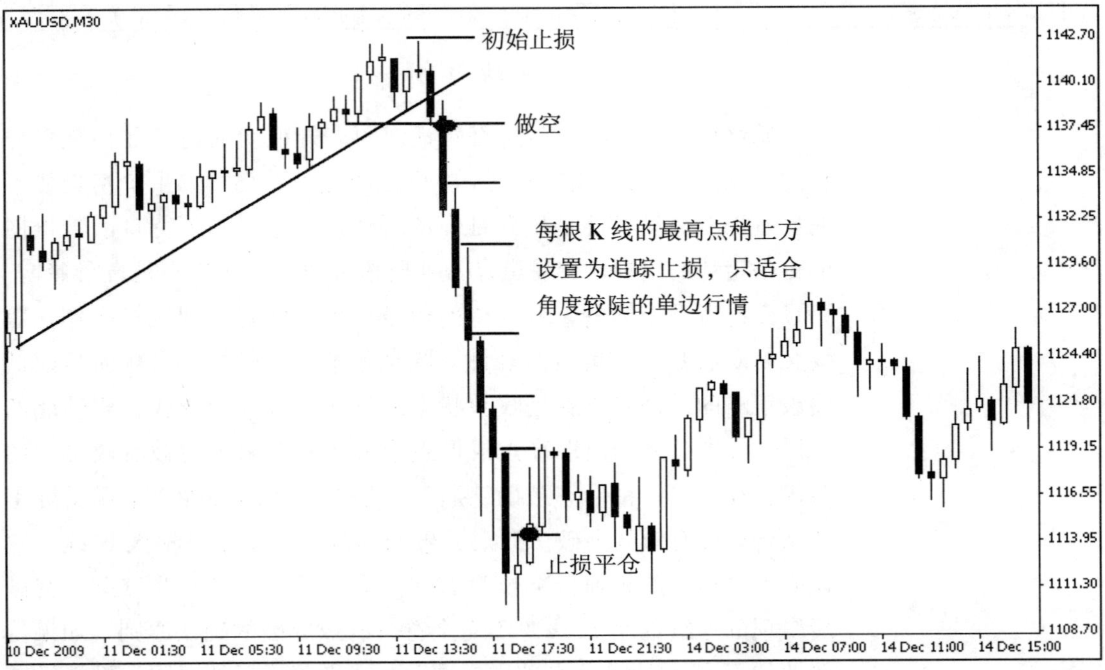

图 5—25　K 线极值追踪止损设置

破确认方式就是突破后价格上升或下降的角度，几乎垂直的单边行情的突破动能最强。在图 5—23 和图 5—24 中就标出突破动能不强的部位，但其受阻部位都是前期支撑部位或阻力部位，如果该部位出现明显的 K 线顶部或底部形态，那也是确认突破的一种方法。

当价格走势形成一种波浪形的上涨或下跌时，止损设置就是前期的波谷稍下方或波峰稍上方，在图 5—23 和图 5—24 中的止损设置就是采用这一方法。另外一种止损设置方法所需要的前提就是价格动能被压缩后释放出来后出现的角度较陡的单边行情，这是趋势追踪交易者最喜欢的阶段，这样行情的追踪止损设置更简单，就如图 5—24 和图 5—25 中的加速下挫的行情中，交易者就用前一根 K 线的最高价稍上方定为追踪止损即可。

五、抛物线出场信号

有着发现反转信号和止损设定功能的抛物线指标（SAR）是备受推崇的一个技术工具，这对于依靠系统机械操盘的交易者而言，是一个综合性指标，符合“简单、有效、实用”三原则。该指标在短线中线交易的进出场部位的确认有着极好的效果。许多富有交易经验的交易者都喜欢使用 SAR 作为进出场信号、资金管理和预警信号。它的优点也非常明显，既可以排除交易者犹豫不决的心理因素的干扰，只执行简单明了的机械式的交易信号，还可以以小的亏损去换取较大的收益。SAR 特别适合剧烈的单边行情，但在大涨大跌的震荡行情中，或者窄幅整理行情中，敏感度较高的 SAR 指标给出的信号明显失效。而趋势追踪交易者所需要的仅仅是单边行情的进出场和止损设置，单独使用顺势操作的 SAR 就可以建立一个交易系统。在黄金外汇交易市场中，在 1 小时图表中使用 SAR 作为进出场的决策能收到事半功倍的效果。在图 5—26 中，大家会发现在震荡行情中，放弃顶部和底部的 SAR 和突破交易法都不会获得丰厚的收益，但大家在图 5—27 中可以看到，在单边行情中，SAR 确认的反转点和突破进场法的进出场部位吻合度非常高，并且使用 SAR 设置追踪止损效果非常完美，只要价格走势进入整理期间，SAR 就会提示交易者平仓出局，等待下一次动能释放产生的进场机会。

经过使用模拟程序对以 SAR 为主的趋势追踪交易系统进行内推检验，发现在黄金市场 1 小时走势图中，该系统的随机模拟交易绩效最佳，远远超过其他时间周期图表中的模拟交易绩效。如果交易

图 5—26 抛物线进出场信号（1）

者想用 SAR 作为进出场信号参与建立交易系统的话，如何滤掉整理行情的干扰是最重要的一个环节。起初设想用通道线滤掉噪音，使用 2%的亏损额度控制亏损，测试效果并不理想，但是将该系统初始亏损只设定为 3 美元时，该趋势追踪系统交易绩效明显提高。经过多次内推检验后发现在黄金市场 15 分钟图表中利用 BB（15，2）＋SD（20，3）＋SAR（0.02，0.20）＋3 美元固定初始止损＋10%仓位管理建立一个简单的自动交易系统，在 15 分钟图表中模拟短线交易的绩效比较适合超短线交易者，在这个系统中使用 15SMA 和 2 倍标准差的布林线（BB（15，2））上下轨的突破，配合 20 期标准偏差从下方上破数值为 3 水平线（SD（20，3））为进场信号，以 SAR（0.02，0.2）为追踪止损和出场设置，使用最多 10%的总资金建仓。从 2008 年 2 月 5 日至 2010 年 11 月 25 日多次模拟交易中出现的最大亏损在 20%～30%之间，还在可承受的风险额度内。通过标准差指标可以过滤掉整理行情期间的大部分干扰，目的在于发现价格波动率大幅走高出现的单边行情，这个系统的胜算率并不高，当价格长期处于宽幅整理阶段时，标准差指标也相对会波动频繁一些，也会发出错误信号，这时候只有止损会防止损失进一步扩大，同时也需要交易者从更长时间周期的波动率走势滤掉噪音。只有当标准差长期底部整理后上穿数值为 3 的水平价位时才是最佳时机，图 5－28 中就演示了标准差长底部波动相对应的黄金价格的整理行情。

图 5－27　抛物线进出场信号（2）

该趋势追踪交易系统严格控制风险，但并未考虑加仓功能，只使用固定手数进行交易，并利用标准差和布林线滤掉一部分市场噪音。在大多数整理行情中，趋势追踪系统都会出现连续亏损，将每次交易中都可能出现的亏损尽量降低至最小，每次交易的风险紧紧地被限制在 300 点（3 美元）。标准差指标的作用就是滤掉价格波动较低的价格变化，需要交易者做的就是耐心等待进场信号——标准差、布林线和 SAR 共同的有效突破，交易只是短期行为，大多数时间都是漫长的耐心等待。只在单边趋势中追求利益最大化，在金融市场中什么事情都有可能发生，完全机械化的交易系统缺乏足够的弹性，在实战中受到的干扰也是影响巨大的，一旦市场中出现极端情况时，机械交易系统很容易造成重大损失。这个系统并不追求胜算率，仅把风险控制在最小化程度。最后要说的是，一个交易系统即使在内推检验时表现良好，也不见得能在未来实战中获得满意的

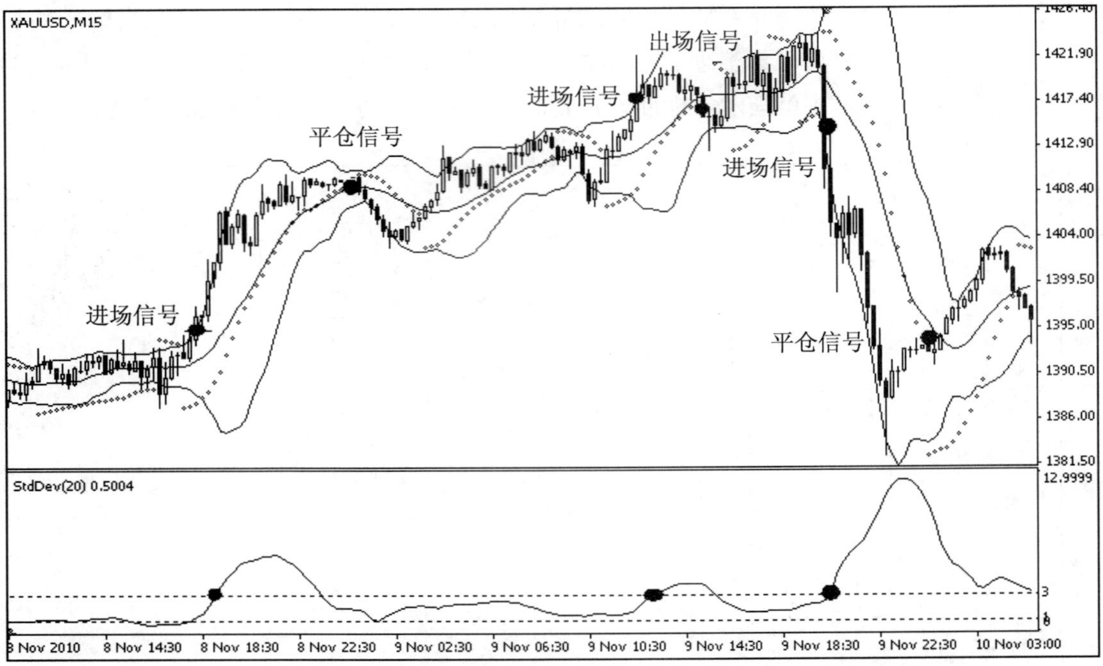

图 5—28 “布林线＋SAR＋标准差”交易系统

战绩。虽说市场的本质是不变的，但市场技术是不断发展变化的，市场中的噪音也越来越多，交易系统也需要不断地更新或转型，以适应未来市场的不确定性。当然短线交易者也必须要了解市场的基本面，不能完全脱离基本面，只关注市场运行的结果固然重要，如果搞不懂市场运行的驱动因素，就弄不明白市场预期和市场心理；不将基本分析和技术分析相互验证，交易者就无法全面地从博弈角度去研究市场，最终交易者就无法跟随未来市场的改变做出相应的调整。技术分析仅仅是研究市场现状，却不能预测市场，而基本面分析却可以弥补这方面的缺陷，如果交易者只局限在研究局部市场运行结果而不注重整体金融市场和相关市场的研究，不熟悉市场的本质，也无从谈起根据市场性质采取相应的技术分析工具顺应市场进行交易，甚至会出现“盲人摸象”的笑话。

第六章　交易系统、交易心理和交易计划

适合你自己的交易系统就是最好的

有效的交易系统有许多种，一个成功的交易者需要找到一个适合自己的系统，而且很有可能只适合他自己。成熟的交易者根据自己的历史经验以及长期以来形成的对交易本质的认识，他们往往都会有明确的交易哲学和交易风格。一个刚进入市场的新手，只根据自己的直觉或其他经验进行交易。在这个阶段，新手的交易是毫无章法、毫无技术特点可言，几乎是完全靠着一种本能在市场中进行交易，并且试图抓住市场所有的机会，在这个阶段交易者需要做的就是模仿和学习。在交易者积累足够多的市场经验，或者付出足够多的学费之后，交易者最终会形成自己的交易系统，从信息处理、研究分析到决策系统都已经摆脱模仿，将自己的交易经验和学识上升为一整套的交易方法，在这个阶段交易者还不能形成稳定的交易风格。最后一个阶段就是交易者再次回归到起点，形成自己对交易市场本质的理解和把握，而不是追求交易系统的最优化，交易者将更多的重点从交易系统转移到交易哲学，从追求交易模式完美上升至思想模式的磨炼，一个交易者的成熟的交易思想和交易心理是其交易系统的核心，也是其交易系统在市场中适应性的根本保证。行为模式升华至心理模式最佳的结果就是交易者只把握力所能及的市场机会，只在自己擅长的领域内寻找获得巨额利润的时机，而不在没有相对优势的领域内进行操作。

生搬硬套别的交易系统，在没有内化该系统使用意义前就将陌生的

交易系统和自己的交易者哲学硬性地结合起来，是无法体会该系统该理念如何创造绩效的。金融市场是百家争鸣的地方，每个交易者的思维方式、教育程度、风险容忍度和性格特点都是千差万别的，交易者需要多年探索和磨炼才能找到适合自己的具体系统，而绝大多数的交易参与者无法抗拒市场的淘汰。许多交易者认为，面对市场唯一的挑战就是战胜市场，当他发现这是一个不可能完成的任务时，就试图借用外部力量实现自己的梦想。他们最关心的就是尽最大可能了解市场和寻找高效的交易手段，至于交易心理，那几乎就没怎么关心过。

如果一个交易者能够将输赢摆在有利于自己的位置，也就是说，输赢对于成功的交易者而言都是一样的。在他的交易哲学中，系统的不完美性是难以避免的，接受损失就像接受盈利一样正常。如果一个交易者不能接受损失只接受盈利，成功的机会就非常渺茫，交易者越在乎的东西，那些东西就会离他越远，许多交易者所梦想的高胜算率和快速暴富都是成功交易的致命缺点。换句话说，就是一个交易系统不能以偏概全，把局部当整体。如何学会从全局角度看待市场，形成一个符合自己交易理念的成功交易模型是每一个交易者的梦想。很多交易者付出很多时间成本、学习成本、资金成本和生存成本为代价仍未形成一套行之有效的交易模型，或者已经形成一套有效交易模型的交易者在执行时却不时出现违背交易法则的问题，还有的交易者分析能力很强，但无法找到合理的进出场部位。甚至还有过度交易、不设止损、无视风险管理的"冒险者"，这些在金融市场中都是司空见惯的事情。

趋势追踪交易系统

一个完整的趋势追踪交易系统应该包括分析系统、交易系统和风控系统三部分（图 6—1）。在进行黄金交易时，第一步就要搞清楚价格驱动的原因，这并不是交易系统中最关键的部分，但那是交易中最基础的部分，一个交易者可以通过各种渠道了解黄金价格变动的原因，黄金价格驱动原因大多源于全球宏观经济动向和相关金融市场的联动效应，如果交易者对宏观经济不感兴趣或者难以在复杂的市场信息中理清思路，那只需要关注黄金市场相关联的外汇市场、商品市场和证券市场，这种跨市场的分析相对简洁而有效，通过长期的金融研究，很多交易者对不同金融市场的联动效应非常敏感。那些相关金融市场的动向是所有市场参与者对宏观经济、资金流向、市场心理和地缘政治的综合反应，只研究这些市场的联动性就足以让交易者明了黄金价格驱动因素。对于一些短线交易者而言，美洲和欧洲的发达国家定期公布的重要经济数据也是黄金价格短期驱动因素，如果交易者对主要发达国家的经济状况了如指掌，对主要经济体的宏观经济政策有深入的了解，知道市场近期的热点，对全球宏观经济形势有着透彻的研究，交易者就会对短期、中期和长期黄金价格走势有明确的观点。尽管这种观点仅仅是一种假设，甚至是一种预测，那么交易者所要做的，就是等待市场去验证这种假设是否成立。在交易中一定保持中立的心态，技术分析尽可能实现“KISS”原则，但在基础价格驱动原因分析上要尽可能复杂些，这些分析能拓宽交易者的思维能力。无论市场中存在多少专家观点，多少预测或多少假设，基本面分析只是综合考虑影响金融市场供需关系的所有因素。在各国的政府和央行的智库中使用各种各样的数学逻辑模型分析预测经济动向，当然也包括金融市场的分析。在这些模型中不能把握的就是市场的情绪因素，但他们可以诱导市场心理，因为在市场中参与者表达他们的预期和观念的直接表象就是价格波动，这涉及的是更长时间的宏观经济动向，而绝大多数交易者并不会接受那么长的投资周期。尤其在杠杆交易市场中，短期的市场情绪和市场预期对价格波动的推动作用更大，而市场情绪因素和市场价格波动是相互作用、相互强化的。金融市场中永远都不会有中庸之道，市场情绪始终是在极度悲观和极度乐观之间像钟摆一样来回转换。当市场中不同交易理念、不同交易周期、不同交易方式的参与者对市场信息集中做出共性反应时，价格就会出现严重的偏离，而这种价格偏离又导致市场参与者的情绪出现偏向，情绪的偏向会加速推动价格出现更大的偏离，这样的极端金融市场价格波动产生的动能进而会让市场重新发现价值，金融市场价格出现的过度上涨或下跌行情会迫使政策制定者在紧缩或宽松经济政策之间来回摆动。也就是说，交易价格的失真可以影响基本价值变化。如果能预测未来，那么这种预期就会让市场出现偏离，市场的偏离又会产生新的预期。如果能预见未来，那未来也就改变了。

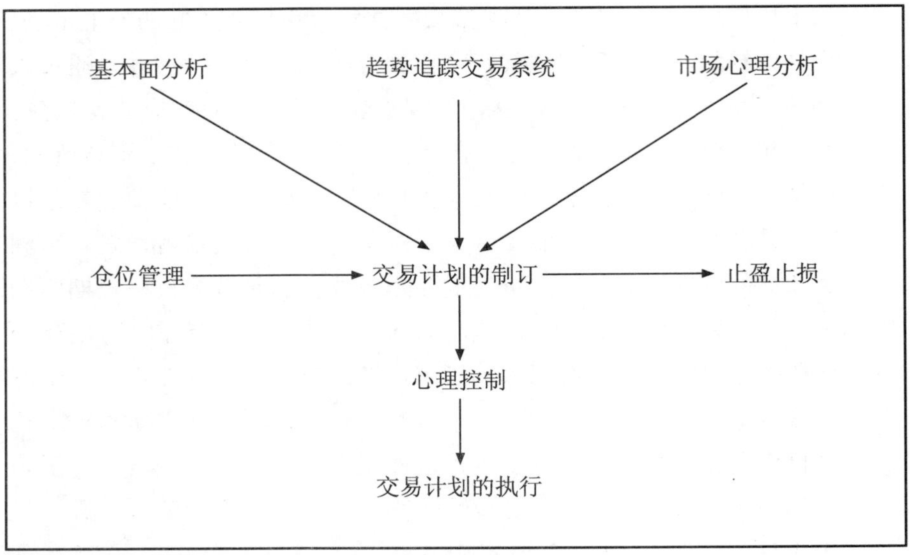

图 6—1　交易流程图

在实战中很多交易者，尤其是短线交易者不知道未来市场运行的方向，也不知道影响市场供需的基本面信息，只等待进出场的信号。但一个了解市场驱动原因和宏观经济动向的成熟的交易者，会对所有的宏观经济数据和整体金融市场动向进行全面定性定量的分析，这种综合性分析是对所有可获得的信息进行全面加工。每个人的能力都是有限的，一个交易者在信息不对称的情况下无法对所有市场信息和数据进行全面细致的解析，专业性很强的团队和机构也未必能做到那种程度。交易者可以力所能及地全面了解自己奋战的市场及其关联市场的动向，既要知其然，又要知其所以然，不能只将眼光停滞在一个市场或一个图表上。

制订交易计划是一个交易系统中最重要的部分，交易者可以从基本面分析发现价格驱动因素，再利用自己的分析系统发现价格。基本面分析会有数种假设，但技术分析只能有两个选择：进场还是离场。一旦技术系统出现进场信号，交易者就要按照自己的交易模型全面评估如何将风险控制在容忍限度内，利用一些公式去计算进场资金的额度、盈亏比率和时间管理（图 6—2）。一个交易者可以用仓位管理和风险管理弥补较低胜算率带来的不足，交易者应该用概率而不是依靠准确性去获得利润。在以前的章节中已经详细介绍了止盈、止损、进出场和资金管理相关技术，发现交易机会时就要利用这些工具制订交易计划。要提醒大家的是，初始的交易计划最重要，进场不断修改的只是追踪止损。改过的计划并不合乎逻辑，只有最原始的计划，才能完美地反映计划制订者的要求、对各种条件的最大程度的利用，甚至带有比较浓厚的个人交易风格，这种风格就是成功交易的关键。在市场中交易者始终要采取“若即若离”的理念，以避免出现“一叶障目”的情况。

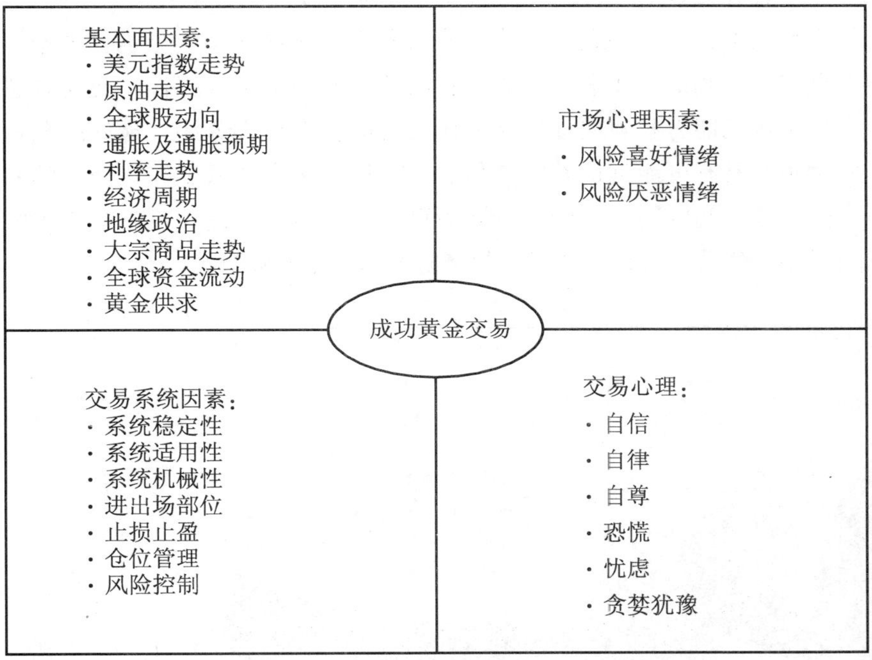

图 6—2　黄金市场分析交易四要素

交易心理控制

最后一步就是交易计划的执行，这个环节看似简单，实质上很多交易者在这个环节上犯错误的概率最大。即使老练的交易者也不时出现违背交易原则的过错。如果使用机械式的自动交易系统，就能避免人性的弱点带来的失误，拥有一套长期稳定盈利的、交易绩效标准差较小的自动交易系统是必要的前提。更多的交易者还是要依靠人工进行交易，人性自身的弱点就成了影响交易绩效的最重要的扰动因素。在几乎所有的交易类书籍中，心理控制都是成功交易的决定因素（图 6—3）。统计结果表明，95%的杠杆交易者都会在第一年把钱赔光，如果一个交易者没有经历这个阶段，就很难认识到分析能力、资金管理和交易心理三者在交易过程中的比重分配。市场中存在无数的交易机会，想进行交易的参与者大多数是为了赚钱，但事实上只有 20%的交易者能实现长期资金曲线稳定上涨。理想与现实并不和谐，技术分析能力和收益率曲线并不成正比。交易者感知市场的能力和利用这种能力赚钱之间存在很大差距，最好的分析师也非常有可能是最差的交易者。这里并没有贬低意味，分析师和交易者之间区别只是分工不同而已，一个追求准确性，一个追求收益率，优秀的分析师和成功的交易者都是令人敬佩的。

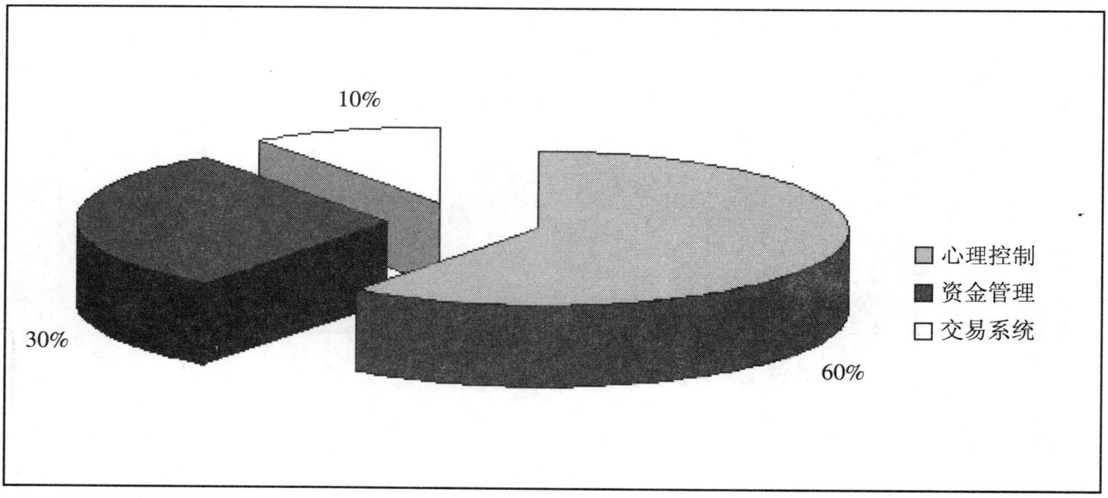

图 6—3　交易心理是交易成功重要因素

交易者最难过的就是自己那一关，他们大多都是败给自己，交易者最大的敌人莫过于人性弱点造成的负面影响。杰西·利弗莫尔在其投资经典名著《股票做手回忆录》中提到“股票投机成功的基础，是假设大家未来会继续犯以前的错误”。市场中 20%成功交易者赚取的利润来自于 80%的市场失败者的亏损，这就是投机盈利的基础，一批失败者离去后，又有新的满怀激情和希望的新手进入市场，金融市场的本质没有随着时间推移发生任何改变，历史还会不断地重演，利用那些贪婪和恐惧等人性弱点，成功的交易者收割新一轮的收获，这也是市场循环和存在的基础。

追求完美主义者不适合交易市场，崇尚完美交易的人总是试图避免错误和亏损，他们总是倾向于追求统计数据和资金曲线的优秀表现。然而，想规避永远无法规避的交易风险对交易者而言是一种灾难。即使是其他行业的佼佼者，甚至世界上最聪明的人也无法逃离灾难性的损失，因为他们掉进自己思维逻辑陷阱中。对于这些人来讲，能规避亏损，实现利润增长才是交易的真谛，他们总是想方设法学习市场相关知识，或者借助外部支持增加市场分析能力。即使知识积累同交易绩效比率曲线越来越平坦，也不会放弃学习。但他们从来不客观地评价心理因素带来的消极影响，不能在市场的不确定性风险面前保持冷静自如的思想状态，甚至拒不接受失败事实，这种理想和现实之间的落差要么成就一个交易者，要么就毁掉一个交易者。当头脑中学识经验积累到极限，剩下的不是知识方面的突破而是交易心理的新的领悟，如何在平衡自信、自尊和自控三者之间的关系是一个在市场中征战的交易者必须考虑的事情。事实上，几乎所有交易者都曾忽视过心理因素的作用，他们经历多次失败的折磨才会发现，既然无法避免风险，为何不接受风险呢？假如交易者能接受风险，就意味着他完全认同每次交易都有可能失败的假设，能接受失败就是交易成功的最重要一步，他也就不会再有任何思想包袱，理想主义终于回归现实主义，交易者就可以轻松、简单、冷静地进行交易，这就是理想的交易理念和交易态度。

第七章　影响金价的因素

金融属性与商品属性共存

短线交易者要关注的是市场价格变化的敏感度，这是一种非结构性的变化因素，短期的价格偏离不会改变价格的长期走势，而中长线交易者要关注的就是影响长期价格变化的结构性因素——基本面因素的分析结果。这两种交易风格截然不同，在这里要提到第一部分讲到的黄金的三种属性：货币属性、金融属性和商品属性，黄金的多重属性也决定了黄金衍生品交易市场的多样性，也导致影响黄金价格变动因素的复杂性。一个健全的金融市场中包括了证券市场、商品市场、外汇市场和黄金市场。随着历史的发展，黄金在不同的阶段表现出不同的属性，这几种属性对应的就是黄金的三种基本功能——投资、避险和保值，黄金既是对抗通货膨胀的保值工具，又是规避政治动荡和经济衰退的避险工具，还是与证券、商品和外汇并行的金融投资工具。黄金最早期只用商品属性，随着人类社会的进步，黄金又衍生出货币属性，国际黄金非货币化之后，价格开始自由浮动后，黄金成为可以自由拥有和自由交易的商品，其流动性和交易规模也出现大幅增加。黄金管制的取缔不仅使黄金商品市场得以发展，同时也促使黄金金融市场出现发展和创新，黄金非货币化之后至今几十年时间里，作为商品的黄金实物交割数额只占总交易额很少的比重，90%以上黄金市场份额都是来源于黄金金融衍生产品。金融市场的繁荣使得黄金拥有另外一种属性——金融属性。最原始的黄金商品属性进入社会流通领域后形成了黄金的货币属性，在几十年前的黄金非货币化使黄金的货币属性开始回归本源——商品属性，市场机制开始影响黄金在流通中和资产配置中的地位。黄金是一种很特殊的商品，它具有高度国际化、政治化和金融化的特点，黄金的特殊性在于其多重属性和多种功能被全世界所普遍接受，还没有哪一种物质可以取代黄金在全球政治经济中的重要地位。

短期来看，受国际地缘政治突发事件、短期市场心理因素和国际投机资金冲击时黄金价格波动较为激烈，但这种非结构性干扰因素只能导致短期供求失衡，并不能改变黄金长期的价格走向；中期来看，黄金价格受到全球主要发达国家的货币政策影响较大，这就要将黄金价格与通货膨胀紧密结合起来分析，这种分析方法的假设是黄金价格取决于全球和美国的通胀情况、价格水平、通胀波动率、全球收入情况和美元汇率、黄金租赁利率、信贷风险、投资状况和其他不确定性风险。仅从统计学角度来看，假设黄金能有效对冲通胀，那黄金名义价格就与价格水平保持100％的相关性。通过长期统计检验黄金名义价格与全球价格水平、美国价格水平发现，长期黄金价格仅仅同美国价格水平同步波动。中长期结构性干扰因素会导致黄金投资供求发生质的变化，黄金价格长期趋势也会因此而改变。黄金价格形成机制是市场对黄金各种属性或各种功能需求强弱的集中表现。按照这种黄金价格形成机制，在进行黄金基本面分析时要充分考虑黄金的各种属性和各种功能在不同阶段中的市场定位，黄金的价值取决于黄金的属性和功能，不同阶段中黄金价格的变化也是由其属性和功能所决定的。

从黄金属性的角度进行分析的话，不管是短线交易者还是中长线交易者都要考虑黄金的多种属性和多种功能在市场中的定位，只不过黄金的短期走势和中长期走势受到黄金的不同属性制约而已。在金融全球化的今天影响黄金价格波动的因素越来越复杂，在各个时间周期中如何把握黄金的属性是至关重要的，可以从市场心理、经济周期、金融市场、货币供应量和供求关系等因素共同分析黄金各种属性的相互转化，这就是黄金基本面分析的核心（图7—1）。

影响黄金价格走势的因素很广泛，涉及货币供应、经济活动、金融市场、通胀、消费和供求关系及相关市场等诸多因素（图7—2）。如果从价格驱动因素进行分析的话，无非是黄金内部因素和外部因素对黄金价格产生了影响，结构简单条理清晰的思路非常重要，可以帮助交易者有效地抓住黄金价格的主要驱动因素。一方面，黄金供给和需求是最根本的价格驱动因素，所有影响黄金价格的因素都会归结在供需两个方面，换句话说，黄金的商品属性，即黄金的供求因素，是判断其价格波动的重要因素；另一方面，黄金价格的波动又受到外部因素的影响，也就是全球经济周期、国际金融市场、通货膨胀和地缘政治等因素对黄金价格产生的影响。这两方面共同驱动黄金价格的变化。

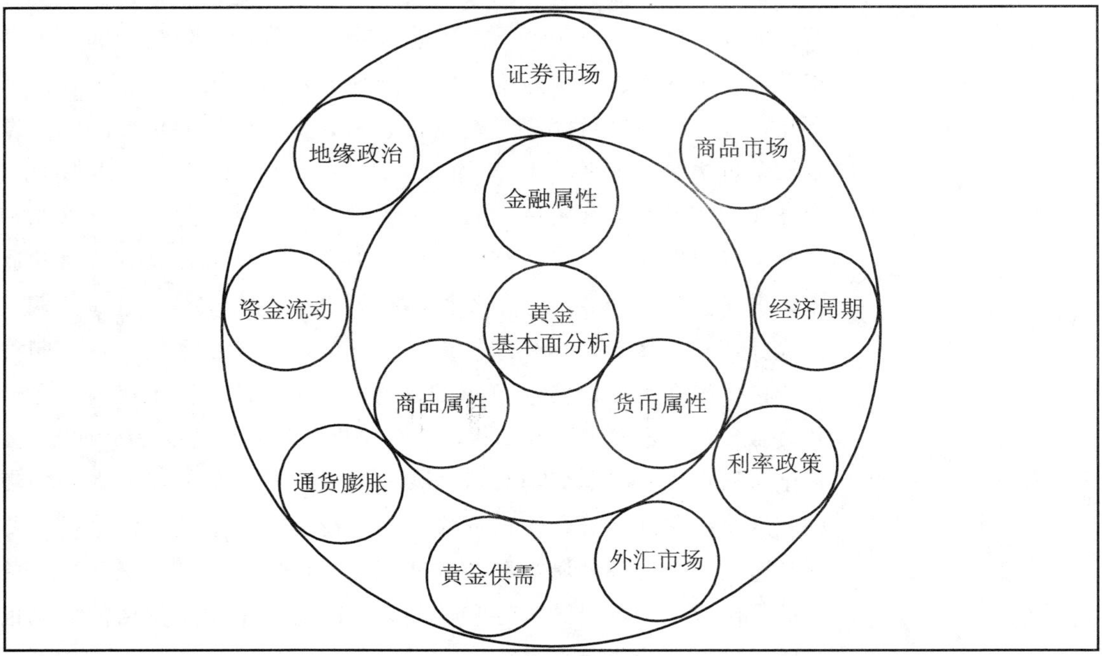

图 7—1　黄金基本面分析要点

无论是在技术分析方面和基本面分析方面，还是新兴的数量分析中，必须要时刻警惕的是不可预测的重大影响事件的发生。人类的认知始终有很强的局限性，即使通过复杂的金融模型也无法测算到小概率大影响事件的发生，人类的历史，无论从军事、政治、宗教、艺术，还是科学技术，甚至在时尚、艺术和创意领域，都会由于一些被认为不可能发生的事情的出现而改变历史的进程，甚至一个不为人所重视的小事件也会产生严重后果。作为一个交易者，其基本面分析中最常用到的词汇应该是“可能、也许、大概、或许”等等，交易者尽最大可能应该去发现不为市场所重视的蛛丝马迹，往往这些微不足道的因素才是市场驱动的最重要因素，既然无法预

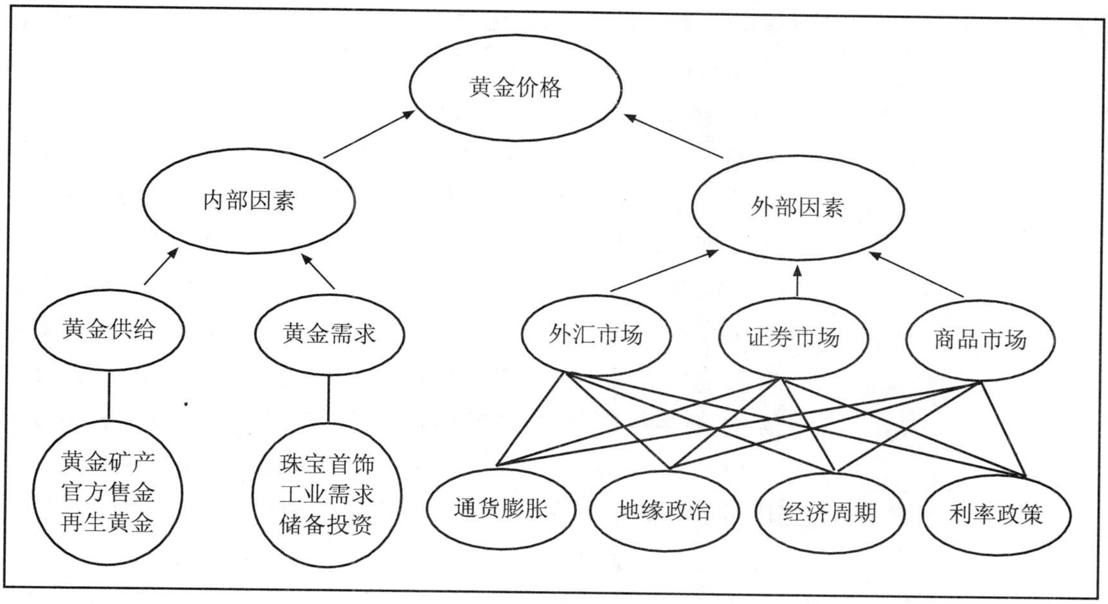

图 7—2　黄金价格影响因素

测未来，那就必须适应不可预测的风险的存在，就像见过数百万白天鹅之后，也不能简单地认为世上没有其他颜色的天鹅，交易者始终要注意的是市场中“黑天鹅效应”和“蝴蝶效应”。本书中仅能介绍市场中很有限的知识，请注意，在金融市场中，没有什么是不可能发生的。

通胀因素

最先要提及的就是通货膨胀，最简单的通货膨胀的定义就是货币贬值。在现代宏观经济学范畴中，通货膨胀主要是指包括物价和工资的整体价格水平普遍上涨。最初时通货膨胀的定义为纸币发行量超过商品流通中的实际需要而引发的货币贬值现象。它与物价上涨属于不同的经济范畴，但通货膨胀最直接的结果就是物价上涨。在现实当中，无法计算通货膨胀率，只能用反映商品在流通中形成的最终价格——消费价格作为衡量通货膨胀率的指标，消费价格指数能全面反映商品流通对货币的需求量。同时在不同经济区域还有其他物价指数用以测定通货膨胀比率。常用的测量工具有生活指数、消费者物价指数、生产者物价指数、批发物价指数、商品价格指数、GDP 平减指数和个人消费支出价格指数等等。

在经济学领域内，引起通胀的原因也有很多种理论，自 20 世纪 30 年代起，西方经济思想中发生“凯恩斯主义革命”。英国著名经济学家凯恩斯在其主要著作《就业、利率与货币通论》中提出被后世政府普遍接受的两个决定性的基本思想。第一是自由市场经济不具有始终发挥作用的自我调节机制，在危机性停滞状态下，需要来自市场外部的国家的经济调节，以纠正纯粹的自由市场发展的缺陷。第二是提出国家调节的目的是刺激市场的有效需求，具体的调节策略就是增加国家预算开支和推行宽松性货币政策。凯恩斯主义认为低通胀可以刺激生产和经营。在生产要素未得到充分利用前提下，货币发行量的适度增长和需求的适度增长可以有效刺激生产和就业。凯恩斯主义改变发达国家对通胀的看法，认为温和通胀是市场经济正常发展正常的伴随现象，较低的通胀可以对刺激经济起到有益作用，当然恶性通胀是被坚决否定的，不仅会引发极高的社会经济成本，还会引起政治动荡。二战后凯恩斯主义得到改良，有两个重要流派需要提及一下，第一个就是“菲利普斯曲线”，它证明了通胀与失业率之间有着相对固定的反相关性联系，该理论认为，低失业率率时期通常会出现物价加速上涨；在高失业率时期，物价因购买力不足而同时下降。第二个就是价格理论，该理论指出，整体价格水平的上涨是在商品生产和销售过程中产生的，而不仅仅是货币理论，也就是说过多的货币发行引发通胀这一观点并不引发通胀唯一因素。

在现代通胀理论中，在诸多引发通胀因素中，可以从不同视角进行分析。从商品供需的角度来看，有需求拉动型通胀和供给成本推动型通胀，或者三者兼而有之。在经济上升阶段，对经济前景的乐观态度使投资者乐于参与金融投资，金融市场的投资膨胀引发的财富效应会传递到商品市场引起消费膨胀，也就是说货币供应量过多会导致商品总需求过度增长。当市场总需求增速远远超过商品总供给的增长时就会出现供不应求，引发整体物价上涨。另外一种通胀种类就是上涨的生产成本转嫁至最下游的商品消费市场所引发的通胀。必须强调的是这两中通胀诱因往往是共同发挥作用的，这两种通胀理论都是以货币理论为基础的，过多的货币发行不仅积极推动需求拉动型通胀，还消极引发成本推动型通胀。

总结现代经济学理论中提及的推动经济增长的各种要素，将生产要素概括为资本、劳动力、技术、土地、经济信息和经济管理等六大要素。资本要素包括固定资产和金融资产，劳动力包括体力和脑力劳动者，技术包括有形的文字、数据、配方等和无形的经验、技能等形态，土地包括其自身和地表地下的各种资源，经济信息要素包括与产品生产上下游有关的情报、数据和知识等，经济管理指的就是企业家才能。无论这些要素中哪个部分的成本上升都会通过传导机制最终转嫁到消费市场中。在亚当·斯密原理的基础上，将工资、利润和进口劳动对象（能源和原材料等）三个因素作为成本推动型通胀的决定性因素。持续增长的工资会普遍提高生产成本，企业为保证其利润不得不提高产品价格，物价的上涨会刺激劳动者争取更高的工资，再次增高的工资又造成物价的上涨，“工资——物价”如此反复地螺旋式上升。而企业管理层，尤其是拥有巨大市场支配权的企业管理层提高利润的措施引发物价的上涨。进口能源和原材料价格受到世界市场能源原材料价格水平和本国货币汇率水平的决定性影响，国际能源和原料价格上升，或者本国货币贬值，能源和原料进口价格就会相应涨高，这无疑会导致国内通胀加剧。

在复杂的经济实践中，很可能是多种原因共同推动价格水平的上升，并且还要考虑到通胀的惯性和通胀预期带来的影响。通胀一旦产生，人类思维的惯性往往会产生对未来通胀的预期，这种预期来源于对未来经济形势的预测，再根据这种主观判断去估算未来通胀趋势，这种主观的预期往往会导致通胀的加速，让通胀保持惯性延续原来趋势，并且出现通胀和通胀预期相互强化最终产生过度反应的现象。

二战之后至20世纪70年代中期，所有主要资本主义国家都以凯恩斯主义为本国经济政策的基础。他们采取的刺激经济的措施，虽然取得经济迅速增长的成果，但其副作用——通胀同时也迅速上涨。20世纪70年代的石油危机导致的资本主义国家的高通胀带来的恶果使得通胀成为主要资本主义国家的“头号经济危险”，快速上涨的通胀严重影响凯恩斯主义在理论实践中的威望，这时，以美国经济学家弗里德曼为代表的新古典主义的货币主义理论出现复兴，他们认为，国家在保证市场经济健康发展中的主导作用就是维持货币流通量的持续均衡增长。货币主义理论认为通胀是一种纯货币现象，货币过多发行是引起货币贬值和物价上涨的主要原因。货币主义认可的反通胀政策是缩减货币发行量，抑制消费需求，取消预算赤字并执行紧缩性利率政策，并且反对抑制成本推动型通胀措施，唯一要做的就是大力支持市场竞争。

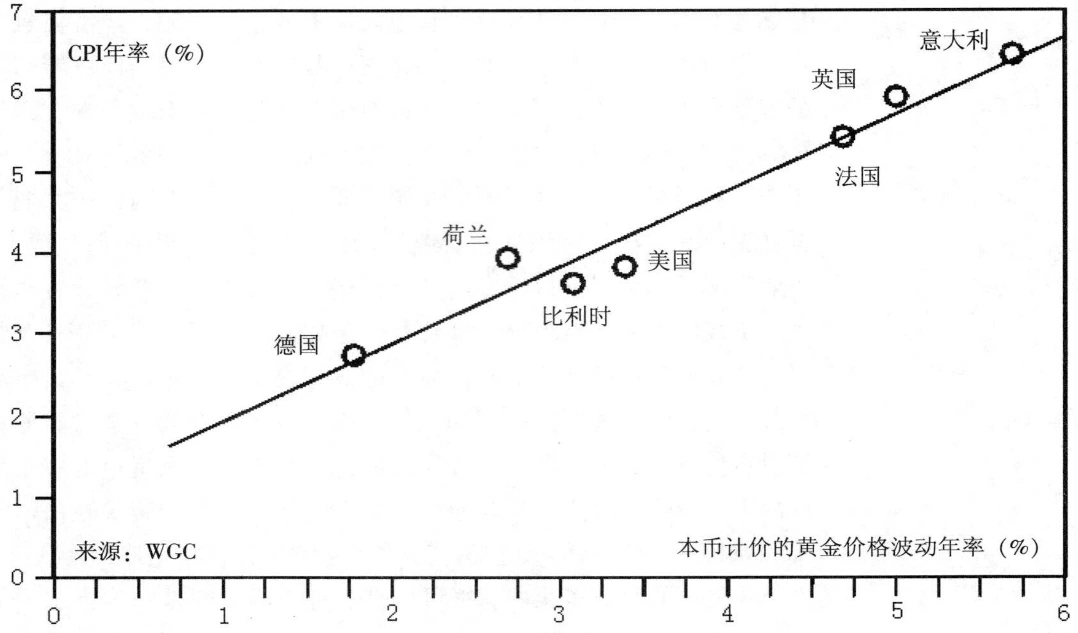

图 7—3　7 个发达国家中货币与通胀相关性

与通货膨胀相对应的就是通货紧缩，产生通货紧缩的原因正好与通货膨胀相反，在这里阐述这些经济学原理，是想通过阐述通胀产生的原因，帮助交易者分析金融市场的动向。

1973 年布雷顿森林体系解体后，黄金的非货币化使美元与黄金脱钩，各国的货币与黄金就不存在任何官方比价关系。金本位彻底退出历史舞台后，各国实行的就是法币体系，与金本位制度实行时期的有法定含金量的银行券不同的是，这种法定纸币与黄金没有任何联系，没有任何内在价值。在金本位制度下，货币的发行量受到黄金储备的严格限制，而在法币体系下，纸币的发行量没有任何限制，它仅仅是一种强制性信用货币，这种发行机制存在重要缺陷，为以后的恶性通货膨胀埋下祸根。没有货币发行限制的主要资本主义国家一遇到经济危机，首先就是采用凯恩斯主义措施刺激生产和消费，认为宽松的货币政策和利率政策会有效救助经济。如果一个国家央行过度发行纸币，会导致本国纸币的信用降低。一旦纸币出现信用危机时，该国纸币就会被大量抛售，换取有实际价值的商品、外币或贵金属等流动性较好的替代性保值物品，用这种纸币币计价的物品价格就会大幅上涨，造成严重通胀。在世界黄金协会提供的报告中发现，在近50年时间内，一些主要发达国家的消费者物价指数（CPI）年率和本币计价的黄金价格变化年率的相关性接近1∶1。并且只要CPI年率上升超过黄金价格波动年率1%，CPI年率则始终要高估通胀年率1%。如图7—3所示。

21世纪中最严重的通胀就发生在津巴布韦，2000年起，随着政府的激进土地改革的进行，欧美发达国家开始采取一系列制裁措施，津巴布韦的农业经济遭到严重破坏，生活基本资料严重短缺，物价开始上涨。为了维持本国经济和社会生活的稳定，津巴布韦总统错误地相信，增发货币和扩大财政赤字会解决国内发生的一切问题，但最终陷入增发货币和通胀的恶性螺旋式循环中，自2001年起，津巴布韦开始出现长期恶性通胀，津巴布韦央行为了缓解现金短缺而大量发行货币。在2008年4月4日津巴布韦央行不得不宣布发行面额为5000万津元纸币以应对恶性通胀。2008年11月14日津巴布韦的通胀率估值创下天文数字：月率上涨$7.96\times10^{10}\%$，年率上涨$89.7\times10^{21}\%$。

在凯恩斯主义主导全球主要资本主义国家经济政策的时期，黄金非货币化的货币体系在近40年时间内迅速膨胀，货币供应的过度增长直接导致主要发达资本主义国家货币出现严重贬值，如果用黄金的稳定的内在价值对各国货币的"价值"进行评估的话，就会发现当今的货币"价值"趋近于零。在20世纪中黄金的价值始终保持稳定，同1900年相比，现在的黄金价值远远超过其他货币的"价值"。尽管20世纪里全球出现多次严重通胀和地缘政治危机，但黄金的实际购买力始终保持恒定，而其他货币因通货膨胀对购买力的吞噬，普遍出现严重贬值。这种现象的深层次的根源在于国际法币体系的固有缺陷、发达国家尤其是美国的宽松货币政策、国际商品市场价格形成机制和资源分布不均等因素。通胀的严重程度对各国经济影响并不相同，甚至有些国家将通胀作为一种经济战争工具，掠夺其他国家的财富。时至今日，全球经济和金融的日趋融合，全球各国随着经济全球化合区域化参与程度的不断提高，通胀的传染性越来越强，扩散速度越来越快，通胀已近出现覆盖面广、普遍性强的特点，已具有全球性特征。如图7—4和图7—5所示。

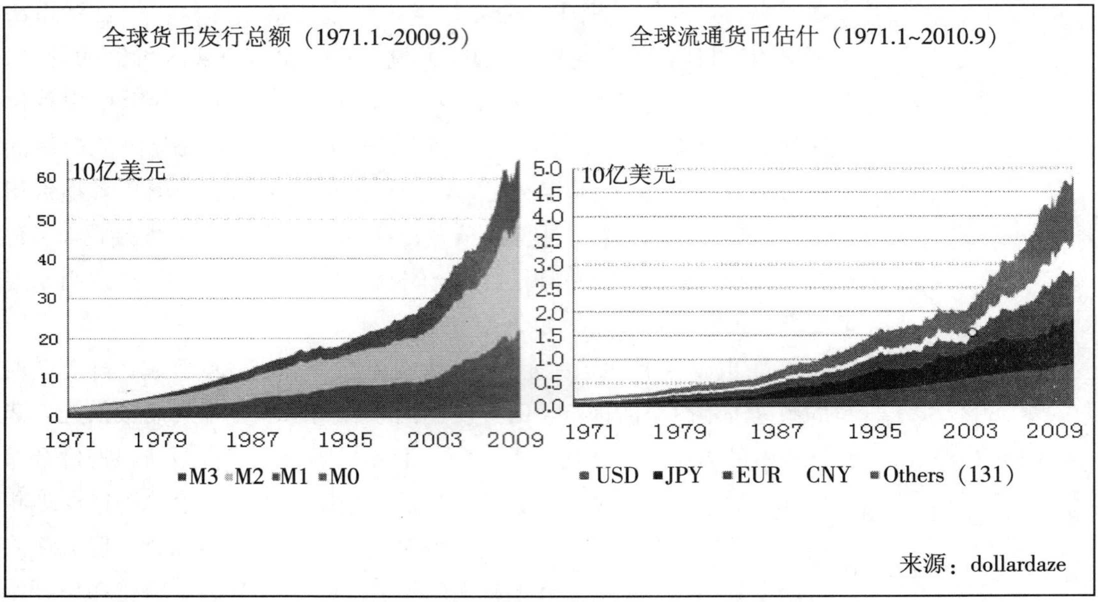

图 7—4　全球货币供应估值

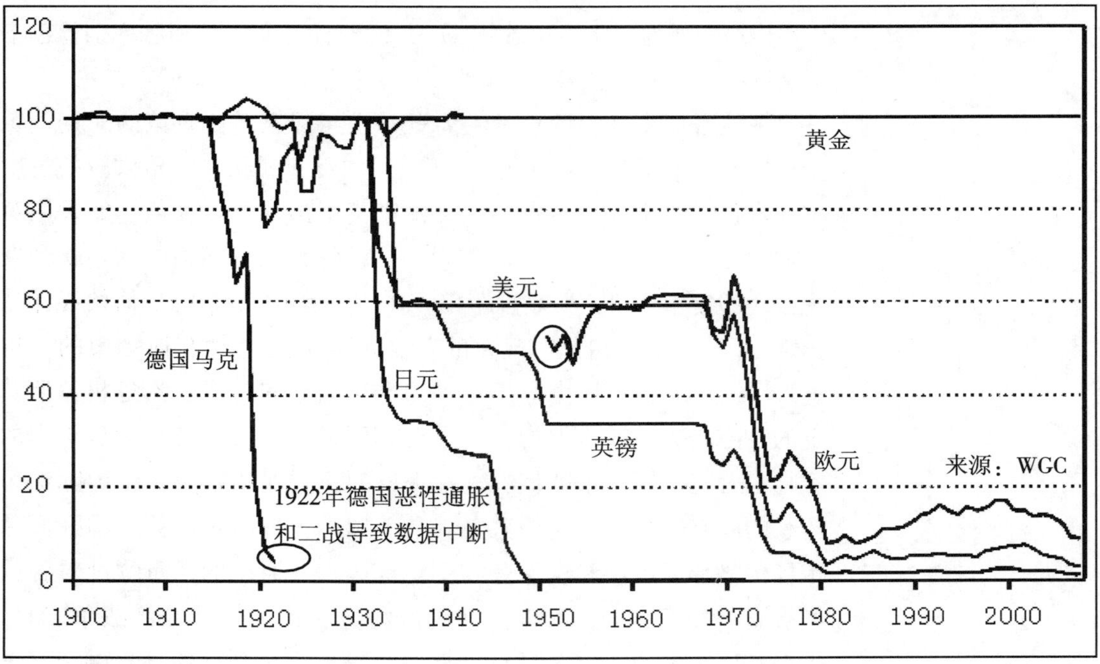

图 7—5　主要国际货币“价值”

在布雷顿森林体系崩溃后，由于美国一直奉行世界经济霸权主义，美元继续充当国际储备货币、结算货币和计价货币。在美国最大政治军事对手前苏联解体后，美国又独占世界政治军事霸权宝座，对美国最大的约束消失后，美国开始在全球政治、军事、贸易、金融和文化领域全面推行独霸一切的单边主义，美元的国际地位进一步提升，拥有美元发行权的美联储只考虑美国利益，不断扩大货币供应，尤其是在次贷危机发生后，美联储的量化宽松政策导致全球通胀预期急剧上升，直接引发黄金价格创下历史最高记录。这种不受约束的法币机制不仅让美国享有通胀税和铸币税，还可以通过贸易渠道和金融渠道利用美元的主动性升值或贬值掠夺他国财富，让全球帮美国发展经济，提高美国境外投资收益，降低美国外部债务，并且将本国的通胀转嫁给其他储备美元的国家。统计结果显示，黄金与全球通胀的相关性远低于黄金和美国通胀的相关性，美国的物价水平与黄金走势息息相关。而其在全球金融市场和国际贸易中，美联储的货币政策和利率政策都具有全球性效应。

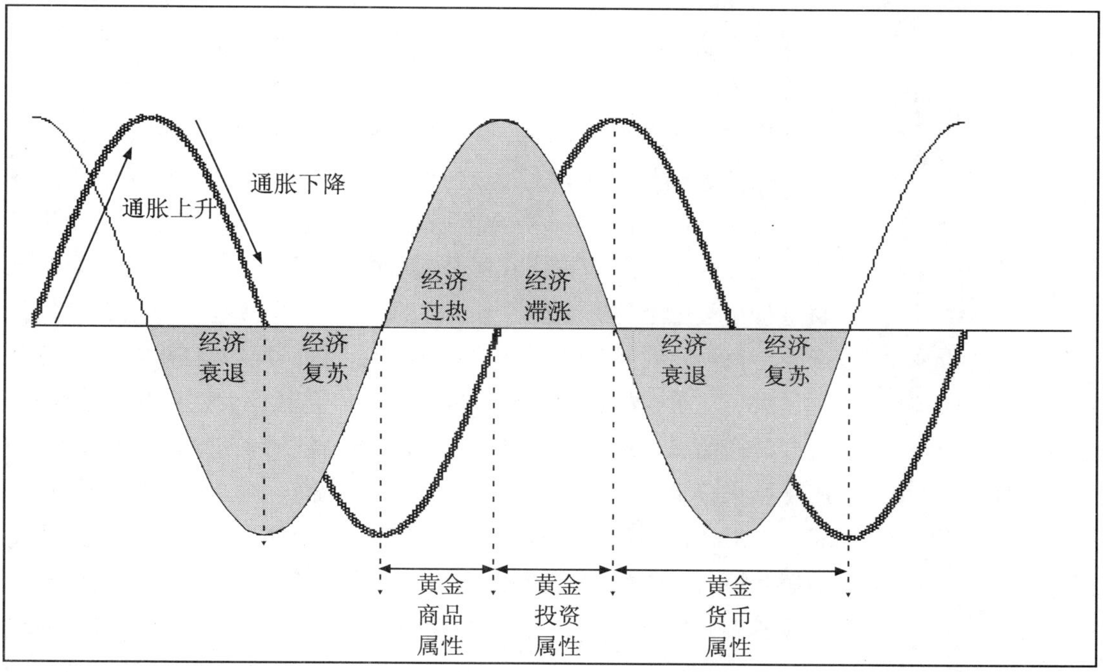

图 7—6　通胀与黄金属性

寻求全球性通胀的根源时，首先要重点提及的就是美元和能源价格。长期数据检验证明，决定黄金价格最重要的是原油价格和美元指数。黄金是以美元作为计价货币，美元指数的走势与黄金价格波动有85%的反相关性，作为现代工业命脉的能源价格与黄金价格正相关性达到82.5%。通胀是一种纯货币现象，当美国采取宽松货币政策时，过度的基础货币供给和宽松利率政策，再加上货币乘数效应，造成美元大幅贬值，以美元计价的能源价格、农产品和金属等大宗商品价格的持续攀升。而国际商品市场价格的上涨成为各国进口原材料价格上涨推动输入型通货膨胀的重要原因。同时美元贬值也加剧资金流向其他本币被动升值的国家，不但继续加剧其他国家的通胀，过多的热钱流入也会冲击别国的经济稳定和金融秩序。另外，流动性的泛滥也使更多资金进入金融市场，引发投资膨胀，而当今大宗商品市场中的期货定价是国际贸易定价的基础，这种价格形成机制使大宗商品市场的商品属性向金融属性大幅度偏离，当前的全球金融市场中，外汇市场、证券市场、黄金市场和商品市场的联动性越来越强，金融化的商品市场的价格形成机制已经严重影响现货市场靠商品属性定价机制。美元贬值和利率下降直接导致投机资金流向商品市场进行炒作，再加上全球经济增长对大宗商品的需求增加，使得全球能源、有色金属和农产品价格急剧上涨。

驱动黄金价格上涨原因之一是货币的贬值和通胀的上涨（图7—6），投资者被迫进入黄金市场进对冲贬值风险。黄金和通胀率呈正相关性性。一般而言，在经济稳定前提下，温和通胀并不会驱动黄金价格过度上涨，在这个阶段，货币的增发只是导致消费市场需求大于供给，对经济前景的良好预期使得投资者对证券的投资热情远远大于对黄金的关注，黄金价格的走势同其他大宗商品走势相符，黄金的商品属性驱动黄金价格波动。当经济增长进入过热阶段，通胀开始大幅上升，企业的产品成本显著提高，企业未来的业绩也会相应下滑，这种预期会导致股市投资热情的回落，经济的强劲使得能源和原材料市场需求继续上扬。通胀的高企和商品市场的繁荣引导投资者开始关注黄金的金融属性。一旦进入自我强化阶段的通胀加速上升，经济危机开始出现爆发兆头，失业率开始上升，央行开始采用宽松货币政策和宽松利率政策刺激经济时，投资者就会将资金撤出证券市场和商品市场将资金移到黄金市场进行避险保值，这时凸显的是黄金的货币属性。在美国次贷危机全面爆发并扩散至其

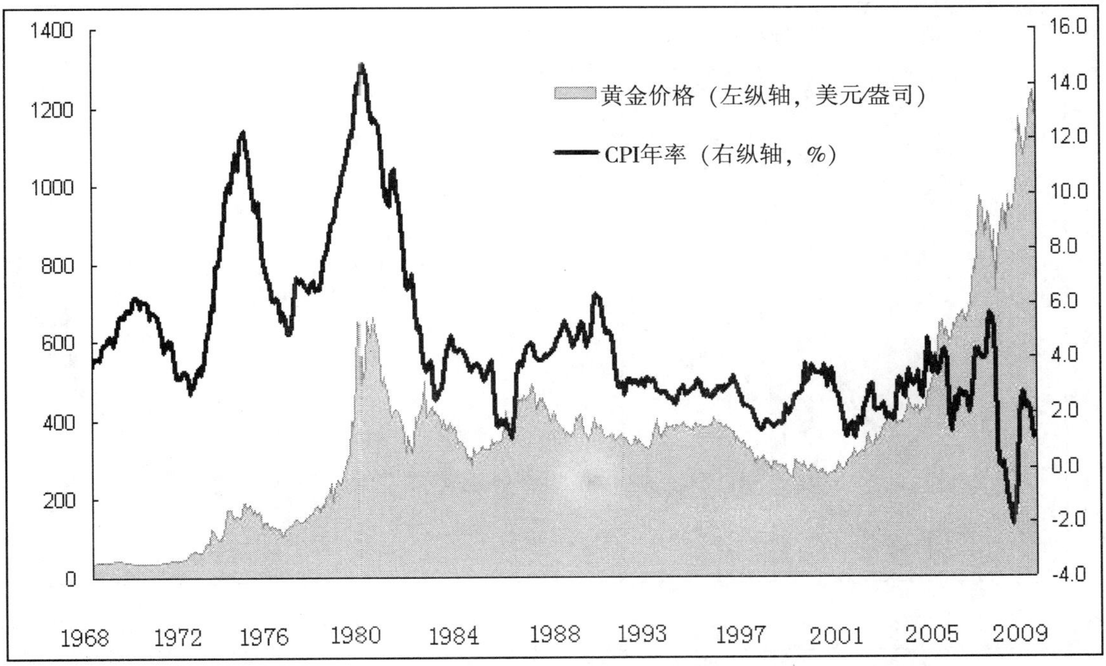

图 7—7　黄金价格和通货膨胀

他国家，引发全球性金融危机，实体经济也因此受到严重冲击，以欧美发达国家为首的 G20 国家为了应对危机纷纷启用各种宽松性政策去挽救陷入泥潭的本国经济，尤其是美国，采用了最极端的货币政策和利率政策拯救几乎瘫痪的银行体系。这种救市措施最终很有可能会引发 20 世纪 70 年代以来最严重的通货膨胀，只有下一次经济景气启动时，长期通胀才会显现出来。正是这种通胀预期提前触发黄金有史以来最大的上涨趋势。另外，潜在引发通胀的原因还有能源和原材料等资源的求大于供。新兴国家的崛起恰好赶上多种资源供给的下行，未来全球资源战争将不可避免。尤其是与黄金走势联系性极强的原油价格的上涨，尽管在本轮区域性银行危机导致的全球性经济危机期间，黄金与通胀、与原油的相关性出现背离，但黄金与原油、与通胀长期相关性并不会发较大变化。在 1980 年由能源价格暴涨引起的发达国家严重通胀让黄金创下当时的最高价 850 美元/盎司，如果将通胀因素考虑在内的话，那么经过通胀调整后的 1980 年的黄金最高价格就是 2287 美元/盎司（说明：图 7—7 和图 7—8中标示的是收盘价）。那么从未来的角度来看，今天现货市场的黄金价格经过未来的通胀调整后的实际价格又是多少？

图 7—8　通胀调整后黄金价格走势

政治因素

地缘政治和经济增长是影响黄金价格的重要因素。地缘政治学又称地理政治学，是根据各种地理要素和政治格局的地域形势，分析和预测世界或地区范围的战略形势和有关国家的政治行为。这种研究各主要国家间或各集团之间政治上的相互关系与格局的地缘政治学的重点已经从政治军事方向转向社会经济方向。原因非常简单，任何一国的政治活动都是围绕本国经济利益进行的，政治利益同经济利益都是政治活动的最终目的，将其扩展到国际政治关系上，也是同样的道理。对经济利益和经济地位的追逐已成为世界主要国家的战略目标，也可以把经济利益和经济关系取代军事对抗和政治关系作为研究重点的国际关系理论学说称之为地缘经济学。在谈到地缘政治时就必须谈及经济发展，经济基础决定上层建筑。人类发展史就是上层建筑不断适应经济基础的历史，也是人类战争史。经济决定政治就是永恒的历史规律和现实。随着经济全球化和经济区域集团化的不断发展，地缘经济取代地缘政治，成为分析世界形势的主要工具。

当国家之间或政治集团之间的政治利益和经济利益的冲突出现不可调和的矛盾时，无法通过其他手段解决矛盾时，就会用最极端的斗争方式表现出来——战争。自古以来，战争就是政治的延续，任何一场战争都与其目的紧密相连，在不同历史阶段、不同阶级、不同国家或政治集团为了实现一定的政治战略目标，要么是出于政治目的，要么是以经济为主。时至今日，随着科学技术的不断发展，全球社会交往不断深化，战争的影响程度也由局部效应扩展至全球效应，战争的形式也由纯军事性，衍生出政治性、经济性、金融性及技术性等非暴力形式。

经济全球化进程的不断深化已成为世界经济发展的主要动力，到目前为止，经济全球化带来的正面效应是全球贸易快速发展，国际性资金流动性活跃，跨国性生产经营趋势不断加强，科学技术可以在全球范围内传播。在这种经济的国际化往来越来越紧密的情况下，各国之间的经济活动依存度日益增长，如何协调各国经济合作是经济全球化的重中之重；另一方面，经济的全球化也带来一定负面影响，在全球化的经济竞争中，发达国家之间、发展中国家之间，发达国家与发展中国家之间等等的贸易冲突、资源争夺和财富争夺愈加激烈，为了实现经济全球化这一目的就需要各国在处理相互间经济合作时，要从全球经济发展的大局角度出发，而不仅仅只考虑自身利益。但从本次全球性金融危机爆发后全球主要发达国家的表现来看，发达国家仅仅将经济全球化作为其打开全球市场、掠夺资源和收敛财富的工具。在经济全球化难以充分实现的情况下，区域集团化就成了经济活动全球性深化和国际经济竞争加剧的产物。区域集团化有益于削弱美国的霸权势力，并形成多方相互制衡的力量机制。

新地缘政治时期是从美国集团战胜前苏联之后开始的，美国在冷战结束后一举占据全球政治、军事和经济领域的霸主地位，美国利用地缘政治将美国变成全球最大的经济帝国和政治军事超级大国，并开始在全球范围内推行其单边主义政策。著名地缘政治学家亨利·基辛格曾指出：“实际上，全球化只不过是美国统治作用的代名词。”持续近半个世纪的美国和前苏联共存的两极化制度结束后，一家独大的新地缘政治时代——单极化时代开始形成，与冷战时期追求政治安全的大国军事联盟不同的是，在冷战结束后，全球主要发达国家需要的是追求经济利益为主的合作关系，经济利益和经济地位是全球主要发达国家追求的首要战略目标。各国间愈加频繁的经济往来正在代替政治成为世界的决定力量，在发达国家倡导的经济全球化的条件下，国家之间的竞争更多的依赖经济实力中的贸易和金融，而不是传统意义的外交和军事。地缘政治时代的冲突逻辑正逐渐让步给地缘经济时代的经济逻辑。地缘经济学更倾向于投资者和消费者的经济利益，更侧重国际间的多方合作关系。如果美国能以经济手段作为维护美国经济利益和经济地位的主要手段，美国就能继续保持其全世界的霸主地位。然而，美国依靠其在军事、科技和经济等诸多领域的绝对优势，在全球范围内维护美国的霸权定位为美国安全战略的总目标，同时还制订三个具体目标，一是维护美国及其盟国的安全；二是扩展美国经济；三是推进美式民主制度。以军事为后盾单边主义制度不断激化一些区域的不稳定因素，并导致恐怖主义的蔓延，全球性恐怖主义打乱美国全球战略部署。这种以美国军事为后盾的单极化制度在 21 世纪初就以失败告终。被称为“金砖四国”的巴西、俄罗斯、印度和中国正在成为经济和政治强国，再加上其他正在发展的国家和地区的崛起，都成为打破美国单边主义的重要因素。经济实力及发展潜力的增强也会相应强化这些国家和区域的政治话语权，以经济利益和经济地位为主的地缘经济正在推动国际关系发生重要变化，符合地缘经济的市场竞争机制使世界格局正在形成新的地缘政治（经济）格局——世界经济多极化制度。这种多极化源自于国家内部、国家之间的经济发展的差异性，经济结构的差异性和经济发展的差异性是经济多极化模式的基础，经济多极化导致的利益互补会逐渐加深国家之间相互依存程度，维持区域或全球市场的供需平衡。如果国家之间的经济发展模式出现趋同性，那他们之间的相互关系不是利益互补关系，而是利益竞争关系，利益竞争的矛盾势必影响到各国经济上的稳定，目前来看，不仅经济区域化还带有浓厚的保护主义色彩，而且国家之间也出现贸易保护主义倾向，紧密联系的全球经济被人为地分割了，竞争性的经济区域化在一定程度上妨碍经济全球化的进程。

促进经济发展的多极化才是实现区域经济一体化的主要手段之一，区域化经济的多极化也会减少区域经济的排他性，可以强化区域经济合作的纽带关系。多极化的经济发展是经济全球化的重要手段之一。

随着经济全球化进程的不断推进，科学技术的不断进步，全球金融往来愈加紧密，作为服务于实体经济的虚拟经济是全球经济高度发达的产物，并成为与实体经济相对独立的经济范畴。以往的地缘政治中对陆权和海权的控制都是为了争夺实体经济中的资源、市场和财富，资源的流动、市场的扩张和流通的渠道都具有很强的地缘性，而在地缘经济中资本和货币的流动却是具有全球效应，在虚拟经济成为经济发展重要驱动因素之后，地缘经济的重要性就远远超过地缘政治，在网络技术发达的今天，经济的地缘性也在降低。在现代经济中，虚拟经济已经深入到实体经济的各个方面，实体经济的运行离不开虚拟经济。而实体经济或虚拟经济的过度发展，只要其中一方的泡沫破灭就会引发另一方的危机。自 20 世纪 70 年代的石油危机过后，美国就展开新一轮的产业结构性调整，在克林顿时代达到顶峰后，开始出现每隔 10 年一次的金融危机，每一次金融危机都会直接导致美国经济衰退，并迅速传至全球，并对全球经济造成严重影响。2001 年的互联网为特征的新经济泡沫破灭，为拯救经济美联储大幅降息外，并鼓励借贷消费刺激经济，为下一次金融危机的根源——个人债务危机埋下祸根。2008 年危机全面爆发之后，美国政府和美联储出台了有史以来最大的救市措施，在 2010 年美国国债接近其 GDP 的 100%，这也许是 10 年后美国下一次的国家债务泡沫。

在这种时代背景下，美国急需来自全球的资金维持其生存方式，虚拟经济的全球化正是美国利用美元货币霸权所追求的，美国发达的资本市场和金融市场存在的最重要目的就是平衡美国经常项目的巨额逆差。一方面美国通过贸易渠道将单方面印发的美元纸币输至全球主要贸易伙伴，目前美国主要贸易伙伴通过贸易顺差积累巨额的美元储备；另一方面美国提高美国国债殖利率和美元利息吸引来自全球的资本流入美国资本市场，美国主要贸易伙伴的巨额美元储备——欧洲美元、石油美元、日本美元还有中国美元又通过金融渠道流回美国。资本项的巨额顺差抵消美国经常项目下的巨额逆差，占据货币霸权地位的美国就可以享受全球资源流入美国来的好处。

支撑美国经济霸权依靠的是美元霸权、军事霸权和科技霸权，一旦其他国家或区域的经济实力逐渐变强，对美国的霸权地位造成潜在威胁，美国就会出于对本国经济利益和战略利益的考虑，会千方百计遏制这些国家和地区的强大，甚至不惜动用军事力量维持其在这个星球的统治地位。

20 世纪黄金价格自由浮动之后，每次引发黄金价格大幅波动的地缘政治冲突都与黄金计价货币美元有着紧密联系。这不仅仅是因为黄金的避险功能，更多的是缘自对美元价值的担忧。美元与美国经济实力和政治军事实力完全挂钩，一旦与美国利益相关的地缘政治出现不稳定因素就会引发世界性货币——美元的抛售风波，市场的资金就会转移至黄金市场规避风险，也许市场参与者在政局动荡和军事冲突爆发时才会想起黄金的货币属性，也只有在这时，黄金货币价值才会回归。另外，工业化的现代经济最重要的命脉之一就是能源，能源价格的动荡会引发严重通胀和经济危机，美国作为一个“生活在汽车轮子上的国家”对能源的依赖远远超过其他国家，美国也始终把能源丰富地区列为其战略控制重点，美国会直接或间接干预该地区的地缘政治。当石油这种战略资源富饶区域的地缘政治出现风波时，比如说原油盛产区域中东出现局部军事冲突，石油供给的下降就会影响经济发展，引发恶性通胀，20 世纪 70 年代最严重的通货膨胀和经济衰退就是能源价格高涨所导致的，经过长期数据统计检验，能源价格的涨跌直接影响是黄金价格的走势，最重要的原因就是能源价格可以影响现代经济的稳定和通胀水平，而这两者恰恰是黄金价格主要的驱动因素。

20 世纪下半叶起美国和前苏联两大集团冷战期间为了争夺欧亚大陆中部的控制权，频频插手阿拉伯世界的内部事务，20 世纪 70 年代的阿以战争和两伊战争中两个超级大国的介入也影响了战争的进程，在 1973 年的赎罪日战争末期，美国和前苏联对各自支持的国家提供巨额军事援助，美国和前苏联之间甚至险些引发核战危机，最终美国和前苏联经过谈判后战争得以终止。为了报复美国支持以色列，阿拉伯石油输出国组织（OAPEC）和石油输出国组织（OPEC）中的阿拉伯国家在沙特阿拉伯的领导下，对美国实行石油禁运，并且扩大至荷兰和其他支持以色列的国家石油禁运，从而引发 1973 年的石油危机，黄金价格也相应高涨。1979 年伊朗爆发革命推翻了美国扶植的巴勒维政权后，又同伊拉克爆发两伊战争。这是一场长达 8

年的边境战争。伊拉克从前苏联获得了外交和军事上的支持的同时也获得美国的武器支援和经济援助，但美国从 1985 年起，向伊拉克提供武器的同时也向伊朗出售武器，这就是造成里根政府严重政治危机的伊朗门事件。战争持续了 7 年又 11 个月，直至 1990 年伊拉克入侵科威特，海湾危机爆发后，伊朗利用危机迫使伊拉克接受和平条件并结束两伊战争（图7—9）。

1990 年伊拉克入侵科威特的目的是企图获取中东霸权地位，中东地区的军事实力除了以色列就是伊拉克，萨达姆·侯赛因的对外扩张严重危害美国在中东地区石油资源的控制权，也引起了海外局势的恶化，美国在该地区的地缘政治优势也受到挑战，黄金市场也相应做出价格上涨的反应。随后美国控制的联合国的制裁和国际社会的反对并没有让伊拉克从科威特撤军，以美国为主的 34 国部队执行“沙漠盾牌”计划，与伊拉克开战，这次战争被称为海湾战争。1991 年 1 月 17 日巴格达时间凌晨 2 时 40 分，多国部队发动代号为“沙漠风暴行动”的大规模空袭，伊拉克最终无条件接受联合国安理会决议并宣布全部撤出科威特，于 1991 年 2 月 26 日海湾战争实现停火。美国决定发动战争的另一个目的就是担心伊拉克进驻科威特后还有可能轻松入侵沙特阿拉伯，假如伊拉克侵入沙特阿拉伯占领重要油田，伊拉克就可以垄断该地区的原油供应。海湾战争提高了美国的国际地位，也增强其干预国际事务的能力和信心，同时也严重打击苏联的国际地位，并加速苏联的解体，经过海湾战争美国获得全面胜利，并最终占据全球军事霸权宝座。随着美国在中东地区的地缘政治优势的增强，世界黄金市场价格也回落至伊拉克入侵科威特之前的价格水平。

阿富汗作为一个内陆国家，其地理位置是海权国家和陆权国家必争的重要战略要地。20 世纪 70 年代，前苏联为了与美国争夺世界霸权地位，并推行其全球战略，前苏联继承老沙皇彼得大帝的南下扩张至印度洋的战略，通过阿富汗这个战略要地打通陆上通道南下印度洋，既能实现其控制中东产油枢纽区域，又能与其太平洋战略相呼应，最终实现其世界争霸目的。从 1973 年起前苏联就对阿富汗进行政治、经济、文化和军事渗透，1979 年 9 月政变上台的阿富汗阿明政府企图摆脱前苏联控制，并声称要与美国实现关系正常化，前苏联担心失去对阿富汗的控制，跟担心美国的介入影响其南下战略的实施，于 1979 年 12 月 27 日前苏联集结 8 万多现代化部队大举入侵阿富汗，除掉阿明后，又扶植卡尔迈勒组成亲苏政府。阿富汗战争持续9年多，前苏联不断受到世界各国谴责，并且与巴基斯坦关系恶化，被迫在1989年2月15日前苏联彻底完成从阿富汗撤军，前苏联的南下战略梦想破灭。而第二次海湾战争美国的完胜再次打击前苏联的国际地位。美国和前苏联两级化局面在两伊战争和阿富汗战争后被彻底打破，美国一跃成为全球经济、政治和军事领域第一强国。而这两次战争爆发初期对全球主要发达国家的影响也是极其严重的，1979～1980年，伊朗革命、前苏联入侵阿富汗和两伊战争一连串重要地缘政治冲突的密集发生，直接导致现代工业血液——石油价格暴涨，并引发全球性严重通胀，黄金价格在此期间也创下当时的历史最高价875美元/盎司（图7—9中黄金价格为收盘价）。而1990年的第二次海湾战争在美国领导的多国部队直接干预下迅速结束战争，并加深美国在该地区的控制，黄金价格并未大幅上涨，随着战争的结束逐渐走低。

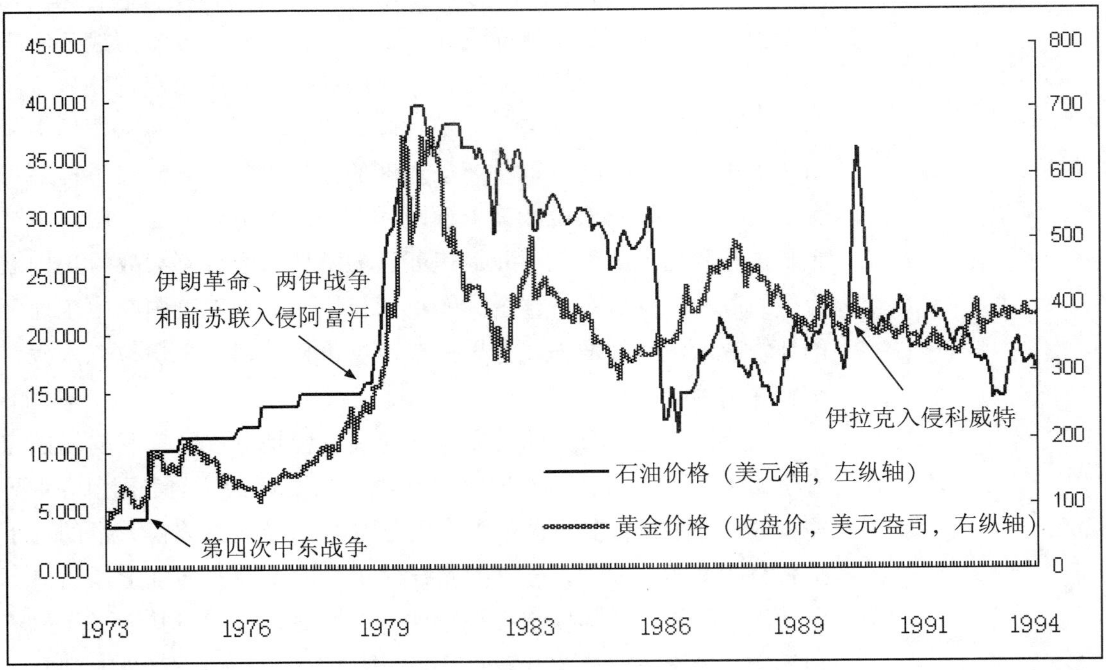

图7—9　20世纪70年代起中东地缘冲突与黄金、石油价格

随着美国军事战略导向的单边主义不断干预全球其他国家内政，强行实施其全球战略，也不断激化一些不稳定因素。克林顿执政时

期，美国的基本战略是单极化的世界格局，并阻止出现能够统治欧亚大陆，也能够对抗美国的挑战者。在 1999 年科索沃危机中，美国为首的北约打着“人权高于主权”的旗号，绕过联合国直接对无侵略意图、无对外军事行动的南联盟发动战争。科索沃战争是 20 世纪末期世界格局多极化发展的重要阶段性标志，美国企图利用插手南联盟内部事务主宰欧洲防务，并进一步打击俄罗斯在东欧的生存空间，扩大自身在欧洲的影响力。事实上，冷战后的世界格局不是像美国所设想的单极化的世界格局。在冷战结束后，欧洲决心通过一体化的途径重振往日雄风，冷战后的欧盟的一个基本目的就是摆脱美国的控制，欧盟启动欧元并逐步挑战美元世界货币地位，美国插手科索沃危机的潜在目的是打压日益趋强的欧元和削弱俄罗斯地缘政治优势，进一步完成其在欧亚大陆的控制，在整个战争期间美元的走强也使得黄金价格处于下行态势。本次战争结束后，越来越多的欧洲国家对美国在北约事务中的霸权主义表示不满，大多数国家并不希望美国成为唯一的统治者。战后引发的多极化趋势是国际社会多数国家的意愿，这种趋势主要功能表现在阻止美国单极化霸权形成。

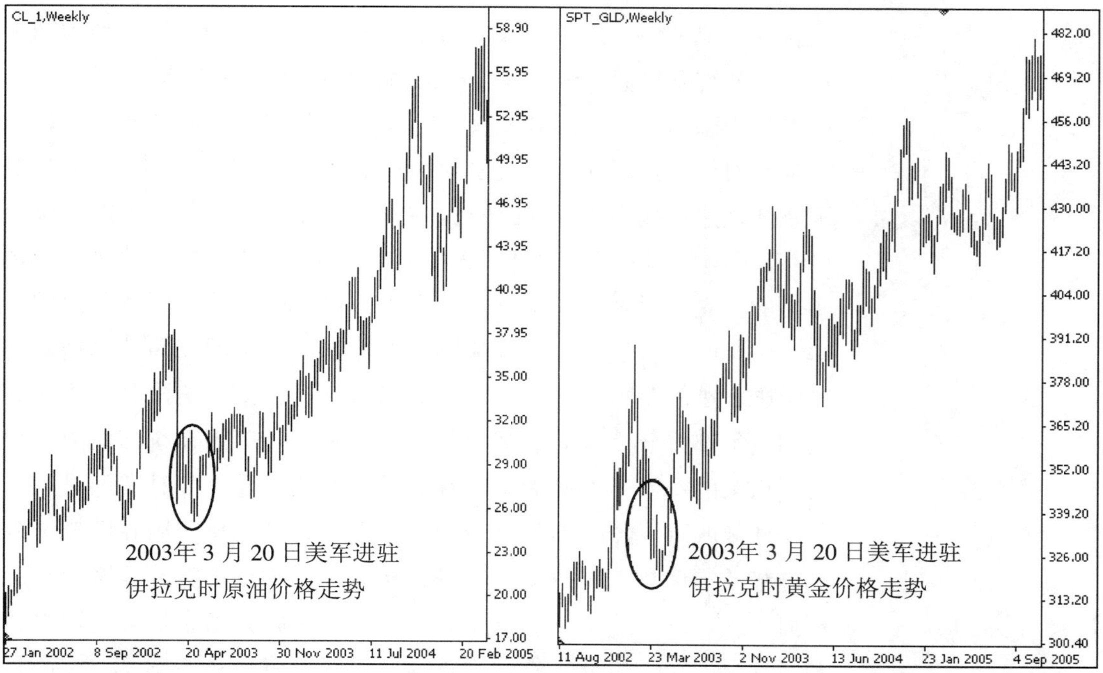

图 7—10　美军攻打伊拉克后黄金、石油价格走势

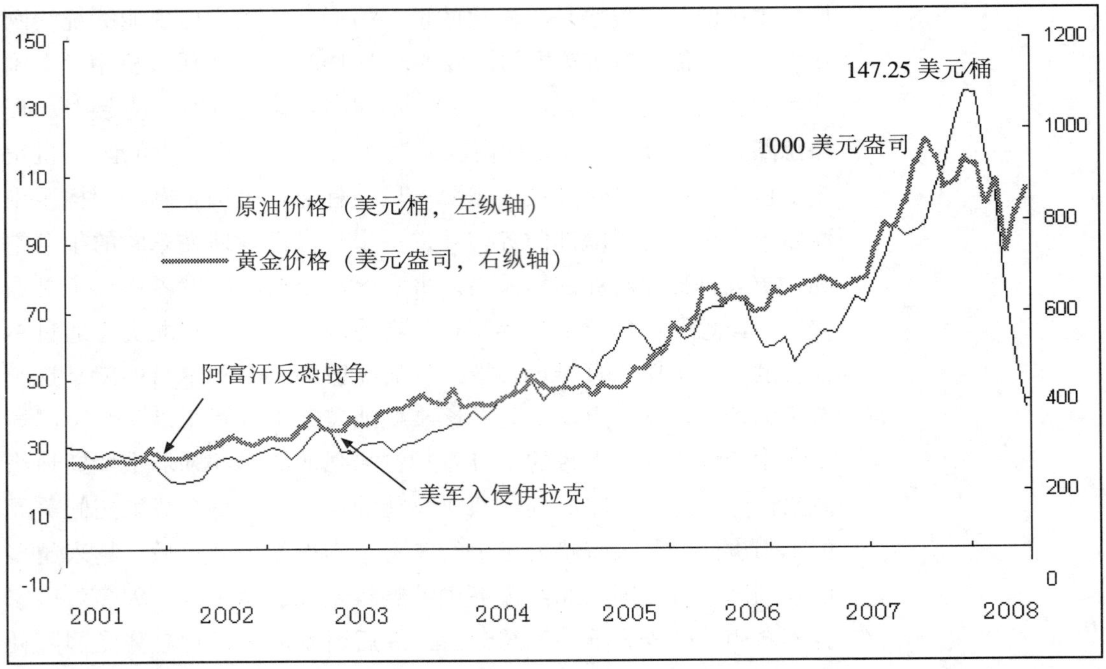

图 7—11　反恐战争与黄金、石油

2001 年的美国“9·11”恐怖袭击事件是美国地缘政治发生战略变化的重要事件。在“9·11”事件之后，美国将国家安全列为其全球战略的首要目标，全力以赴打击恐怖主义势力和伊斯兰极端势力。中东作为恐怖主义威胁的源头一直是美国外交政策的核心问题，小布什政府执行强硬外交政策发动两次战争，于 2001 年 10 月 7 日对阿富汗盖达组织和塔利班开战，在 2003 年 3 月 20 日攻打伊拉克（图 7—10）。“9·11”事件最直接的影响就是就是美国采用强硬单边主义的、先发制人的军事行动打击恐怖主义的威胁。同时美国利用单边主义的外交政策阻止其他国家的崛起，通过国家间的制衡防止其他国家挑战美国领导地位（图 7—11）。这两次与美国利益密切相关的战争都符合美国的经济利益和政治利益，美国在科索沃战争中表现出来的军事实力使美国取胜的可能性非常高，并且美国进入这两个地区既可以加强美国对资源的控制力，又强化美国在欧亚大陆的地缘政治优势。在两次战争爆发初期，黄金价格随着美军节节胜利而下跌，但美国入侵伊拉克后，与布什家族关系密切的美国军火和石油财团在伊拉克赚到盆满钵满，原油价格也从不到 37 美元/桶的价格一路飙升，再加上全球金融投机对石油价格的推动作用，石油在 2008 年 7 月 11 日创下 147.25 美元/桶的历史最高纪录。虚拟经济泡沫导致的成本推动型通胀使当时的黄金价格突破 1000 美元整数关口。如图 7—10 和图 7—11 所示。

与黄金价格走势密切相关的重要地缘政治因素总体上概括为，区域军事冲突、世界性突发事件和国家安全战略。当这三种主要事件发生时，都会导致对其表现极其敏感的黄金市场出现大幅波动，具有避险功能的黄金会成为市场需求的热点。随着世界格局多极化的不断演变，地缘政治或地缘经济可能会出现更多的不可预测性因素，黄金的避险功能会变得愈加重要。

经济因素

交易者每天都在接触各种全球经济基本面分析的信息和各种分析研究报告，一篇分析报告中大多包含很多数据和信息，交易者和分析师通过大量的经济数据和图表去分析金融市场的现状及未来可能走势。随着金融技术的不断发展进步，很多金融机构和政府部门都利用各种经济数据建立相应的经济模型去分析当下展望未来的经济形势。假如一个交易者阅读大量分析报告的目的当做预测市场未来走势的一种手段，那么他会很遗憾地发现，市场的实际走势跟他的基本面分析研究的结论背道而驰，甚至会与主流经济领域的专家分析相违背。研究价格波动的原因——基本面分析并不是为了找出未来市场运行方向，而是为了更好地认识和了解市场。客观地讲，很多交易者只想知道“应该怎么做”，而不想知道“为什么这样做”。一般来讲，一个纯技术分析者更适合短线和超短线交易，但对于中长线交易者而言，能客观了解市场价格变化的原因和市场对未来的预期，中长期投资就会更有把握。这无关于短期的胜算概率，一年中适合做中长线时机的次数不多，抓住一次机会就会赚得盆满钵满。要提醒交易者的是，在了解价格波动原因和市场预期后，还是要等待价格走势出现信号才能进场交易。并且，没有人能够掌握市场的所有信息，信息的不对称就会导致分析结果出现偏差。不全面的、不及时的和不准确的数据信息完全直接影响中长线交易的成败，市场对经济数据背后隐藏的信息才是交易者应当关注的。而且，经济数据信息往往是动态的，在经济周期到来之前，经济数据信息往往不会预先发出警示，未来市场的价格走势是由对未来基本面的预期所决定的，而不是由当下的已知基本面信息所决定的，基本面信息的不完全性和基本面分析的主观性往往会造成认知的偏差性。很多时候，基本面分析和价格走势不完全相符，市场认知的偏差性甚至会强化价格走势的偏离，并对价格偏离启到加强作用。交易者还应当知道，很多时候，金融市场出现趋势反转后，经济形势才发生变化，也就是说，金融市场的反应要提前于实体经济形势。交易者也不要因此而放弃基本面分析，基本面分析的优势在于，除非发生影响足够大的意外事件，市场才会发生偏离，大多情况下，一个中长期趋势的形成会持续很久，交易者利用基本面研究趋势形成原因，并且要利用基本面分析的提前性发现较长趋势的交易机会，用技术面寻找进出场信号，只有这样才能更好地了解市场，才能跟随市场变动步伐，才能根据各种信号制订可行性强的交易策略。基本面分析和技术分析一样不是用来预测市场的工具，而是用来研究当下的市场状况。

在进行黄金基本面分析时除了研究供求关系外，要以美国经济数据信息研究为主，美国的经济数据不仅仅对黄金市场，也对全球外汇市场、商品市场和证券市场影响最大，尤其要研究影响美元的价格形成机制。在进行市场操作时都必须关注美国经济数据，有助于交易者对市场动向的把握。

在美国公布的众多经济数据中，美国经济咨商局（The Conference Board，简称 TCB）为了研究商业周期将经济数据分为三类，以便更好地研究经济周期的扩张和收缩。第一类就是先行指标综合指数，剩下两类就是同步指标综合指数和滞后指标综合指数，所谓的综合指数就是指将多种经济指标数据合成为一个指数。先行指标是指经济数据波动的时间性提前于商业周期的波动；经济数据波动的时间性同商业周期同步或延迟就是同步指标或滞后指标（图 7—12）。根据 2004 年美国咨商局的一份报告，咨商局依靠六个基本原则严格选择恰当的经济指标成分，首先要求经济数据波动同商业周期完全相符；其次要求经济数据符合作为领先指标、同步指标和滞后指标的时间一致性；第三要求数据的时间周期具有经济逻辑性；第四要求经济数据收集和处理上的统计可靠性；第五要求数据的每月波动不能过于激烈；第六要求每月数据公布的及时性。完全符合这六条选择标准的经济数据序列并不多。咨商局的三种综合指数中

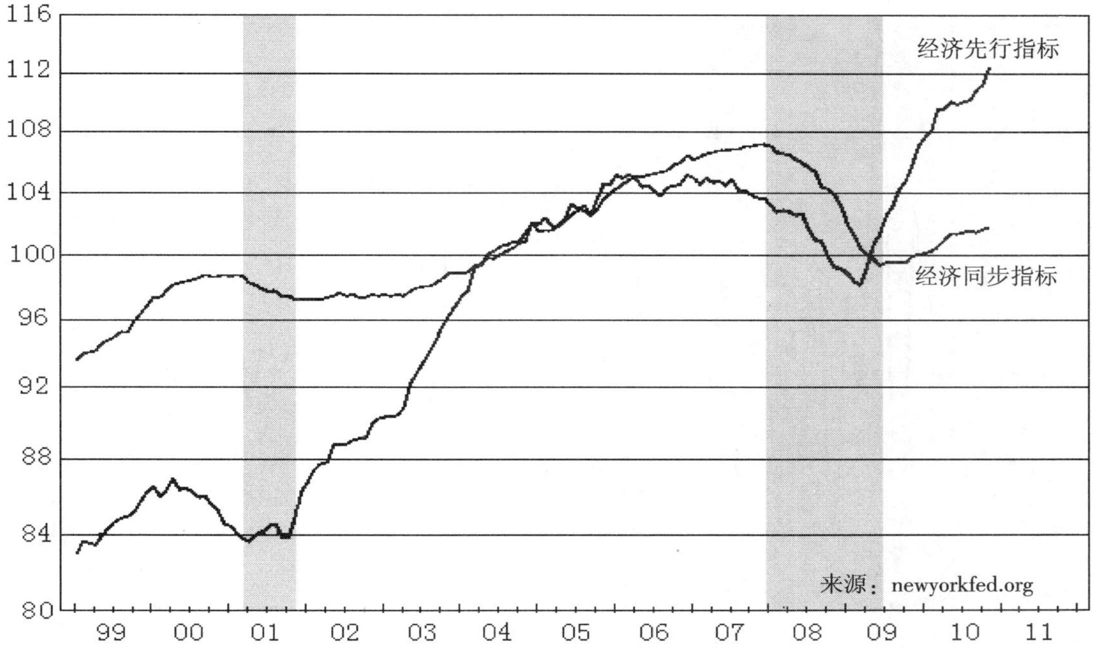

图 7—12　美国经济咨商局先行指标和同步指标

最为重要的就是先行指标综合指数，这类经济指标能在商业周期见顶或见底之前就形成顶部或底部，该类指标主要用于判断经济总体的景气状况。综合指数的计算公式并不重要，重要的是该综合指数中包含的经济指标，其中包括制造业平均每周工时数据、每周初请失业保险救济人数、制造业的消费品和原材料新订单数据、非国防重工业制造业新订单、私人住宅建筑许可、标普 500 指数、延缓交货扩散指数、货币供应量（M2）、息差（10 年期国债殖利率和联邦基金利率之差）和消费者预期指数，将这 10 个指标借用计算公式编制成综合指数。咨商局使用一个简单的“拇指法则”去判断识别经济衰退风险，当综合指数连续 3 个月下跌时，就预示着经济衰退正在发生。然而，这个简单法则在实践中过于僵化，在内推检验时也会给出虚假预警信号，针对这个问题，经济学家提出衰退预警的信号应该是，先行指标综合指数的持续性大于 1%的快速下跌，并伴随大多数先行指标的下跌。在实际运用中，由于未来经济形势存在很大的不确定性，也不能武断地运用这些综合指数预测未来经济状况，需要综合运用多种经济指标进行综合性的经济形势研判。

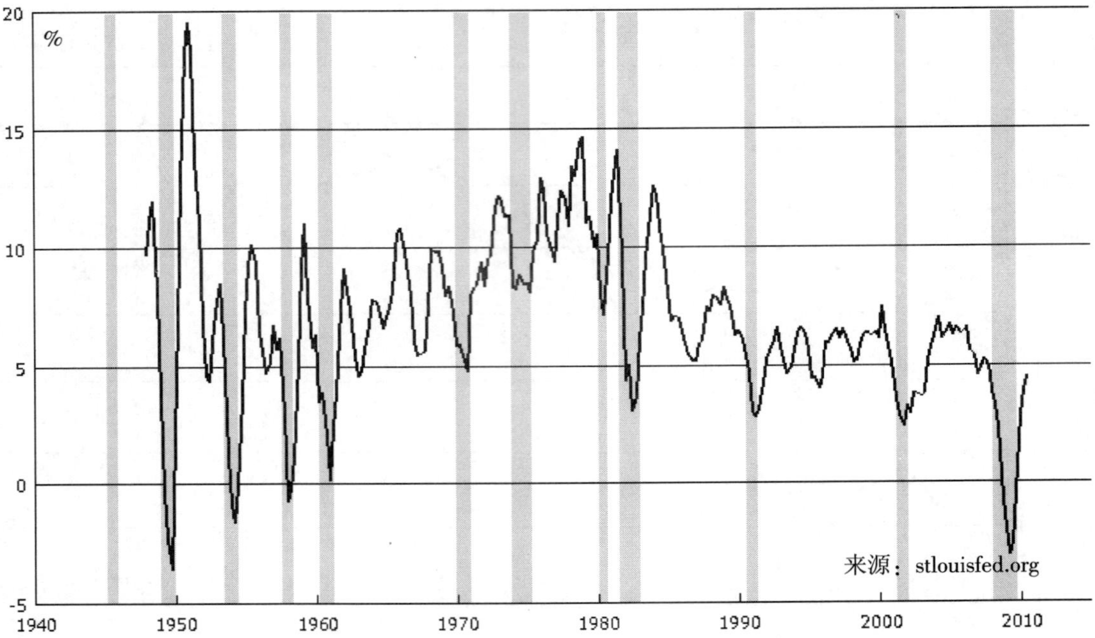

图 7—13　美国 GDP 年率

对于大多数交易者而言，需要知道的每次经济周期的出现都有不同的诱因，对于经济前景的预测分析，更多的是采用经验去判断经济周期对金融市场造成的影响。也可以通过经济指标和金融市场的敏感性指标的异常情况来分析金融市场。比如说次贷危机是从房地产市场泡沫崩溃所引发，造成银行危机，引起股市、商品市场和外汇市场的大幅波动。并从美国的银行危机传递至境外，形成全球性金融危机，还蔓延到实体经济的特点，选取代表资产市场、货币市场和实体经济的先行指标进行预警分析，其中美国房屋市场指标、股指和息差代表金融市场指标，代表实体经济的美国经常项数据为先行指标。在进行基本面分析时，需要综合运用多种经济指标进行综合性的经济形势研判，在众多的全球经济数据中，美国的经济数据是黄金和外汇市场中最为引人注目的。下面就简单介绍一些与黄金价格有重要联系的美国经济数据，这些重要经济指标是理论上的研究结果，但在实际经济活动中，复杂的市场状况也让分析充满多重假设，只能让市场事实去验证假设的真伪。

第一个经济指标是美国的国内生产总值（GDP），这是一个国家的综合性经济指标，指的是一个国家在一定时期按照市场价格计算国内生产的全部最终产品和服务的价值，这是一个衡量一个国家经济状况的最佳指标，可以综合地反映一个国家的经济实力，与经济增长密切相关。GDP 主要是由消费、投资、政府支出、出口净额四部分组成。一般而言，一个国家的 GDP 大幅上涨，说明该国的经济增长迅速，国民消费能力随着收入的增长而上升，该国央行可能采取紧缩性利率政策以防止经济过热，该国经济良好的表现和该国利率的上升有助于增加该国货币对境外投资者的吸引力；反之，一国的 GDP 开始出现大幅下跌，说明该国经济将进入衰退阶段，国民消费能力也随之降低。该国央行为刺激本国经济采取宽松性利率政策，经济衰退和利率下降会导致该国货币对投资者吸引力的下降（图 7—13）。

第二个指标是息差，在这里介绍的息差是美国咨商局使用的先行指标之一的 10 年期国债殖利率和联邦基金利率之差。首先要介绍一下利率期限结构，它指的是证券的利率或收益率与证券到期期限之间的关系，一般将这种关系分为四种情况，第一是短期利率高于长期利率；第二是长期短期利率相同；第二是短期利率低于长期利率；第四是长期短期利率处于波动状态。研究长期短期利率相关性的理论则分为完全预期理论、市场分割理论和流动偏好理论，有兴趣的读者可以通过其他渠道进一步了解这些理论的具体内容，这里只是介绍息差和经济周期之间的联系，在过去几十年内，使用息差预测经济衰退的效果极好，只要联邦基金利率大于 10 年期国债殖利率就可以预测经济会陷入衰退。在图 7—14 中下半部就是息差的走势图，只要息差跌至 1.03％水平线之下时，经济衰退的概率就开始加大了，并且息差跌至 1.03％之下一年后经济衰退发生的概率较大。而当息差跌至 0％水平线之下时，就是说，当长期利率低于短期利率时，倒置的收益率曲线预示一年后基本上就会发生经济衰退。从历史数据的统计结果来看，息差的走势会提前 2 个季度至 6 个季度发出警示信号。

第三个经济指标是经济周期晴雨表之称的失业率数据（图 7—15），该数据指的是失业人口占劳动人口的比率。美国失业率数据由美国劳工部每月第一个周五 21：30 公布，在该指标公布时会引起金融市场的激烈波动。一般而言，作为滞后指标的失业率数据的上升意味着经济增长已经放缓，这不利于该国货币对投资者的吸引力；反之，则意味着经济增长稳步上升，有利于该国货币的升值。

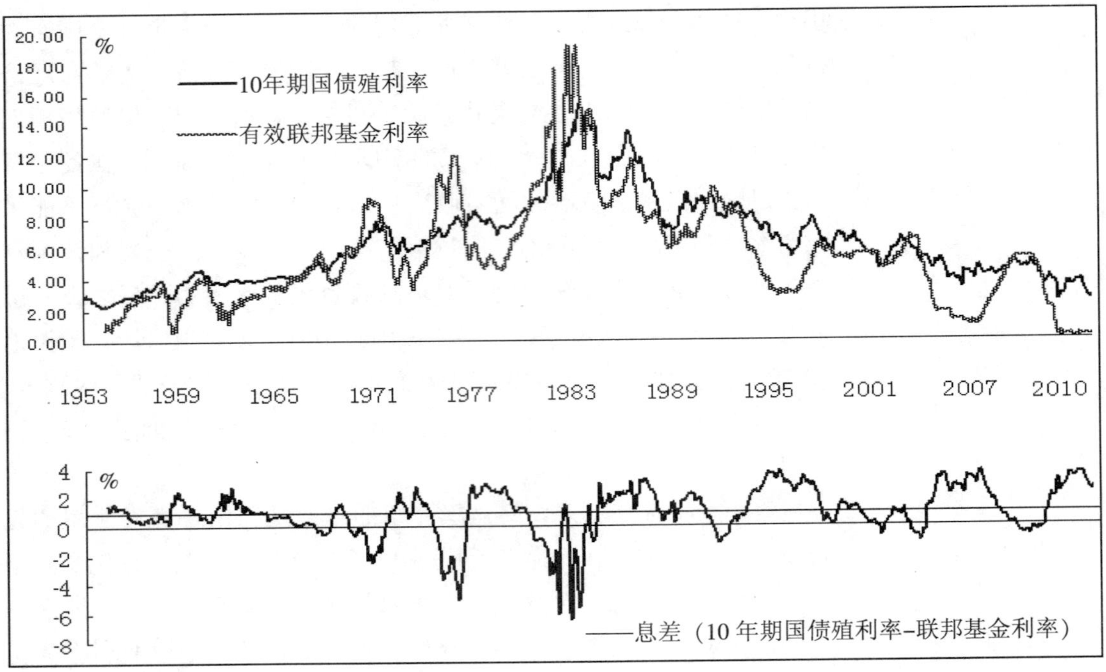

图 7—14　息差（10 年期国债与联邦基金利率之差）

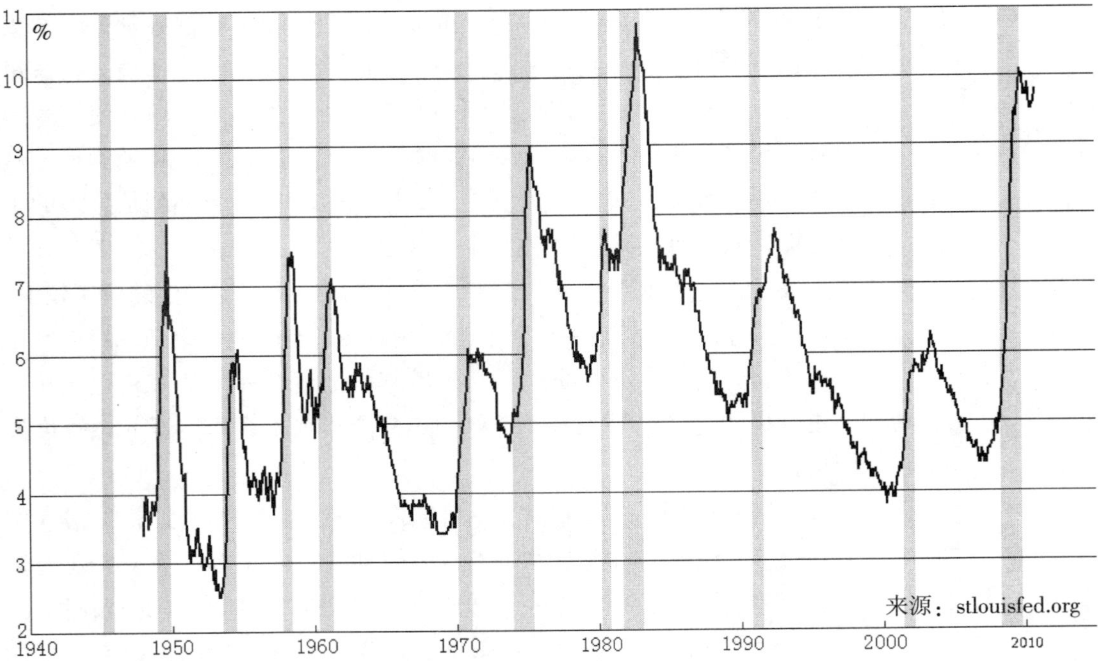

图 7—15　失业率

与失业率数据相反的就是就业率数据，最有代表性的是每月周五 21：30 与失业率数据共同公布的非农就业数据。非农就业数据是失业数据中的一个项目，该项目统计的是从事农业生产以外的工作职位变化，它可以映出制造行业和服务行业的发展状况，非农就业数据减少代表企业减低生产，经济陷入低迷。当经济较快增长时，消费随之增加，消费行业及服务行业的就业职位也相应增多。当非农就业数据大幅增加时，理论上对该国货币升值有利；反之则不利于该国货币的升值。如果将失业率与同期的通胀指标结合起来进行分析，可以确定当时经济发展处于何种经济周期阶段，是需要加息抑制通胀，还是需要减息以刺激经济的发展。

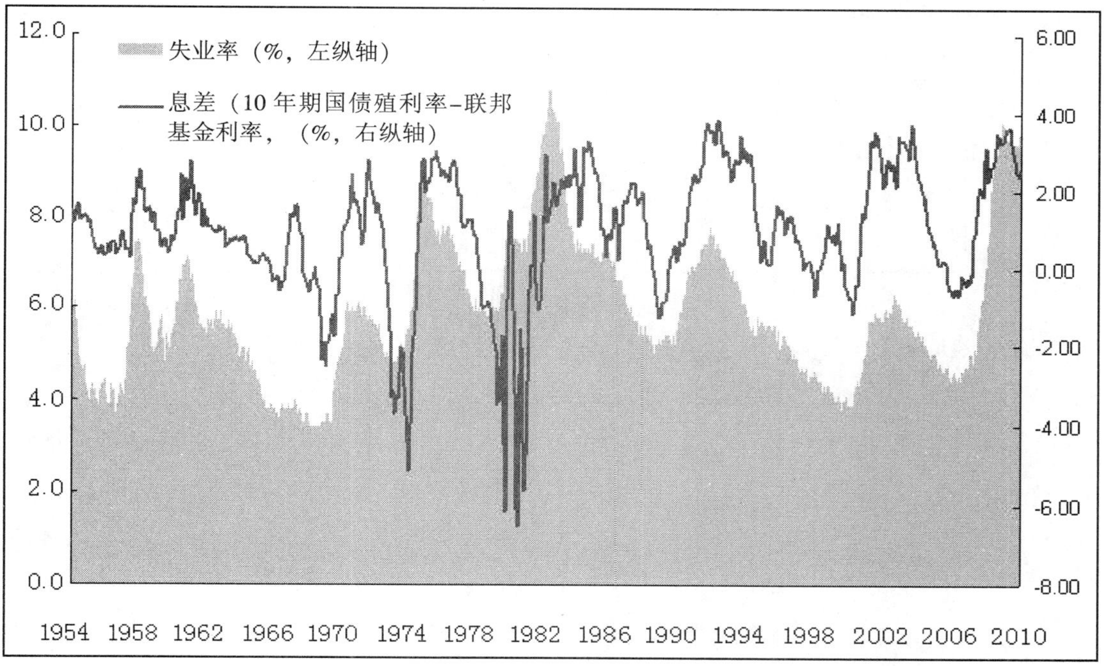

图 7—16 息差与失业率

美国失业率和国债市场相结合会共同发出美国陷入经济衰退的警戒信号，单独使用滞后指标——美国失业率或者先行指标——美国国债息差作为经济衰退信号的话（图 7—16），也许会出现错误信号，但是二者共同发出经济衰退信号的话，那么可靠性就非常高。一般情况下，美国联邦基金利率要低于 10 年期国债殖利率。在国债市场中，经济上升阶段中的收益率曲线是短期国债殖利率低于长期国债殖利率，一旦出现倒置的国债收益率曲线，尤其是倒置程度较高的收益率曲线就发出经济衰退警戒信号。图 7—16 中的息差曲线是来源于美国经济咨商局的先行指标，是 10 年期国债殖利率和联邦基金利率之差。当息差严重下跌呈现负值状态就会让交易者警戒美国经济衰退风险。美国二战后的 10 多次经济危机爆发之前，先行指标息差都大幅下挫，再配合滞后指标失业率的上升，足以证明美国金融和实体经济都处于危急时刻。

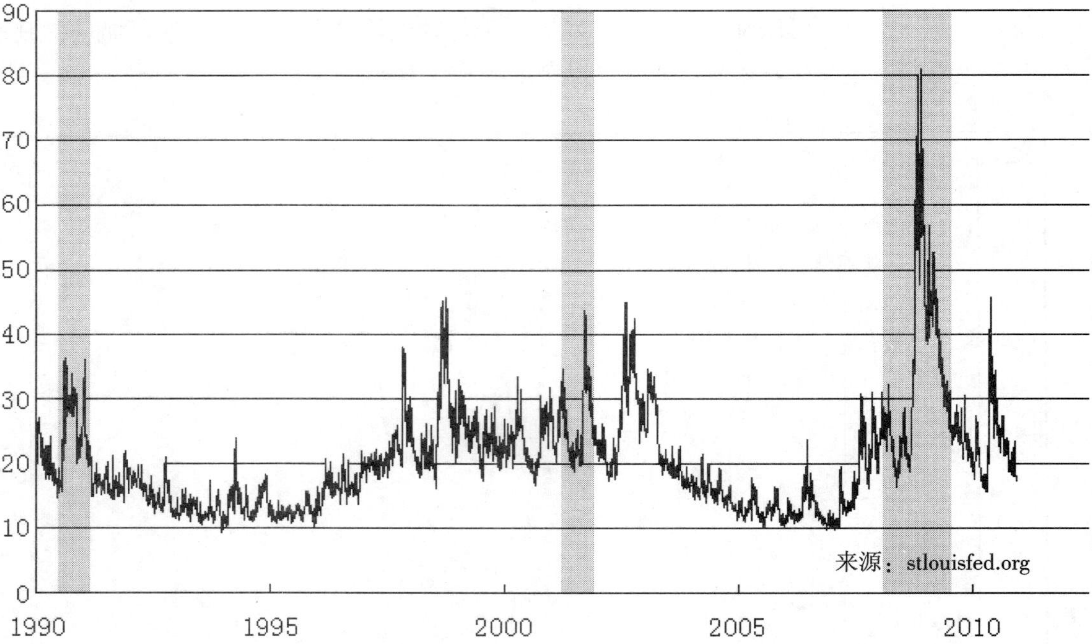

图 7—17　芝加哥期权交易所（CBOE）VIX 指数

第四个指标是芝加哥期权交易所（CBOE）的波动率指标（VIX）（图 7—17），该指标用于测算标普 500（S&P 500）指数期权的隐含波动率，该指标显示未来 30 天波动率的市场预期。VIX 指标是使用一系列标普 500 指数买入期权（Calls）和卖出期权（Puts）价格的加权融合而成。VIX 指标广泛用于市场风险的测算，也被称为“投资者恐慌指数”。一般而言，当 VIX 值大于 30 时，意味着投资者恐慌情绪上升，或者市场前景的不确定性程度加大，当 VIX 值大于 40 时，说明投资者对市场的预期表现出非理性的恐慌情绪；当 VIX 值小于 20 时，说明市场的紧张情绪趋弱，投资者信心增强；当

VIX 指数小于 15 时，市场就会出现非理性的繁荣，也就意味着金融市场出现泡沫的概率加大，VIX 指数并不能帮助交易者预测未来市场方向，该指数仅仅反映当时市场情绪。

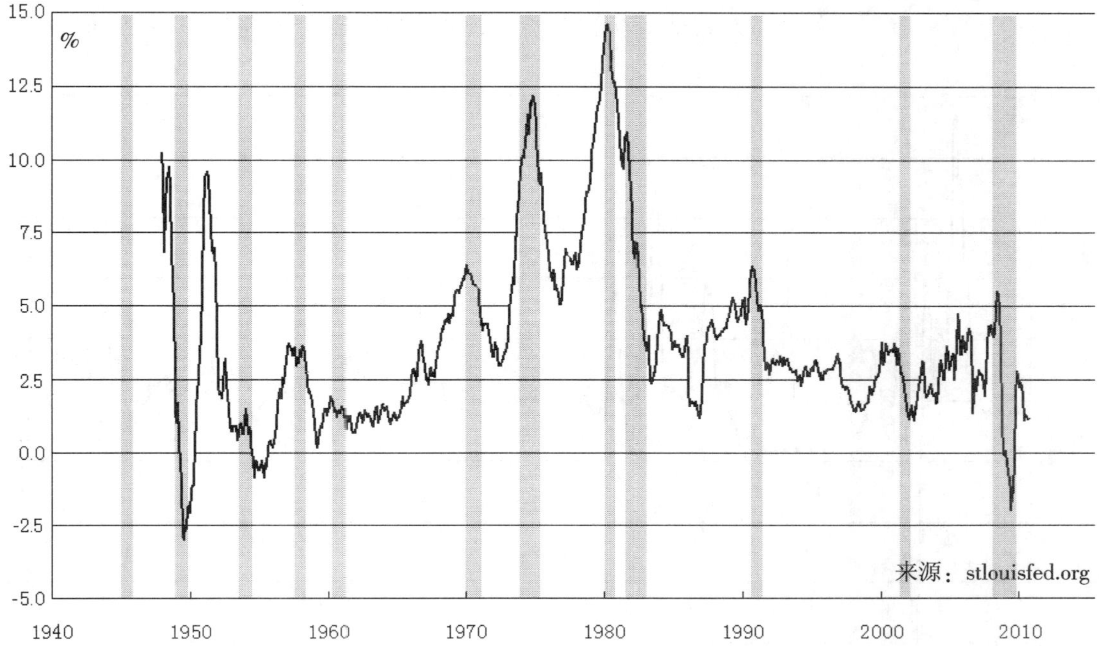

图 7—18　消费者物价指数（CPI）年率

第五个经济指标是消费者物价指数（CPI）（图 7—18），该指标是对一篮子固定消费品价格的衡量，它主要反映与消费者生活有关的产品和服务价格统计出来的物价变动指标，国际上通常把 CPI 作为测量通货膨胀水平的的重要指标。美国 CPI 中涵盖的主要消费商品包括住宅、饮食消费品、交通、医疗保健、娱乐、服装和其他商品及服务共七大类。如果将食品和能源消费剔除后的 CPI 称为核心消费者物价指数，使用核心 CPI 的原因是由于食品和能源价格受到一些异常因素的影响容易出现较大的波动，并对消费者物价变化趋势的真实性造成影响，所以用核心 CPI 作为衡量通胀水平的最佳指标。消费者物价指数既能反映消费者购买力又能反映经济的景气状况。如果一国 CPI 下降，说明该国经济进入衰退阶段的概率加大，如果一国的 CPI 温和上涨，则表明该国经济稳步增长，一旦 CPI 进入加速上升阶段，升幅过大则不利于本国消费者的购买力，本国货币的购买力也相应下降，但本国央行的升息对抗通胀又有利本国货币的走强。对于 CPI、利率和汇率之间的联系在不同阶段有不同的相关性，不能简单地用几种模型来阐述这三者之间的关系，并且这三者与经济周期有着紧密联系，也与黄金价格的波动有着很强的相关性。尤其是 CPI 和汇率，更是黄金价格变化的重要驱动因素。

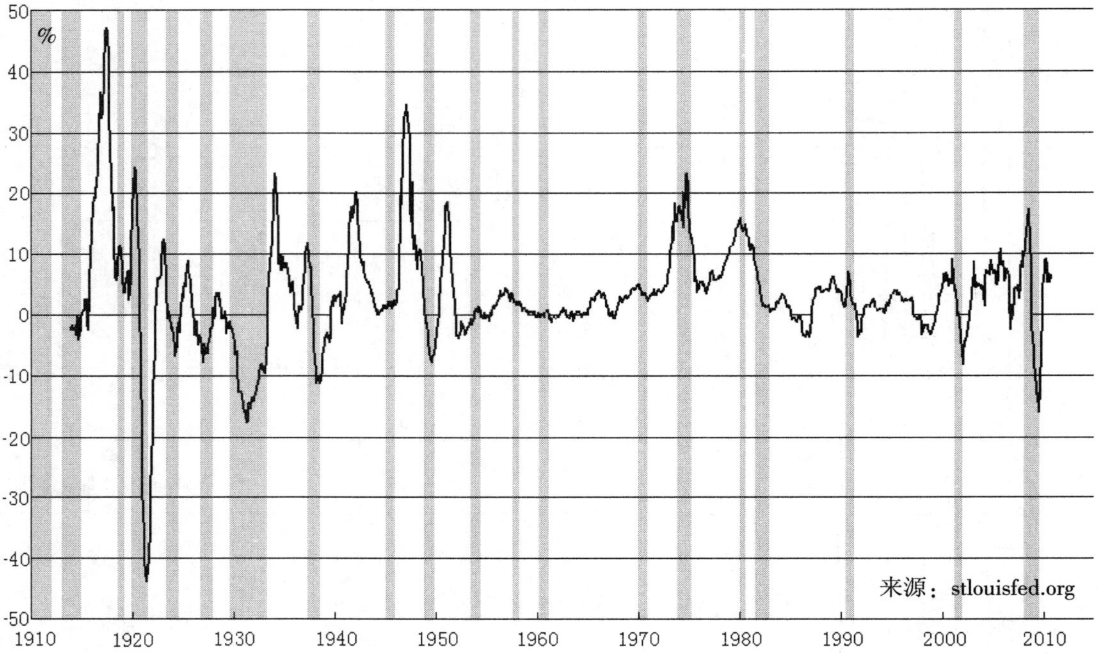

图 7—19 生产者物价指数（PPI）年率

第六个经济数据是生产者物价指数（PPI）（图 7—19），该指数指的是工业企业最终产品出厂价格的变化程度，用于衡量各种商品在不同生产阶段的所需采购品价格变化情形，该指标包括原料、半成品和最终产品等三个生产阶段的物价信息，剔除食品和能源的 PPI 指数被称为核心 PPI，抛除食品和能源价格周期性影响及供需影响，用以判断物价的真实走势。从理论上看，整体价格水平的波动一般从农业原材料或工业原材料供应开始，传递至生产领域，然后通过产业链向下游产业转移，最后对消费品产生影响。在产品生产过程中所出现的物价波动最后会反映在最终产品价格变化上，PPI 是一个通胀的先行指标，观察 PPI 的变化将有助于预测未来几个月的 CPI 变化。但是 CPI 不仅包括商品消费价格，也包括服务价格，

CPI 和 PPI 在统计上并没有绝对意义上的严格对应关系。并且 PPI 不包括一些商业折扣，有时也无法真实反映物价的上涨程度，在某些条件下，CPI 和 PPI 还有可能处于背离状态。

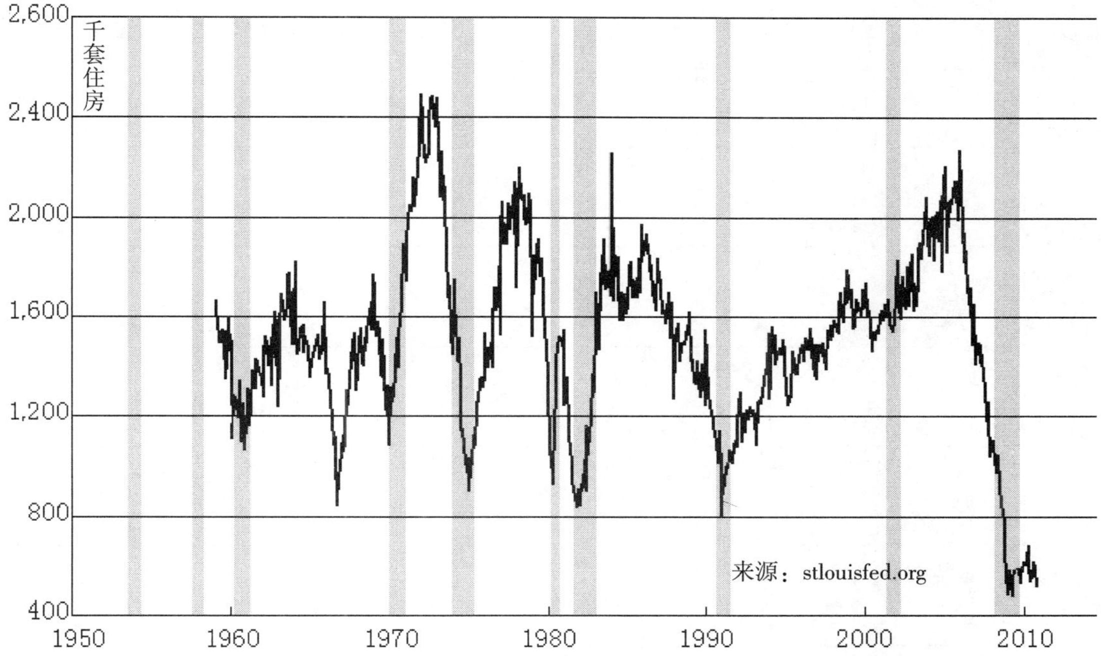

图 7—20　新屋开工数据

第七个指标是美国的新屋开工数据（图 7—20），该数据用于衡量每月私人住宅的开工数量。其中占房屋开工 70%比重的独栋住房的开工数据变化较为平缓，连栋住房的开工数据变化较为激烈，往往会导致新屋开工数据大幅波动。从季节角度来分析，冬季的新屋开工会大幅下降。购买房屋对于一般消费者而言是较为重要的一项支出，购买新房计划往往与消费者对经济前景预期息息相关。美国私人住房投资占美国 GDP 约 4%～5%，而房地产占美国 GDP 20%～25%的比重，房地产相关的家用品和相关服务占美国 GDP 约 7%的比重。就是因为房地产在美国 GDP 占比较大，21 世纪初美国 IT 泡沫破灭后，房地产行业才能成为美国新的经济增长点，配合美国低息政策刺激消费拉动美国经济继续增长。而美国房贷门槛的大幅降低，才为后来的次贷危机埋下祸根。美国房地产业对于总体经济相当重要，新屋开工数据与美国房屋贷款利率呈正相关性，房贷利息处于低位时，消费者购房意愿上升，才会促使新屋开工率上涨，房价也因需求增长而不断涨高。一旦利率上涨，那么消费者贷款购房意愿就会受到影响，而按揭成本的大幅提高也使无偿还能力的次级房贷者违约倾向越来越大，美国新屋开工数据出现持续下跌，违约现象的不断出现，再加上房价的不断下滑，银行坏账积累到一定程度就导致次贷危机的爆发，美国经济就会陷入萎缩甚至衰退。如图 7—21 所示。

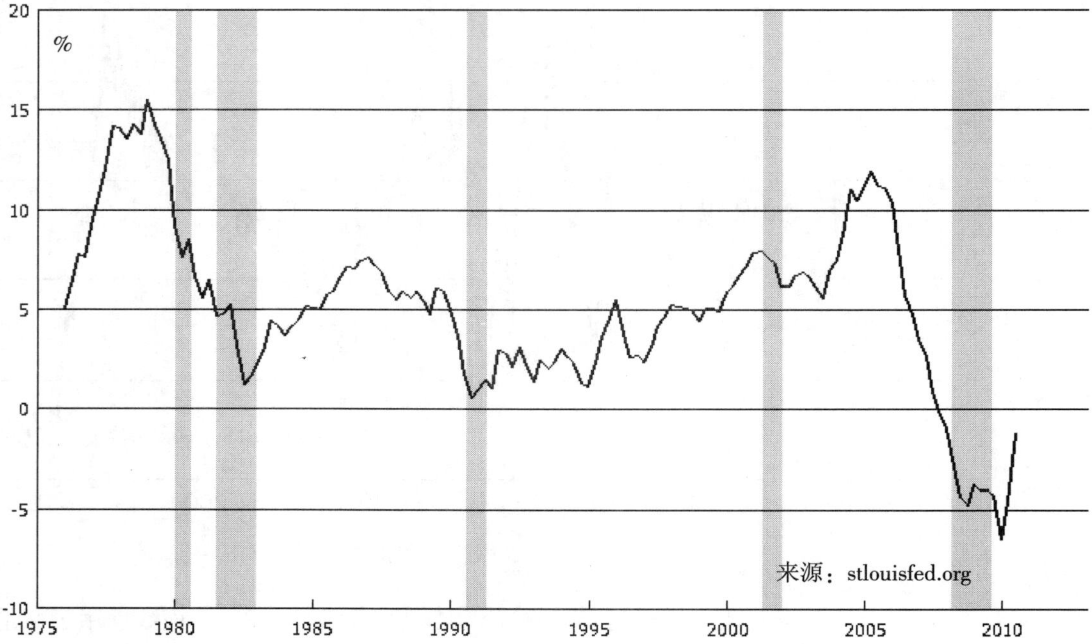

图 7—21 住房价格指数年率

第八个经济指标是美国的贸易平衡数据（图 7—22），该数据反映了美国与其他国家的商品贸易状况，是判断美国宏观经济是否良性运行的重要经济指标之一。如果一个国家出现贸易逆差现象，就意味着国民收入流到境外，是本国经济趋弱的表现。为改善贸易平衡数据，该国就应将本国货币贬值，增加本国出口商品在国际市场上的竞争力；反之，当一国出现贸易盈余时是有利于本国货币升值。当一个国家的国际贸易出现顺差，大量外部资金就会流入本国，本国货币需求也会增加，从而导致本国货币的升值。一旦本国出现贸易逆差，流入该国的外汇就会减少，本国货币需求也相应减少，从而导致本国货币的贬值。同时影响汇率的因素还有经常项目和资本项目数据。在进行基本面分析时，要使用这几项数据综合地进行资金流动的分析。作为 GDP 占全球经济总产出近 34%的美国，其资本市场占据全球资本市场市值近 52%，这样一个经济大国，出于对自身利益的考虑，经常利用自身的霸权主义强迫其他国家货币升值以限制其他国家对美国贸易顺差。

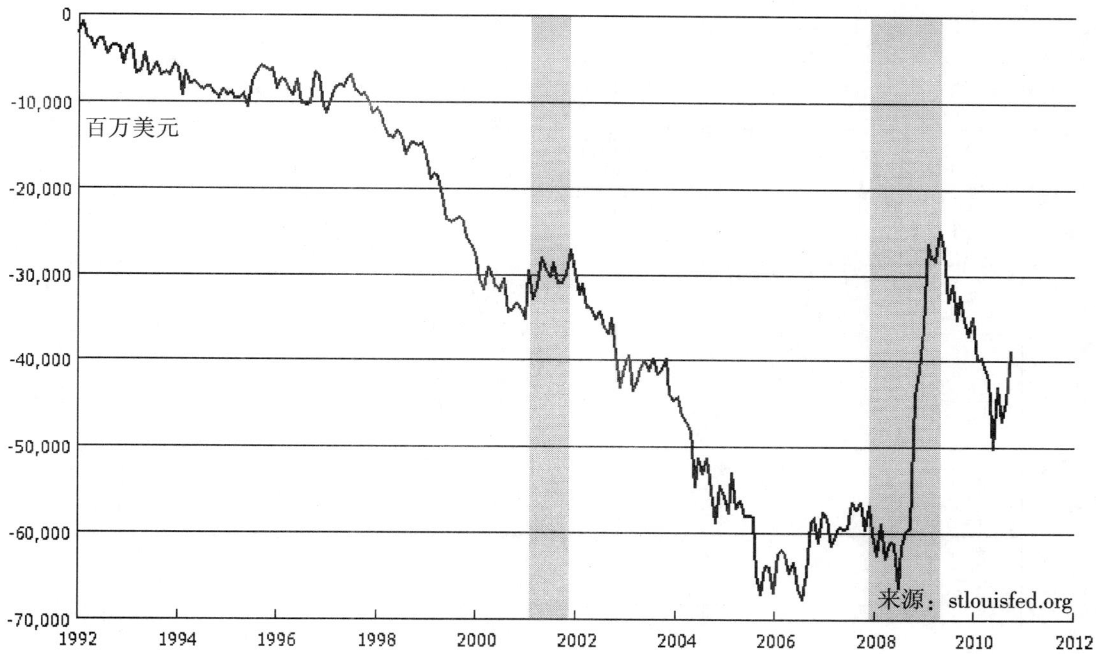

图 7—22　贸易平衡数据

第九个经济指标是美国零售销售数据（图 7—23），作为同步经济指标的零售销售直接反映出消费者支出的变化，该指标既能反映当前的经济状态，又是一个至关重要的通胀相关指标。该指标对于判断美国经济现状和前景有很重要的指导作用。剔除受季节影响较大的食品和能源销售的零售销售就是核心零售销售数据。美国的居民消费支出通常占到 GDP 的比重是 70%。具有预测通胀压力的零售销售数据可以帮助投资者审视央行未来可能采取的利率政策，如果零售销售上涨，说明该国消费支出增加，经济形势向好，通胀压力可能会促使央行提高利率，有利于该国货币升值；反之，零售销售数据增长放缓、停滞或下跌，说明经济景气不佳，利率停止上调或者有可能开始下调，本国货币有走低的可能。

第十个经济指标是商业库存数据（图 7—24 和图 7—25）。如果零售销售下降，商业部门就会减少库存水平应对销售的下滑，这势必引起供应方的生产减缓，所以通过商业库存水平的变化可以用于预测未来经济产出水平的变化。最简单地讲，库存上升说明消费能力减弱，经济可能进入停滞阶段；库存减少说明销售上升，经济可能开始进入上升阶段。

图 7—23　零售销售（retail sales）年率变化

在特定的每月销售率的前提下，将商业库存数据和零售销售数据结合起来作为一个经济先行指标，可用于测算需要多久才能售完库存商品，比如说库存销售比率是 1.30，意味着平均需要 1.3 个月才能售完库存商品。下降的库存销售比率通常是利好消息，因为销售增长快于库存增长，商业部门订单上升，并加快生产，这表明商业景气开始上升，短期信贷利率将会触及阶段性底部；如果库存销售比率上升，说明商品库存增加大于销售增长，商业存货开始积压，商业部门可能会减少订单并降低生产率，这意味着经济活动开始减缓，通胀也会相应下行，上升的库存销售比率可以预警商业景气正在恶化，短期信贷利率已经触及阶段性顶部。

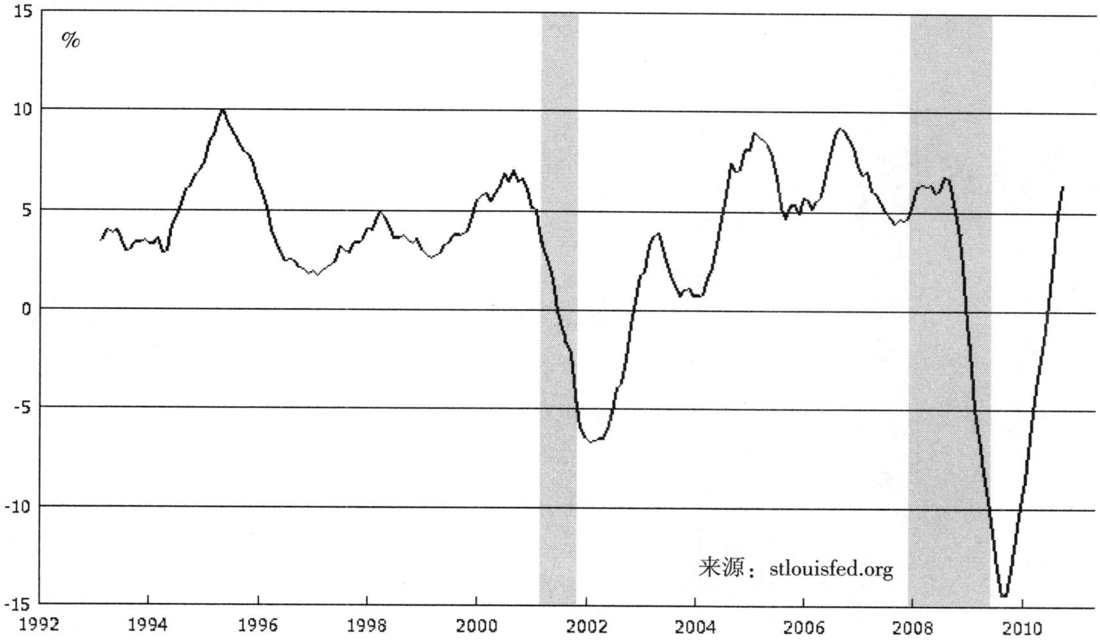

图 7—24　商业库存年率

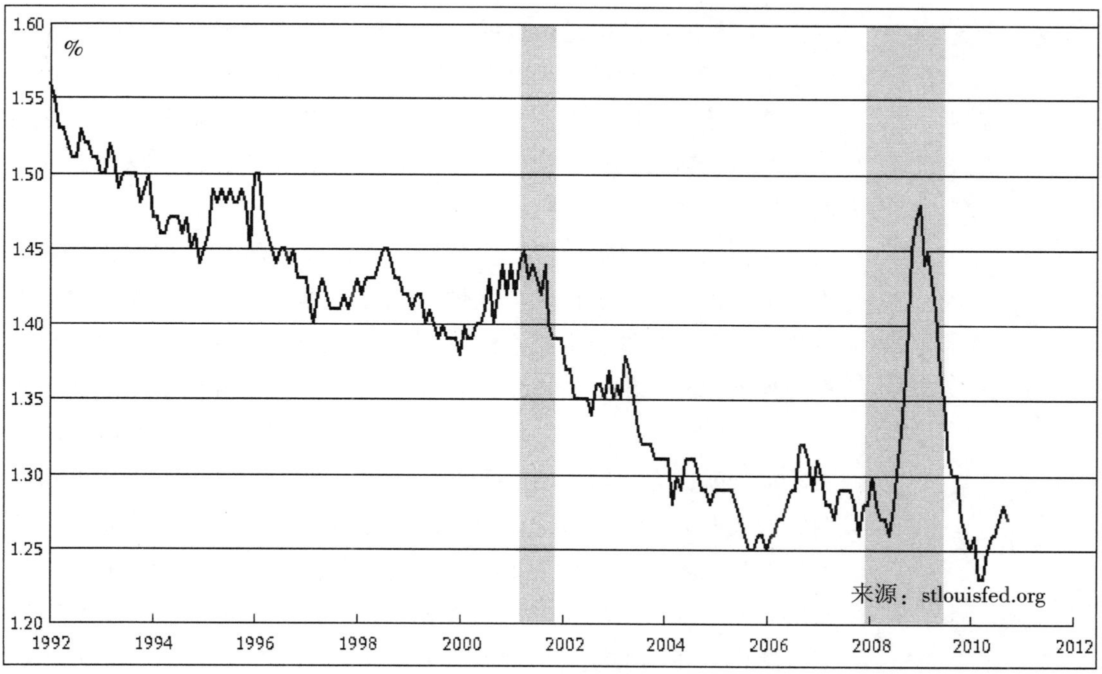

图 7—25　库存销售比率

利率因素

从短期来看，黄金和利率之间的相关性并不大。然而从长期角度去分析，就会发现黄金价格与通胀调整后的利率（又称实际利率）有着非常强的相关性。并且货币环境中的名义利率和实际利率是直接驱动所有资产周期的因素，当然也会影响到黄金市场。下文中使用美国优惠利率和 3 月期美国国债（T—Bill）殖利率作为研究数据。美国的优惠利率（Prime Rate，又称最低银行利率）是美国银行系统内最常用的短期贷款利率，美国各种类型的贷款机构都以美国优惠利率作为各种短期贷款产品定价的基础利率。全球的银行界都认为，美国优惠利率是美国银行提供给信用等级最高的贷款客户利率。美国优惠利率与美国联邦基准利率（the Fed Funds Target Rate）牢固地联系在一起，美国联邦公开市场委员会（FOMC）通常每六周投票决定联邦基准利率是否需要改变，FOMC 的首要任务是控制通货膨胀和在持续就业最大化前提下保持经济稳定增长。自从 1994 年第二季度开始，美国优惠利率就等于联邦基准利率基础上增加 300 基点（3%）。通胀调整后利率是每月的 3 月期国债殖利率减去每月的通胀年率，如图 7—26 所示。

在全球范围内货币、黄金和利率有着复杂的相关作用。美国作为全球最大资本集散地，美联储这个准世界银行的利率政策和货币政策的一举一动都会带来全球性影响，之所以研究美国的实际利率是因为美元的汇率是跟着实际利率趋势走的。二者呈正相关性（图 7—27～图 7—29）。当美元资产剔除通胀因素后仍有可观的回报时，美元资产就成为全球市场追捧的重要资产。20 世纪 70 年代中期和末期的两次石油危机导致通胀创下历史最高纪录，通胀驱动美元利率大幅上升，黄金价格也创下当时的历史新高，所以说，黄金价格的波动和利率水平的变化并不是无相关性的。在一定条件下二者有着很强的相关性，尤其是剔除通胀后的实际利率水平，通过对美元指数的影响，直接或间接影响黄金价格走势。一方面，在 20 世纪 70 年代石油危机过去后，通胀的大幅回落，而利率仍旧很高，这使得

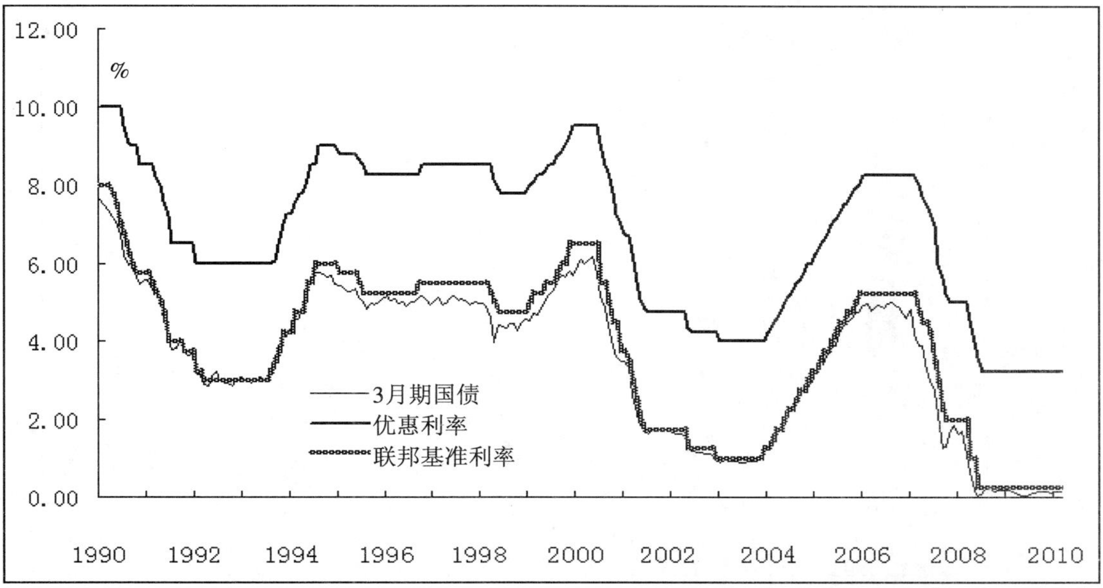

图 7—26　3 月期美国国债、联邦基准利率和美国优惠利率

美元的实际利率大幅升高，美国国债也备受推崇，美元指数的飙升尤为抢眼，此阶段黄金受到冷落。相同的情况也发生在 20 世纪 90 年代下半叶的克林顿执政的“新经济”时期；另一方面，如果经济过热使市场的流动性过多，通货膨胀开始上升，市场对通胀的预期也越来越强时，市场参与者倾向于抛出贬值美元资产投资于商品市场，以对抗通胀带来的资产缩水现象，当自发强化的通胀最终妨碍经济持续增长后，经济陷入滞涨阶段时，美联储不再顾忌通胀加剧不断下调利率，旨在挽救开始陷入衰退的经济。实际利率的下降甚至变为负值。美元资产遭到抛售，投资者更青睐有效对抗通胀的金融产品。市场过多的流动性、实际利率的下跌、美元的贬值都使得黄金再度受到青睐。

美联储并不想长时间将通胀调整后利率维持在 0%以下，但是由于经济的低迷而不得不采取这种策略。美联储官员要面对的问题是，长时间将短期利率维持在过低的水平，必将导致通胀预期失去控制。出于对未来通胀的担忧，黄金价格、大宗商品价格和长期利率都将大幅走高，其中长期利率的最重要的决定性因素就是预期的未来通胀。在某个临界点某个时刻，短期利率长时间维持在较低水平往往引起事与愿违的结果，尽管经济仍未摆脱低迷，央行也不得不开始加息对抗潜在的通胀风险。在 1979～1982 年期间美国经济增长还很

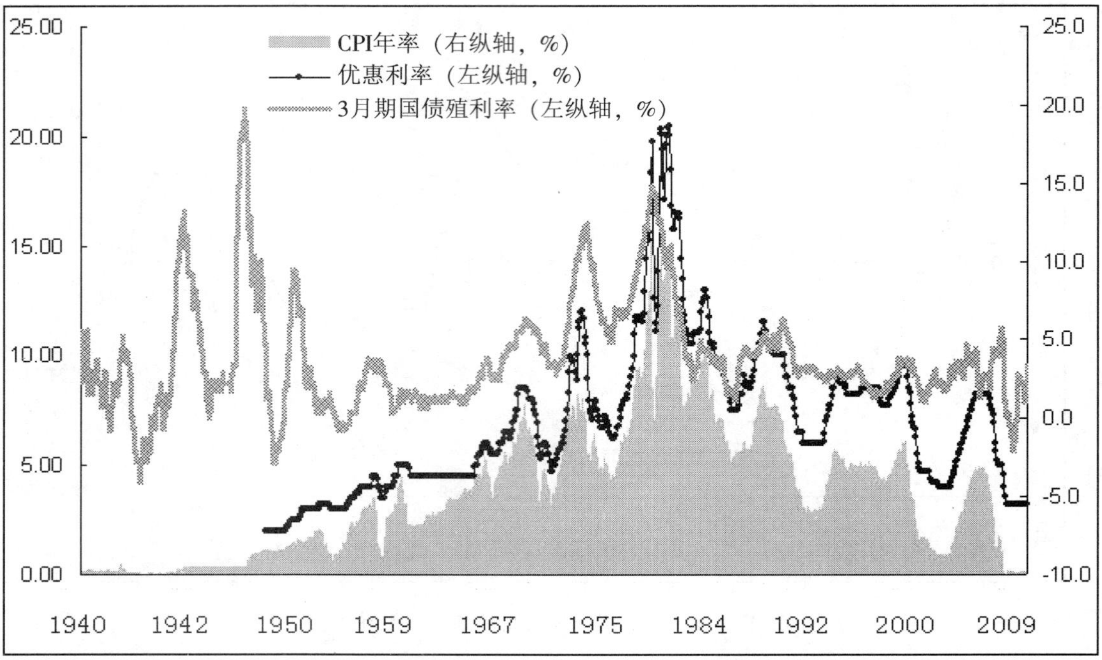

图 7—27　美国优惠利率、3 月期国债殖利率和美国通货膨胀

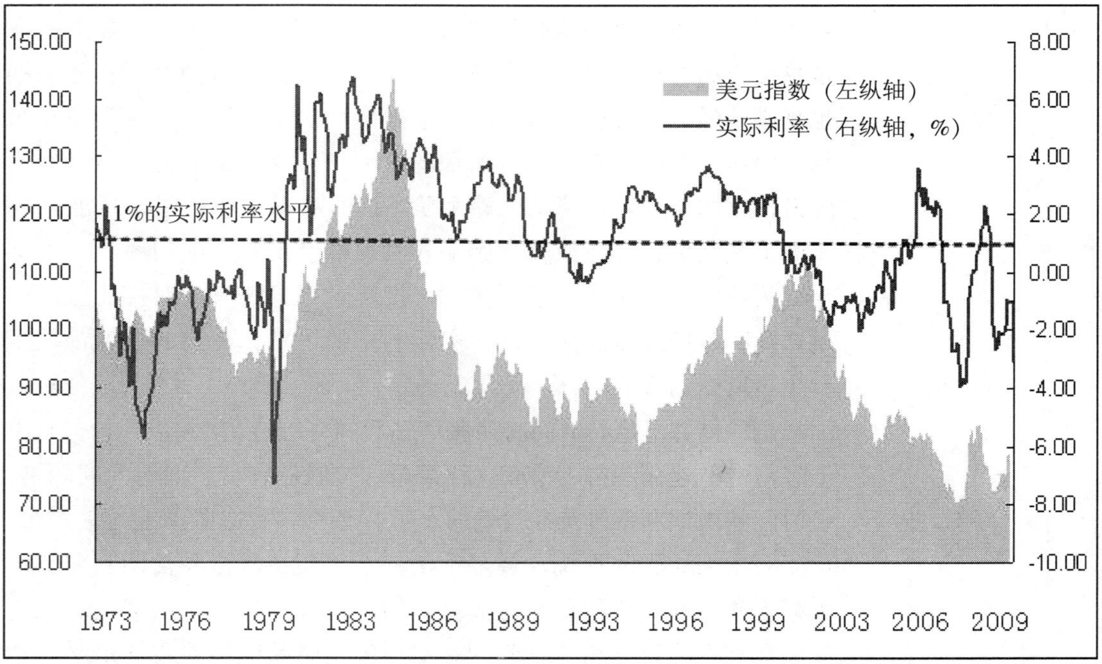

图 7—28　美元指数和美国实际利率

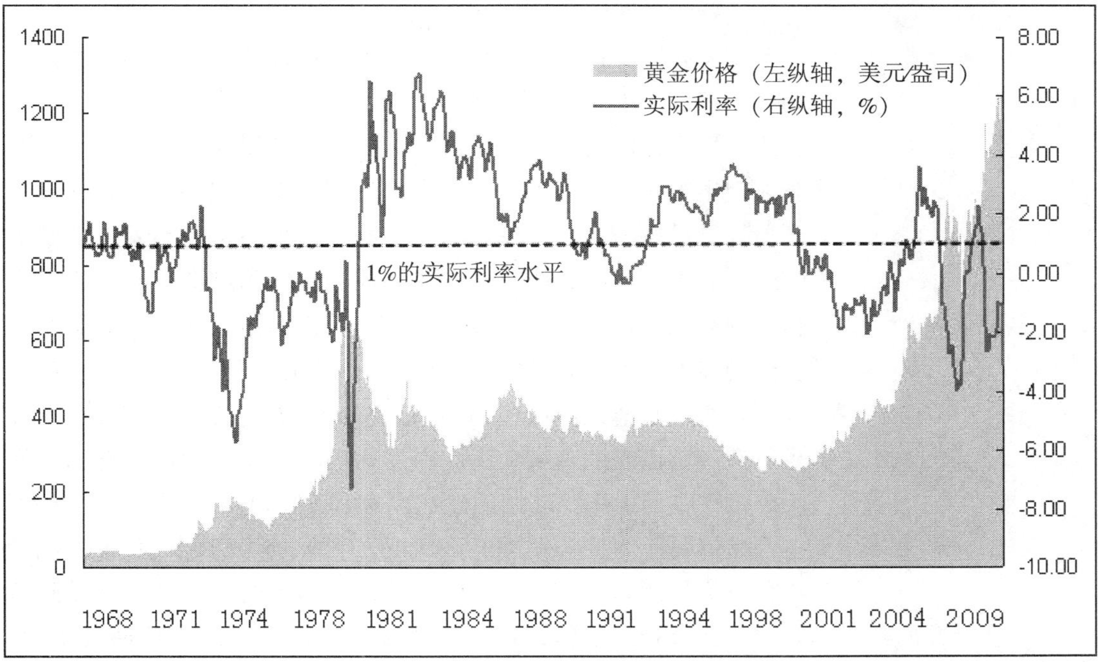

图 7—29　黄金价格和通胀调整后利率

疲弱，失业率仍在上升，但黄金价格的暴涨和长期利率的走高迫使美联储急剧提升利率，升息的目的就是为了降低长期利率。

投资因素分析

在黄金价格自由浮动之后，黄金的金融属性才被开发出来。在牙买加货币体系建立之前，黄金只有货币属性和商品属性，黄金自由流通后，投资者将黄金作为一种金融产品达到保值和升值的目的。近几十年的相关市场数据表明，黄金的多重属性使得黄金的价格走势与证券市场、商品市场和货币市场有所不同，尽管黄金市场与其他金融市场有着很强的关联性，但黄金独特的走势不但可以帮助投资者减少其投资组合的风险，还能在恐慌情绪弥漫金融市场时帮助投资者获得可观收益。在研究黄金的金融属性时要结合全球利率水平和全球资金流动进行分析。全球利率水平是资本流动的根本原因，而全球金融市场波动是资本流动的最终结果。

不管是各国央行还是大型金融机构，投资黄金的目的基本上可以归纳为四点：第一是寻求经济上的安全保障，这取决于黄金的良好物理特性和稳定化学特性，黄金的高密度使得体积很小的一块黄金就表现出很大的价值，并且人类已发现所有金属中，黄金的韧性和延展性是最高的。因此一定纯度的黄金价值不会受到发行者消极行为的负面影响，而其他金融产品如证券和货币都会受到发行者本身信用的影响。自古以来黄金价值就一直很恒定，并一直保持很强的实际购买力。第二是需要心理安稳，人类在本能上还是相信黄金。正如国际货币基金组织所说，如果一国央行能持有更多黄金可以提高央行资产负债表的真实实力。在发达国家和发展中国家都以美元作为外汇储备的主体，66%的发达国家和58%的发展中国家的外汇储备都是以美元为主，美国经济状况、利率政治和财政政策都能导致美元价格的大幅波动，这些国家的外汇储备的稳定性就会受到威胁，很多国家和经济体已经开始质疑美元能否继续胜任储备货币。第三是以备不时之需，在金融市场中没有什么是不可能发生的，1998年的长期资本管理公司事件，就是因为没考虑到极小概率事件的发生而酿成大祸。很多金融机构都是短期利益主义者，他们的很多绩效大多具有短期效应。而对这些公司影响较大的是一些小概率事件，在进行风险管理时就要充分考虑可能发生的所有风险，为了防止极具破坏力的极小概率事件的发生（比如战争、自然灾害、意外的通胀、政治危机等等），这类事件基本上很难预测。当这种极小概率事件发生时，黄金仍是全球普遍接受的最保险的支付手段。此外黄金也是最佳的贷款抵押品，这是央行储备黄金的理由之一。凯恩斯曾把黄金形容为最后的无可替代的紧急储备金。第四是分散投资风险，这对于任何投资者而言都是非常重要的，保守的央行在投资时更是极其注重多样化投资以分散风险，而黄金在这方面表现出优秀的分散风险性能，一个包含黄金的资产配置足以对冲系统性风险，并且经过长期统计，黄金可以稳定一个资产配置中的系统性的大幅波动。

黄金在投资领域的最重要的功能还是上述的最后两项，黄金既可以作为战略资产配置中重要一项资产，又可以参与战术资产配置。任何一种资产的风险和收益都是对称的，通过差异性资产投资，构建有效的资产投资组合，达到降低风险提高收益的目的。影响资产价格波动的众多因素中，经济周期为主的基本面分析是决定资产配置中最根本的因素。在经济增长的四个阶段中，不同资产类别的收益差异性非常显著。根据本书第一部分中讲到的美林投资时钟模型，在经济复苏阶段，股票资产表现最佳；在经济和通胀同时上涨阶段，商品资产表现良好；在经济滞涨阶段，还是商品资产表现最佳，而股票资产表现最差；在经济衰退阶段，债券资产表现最好。在经济发展的不同阶段，黄金资产的收益模式与其他资产类别收益模式存在很大的差异性。影响黄金市场中长期走势的因素是通货膨胀。据世界黄金协会统计，美国、印度和欧洲货币供应变化1%，6个月后黄金价格就会相应变化0.9%、0.7%和0.5%。影响黄金市场短期走势的有影响较大的突发性事件和金融危机，黄金市场对宏观经济指标的恶化消息，突发的地缘政治风波和实际利率的变化保持很高的敏感度，每当这些敏感因素出现时，黄金的避险和保值功能就会发挥作用。当风险厌恶情绪主导金融市场走势时，黄金市场往往会出现反经济周期的走势。

资产配置是较为复杂的动态过程，需要额外的流动资金用于调整不同资产之间的比例和同种资产内部的具体组成，这对资产的质量和流动性要求非常高，一旦金融市场出现压力，这类资产就可以立即变现。并且当国内和国际市场出现突发性流动性紧缩时，该资产配置能够承受金融市场的大幅波动和经济环境的恶化。2007～2009年的金融危机中，很多资产被迫以较大的折扣率抛售，即使是AAA最高评级的资产也无法提供良好的流动性，在本次危机中，许多央行之间也不得不依赖巨额双边货币互换协议来获得流动性。在本轮有史以来最大的金融危机中，即使其他金融市场面临严重的流动性压力，黄金市场仍始终保持良好的流动性，黄金市场的深度和广度足以帮助投资者实现“安全投资转移”。可以将黄金视为固定收益市场中的“永不到期的债券”，2007年6月至2009年6月的银行危机期间，央行持有的，以本币计价的国债价格仅上升3%～9%，而黄金的美元价格上涨43%，本次危机最严重时期就是2008年第二季度至11月中旬，雷曼兄弟破产案引发全球性的恐慌，迫使黄金价格的大跌的原因主要是筹集紧急资金，去应对陷于停滞的货币市场。在现阶段美国的量化宽松政策正在加剧未来通胀预期，这严重威胁到法定货币的信用，而价值稳定的黄金不会出现任何信用风险。黄金市场的高流动性还表现在市场参与者的多元化，与其他金融资产的供求不同，黄金市场并不仅仅用于投资需求，黄金交易的动机极其广泛，至2009年的5年内，只有27%的黄金用于投资，61%的黄金需求来自于珠宝业，剩余12%用于工业用途。投资黄金的目的也不尽相同，一些投资者将黄金作为一项长期战略投资资产；一些投资者将黄金用于对冲通胀或者对冲美元贬值；一些投资者将黄金视为避险的战术性资产。而黄金供给也来自新开采黄金、央行售金和再生金等不同渠道。

世界黄金协会根据对全球主要金融资产风险收益的长期历史数据进行采样统计分析，采用的方法包括蒙特卡洛模拟、相关性分析、情景模拟、风险收益估算、通胀调整、资产定价模型等，统计涉及多种资产类别，包括罗素指数、CRB商品指数、美国国债、全球资产、不动产和黄金等，最终做出战略性资产配置的最优化模拟。结果显示，黄金是最有价值的战略性和战术性资产，在政治和经济处于相对稳定时期，资产组合中采用较小的黄金配置比例就足够了；在财政失衡或者货币政策失控时，各种危机爆发时，或者国际货币基本面因素出现危机时，黄金较大比例配置可以用来对冲系统性风险。在一个多样化资产配置中，可以将黄金看做一种多元化资产，在投资组合中可取代小盘股或新兴市场资产的部分权重。黄金作为一种特殊的商品，其走势与其他主要资产类别走势的差异性（弱相关性或负相关性）使得黄金成为一种颇具吸引力的投资工具。实践证明，4%左右的黄金配置就可以优化战略资产配置，并且黄金的独特性不能用较大的商品投资所代替。黄金在资产配置中的权重取决于资产配置的风险水平，较小风险的资产配置中可以采用1%～2%的黄金配置比例，在一个均衡的资产组合中，可以采用2%～4%的黄金配置比例。黄金并不是长期预期收益最高的资产，但在一个高收益资产组合中，在经济衰退时期，或者市场不景气时期，黄金可以为资产组合提供稳定性，并提高激进型战略资产配置的综合收益。然而在经济上升周期内，不管是个人投资者还是机构投资者都淡化风险收益权衡中的风险因素，经济增长的强劲、违约风险的降低和借贷利率的低廉都是投资者忽视风险的主因。在后信贷危机的环境下，投资者将更加重视风险管理和风险。

上述的黄金配置权重仅仅是模型模拟结果，在实践中，一旦经济陷入衰退，或者遭遇金融危机爆发，投资者可以将黄金的权重调高至10%～20%，本轮全球性金融危机中境外许多基金纷纷调高了黄金在投资组合中所占的比例。如英国的一家战略基金将黄金的比例由10%调高到40%。资产组合及比例因时制宜、因人制宜，可以根据自身的资产状况作适当的增减，还可以配置黄金相关的金融资产，如黄金ETF和黄金公司股票等。当系统性风险增加时，应该调高黄金的投资比例，以抵御资产组合大幅缩水。

供求因素分析

黄金进入自由交易市场后，不再受到官方管制，黄金的供给需求是决定其价格未来走势的一个主导基本面因素。黄金的供应主要分为矿产黄金、央行售金和再生金三种；而需求来源于珠宝首饰、工业用途和投资用途三部分（图7—30）。决定黄金价格走势的因素当然还包括通胀、地缘政治、经济形势、能源和汇率等等。这些因素对价格的影响最终要通过改变黄金供求关系实现价格决定机制。

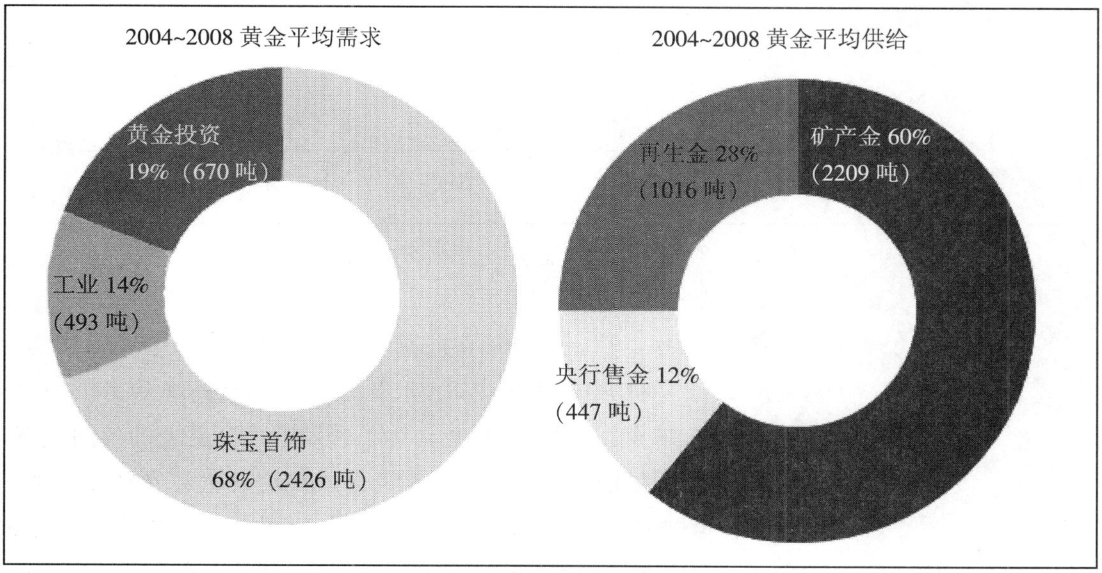

图7—30　黄金5年平均供需数据（2004～2008）

一、黄金的供给

从 2010 年的角度来看，世界黄金产量从 1980 年的 1220 吨的奇迹般的上涨至 2001 年的最高峰 2600 吨，世界产量达到顶峰时开始回落，世界黄金产量下滑的主要原因是南非、澳大利亚、美国、巴西和加拿大主要产金国的产量大幅下滑，尽管中国黄金产量的持续上涨，目前也只占全球 11.8%左右的份额（图 7—31）。

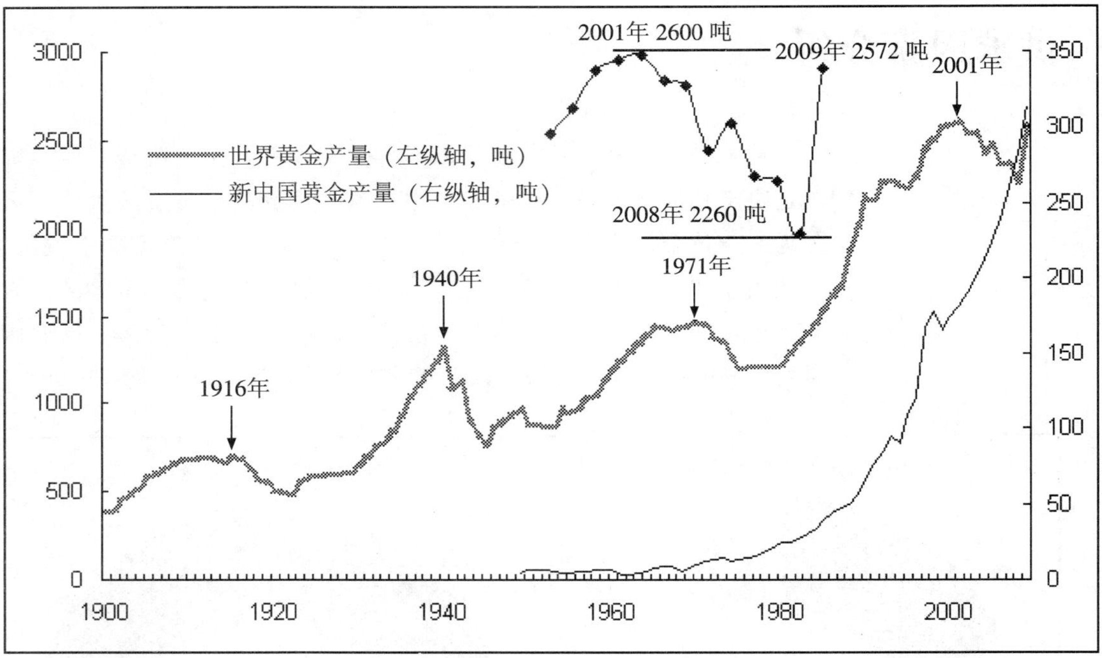

图 7—31　全球黄金产量和新中国黄金产量（至 2009）

在 2008 年，黄金价格随着世界性金融危机的全面爆发，黄金价格也从 2008 年 3 月中旬的 1032.35 美元/盎司的新高跌至 2008 年 10 月底的 680.90 美元/盎司的低点，为了救助陷入衰退中的各国经济，各国央行集中性出台宽松性货币政策、利率政策和财政政策，尤其是日本、英国和美国使用的量化宽松政策加剧未来严重通胀上行的预期，黄金价格开始在 2008 年最后一个季度开始一直飙升，至 2010 年 12 月初，黄金创下当时的 1431.20 美元/盎司的历史最高纪录。近 150 年，这是黄金从 2000 年开始最辉煌的 10 年。而黄金产量在 2001 年创下峰值后就一路下跌，直至 2009 年世界黄金产量才开始走高，全球总产量的上升来源于中国、澳洲、南美和东南亚的产量正在上升。从统计学意义上看，1900年至2009年的全球黄金产量和黄金年均价的长期相关性为76.2%，并且黄金价格的上涨和黄金产量的增长之间可能存在时滞效应。从1900起的全球黄金产量数据中可以明显看出，1916年和1940年创下的峰值的原因是二次世界大战，一战使世界黄金产量持续下降了6年，二战使黄金产量连续下跌5年。1971年越战使美元信誉大受打击，各国央行纷纷抛售美元抢购黄金，美联储黄金储备的剧减迫使美国公开放弃金本位制度，美元开始贬值，黄金价格由相对稳定变为剧烈波动。此后爆发的两次石油危机也导致黄金价格连续飙升，“黄金风暴”导致黄金价格在1980年1月底创下875美元/盎司的历史记录，而世界黄金产量也在20世纪70年代下半叶开始大幅增长。随着黄金创下875美元/盎司的历史最高纪录后，在20世纪80～90年代末期，黄金价格也不断回落，尽管期间发生了一些地缘政治冲突和金融危机，黄金价格并未出现20世纪70年代那样的剧烈波动。再加上美元的升值金价进一步受到打压，在1999年英国央行首先宣布打算抛售其58%的黄金储备，共计415吨黄金，同时瑞士央行也宣布抛出1300吨黄金，此外，欧美一些央行纷纷表示要抛售黄金，在1999年7月初由于英国央行有计划地抛售黄金，直接导致黄金价格跌至251.70美元/盎司。随着央行售金协议的签订和美国IT泡沫的破灭，黄金价格开始回升，但黄金产量在1999年开始放缓，并在2001年开始大幅下滑，直至2009年由于黄金的高价和强劲需求，黄金产量才开始恢复。由此看来，只有高金价才能维持黄金生产水平，而黄金矿藏资源从勘探到投产需要6年左右时间，从1840年至今的黄金产量数据显示，黄金产量下降周期平均为7.5年，黄金勘探到投产的周期大抵跟黄金产量下降周期很接近。而随着黄金价格走高的预期不断增强，金矿大大缩减了套保头寸，是不是还会考虑减少地下黄金资源的开采，或者囤积黄金减少黄金的供给，将黄金作为一种稀缺资源把更大利润空间留给未来（图7—32）。

2005～2009年，每年黄金平均供给为3692吨，其中59%来源于新增金矿产量，31%来源于首饰业的再生金，10%来源于官方售金。20世纪70年代南非每年出产1000吨黄金，当时占全球黄金产量的70%以上，南非是20世纪最重要的黄金生产地。随着时间的推移，黄金产地也出现多样化趋势。南非黄金产量占世界总产量比率

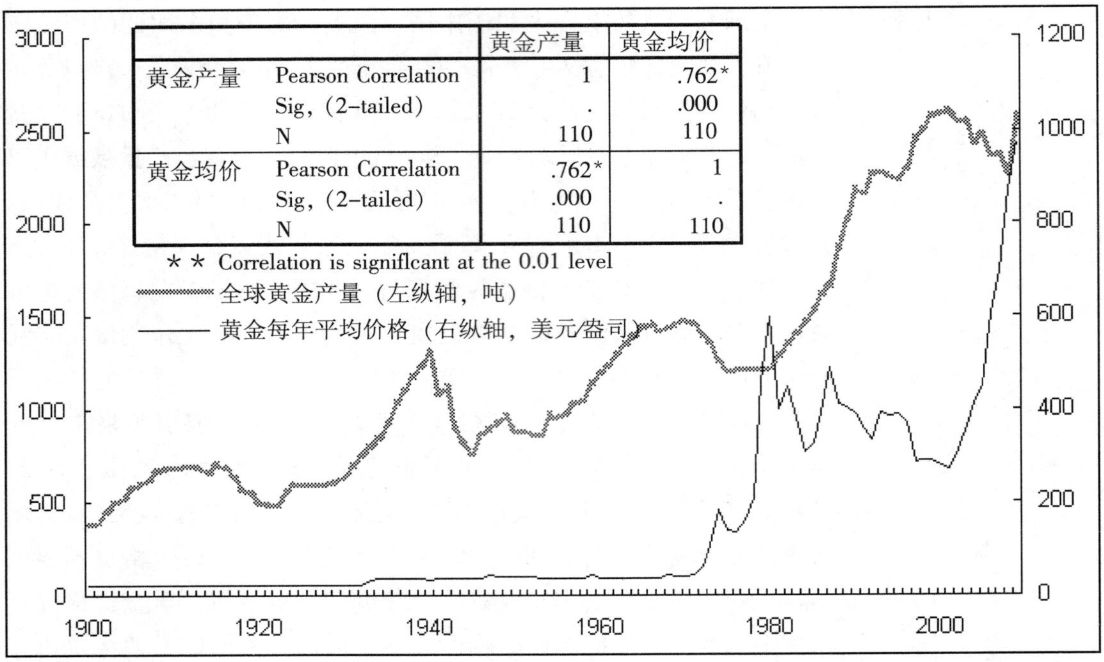

		黄金产量	黄金均价
黄金产量	Pearson Correlation	1	.762*
	Sig, (2-tailed)	.	.000
	N	110	110
黄金均价	Pearson Correlation	.762*	1
	Sig, (2-tailed)	.000	.
	N	110	110

图 7—32　全球黄金产量和黄金年均价

从 1970 年的 67.7%开始逐年下降，时至 1990 年，南非产量的世界占比加速下跌，在 2009 年，南非黄金产量世界占比仅为 7.7%。尽管南非的产量开始下降，美国、加拿大等产金大国的黄金产量也难以提高，但澳大利亚、加拿大、俄罗斯、秘鲁、哥伦比亚、印尼和中国等国黄金产量正在在增加，尤其是我国的黄金产量呈现加速上升的势头，这有助于黄金价格波动性保持在其他商品价格的波动性之下。目前我国是全球最大的黄金生产国，2009 年我国出产 313.98 吨黄金，已连续 3 年居世界黄金年产量第一，占全球总产量的 11.8%。山东、河南、江西、福建和云南五省黄金产量占 2009 年我国总产量的 59.48%。尽管在过去 10 年中我国黄金产量增长 84%，但根据世界黄金协会估算，我国已知的黄金储备只占据全球已知黄金总储量的 4%。虽然我国黄金地质资源潜力巨大，但我国矿产勘探开采能力与全球矿业大国相比还有较大差距，为了提高我国资源勘探开采方面的水平和效益，我国已经把地质勘探列为战略新兴产业和财政投入的重点。随着我国市场经济的继续深化，资本市场也对风险勘探融资产生很高的积极性。我国的风险勘探还处于摸索阶段，我国国家财政投入的目的主要是为了做好基础地质工作，以降低勘探风险，吸引资本市场风险勘探资金投入。随着国际市场金价的屡创新高，我国的黄金企业正在加大上游资源的勘探力度。为了增强我国黄金储备量，我国不能依赖外部的国际市场购买黄金，只要我国打算从国际市场购入黄金增加黄金储备，金价就会一路飙升。要增强我国黄金储备在，只能加强我国地质勘探工作以确保国内黄金资源量，目前我国正处在黄金及其他矿产的勘探市场化和矿业资本化的起始阶段，如果能有效运用风险勘投资机制探，既可以扩大我国“虚拟黄金储备”——黄金地质储量，还可以避免我国从外部高成本购入黄金的风险。

澳大利亚排名第二，出产 227 吨黄金，占全球总产量的 8.6%，排名第三的美国出产 216 吨黄金，占全球总产量的 8.1%，排名第四的南非出产 204.92 吨黄金，占全球总产量的 7.7%，排名第五的俄罗斯出产 205 吨黄金，占全球总产量的 7.7%（图 7—33）。

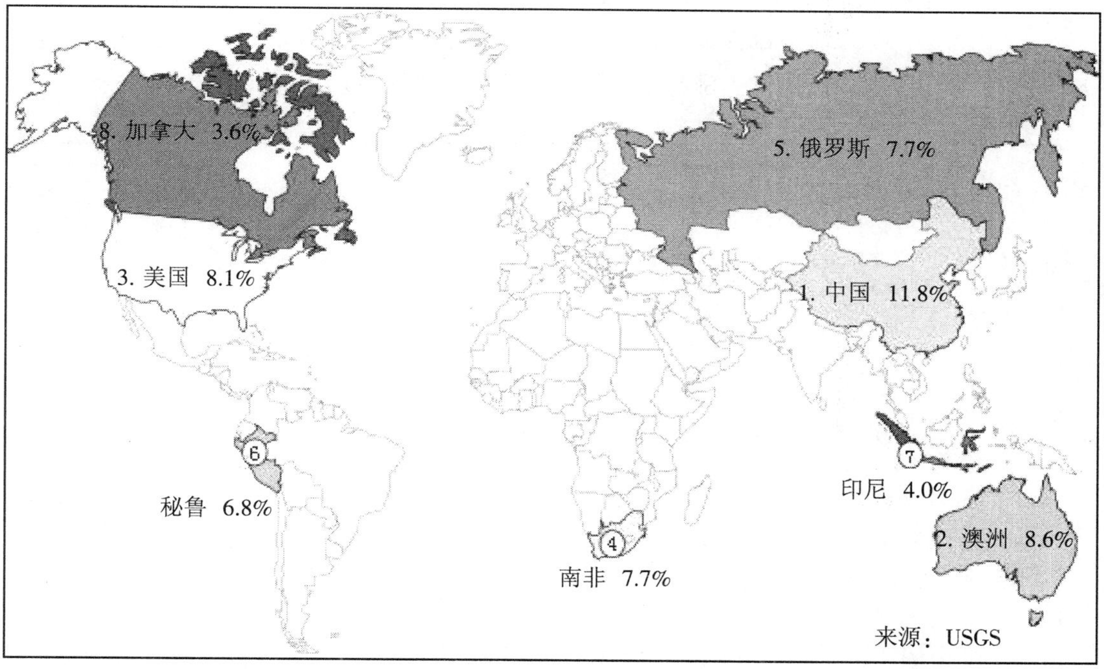

图 7—33　全球黄金生产（2009）

由于 20 世纪 80～90 年代黄金价格大幅走低，成本高企迫使金矿削减勘探支出，黄金矿藏勘探难有突破，减持对冲成为当时大多数矿山的基本政策，再加上其他因素的影响，自 2001 年起全球矿产黄金供应开始下降。尽管从 2003 年黄金价格的上涨使黄金勘探支出开始上升，遗憾的是大型以上的黄金矿藏的勘探不是一朝一夕那么简单，即使在某个地方发现黄金，按照正常流程，从地质探矿到修建基础设施、开采矿石，到冶炼。需要 6 年左右时间才能将实现黄金的生产，除非是并购金矿，但基建到正式产出黄金也需要 4 年左右的周期。黄金开采是一项耗资巨大的投资，从金矿的勘探或收购成本、基建工程、矿石开采运输加工，生产成本支出也随着产量的增长逐年上涨。金矿所在地、劳动力支出、矿体的分布、矿石等级、基础建设、汇率、环保和当地政局的不确定性，都是导致黄金成本上涨的主要因素。比如说美元的贬值会导致在美元集团外的产金国的本国货币计价的成本上涨。黄金的平均现金成本从 2001 年的 176 美元/盎司上涨至 2008 年的 467 美元/盎司，至 2010 年第一季度黄金的平均现金成本已经涨到 484 美元/盎司，而总成本也从 2001 年的 228 美元/盎司涨至 2008 年的 585 美元/盎司。如果加上高风险的金矿勘探成本，2008 年的黄金总成本会上升至 655 美元/盎司。生产成本的上涨也是导致黄金价格走高的因素之一（图 7—34）。

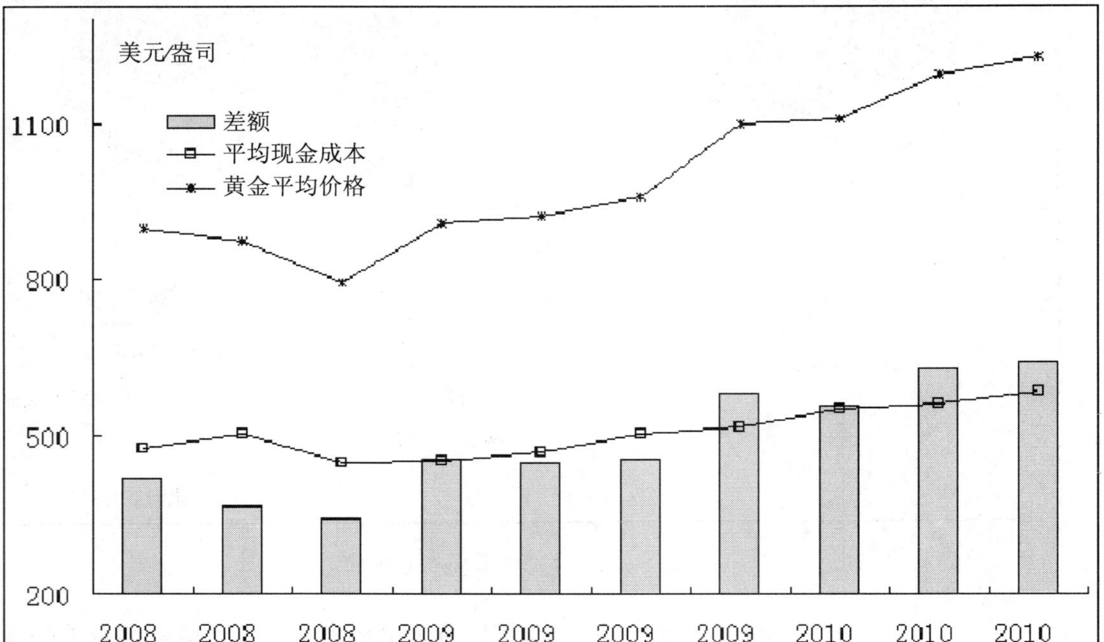

图 7—34　世界黄金平均现金成本与黄金平均价格

此外，黄金生产也会对自然环境造成严重危害，黄金开采被认为是污染最严重的行业之一。为了获得一盎司的黄金，矿工要挖掘30吨的矿石，并使用氰化物提炼黄金。为了提高效率，金矿公司直接炸掉一座山，并进行露天开采，这种方法直接会破坏的当地的生态环境。目前70%的黄金来源一些发展中国家，在全球每年黄金产量中的90%是使用剧毒化学物质——氰化物提炼出来的，采矿对土地的破坏及有毒废物的排放对地球生态环境和人类后代造成不可挽回的严重后果。

鉴于黄金的独特物理特性和稳定的化学特性，黄金自提炼后就可以一直保持稳定的物理状况。据国际黄金矿业服务有限公司（GFMS）估算，地上黄金可达165600吨，其中51%是用于珠宝首饰业，18%用于官方储备，17%用于投资，12%用于工业用途，2%用途未知。在一定周期内，首饰业、官方储备和黄金投资中的黄金会再次回到市场当中。在20世纪60年代，各国央行和超主权组织的官方黄金储备已达38000吨，占当时地面黄金总量的将近一半。随着布雷顿森林体系的崩溃，至20世纪80年代，各国央行的黄金储备保持稳定水平，但在20世纪90年代下半叶，随着全球宏观经济环境的好转使黄金的避险特性不再受到重视，美元升值导致的黄金价格大幅走低，许多央行开始抛售黄金投资高收益资产。但在本轮金融危中各国央行愈加重视风险管理和流动性需求。在1999西欧央行为避免过度抛售黄金导致本国黄金储备价值的严重缩水，共同签署央行售金协议（CBGA1），在未来5年内各签约国每年只允许抛售400吨黄金，还对央行贷出黄金规定上限，此举表明各国央行仍将黄金作为重要的储备。此后的2004年和2009年又续签了央行售金协议（CBGA2和CBGA3），在2009年签订的CBGA3中将售金上限降为400吨，时至2010年6月，欧洲的央行自签订第三次售金协议后最多只抛售了2吨黄金。此外发展中国家央行在2009年第二季度开始大举增持黄金储备，从2003年我国的黄金储备从600吨增至1054吨（2009年数据），并成为全球第六大黄金储备国。2009年黄金市场最突出的现象就是全球各国增持黄金，各国央行计划从公开市场、金矿和国际货币基金组织购入黄金，利用黄金的独特性实行多元化外汇储备，如图7－35显示的是官方黄金储备变化。比如在2009年11月印度央行分2步从国际货币基金组织购入200吨黄金，印度的黄金储备从357.75吨增至557.75吨。在后危机时期，危机

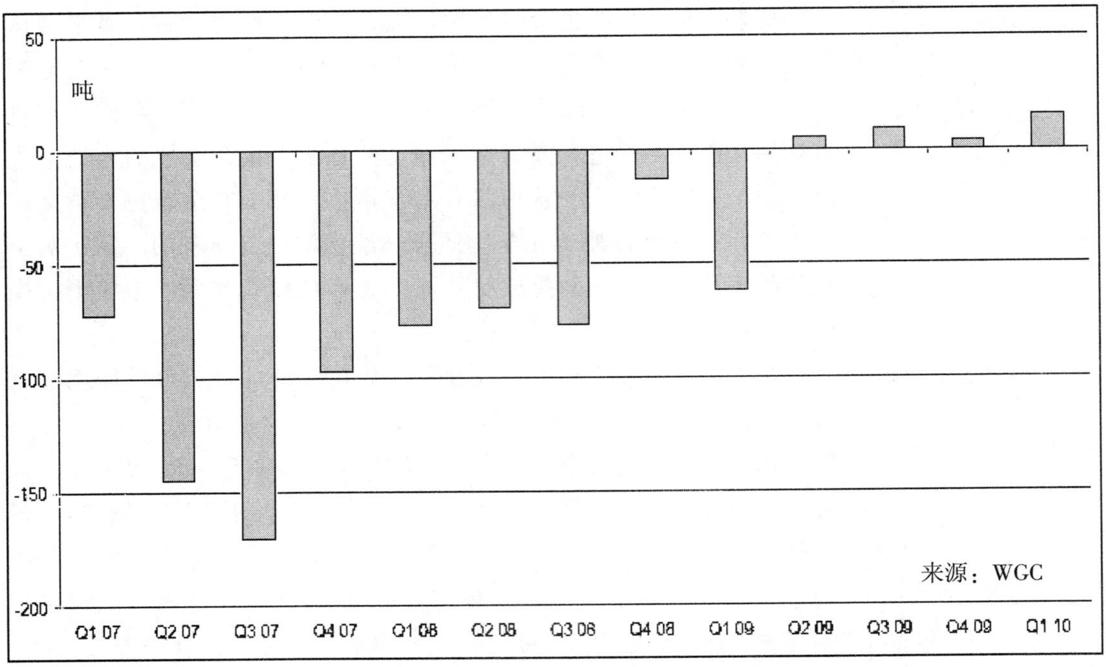

图 7—35　官方黄金储备变化

爆发之前的央行黄金的净流出转为净流入。

再生金主要来源于珠宝首饰业，经济景气和黄金价格直接影响再生金的供给。2005～2009 年再生金每年产量在 902～1674 吨之间。在本次金融危机中再生金的产量在 2009 年第一季度达到顶峰——604 吨，其根本原因就在于恐慌性抛售和黄金的高价，全球黄金市场结构正在发生重大变化。当世界经济陷入严重衰退时，随着黄金价格的继续走高，恐慌性地抛售黄金举动就平息下来，黄金首饰占黄金市场份额明显下降，而黄金投资占市场份额正在迅猛上升（图 7—36）。

此外，1840 年至今的黄金产量数据也显示，黄金产量上升平均周期为 32.5 年左右，产量下降平均幅度为 27.33％左右。2009 年黄金产量的回升正好是 2001 年产量峰值后 8 年时间，也许未来黄金产量还有加速上升的可能，问题是，目前地下黄金资源的开采能否持续 30 多年？从世界黄金协会获得的数据来看，全球地上黄金储备总量为 16.6 万吨，从全球已确认的地下黄金存量为 2.6 万吨。尽管地球黄金蕴藏量还有 300 亿吨，其中绝大多数的蕴藏量中的矿石含金量太低在，只能任其存于地表之下。

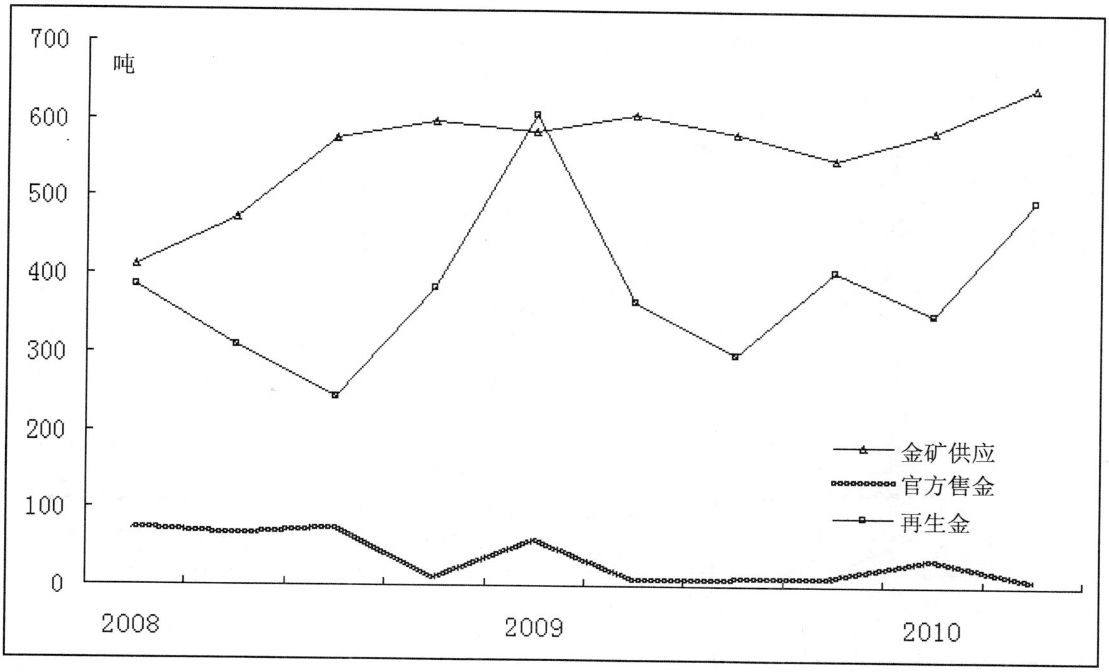

图 7—36　黄金供应数据

二、黄金需求分析

一般而言，黄金需求来源于珠宝首饰业、投资需求和工业需求，2005～2009 年平均黄金年度需求量为 3692 吨。其中珠宝首饰业需求占 5 年来总需求的 61%，投资需求占 5 年来总需求的 27%，工业用途仅占 5 年总需求的 12%，这就构成了全球黄金的需求结构（图7—37 和图 7—38）。发达国家和发展中国家黄金制造需求结构有较大差异，发展中国家的首饰业的用金量远远高于工业用金量，发达国家的电子工业用金量远远高过发展中国家的同行业用金量。虽然珠宝首饰业在传统意义上占据黄金需求最大的市场份额，但在最近两年，黄金投资需求的增长对珠宝首饰的需求产生挤出效应。黄金的金融属性和货币属性占市场主导位置后，投资者重新关注黄金的保值避险功能。

首先，收入水平、黄金价格和文化习俗都会影响到珠宝首饰业对黄金的需求，2005～2009 年时间内，占珠宝首饰总需求 57%的份额来源于中国、印度、土耳其和阿拉伯国家。据世界黄金协会在 2010 年第三季度报告中指出，全球黄金珠宝类需求同比增长 8%，

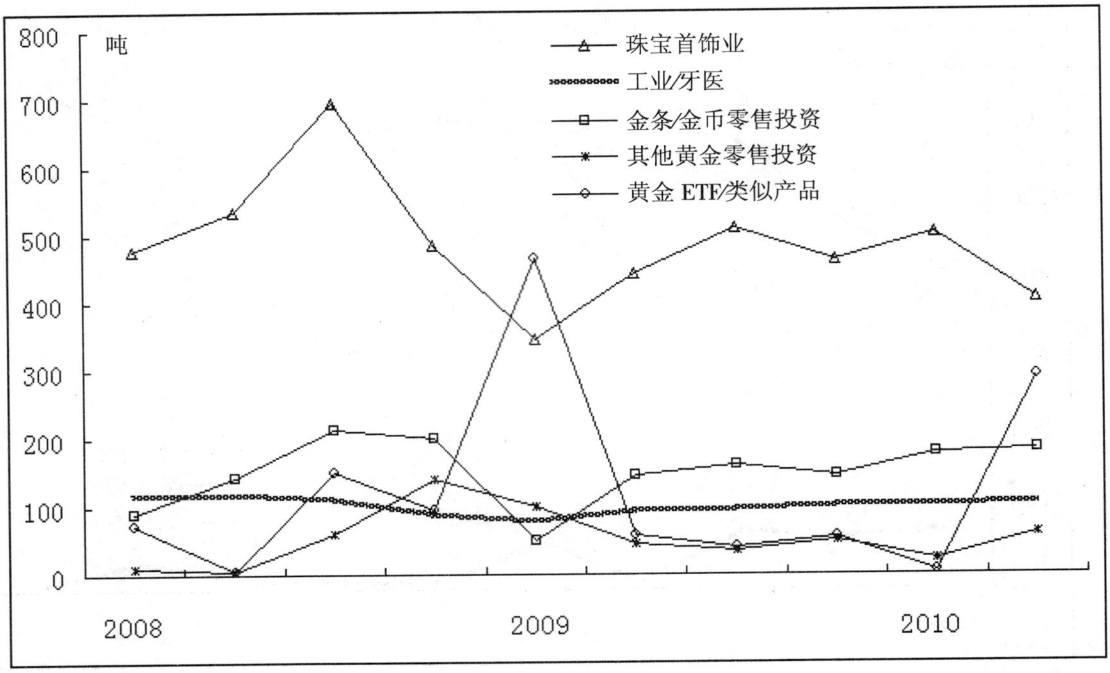

图 7—37　黄金需求（1）

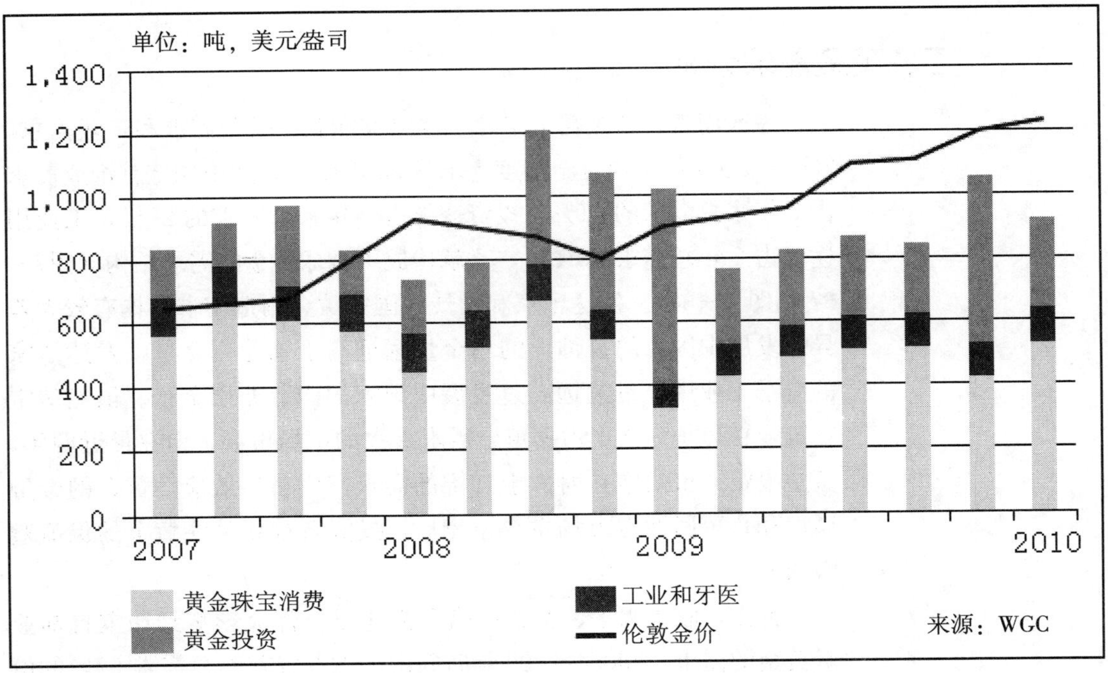

图 7—38　黄金需求（2）

其中表现最佳的印度、中国、俄罗斯和土耳其占据全球黄金首饰总需求的63%的份额，这些国家的黄金首饰的需求只受到本国风俗习惯的影响。在亚洲的新兴经济体代表的中国和印度都具有黄金消费的传统，在近10年，这两个国家经济正在突飞猛进，居民购买力也在快速增强，黄金首饰的消费也明显增加。

作为全球最大黄金消费国之一的印度，在其文化习俗中，黄金是神灵赐予的礼物，黄金是一种财富和吉祥的象征，他们喜欢在宗教节日购买黄金作为礼物送给家人，这在印度有着深厚的习俗和宗教传统，在印度的宗教节日中以作为印度新年的Diawaii最为重要，这个节日通常在10月或11月到来。此外，在4月或5月的Akshaya Thrithiya是印度南部购买黄金的重要节日。在过去10年中，印度金价以每年13%的速度持续增长，超过印度本国实际GDP年均6%的增长速度。印度2009年黄金总需求量达到190亿美元，占全球黄金市场份额的15%。印度消费者极其认可黄金的储藏财富的价值，黄金通常都是印度家庭财产的主要组成部分，在印度黄金饰品也是一种投资方式，甚至穷困阶层手中一旦有了积蓄也会购置黄金用于保值。黄金是印度家庭中基本资产重要组成部分，作为一种可靠的短期投资，黄金是仅次于银行存款的首选投资。全球目前储蓄率最高的国家之一的印度，储蓄的习惯已经深深根植于印度民众的思想中。而黄金储蓄约占总收入的30%，其中10%投资于黄金。

此外，印度人结婚需要的黄金首饰占印度黄金珠宝总需求比重较大，在传统的印度南部尤为突出，黄金在印度婚姻中起着至关重要的作用。根据印度传统规定，家庭的财产通常只能由儿子继承，新娘在婚礼上全身佩戴的黄金饰品以及其他礼物就意味着新娘的父母能够保证他们的女儿有经济保障，只要她拥有黄金就能保障自己的生活。在印度每年结婚的人数大约在1000万左右，而大多数人都选择在每年10月～1月或4月～5月的结婚季节成婚，婚庆季节和宗教节日的到来之前印度民众就已经开始购置黄金。

一些主要珠宝首饰消费市场，比如说亚洲黄金市场居于群首的中国和印度在过去10年中经济出现高速增长，居民的可支配收入也相应大幅提高，购买黄金作为奢侈品消费的意愿也随之增强。在金融危机最严重的时期，全球奢侈品消费大幅下挫的同时，我国却成为全球奢侈品消费市场增长最快的地区，正以每年20%～30%的速度增长，在中国社科院2010年年初的一份报告中指出，我国奢侈品消费首次超越美国成为全球仅次于日本的第二大奢侈品消费国。该报告还预计至 2015 年，我国奢侈品市场将占据全球奢侈品消费额首位。在我国节假日期间，黄金销售火爆的新闻频见于媒体，而我国政府所鼓励的“藏金于民”政策和消费推动内需的政策也利好于黄金市场。在我国黄金需求中，珠宝首饰类的需求占据近 70%的黄金需求总份额，这是民众比较熟悉和容易接受黄金消费方式。从 2004 年第一季度至 2010 年第三季度，在短短 7 年内，全球黄金消费第一大国印度的黄金需求仅增长 3.8%，而我国黄金珠宝类需求上升幅度超过 72%，这与我国同时期的可支配收入的增长率十分接近。目前我国人均黄金消费量仅为 0.26 克，远落后于全球人均黄金消费水平 0.7 克，也落后于重视黄金消费的其他国家。按照世界黄金协会的预测，假设我国经济增长和财富积累保持现有速度不变，在未来 10 年后，我国庞大的黄金消费潜力可能会使我国黄金消费量翻一番。

其次，黄金投资需求对黄金价格产生最大影响的因素。从 2005～2009 年，平均每年 993 吨黄金用于满足投资需求，投资需求分别来自实物黄金投资、黄金 ETF 投资和黄金金融衍生品投资，如图7—39所示。实物黄金投资包括金币、金条、金牌和仿金币的零售投资，以持有固定的内在价值的黄金实物作为保值、增值和提高流动性的一种传统投资方式，其中加工费用低廉、附加支出较低、标准化的投资性金条是最佳的实物黄金投资品种，而不是价格高、回购麻烦、需打折兑现的带有饰品性质的金条或金币。标准化的投资性金条的价格贴近国际金价水平，并且具有完整的全球性流通渠道和便捷的兑现方式。实物黄金投资不会像杠杆交易那样价格波动风险被放大，相对于黄金衍生品的杠杆交易，实物黄金投资更适合长期投资。黄金 ETF 是近年来黄金投资的最佳途径，自 2003 年全球第一只黄金 ETF 在悉尼面世以来，已经吸引上千亿资金进入黄金市场，黄金 ETF 是一种以黄金为基础资产，跟踪黄金价格变化的交易型开放式指数基金。2004 年 11 月，道富环球投资推出黄金 ETF 的巨无霸——Street Tracks Gold Trust，在 2004 年 11 月 18 日在纽约证券交易所交易，在高峰时期曾持有超过 400 吨的黄金，而投资者购买黄金 ETF 只需要交纳 0.3%的管理费，而不是实物黄金投资所产生的较高的相关费用，此后黄金 ETF 及其相关产品在全球引发认购浪潮，分析师认为这是近 7 年来黄金价格大幅上涨的最直接的推动力量。从 21 世纪初至 2009 年，世界黄金投资需求已经上升至

1901吨，而2003～2007年间的黄金投资增长的主要原因就是黄金ETF和类似的金融产品的推出释放了全球投资者的潜在需求，在2008年和2009年全球的金币、金条和黄金ETF需求急剧上涨，与其相对应的是世界金融市场的灾难性崩溃。

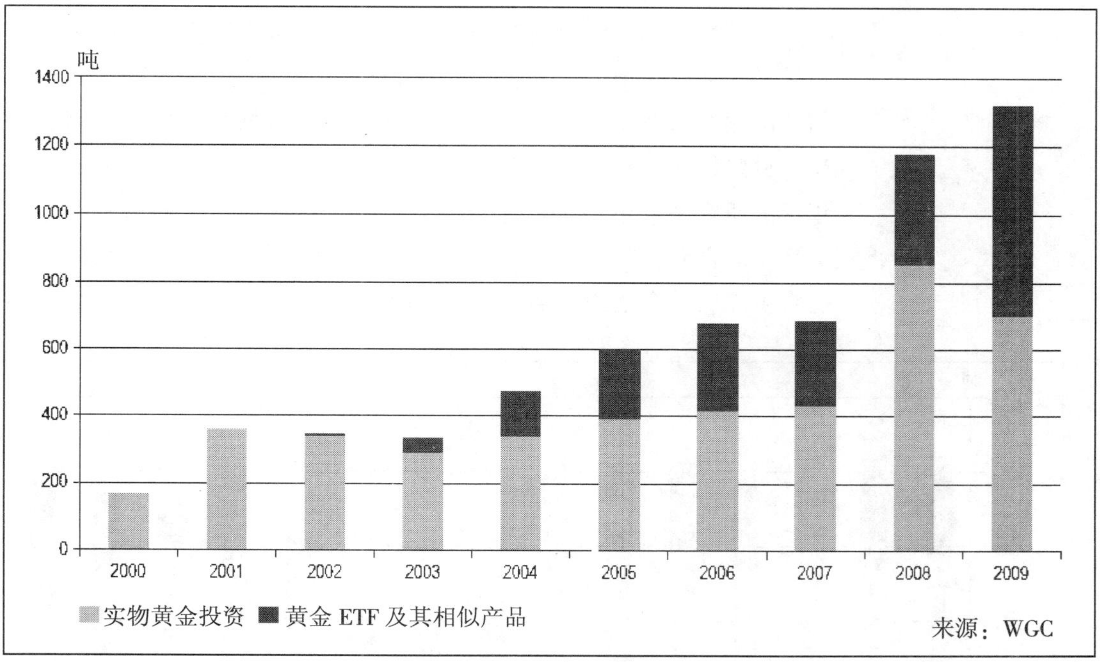

图7—39　黄金投资需求

目前我国大多数国内投资者还无法认购境外的黄金ETF，而黄金ETF具有门槛低、交易便捷和交易成本小等优点，更适合中小投资者。随着我国黄金投资格局从实物化黄金投资向资产化黄金投资转变的不断深化和广化，我国也将出现取代传统实物黄金的全方位的资产化黄金投资体系，在2010年12月我国就推出首只黄金基金。

再次是来自工业和牙医的消费需求，这体现出黄金的商品属性（图7—40）。从2005～2009年，全球工业黄金消费需求总量为431吨，占总需求的12%，由于黄金具有良好的导电和导热性能，还具有出色的抗腐蚀性。黄金在工业中应用领域非常宽广，在电子通讯、航空航天、化工和牙医等领域被广泛应用。随着现代电子领域技术的飞速发展，对可靠性的要求越来越高，黄金具有无可替代的高度稳定性，并且日益微型化的电子元件使得单位用金量越来越低，所以黄金在工业需求量中一大半是用于微电子的技术应用上。全球经济的发展速度决定了黄金的工业需求，大多数含金电子元件的制造产于北美、西欧和东亚地区。黄金在医疗领域的应用由来已久，具有较强的生物适应性、抗细菌定植力、延展性和耐腐蚀性的黄金已经被广泛运用到不同的生物医学领域，包括心脏起搏器、眼科植入物、内耳植入物，以及前列腺癌的治疗。最为广泛应用的还是牙医领域，在2005～2009年期间牙医对黄金需求占总需求的1.6%，目前牙医领域对黄金需求正在下降。其他的如装饰和日用品领域、热反射材料、光学领域等等占工业总需求的2%～3%左右。在过去10年中的研究中，还发现黄金一些未被发掘的用途，比如黄金在燃料电池中的催化剂功能、化学加工业、治理污染方面都会用到黄金，还有可能将黄金运用到纳米技术领域。

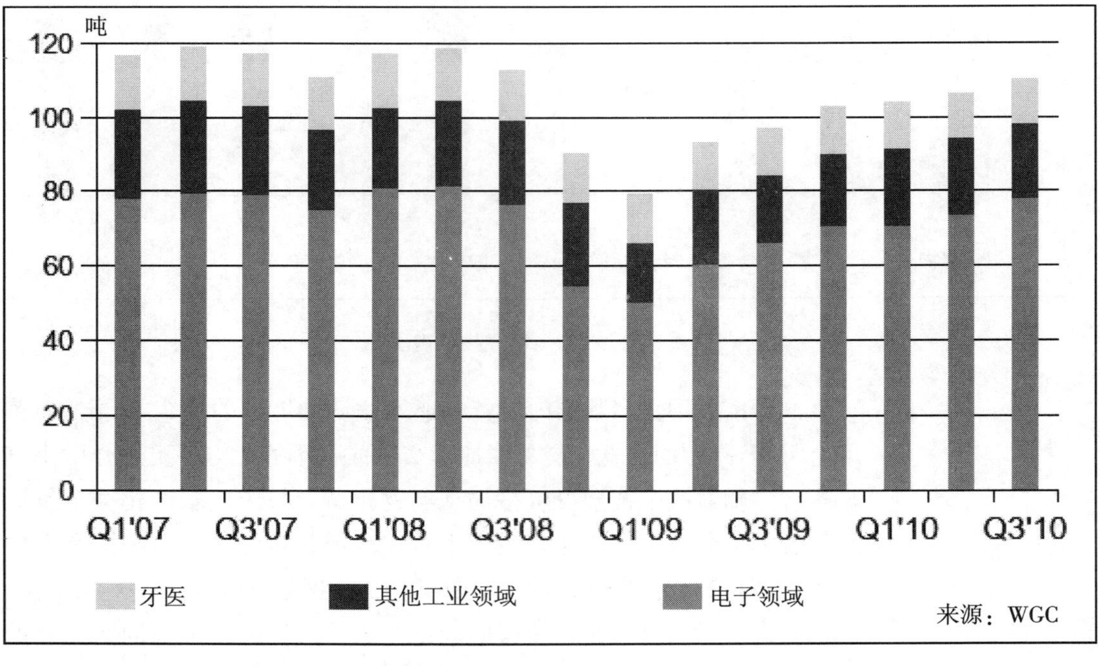

图7—40 黄金工业需求

最后要提及的是来自官方的国际储备需求，黄金储备是各国央行用来防范风险的重要手段之一，借用凯恩斯的话讲："黄金就是最后的卫兵和紧急需要时的储备金，还没有任何其他东西可以取代它。"在后危机时期，各国央行都开始重新将黄金列为央行储备中的重中之重，尤其是中国、俄罗斯、南非、南美和日本等国家和地区都在实施增加黄金储备的战略。尤其是我国，虽然我国黄金储备在全球排名第六，如果不考虑国际货币基金组织的话，我国在全球排名第五，但黄金储备在国家储备中的占比仅为1.6%，远低于发达国家的黄金储备40%～60%的水平。从目前情况来看，我国正在调整外汇储备结构，提高黄金的国际储备占比。从避险保值和投资分散化角度考虑，在未来很长一段时间，全球各国对黄金储备的需求仍有较大空间。

第八章　黄金市场与其他金融市场相关性

规避政治动荡与经济衰退的避险工具

在全球金融市场联系愈加紧密，资本流动逐渐加速的现状下，无论是技术分析、基本面分析还是数量分析都要考虑相关金融市场的动向，对于技术分析，可以将与黄金相关程度较高的金融市场如外汇、石油和股指动向作为指标来决定交易方向；基本面分析更侧重的是相关金融市场的相关性研究；数量分析可以借助金融市场相关性研究建立金融模型，帮助投资者进行资产配置、套保、套利、风险管理及经济预测等投资活动。在交易实践中，很多交易者几乎从未考虑，甚至从未听说过市场联动效应对交易绩效的影响，而对于有经验的交易者而言，宏观跨市场分析可以增加全球市场整体把握能力，既能合理分配资金，又能对冲系统性风险。目前许多对冲基金进行全球性宏观套利交易中，都要研究市场间联动分析。在研究黄金价格驱动因素时，首先要考虑外汇市场、商品市场和证券市场的联动关系，当然，在进行其他金融市场研究时，黄金市场动向也可以作为一种指标来应用。在进行黄金基本面分析时，必须要兼顾其全球三大市场：外汇市场、证券市场和商品市场的动向，很多交易者无法掌握所有的信息和数据，这种信息的不对称也迫使交易者只能将注意力集中在相关金融市场中的若干关键的最新驱动因素和结构性变化。相关性研究更适合于中长期趋势分析，当交易者对黄金主要驱动因素进行全面分析研究后，交易者就会对中长期黄金趋势勾勒出具体观点，这有助于交易者提高分析能力。如图 8—1 所示。

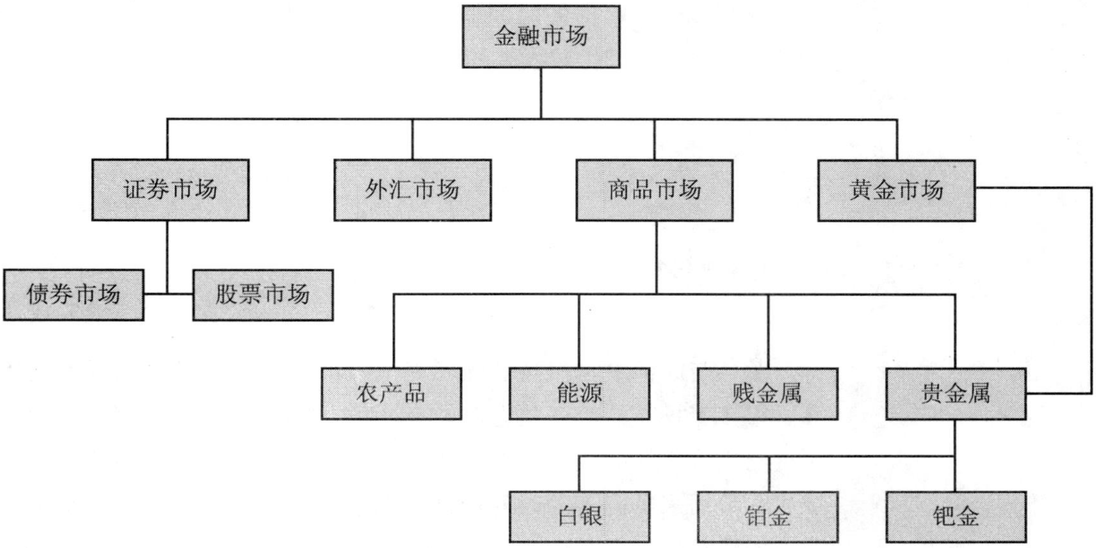

图 8—1　金融市场分类

相关性研究更适合于中长期趋势分析，当交易者对黄金主要驱动因素进行全面分析研究后，交易者就会对中长期黄金趋势勾勒出具体观点，这有助于交易者提高分析能力。简单地讲，相关系数就是利用－1～1之间的数字表现两个市场之间的量化的关联性，－1代表的是两个市场间完全相反的走势；1意味着两个市场之间走势完全相同。相关性的实际应用范围不仅限于市场价格范畴，还可以运用至金融市场回报率和波动率范畴，比如说美国道指和标普500的回报率相关系数接近1，呈现高度正相关性。两个重要的股市指数在大多数时间内同步涨跌，但在次贷危机爆发后，金融成分占比相对较高的标普500指数与工业成分占比相对较高的道琼指数走势出现略微的背离。反而言之，当相关系数接近－1时，比如说一些债券基金和股市基金的回报率的相关性，就说明这两者之间呈现的是完全相反的关联性。当某两个市场或基金之间的相关系数为0，这就代表两者之间没有任何联系，这种情况多出现在移动相关系数中，也就是说，在某个时期内，相关性较强的两个市场间也会出现短暂的无关联性。进行长期的市场间数据的统计研究分析，80％以上则意味着两个市场同步变化吻合程度非常高，60％以上的相关系数说明两个市场呈现高度相关性，40％～60％区间意味着两个市场呈现轻度的关联性，－30％～30％区间通常意味着两个市场间不存在任何相关性。在进行黄金与其他金融市场相关性分析时，必须要注意的是黄金与其他市场数据的时间框架因素，不同时间周期的数据样本统计分析的结果会产生较大差异。

黄金市场与商品市场相关性

黄金与原油之间相关性强弱完全取决于被采用的数据样本的测算。很多市场间的价格变化方向的研究结果指出，随着时间的推移，两种商品价格间的相关性会越来越强。通常而言，这些相关性研究结果跟数据采样覆盖的时间周期有很强的依赖性。长期研究结果表明，如果石油价格上涨，黄金价格也不可避免地要随之涨高。此外，数据统计的相关性结果也显示，黄金和石油两者之间也会在短周期内出现弱相关性，这些周期的统计区间是从几月到几年不等。从1965～1994年，黄金和原油之间的月度相关性可以高达87.9%，然而从1995～2000年，这种相关性却呈现－13.3%的弱相关性，自2000年开始，黄金与原油之间的高度相关性再次恢复，2000～2008年，黄金与原油的相关性升至71.5%，因此，长期来看，黄金与石油之间存在很强的相关性，1973年1月至2010年4月近40年左右较长时间周期的这两种商品价格之间的相关性为82.5%。原油价格从20世纪70年代下半叶大约20美元/桶的价格升至2008年100美元/桶以上的价格，在相同时间周期中，黄金价格也大约翻了4倍。1980年年初，美国通胀创下至今未破的世界纪录14.6%，在2008年次贷危机未爆发之前通胀也未升至6%以上，在1980年初黄金的最高价875美元/盎司经过通胀调整后的价格相当于今天的2287美元/盎司，如图8－2所示。

是原油价格驱动黄金价格，还是被称为“黑金”的原油和黄金共同受其他驱动因素的相互的影响？20世纪70年代末期的原油危机中，原油的供给中断导致严重的成本推动型通胀，由于原油是一种可耗竭的稀缺性资源，具有不可再生性。作为现代工业血液的原油一直是一种重要的战略物资，不仅发达国家试图通过控制原油来实现其操控世界的战略目标，而发展中国家促进工业发展的同时也开始建立各自的原油储备体系。黄金与原油之间相关联的主要纽带就是通胀，黄金价格是由于原油价格上涨导致的通胀上升间接受到影响。黄金与原油价格既紧密联系又相互独立，在长期稳定的较强正相关性中又存在短期的变动（图 8—2）。交易者在利用相关性分析的同时，还要考虑黄金原油比率，以便可以深刻地理解在交易中黄金和原油之间的相互关系。在交易者进行分析时，可以把相关性作为一种技术指标进行跨市场技术分析，同时也要考虑黄金原油比率，黄金和“黑金”比价说明的是每盎司黄金可以换取多少桶原油，可以将其理解为哪个更值钱。在 20 世纪 70 年代末期的石油危机中，1 盎司黄金可以换取 35 桶原油，这表明黄金相对于原油更为昂贵。在 20 世纪 80 年代时期，黄金原油比价一度降至 10 以下，这意味着相对于 20 世纪 80 年代初期的 35 的比价，原油在 20 世纪 80 年代中较黄金更为值钱些。历史的均值为 15，一旦价格涨至 15 之上，就说明黄金需求相对于原油需求更为强劲些，低于均值 15 以下，说明原油的多头人气要高于黄金（图 8—3）。

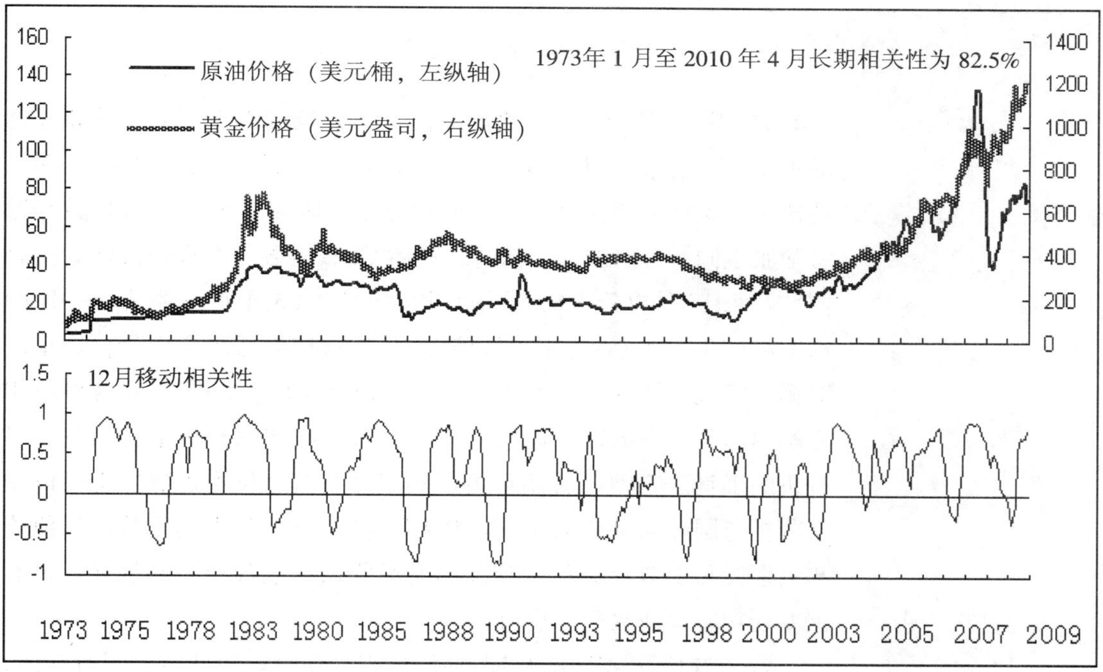

图 8—2　黄金市场和原油市场相关性（月图）

美国商品调查局（Commodity Research Bureau）依据全球市场 22 种经济敏感性较高的价格按照一定比例编制成一种期货价格指数

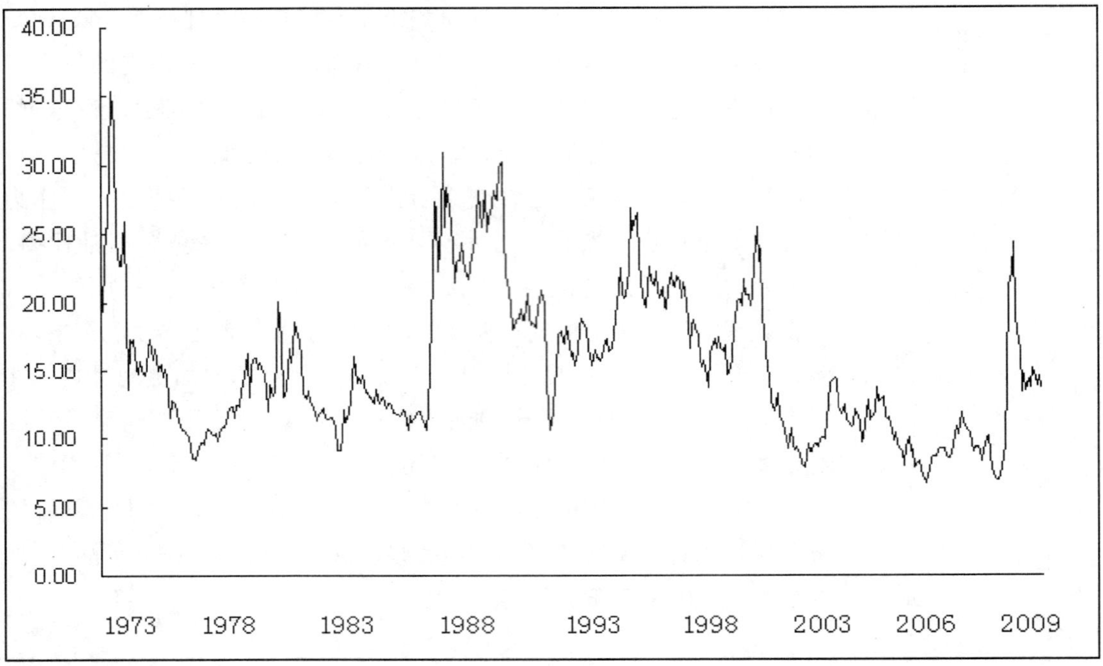

图 8—3 黄金、原油比价

(CRB 指数)。其中，农作物商品占 18%，能源占 18%，工业相关商品占 11%，家畜占 11%，贵金属占 18%，软饮料相关商品占 24%的比重。该指数能很好地反映通货膨胀，研究表明，CRB 指数与通货膨胀在同一方向波动。同时，利用 CRB 指数与宏观经济波动的趋同性，每 15 秒更新一次的 CRB 指数远远领先于每月才公布一次的 PPI 和 CPI，投资者完全可以将 CRB 指数作为通胀领先指标，也能对揭示宏观经济的未来走向起到一定帮助作用。CRB 指标既可以用作基本面分析中的宏观经济指标，也可以在技术分析中充当跨市场分析的工具。CRB 指标不仅可以用于分析黄金价格走势，也可以用来分析与国际大宗商品呈现高度相关性的商品货币的走势。目前能与大宗商品走势相关程度较高的商品货币有老牌澳元和加元，也有俄罗斯卢布等新兴商品货币。

黄金与 CRB 指数的长期相关性高达 89%，并且在不同时期内，黄金与 CRB 指数的移动相关性在正相关性区域内波动的概率较大。也就是说，黄金和 CRB 指标长期趋势是一致的。在图中可以看出，黄金和 CRB 指数的底部和顶部存在一定的时滞，这种时间滞后就会导致在某些特殊时期，两者的走势存在差异性，投资者完全可以用移动相关性来研究两者之间走势的差异性（图 8—4）。

黄金与 CRB 比价长期均值为 1.5。随着经济周期的循环更替，黄金与 CRB 指数间的相对比价也在发生变化。20 世纪 70 年代黄金价格的高峰时期，黄金 CRB 比价飙升至 1.5 之上，并创下当时的近 2.5 的历史最高点。在 20 世纪 90 年代黄金受冷落阶段，黄金 CRB 比价触及阶段性最低点 1。在 21 世纪初开始的黄金新一轮高涨趋势，随着黄金与 CRB 比率的不断走高，也证明了黄金比 CRB 代表的一揽子商品更为贵重（图 8—5）。

图 8—4　黄金市场与 CRB 指数相关性（月图）

与黄金同属于贵金属的白银也具有避险保值的功能，白银本身早已不具备货币属性，从长期历史数据统计分析白银与黄金的相关性上来看，两者仍具有吻合程度极高的相关性。尽管银本位消失已久，但白银具有介于有色金属和贵金属之间的特殊性，仍备受市场投资者关注。正由于这种特性，白银的投机性和波动性远远超过黄金，在国际市场上，白银几乎是商品市场中波动最剧烈的商品之一。在 20 世纪 70 年代，白银市场一度被投机者所垄断，白银价格从 1973 年 12 月份的 2.9 美元/盎司一直涨至 1980 年 1 月 21 日的历史

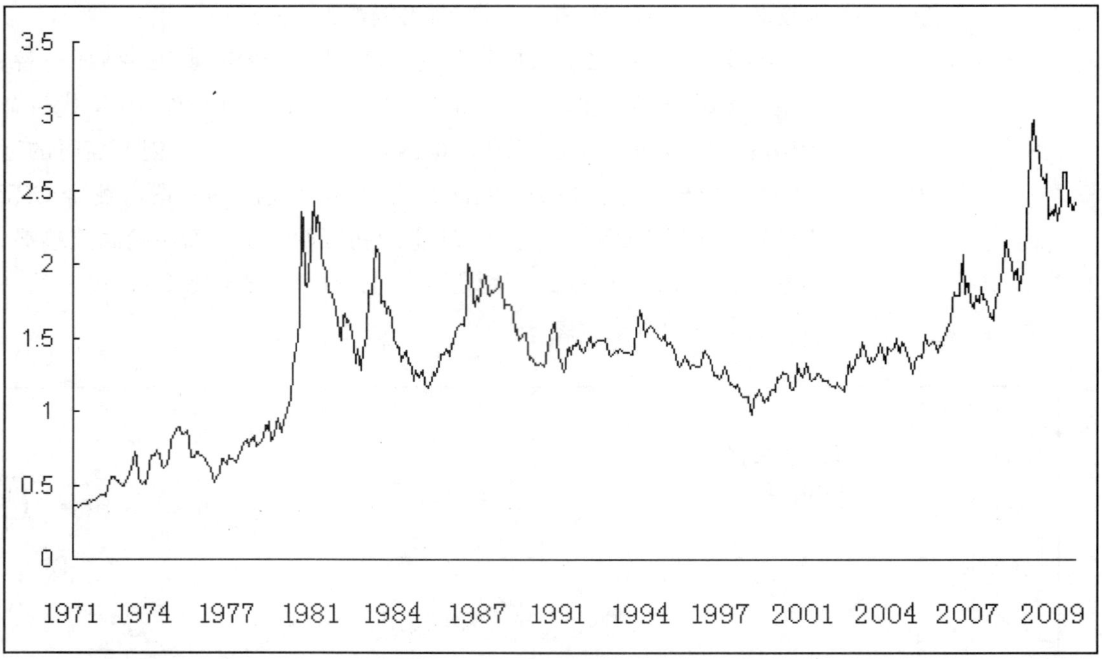

图 8—5　黄金/CRB 比率

最高价 50.35 美元/盎司，白银价格的异常波动最终被外部干预而恢复稳定，但白银的投资属性被彻底激活。白银价格正常的每天波动就达到2%～3%，在极端情况下，白银价格每天波动会达到 10%，甚至要超过 10%。

从 1970～2010 年 11 月的数据显示，白银与黄金的相关性为 81%，从 1990 年 7 月至 2010 年 12 月中旬的月度数据统计显示，白银与黄金的相关性上升至 95.8%，从 2002 年 2 月至 2010 年 12 月底的每天数据统计分析，波动更为剧烈的白银与波动率较低的黄金的相关性也达到 95%（图 8—6 和图 8—7）。在 20 世纪 80 年代，美联储实行超高利率政策对抗通胀，无法产生利息的黄金和白银被市场遗忘近 20 年，从 2000 年起从美国为首实行的低息刺激经济增长的过度宽松性政策让退出货币舞台的黄金和白银的投资价值重新显现出来，相对于一个世纪之前的价格，黄金价格上涨 36 倍，白银价格上涨 27 倍，这些涨幅首先是发生在 20 世纪 70 年代末期的石油危机时期，其次就是发生在最近 10 年的纸币滥发引发的贵金属价值再现期间。此外，金银比价也是研究黄金与白银相关性的重要辅助指标。长期数据研究结果表明，金银比价波动并不大，而且呈现出规律性

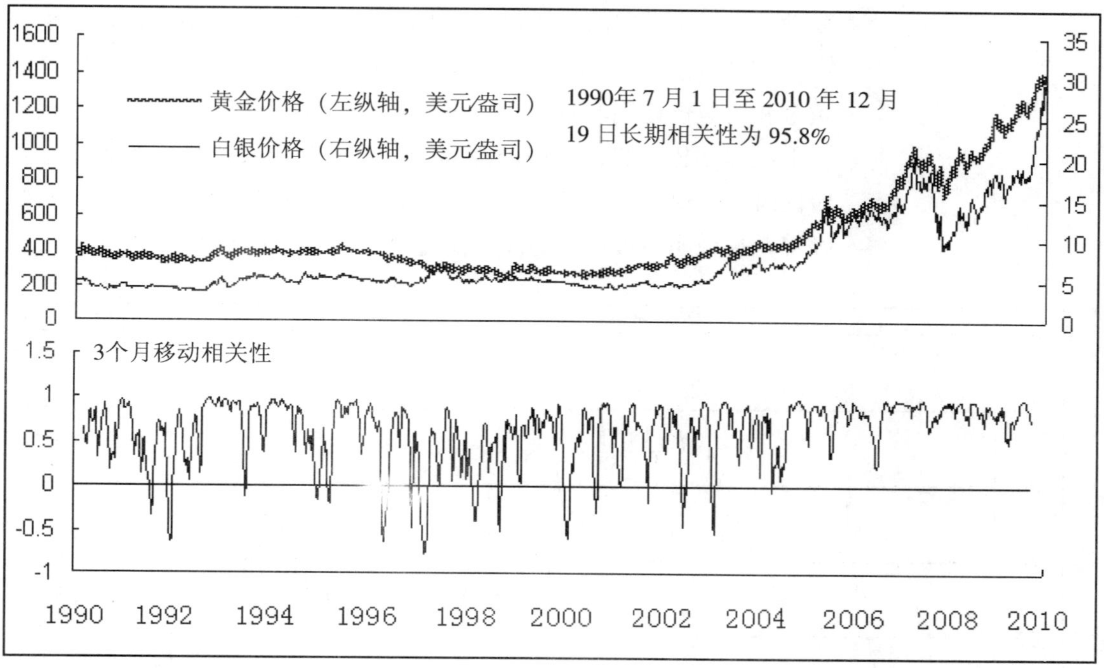

图8—6 黄金市场与白银市场相关性（周图）

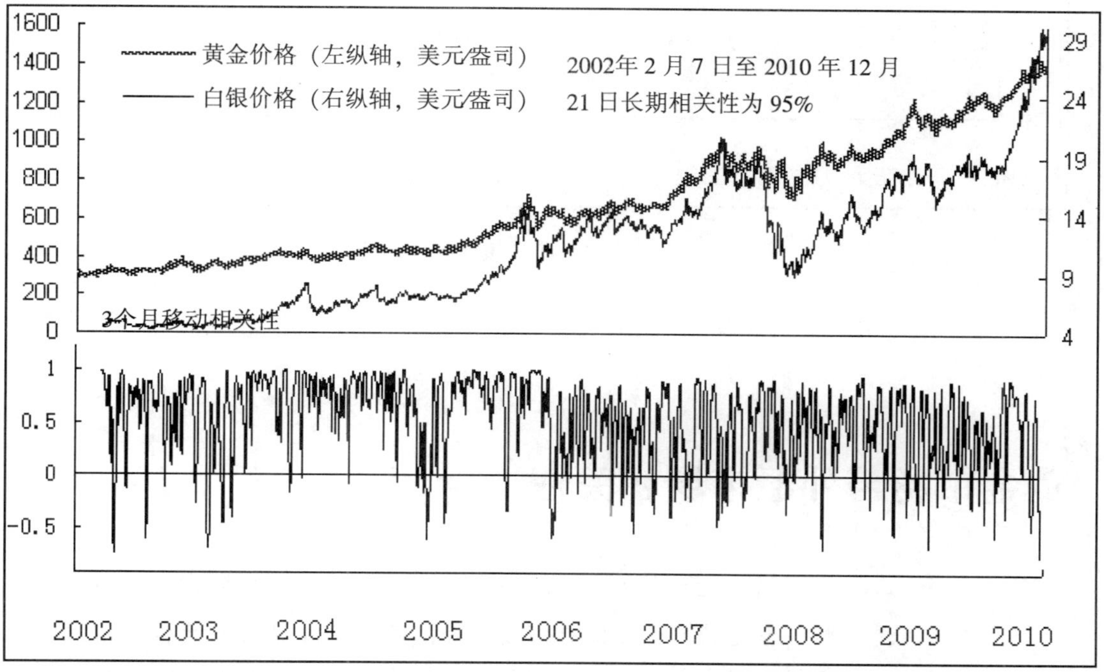

图8—7 黄金市场与白银市场相关性（日图）

变动。在一个世纪的时间内，两者的比价平均为 47 倍，金银比价最高为 96 倍，最低位 18 倍。经验性判读金银比价的规律性，就是当黄金和白银价格同时处于上涨阶段时，金银比价开始下跌，白银价格上涨幅度超过黄金价格的涨幅；当黄金和白银价格同时处于下跌阶段时，金银比价开始上升，白银价格下跌的幅度大于黄金价格的跌幅，这说明白银价格的波动幅度大于黄金。如图 8—8 所示。

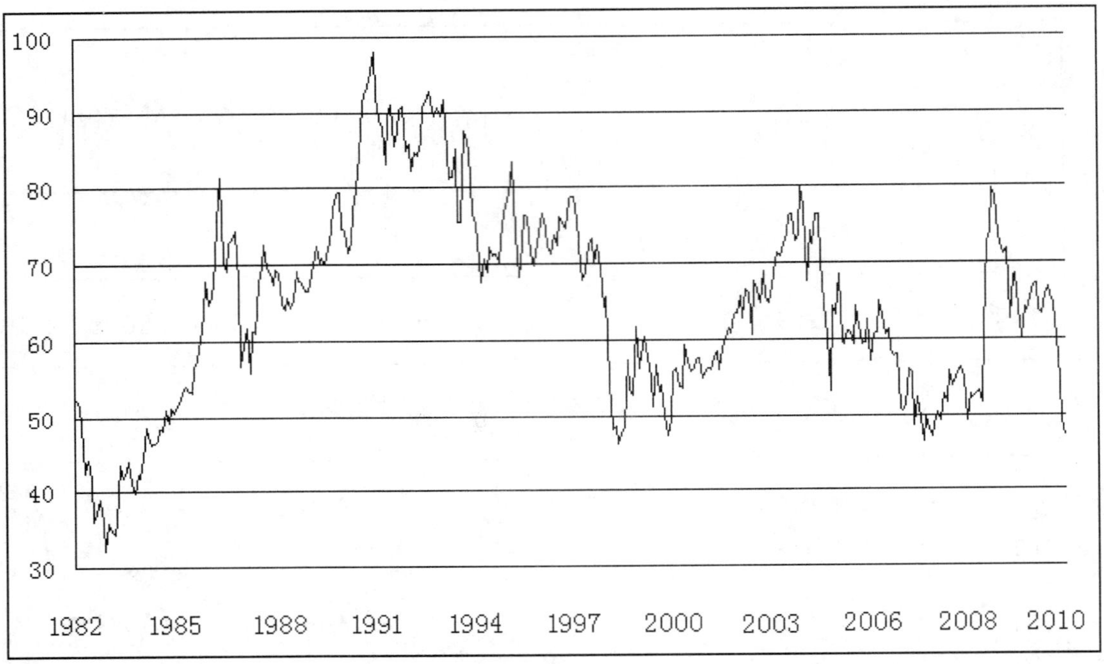

图 8—8　黄金/白银比率（月图）

黄金市场与外汇市场相关性

黄金作为一种特殊的金融产品，具有商品、金融和货币三重属性，其走势与全球证券市场、外汇市场和商品市场既有着紧密的联动性，又有着相对独特的走势。作为一种退出货币历史舞台的无冕之王，黄金的走势与外汇市场仍有着千丝万缕的联动性。在第一部分中就介绍过黄金与其计价货币美元在近40年时期内有着高达85%的反相关性。在研究黄金市场的走势时，首先就要考虑外汇市场对黄金市场产生的联动影响。无论是外汇交易还是黄金交易，首先要考虑的就是与黄金高度相关的货币走势，经过长期黄金和外汇市场数据的统计结果显示，首先，黄金与欧洲的避险货币瑞郎和商品货币澳元、加元走势有着吻合程度仅次于美元指数的正相关性；其次，黄金与欧元和日元的走势有着轻度的正相关性；最后，黄金与英镑走势的相关性非常低。

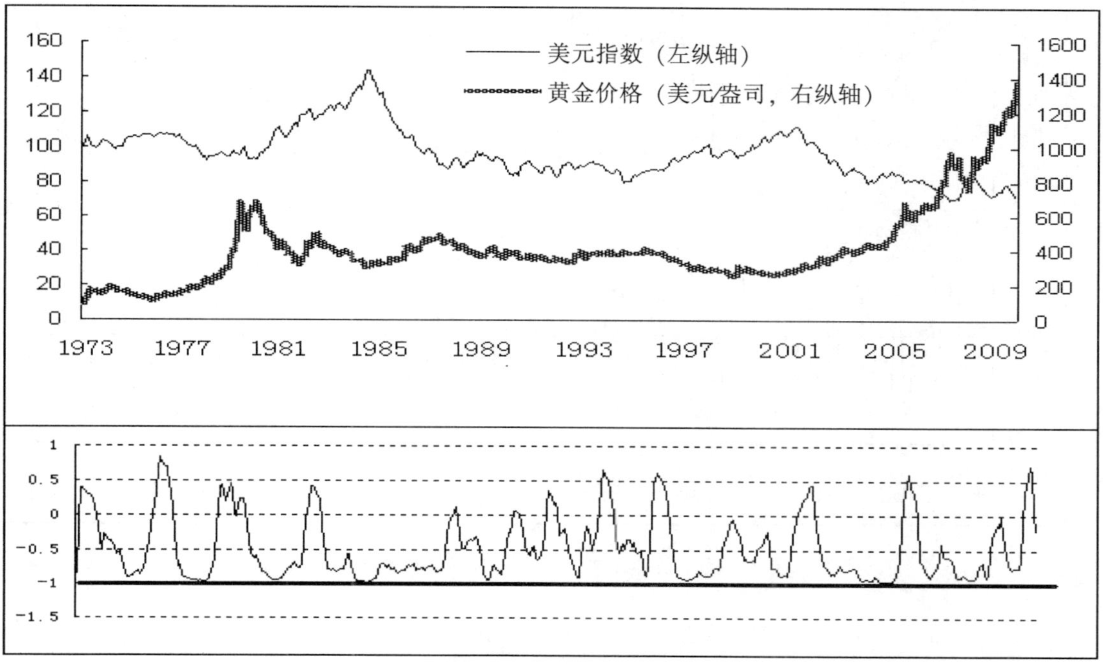

图8—9　黄金与美元指数相关性（月图）

如图8—9所示，通过1973～2010年的美元指数和黄金价格历史数据分析两者之间的关联性，从两者的历史走势上分析，这两者之间存在较强的反相关性。但是黄金与美元之间的阶段性相关程度却不是反相关性那么简单，从图表中可以清晰看出，在绝大多数时候，黄金与美元有着非常强的反相关性，在某些阶段两者也呈现短期的较轻的正相关性，甚至无相关性，总体看来，黄金与美元有着极其紧密的反相关性。通过数量统计分析，发现美元的涨跌对黄金价格有影响，而黄金影响美元的效果并不显著，原因也很简单，美元是黄金价格形成的原因。如果通过回归模型测试美元对黄金价格的影响，可推断出美元的涨跌可以解释一大半以上的黄金价格的形成原因。但在极端情况下，比如说次贷危机导致的严重金融危机后，全球各国的宽松性货币政策导致美元无法解释黄金价格的涨跌，而是市场避险保值心理起到主导黄金价格走势。

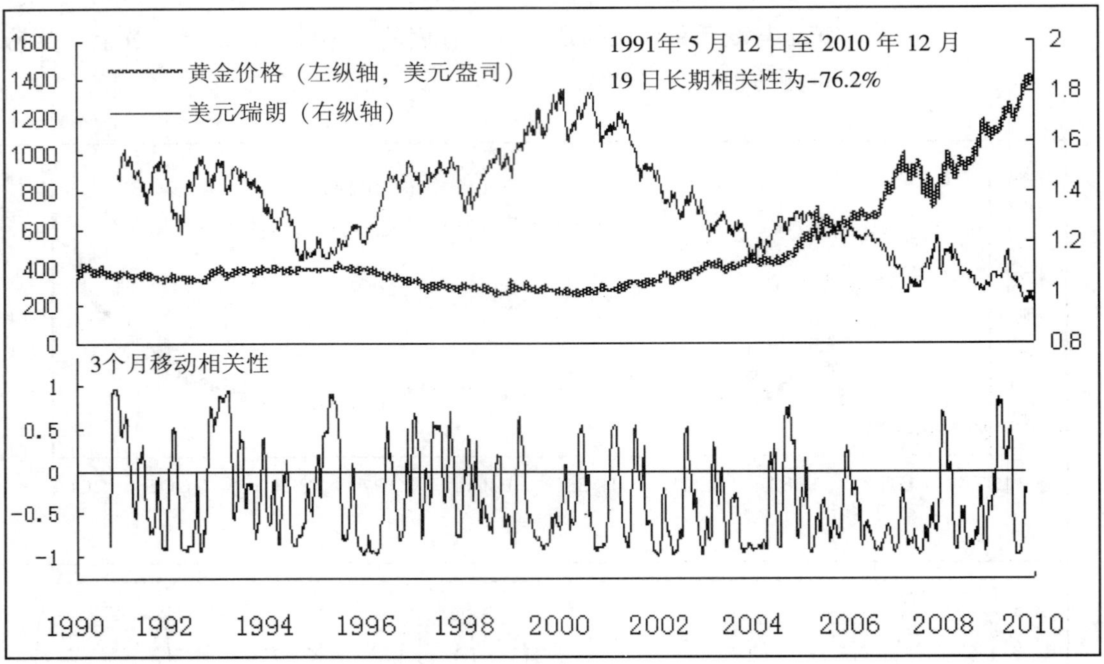

图 8—10　黄金市场与美元/瑞郎走势相关性（周图）

作为曾经的避险货币，在不同时期内的避险功能受重视的程度既与欧洲经济形势紧密相连，又受到全球金融市场稳定性影响。作为以金融业为核心支柱产业的瑞士，在以往金融危机中大多充当避险货币的角色，大家在黄金与美元/瑞郎长期走势图中可以看出（图8—10），移动相关性在高度负相关区域波动的概率远大于正相关性区域。但在次贷危机全面爆发后，欧洲虚拟经济和实体经济受冲击的程度远高于美国，尽管有很多资金涌入瑞郎进行避险，但更多的资金选择美元作为避险港，原因就是美国短期国债被投资者认为是世界上最安全的资产。当美国为了拯救危机中的美国银行业采用激进的量化宽松政策后，美元纸币的过度发行迫使投资者再次选择内在价值最为稳定的黄金作为最后的避险货币，在此期间，全球性的通胀预期使黄金的货币属性发挥得淋漓尽致。而瑞郎也再次成为避险货币的次优选择。尽管长期数据统计显示，黄金与瑞郎的存在吻合度较高的正相关性，但在短期内，就要关注两者之间的阶段性关联程度，如果交易者能够清楚地识别不同市场间短期内的类似的驱动因素，那么交易者对黄金市场价格变化的原因的掌握就更为透彻。

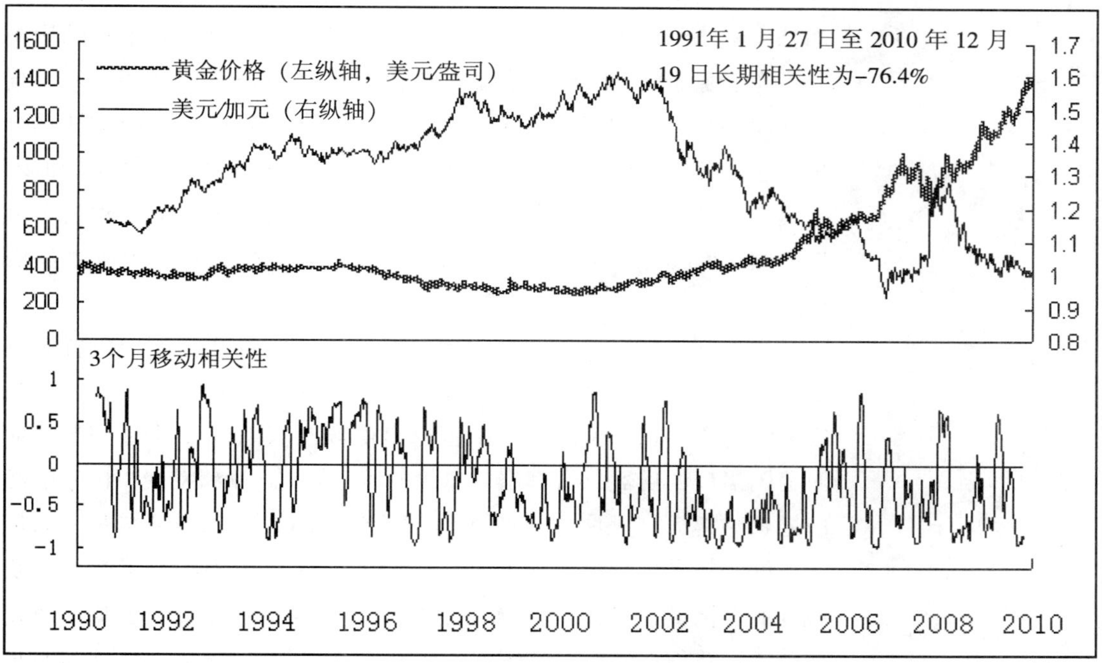

图 8—11 黄金市场与美元/加元走势相关性（周图）

市场始终认为澳元与黄金的正相关程度较高，而加元与黄金也有着较强的相关性，在本书中经过近 10 年数据统计显示，加元与黄金的相关性略高于澳元与黄金的相关性（图 8—11）。加拿大既是十大产金国之一，又是重要的原油出口国，原油价格也是影响黄金价格的重要因素之一。同时加元也属于美系货币，出于地理条件的限制，加拿大经济对美国经济依赖性较强，美国的经济形势对加拿大经济产生的影响要大于澳大利亚经济产生的影响，这也许就是这种统计结果出现的原因。作为一种特殊的商品，黄金价格受到原油价格影响程度较高，同时又受到外汇市场波动的影响。而作为商品货币的加元，会随着商品市场走势走出较为独特的趋势。理论上讲，商品市场的涨跌滞后于经济复苏，在经济增长进入加速上升周期后，经济强劲加大对大宗商品的需求，大宗商品开始进入上涨周期，这也带动加元的上涨。而经济过度繁荣后的增长放缓时，大宗商品开始进入加速上升阶段，通胀的上升、升息和原材料成本的上涨开始导致经济增速停滞，开始进入经济衰退阶段时，商品市场还会靠惯性继续上涨一个周期才开始回落。作为商品市场中最重要的两种组成部分的黄金和原油都是加拿大经济支柱产业，尤其是原油价格对加拿大经济呈高度正相关性，市场普遍认为原油对加元走势的影响要远超过黄金对加元走势的影响。加拿大经济与美国经济倾向于同步，而加拿大又同时作为黄金和黑金的重要出口国，从历史数据分析来看，美元/加元走势往往会提前于商品市场走势。市场认为澳元与黄金的高度相关性是源于澳洲是目前世界排名最靠前的重要黄金生产国，而加拿大原油出口占其经济比重要大于黄金产业占经济比重。

澳大利亚虽属于英联邦国家，但其国内经济受其地理位置影响更靠近亚洲，澳大利亚是一个出口导向型国家，澳大利亚的出口是以亚洲为主，比如说澳洲对中国出口份额占其出口总量的11%，而对美国出口的份额仅占其出口总量的4%左右，亚洲发展中国家的经济增长对澳大利亚原材料的强劲需求支撑澳大利亚经济增长。而加拿大的经济受地理因素限制更依赖于和受制于美国经济形势。只要本国所在区域经济出现问题，就会直接拖累商品货币的走势。澳元和黄金走势很多时候具有很强的正相关性（图8－12）。澳大利亚是世界最大的黄金生产国之一，目前澳大利亚黄金生产量处于全球第二位。在澳洲矿产品和农产品等大宗商品出口中，黄金所占的份额超过了50%。这些大宗商品的价格和需求对澳大利亚的经济影响巨大。许多交易者都会关注商品价格，尤其是黄金的涨跌，它们会影响澳元的走势。在分析澳元长期走势时，交易者可以把黄金价格作为一个领先指标使用，黄金的价格波动可以给澳元的走势提供相关线索。在某些时候，交易者可以凭借澳元/美元和黄金高度的相关性，选择澳元/美元作为一种有效的替代品对黄金风险敞口进行套保，完全可以利用现货外汇市场中交易澳元/美元，替代在期货市场交易的黄金。要注意的是，澳元是一种高息货币，使用澳元作为黄金套保替代工具时，一定要研究澳元和黄金的阶段性关联度。在对黄金空头敞口进行套保时，做多澳元/美元还可以获得息差收益；对黄金多头敞口进行套保时，做空澳元/美元就要承受息差带来的负收益。尤其当美元也成为套息货币的时候，澳元/美元的息差也相应加大。

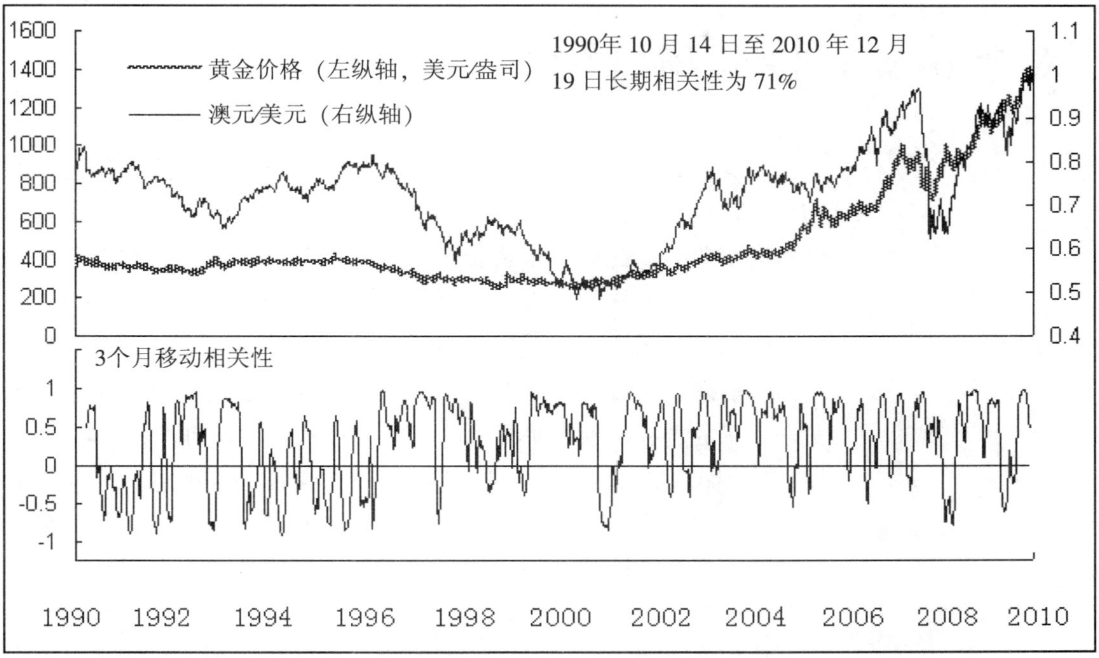

图8—12　黄金市场与澳元/美元走势相关性（周图）

上述的统计仅仅是较长时间周期的统计结果，对于进行跨市场分析的交易者来说，更具有实际操作性的是短期的外汇市场与黄金市场的关联性，表8—1就是2010年中期的一份短期相关性分析，交易者完全可以凭借短期移动相关性采取外汇和黄金的组合投资策略。比如说在日图表中选择与黄金相关性较强的加元、澳元、纽元和英镑建立一个中期投资组合。

表8—1　黄金与外汇市场短期相关性

黄金	美元/加元	澳元/美元	纽元/美元	欧元/美元	英镑/美元	美元/日元	美元/瑞郎
15分钟图，3天	—0.53	0.6	0.76	0.51	0.58	—0.54	—0.56
60分钟图，1周	—0.24	—0.18	—0.29	—0.5	—0.25	0.16	0.33
60分钟图，2周	—0.78	0.67	0.67	—0.4	0.47	0.61	—0.7
日图，1月	—0.88	0.8	0.87	—0.17	0.83	0.38	—0.39

黄金市场与利率市场相关性

欧美的分析师很注重研究通胀迟钝的短期利率与通胀敏感的长期利率，利率曲线与金融市场的变化有着千丝万缕的联系，美国国债殖利率曲线能提供很多黄金价格变化的信息，投资者根据利率曲线的变化去预测未来经济形势和金融市场动向。在过去几十年中，利率曲线走势用于预测美国经济周期的效果非常显著，经过长期数据的分析研究，可以将利率曲线作为一种先行宏观经济指标去判断黄金市场的走势。利率曲线由信用等级相同的1月期、3月期、6月期、1年期、2年期、3年期、5年期、7年期、10年期、20年期和30年期美国国债殖利率组成，利率曲线的形状、倾斜方向和倾斜角度都与宏观经济活动和金融市场动向有着紧密联系。收益率曲线是分析利率走势和市场定价的最基本的技术工具，在二级市场中交易的国债的不同期限及相对应的不同收益率就构成债券市场的基准利率曲线，其他债券和金融资产都是以该基准利率曲线为基础，再加上风险溢价后进行定价。如果短期利率高于长期利率（利率曲线反向倾斜，也称为长短倒挂的利率曲线），就说明经济前景疲弱而预期未来利率将下降，这时很容易发生收益率曲线风险；反之，长期利率高于短期利率（利率曲线正向倾斜），投资者认为目前经济形势处于上升阶段，这时不会发生收益率曲线风险。平滑的利率曲线的解释则稍微复杂些，如果利率曲线从正向倾斜变为平缓走势，这种现象经常发生在经济增长加速，大量资金流入股市和商品市场中，也就是经济即将进入过热阶段。如果利率曲线由反向倾斜变为平缓走势时，这说明市场开始预期美国经济即将陷入衰退之中，美联储可能会使用宽松性利率政策刺激经济（图8－13和图8－14）。如果读者想深入了解利率曲线与股市的相关性，可以到约翰·墨菲的网站仔细研究下该网站提供的动态利率曲线和股市周期的相关性。读者需要知道的是，美国的短期国债被世界公认为没有风险的资产，一旦市场受到金融危机、经济危机和突发地缘政治风险等冲击时，资金就会进入短期美国国债市场规避风险。对于黄金交易者最重要的是，反映利率预期的利率曲线的形态和不同期限国债收益率波动的敏感度可以给交易者提前一个时间周期发出市场转折的预警。

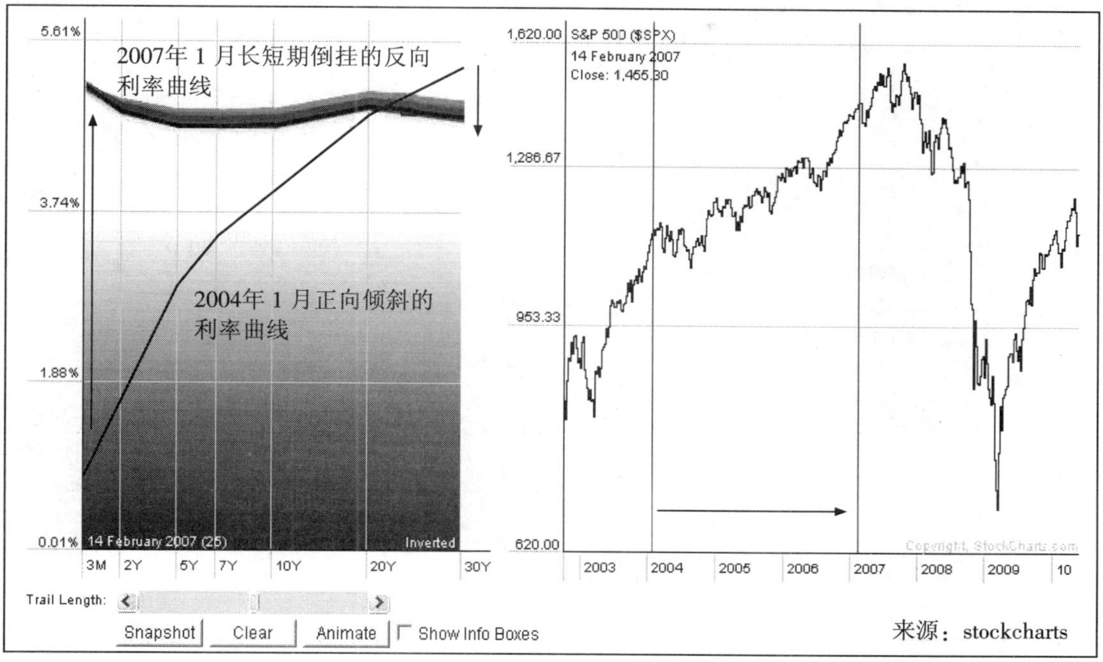

图 8—13　利率曲线与股市动向

投资者经常用10年期和2年期国债殖利率之差，或者10年期国债殖利率和联邦基金利率之差，或者用30年期国债殖利率除以3月期国债殖利率代替复杂的利率曲线去预测黄金市场动向。从近40年黄金价格和息差数据研究，发现息差曲线的反转既可以用来预测经济周期，又可以作为黄金价格走势的预测参考工具。息差走势中形成的峰值和波谷都是黄金价格出现大幅反转的预警信号，息差峰值的出现意味着未来经济将进入加速上涨阶段，并最终导致未来升息周期的开始。可以用完全相反的思路理解息差波谷的出现，这意味着经济已经进入滞涨阶段，投资者认为未来美联储不得不降息以避免经济陷入更严重的衰退中，而严重通胀也会随着经济的下滑出现回落。长期数据分析结果表明，息差峰值和波谷可以提前至少1年左右对黄金市场，以及其他金融市场发出预警信号（图 8—15 和图 8—16）。

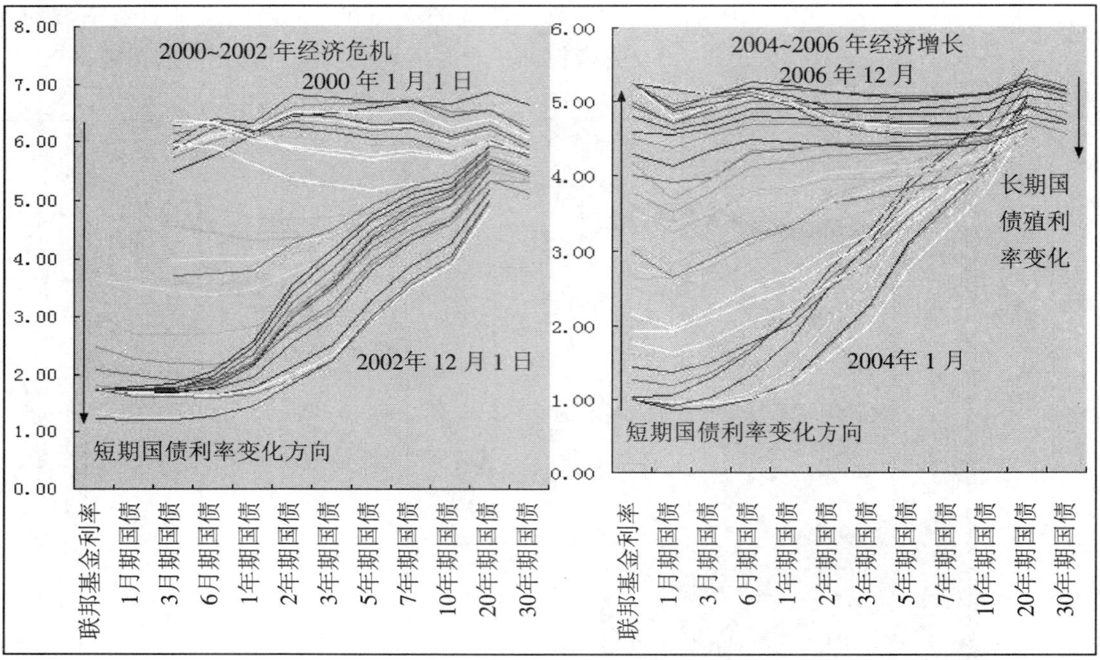

图 8—14 利率曲线的正向和反向倾斜与经济增长状况

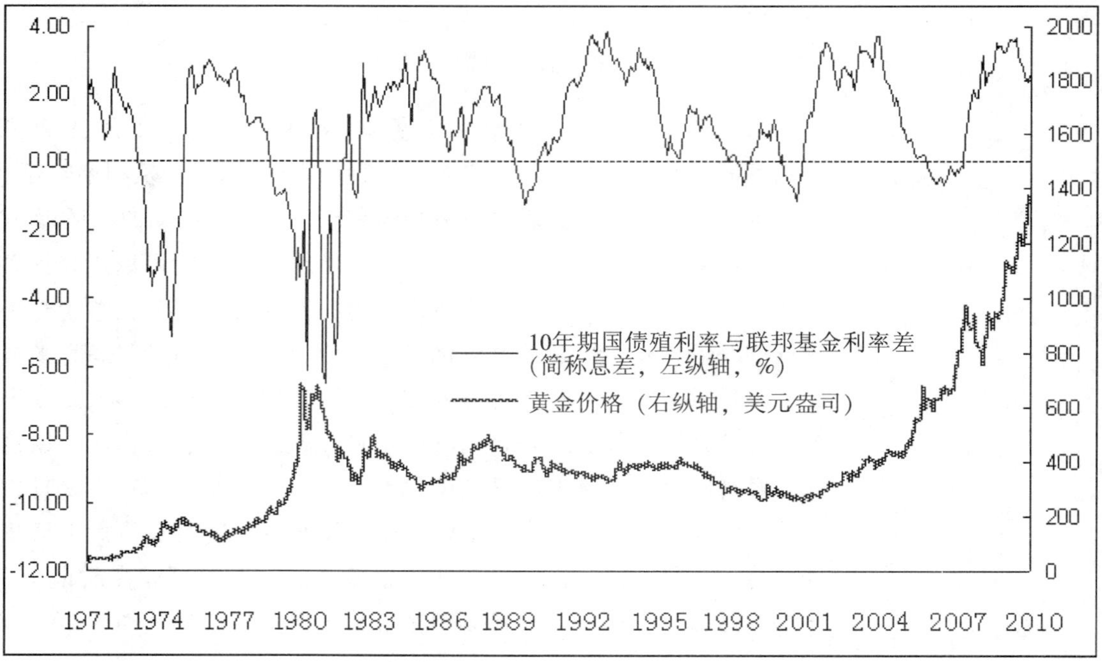

图 8—15 黄金价格与息差

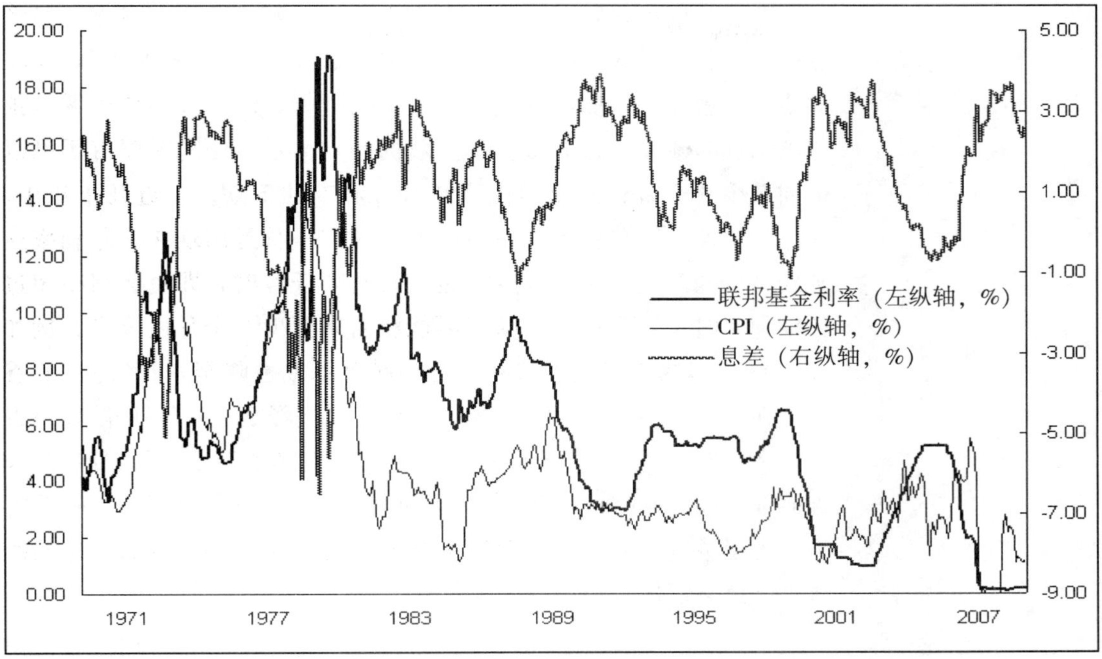

图 8—16　息差、联邦基金利率和 CPI

黄金价格实际上是受美元实际利率、美国国债息差变化，以及美元和其他货币实际利差的影响，实际利率是衡量黄金价格的首要因素，扣除通胀因素（有的计算方法用的是通胀预期）后的实际利率是持有黄金的机会成本。具体地讲，实际利率的下降，以及同时上涨的长期利率和短期利率之间的息差，都是利好黄金价格上涨的重要信号。利率作为重要的基本经济因素之一，几乎与所有金融现象和金融资产都有着或多或少的联系。经济活动和利率之间的相关性就是研究融资经济的基本依据（图 8—17）。商业银行从央行和储户以低息（联邦基金利率）获得融资，并以较高的利息将资金贷给客户，息差就是银行的利润。息差越高，银行信贷扩张意愿越强烈，较高的息差会促进经济繁荣，而信贷的过度扩张往往会造成黄金和其他大宗商品价格上涨。而息差的缩减会影响银行的信贷业务，信贷紧缩的结果就是经济活动的减缓乃至停滞，所以信贷紧缩往往会导致通货紧缩，在极端情况下，也就是在金融危机时期，激进的商业银行紧缩政策会让息差变为负值。息差的急剧下跌和经济生产活动的下降最终迫使央行持续下调利率。在 1989 年、2000 年和 2006 年，为了抑制通胀的大幅上涨美联储采取过度紧缩政策，联邦基金利率高于长期利率后，美国经济就遭遇1991年、2002年和本轮经济衰退。尽管美国国债在2010年可能已经超过其GDP的100%，美联储成为过去几十年的美国国策的最大牺牲者，但美国国债市场是预测美国利率政策的最有效工具。数据研究显示，美国国债市场可以提前至少6个月预测出美国联邦基金利率的下跌。在近几十年中，预测宽松性货币和利率政策即将出台的信号总是出现在实际利率达到较高点的部位，尤其是息差也同时达到低谷时，即短期利率超过长期利率时，就预示美联储很可能在未来至少6个月内降息。例如在1989年实际利率达到5%左右，同时息差也降至－1%左右的谷底，在1998年实际利率达到4%附近，息差降至－0.7%的阶段性谷底，在2000年实际利率升至3%左右，而息差也降至－1%处的阶段性底部。在2006年，实际利率达到4%附近，息差也降至－0.7%。当过度激进的紧缩性货币政策最终会阻碍经济的继续增长，这四次过度升息最后导致经济的严重衰退。

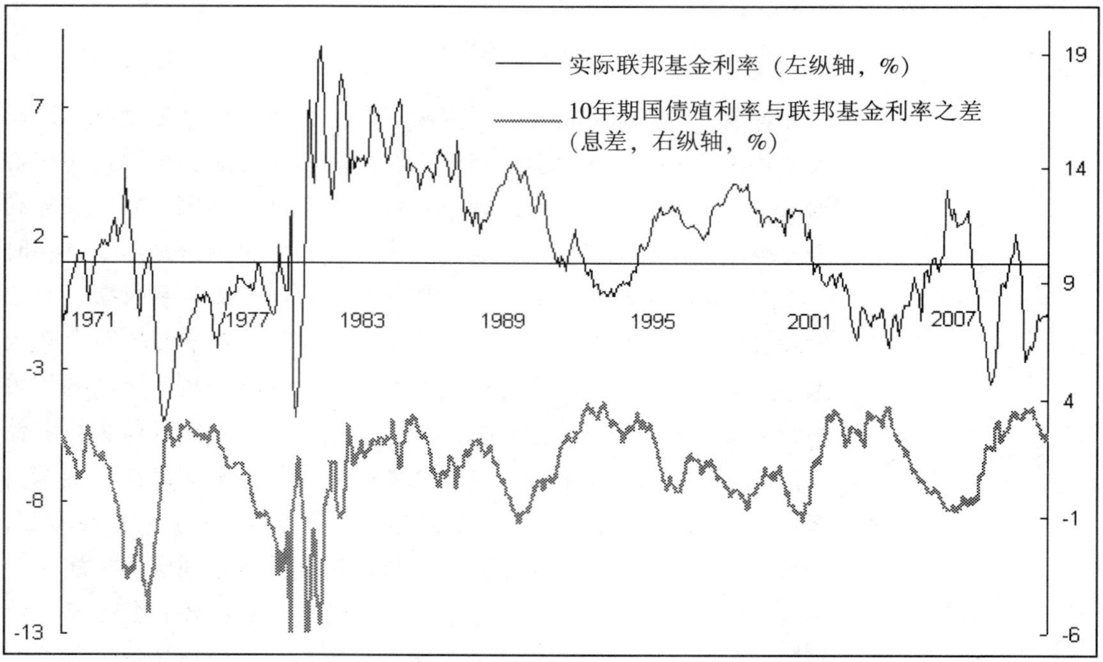

图8—17　实际利率与息差

很多专业投资者将实际利率形容为衡量黄金价格的唯一工具，实际联邦基金利率与黄金价格年率变化有着较强的反相关性（图8—

18)。当利率不顾政府干预还在被自由市场所推动时，利用实际利率进行分析是最保守的方法。许多投资者相信美国 CPI 是通货膨胀的准确测量指标，他们忘了通胀是货币增长的基本定义，用货币供应增长率应该是最准确的通胀测量工具。而且美国政府会修改 CPI 的编制公式掩盖真实的通胀事实。尤其是次贷危机全面爆发以来，美联储的量化宽松政策只能继续推高消费品和服务的未来名义价格。实际利率是作为测量黄金长期价格走势的有效工具，在本文使用的是联邦基金利率减去 CPI 数据作为实际利率，在一些市场中的报告中也有很多建议，用每月公布的 1 年期国债收益率减去每月公布的 CPI 数据定为真实利率，这些报告中也指出，1 年期国债收益率与 CPI 年率相互匹配的非常完美。在本文还是使用最敏感的联邦基金利率去计算实际利率。实际利率跌至 1%之下往往意味着美联储的宽松性货币政策将推动未来通货膨胀上涨，当实际利率降为负值时，严重的通胀就促使黄金的货币属性回归，降为负值的实际国债收益率迫使投资者将资金投入可以对冲通胀的黄金市场中，投资需求的增长成为推动黄金价格的主要动力。实际利率和黄金的相互影响是一种与经济周期紧密相连的长期效应，并不具备短期效应（图 8—19)。实际收益率维持低位或负值的时间愈久，被迫流入黄金市场的避险保值的资金就愈多。在 2001 年美国实际利率跌到 0 以下，与之相对应的就是未来将近 10 年的黄金最辉煌的上涨时期，黄金价格从 2001 年 7 月的 260 美元/盎司直至涨到 2010 年 12 月初的 1431.20 美元/盎司。假如为了控制严重通胀而继续升息的话，美国经济就会不可避免地将陷入更严重的衰退之中。

黄金作为一种深入每个人头脑中的财富象征影响着投资者的思维，在利率、股市和经济都与黄金有着意义深远的相关性，这些相关性反映了投资战略的一些基本法则。从历史的角度来看，黄金价格的波动也能作为一种预测利率的指标，黄金价格走高给出的信号就是，不久后利率也会相应上涨。在国际市场中经常用 10 年期美国国债与黄金走势来进行分析预测。从图 8—20 可以看出，在 1986 年，1993 年、1995 年和 2004 年黄金价格的波动准确地预测了利率的上涨。在 1985 年，1991 年，1994 年和 1997 年黄金价格的波动也预测了利率的走低。但是在 1998 年，黄金价格的准确预测功能失效，主要原因就是价格操纵的指控影响了这种理论的可信性。

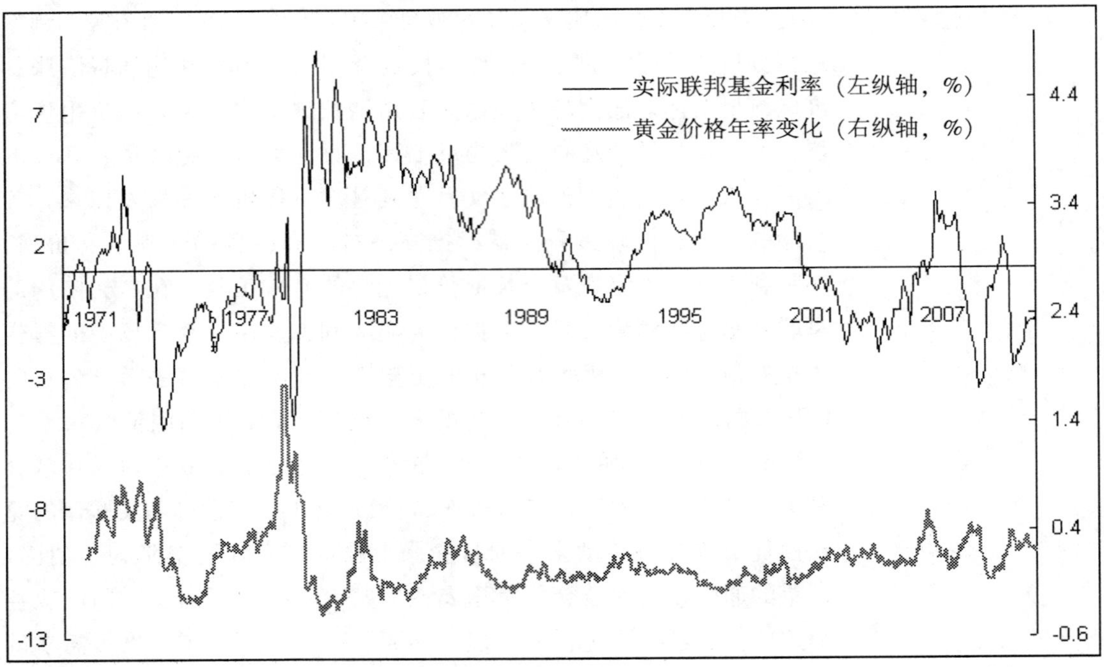

图 8—18　黄金价格年率与实际联邦基金利率

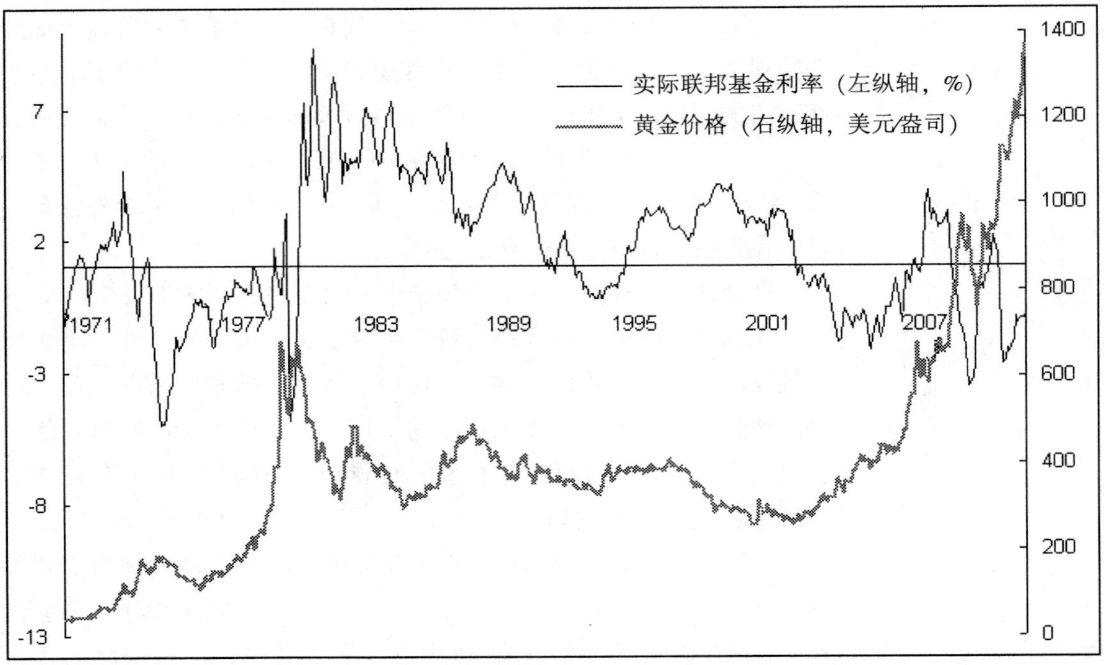

图 8—19　黄金价格与实际联邦基金利率

图 8—20　黄金价格与 10 年期国债殖利率

黄金市场与股票市场相关性

随着金融全球化进程的不断推进，全球资本流动的趋同效应日加明显，全球投资者都将投资组合多样化当成真正的免费午餐。全球的股票市场、不动产市场、大宗商品市场、债券市场，以及其他金融市场对采用资本配置多样化的投资者而言，多种投资市场共存无疑是一种规避风险获得合理投资回报的重要前提。另一方面，很多分析师也认为，随着资本在全球流动速度不断增强，资本在全球流动范围的不断扩大，全球不同区域的同种资本市场，及同一区域内的不同资本市场之间的趋同性程度也在不断强化。在一些最糟糕的情景下，投资者的趋同心理反而会导致多样化的投资理论面临崩溃的危险。由美国次贷危机引发的有史以来最严重的全球性金融市场崩盘情景下，很多采用充分多样化的投资组合均下跌至少 25%。

当前全球绝大多数金融机构都采用数量分析方法提高统计和风险管理水平，这样就可以实现信息使用率和配置多样化程度的最大化，这些复杂的数量化的分析模型将相应的金融理论与现实中金融市场以一种合理的方式结合起来。

从 20 世纪 80 年代起，全球股市成为炙手可热的投资品种，当时不同国家和地区的股市呈现出充分的多样化，至 20 世纪 90 年代中叶，各国股市之间的相关性多处于 40%～70%区间。考虑到股市之间较低的相关性就可以增加全球不同区域的股市风险敞口。当时的金融机构会相对轻易地衡量资产配置的潜在收益与所承担风险的相互匹配。然而，当这种配置多样化全球投资战略被广泛采用后，金融机构的全球股市投资收益正在逐年下降。从统计学角度来看，全球不同区域的股票市场间的移动相关性正在不断增强，比如说美国标普 500 指数与国际股市的平均相关性从 20 世纪 80 年代末期至 90 年代初期的 50%～60%上升至目前的 80%～90%。经过 20 多年全球主要股市价格数据的统计分析，结果表明，美国纳斯达克与标普指数的相关性高达 84%，欧洲股市与标普指数相关性达到 80%，亚洲股市同标普指数相关性为 69%。如果仅考虑全球股市下行阶段的相关性就会发现，纳斯达克指数和标普指数相关性高达 95%，欧洲股市与标普指数相关性为 93%，而亚洲股市与标普指数的相关性也升至 82%。这意味着在金融市场动荡时期，全球股市的相关性会迅速增强，实践也证明，一旦标普指数出现大幅下跌，纳斯达克指数、欧洲股市和亚洲股市也会同时下跌，尤其是在近 10 多年来随着信息技术的不断进步，信息传递已经具有全球性、实时性和多媒体等特点，来自全球的投资者的心理因素也不断出现趋同效应。

在这几年的后危机时期，绝大多数的投资市场都呈现出吻合程度极高的趋势。在这种前提下，寻求最优资产配置的金融机构就可能选择与其他市场相关性较低的黄金作为资产配置品种。表 8－2 介绍了 2009 年全球不同区域不同金融市场间的相关性，从中可以看出，黄金价格走势明显与其他高度关联的金融市场的走势完全不同，这对于成熟的资产配置多样化投资战略又提供新的对冲风险思路。

在图 8－21 中可以清晰地看出，黄金与美国道琼斯指数呈现阶段性的负相关性。从传统意义上讲，黄金是对冲股市风险的主要工具，道指大幅下跌时，黄金价格就会相应上涨；反之，道指走高时，黄金价格就会下降。造成这种负相关性的主要原因就是投资者的风险喜好情绪引导风险资金的流向。在 2007 年美国次贷危机爆发之后的 3 年左右时间内，黄金是极少数令资产配置实现资产保全的金融品种，在 2008 年，标普 500 下跌 37%，MSCI 欧澳远东指数下跌 43%，大宗商品类指数也下跌 40%左右，而黄金则上涨 4.3%，在经济危机时期中，黄金表现远远好于企业资产类别。

表 8－2 国际不同金融投资市场 2009 年相关性

投资市场	标普500	MSCI AC World	AC World ex-US	EAFE	欧洲	发展中国家	AC Far East	金砖四国	拉丁美洲	EMEA	REITs	黄金	能源	基础金属	贵金属	农产品	澳元/美元	加元/美元	欧元/美元	日元/美元
标普500	1.00	0.97	0.90	0.87	0.85	0.89	0.88	0.85	0.90	0.78	0.93	-0.28	0.67	0.82	0.01	0.40	0.74	0.95	0.66	-0.24
MSCI AC World	0.97	1.00	0.98	0.97	0.95	0.96	0.94	0.91	0.93	0.87	0.89	-0.32	0.70	0.83	-0.08	0.44	0.84	0.95	0.75	-0.26
AC World ex-US	0.90	0.98	1.00	0.99	0.99	0.97	0.95	0.92	0.91	0.89	0.82	-0.33	0.70	0.81	-0.13	0.45	0.87	0.92	0.79	-0.27
EAFE	0.87	0.97	0.99	1.00	0.99	0.95	0.95	0.89	0.88	0.91	0.77	-0.38	0.69	0.81	-0.19	0.48	0.89	0.89	0.82	-0.26
欧洲	0.85	0.95	0.99	0.99	1.00	0.95	0.92	0.89	0.89	0.90	0.75	-0.33	0.66	0.80	-0.17	0.52	0.87	0.88	0.84	-0.22
发展中国家	0.89	0.96	0.97	0.95	0.95	1.00	0.92	0.96	0.94	0.86	0.84	-0.17	0.68	0.75	-0.04	0.38	0.83	0.91	0.73	-0.29
AC Far East	0.86	0.94	0.95	0.95	0.92	0.92	1.00	0.82	0.79	0.85	0.82	-0.45	0.73	0.77	-0.24	0.30	0.84	0.88	0.66	-0.43
金砖四国	0.85	0.91	0.92	0.89	0.89	0.96	0.82	1.00	0.97	0.78	0.75	-0.03	0.73	0.73	0.09	0.40	0.82	0.88	0.77	-0.18
拉丁美洲	0.90	0.93	0.91	0.88	0.89	0.94	0.79	0.97	1.00	0.76	0.81	-0.11	0.68	0.77	0.11	0.50	0.79	0.87	0.78	-0.07
EMEA	0.78	0.87	0.89	0.91	0.90	0.86	0.85	0.78	0.76	1.00	0.66	-0.29	0.52	0.68	-0.31	0.31	0.80	0.83	0.72	-0.34
REITs	0.93	0.89	0.82	0.77	0.75	0.84	0.82	0.75	0.81	0.66	1.00	-0.31	0.54	0.75	-0.04	0.31	0.57	0.84	0.45	-0.34
黄金	-0.28	-0.32	-0.33	-0.38	-0.33	-0.17	-0.45	-0.03	-0.11	-0.29	-0.31	1.00	-0.23	-0.36	0.62	-0.22	-0.33	-0.23	-0.22	0.15
能源	0.67	0.70	0.70	0.69	0.66	0.68	0.73	0.73	0.66	0.52	0.54	-0.23	1.00	0.71	-0.05	0.42	0.78	0.70	0.62	-0.37
基础金属	0.82	0.83	0.81	0.81	0.80	0.75	0.77	0.73	0.77	0.68	0.75	-0.36	0.71	1.00	-0.24	0.49	0.62	0.75	0.56	-0.46
贵金属	0.01	-0.08	-0.13	-0.19	-0.17	-0.04	-0.24	0.09	0.11	-0.31	-0.04	0.62	-0.05	-0.24	1.00	0.04	-0.01	-0.06	0.10	0.61
农产品	0.40	0.44	0.45	0.48	0.52	0.38	0.30	0.40	0.50	0.31	0.31	-0.22	0.42	0.49	0.04	1.00	0.58	0.26	0.72	0.23
澳元/美元	0.74	0.84	0.87	0.89	0.87	0.83	0.84	0.82	0.79	0.80	0.57	-0.33	0.78	0.62	-0.01	0.56	1.00	0.76	0.92	-0.04
加元/美元	0.95	0.95	0.92	0.89	0.88	0.91	0.88	0.88	0.87	0.83	0.84	-0.23	0.70	0.75	-0.06	0.26	0.76	1.00	0.67	-0.29
欧元/美元	0.66	0.75	0.79	0.82	0.84	0.73	0.66	0.77	0.78	0.72	0.45	-0.22	0.62	0.56	0.10	0.72	0.92	0.67	1.00	0.21
日元/美元	-0.24	-0.26	-0.27	-0.26	0.22	0.29	-0.43	-0.18	-0.07	-0.34	-0.34	0.15	-0.37	-0.46	0.61	0.23	-0.04	-0.29	0.21	1.00

MSCI AC World 摩根斯坦利世界股票指数
EAFE 摩根斯坦利欧澳远东指数
AC Far East 摩根斯坦利远东综合指数
EMEA 欧洲、中东和非洲
REITs 房地产信托基金

从 40 年数据统计分析得出的却是黄金与道琼斯指数长期呈轻度的正相关性，相关性为 49%左右，当然，这种长期线性相关性并不能真实解释黄金与股市的动态相关性的细节。在不同时期内黄金与其他金融品种之间的相关性也是千差万别的。比如说，从 1999 年 10 月起 10 年时间内，黄金与标普 500 指数的相关性为－3%，同时期黄金与美元指数的相关性仅为－49%。

从 2000 年开始，黄金与道指的正相关性开始不断增强。也许是美国自 21 世纪初开始的宽松性货币政策导致的通胀重新唤起投资者对黄金的青睐。同时，过于宽松的货币政策也可能是导致股市大幅上涨的主要诱因之一，从 21 世纪初以来的发达国家股市数据分析中发现，股市与通胀之间的同步性有所增加，数据统计同时也显示，商品市场与通胀的相关性高度同步。利用黄金与股市和商品市场运动之间的阶段性的弱相关性的特点，正是黄金具有对冲风险能力的原因，在资产配置中加入适量的黄金资产可以帮助投资者提高资产组合的收益稳定性和抗风险性。

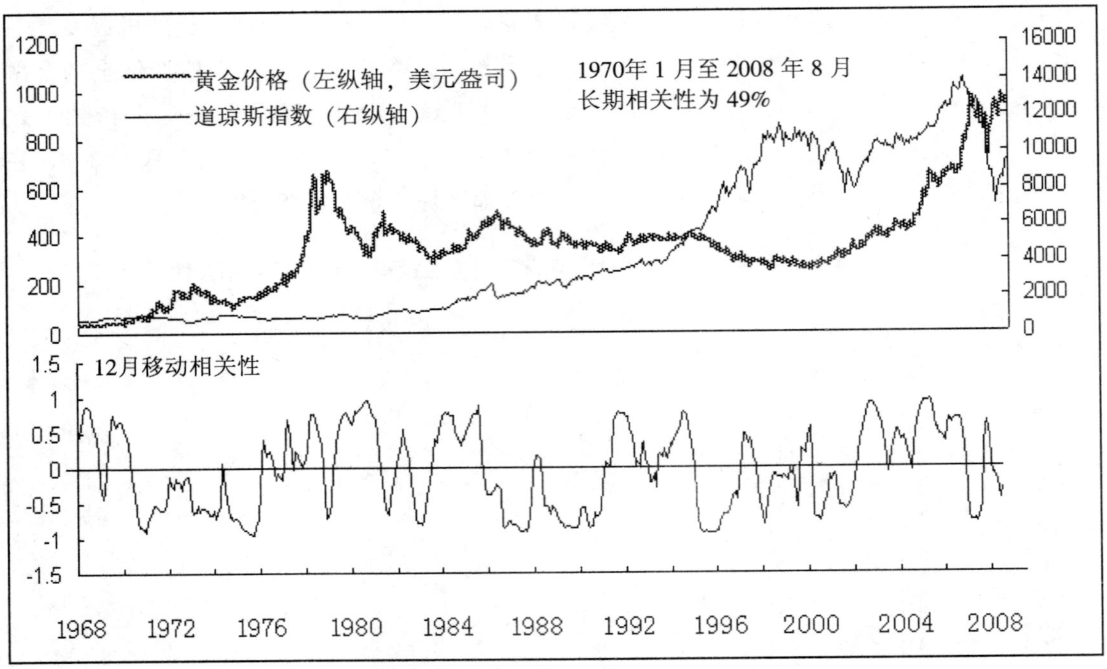

图 8—21　黄金市场与股市相关性（月图）